Speak English
VERY WELL

(Exercises 91 – 200)

1st edition

Han's English School, Australia

Speak English VERY WELL (Exercises 91 - 200), 1st edition

초판 1쇄: 인쇄일 2014년 06월 11일

초판 1쇄: 발행일 2014년 06월 16일

지은이: Seungwoo Han

펴낸이: 조서영

표지 및 편집 디자인: Seungwoo Han and Ilyoung Cho

펴낸곳: Han's English School, Australia

출판 등록: 제2014-000005호

주소: 부산광역시 연제구 거제 4동 649 - 19

대표 전화: 010 3153 3797

웹페이지: http://blog.daum.net/hansenglishschool (또는 Google 에서 han's english school 검색)

ISBN 979-11-952845-5-9 (04740)

ISBN 979-11-952845-1-1 (SET)

도서 유통: 도서출판 맑은샘

주소: 경기고 고양시 일산서구 중앙로 1456 604호 (주엽동18-2)

전화: 031 906 5006

팩스: 031 906. 5079

「이 도서의 국립중앙 도서관 출판시 도서목록(CIP)은 서지정보 유통지원 시스템 홈페이지 (http://seoji.nl.go.kr)와 국가자료 공동목록 시스템 (http://www.nl.go.kr/kolisnet)에서 이용하실 수 있습니다. (CIP제어 번호: CIP 2014017577)」

Conjunctions

after ~ 후에 (시간 개념) *James left the party after Jenny arrived.*

although ~ 일지라도 formal *Although her doctor asked her to rest, she left for Tokyo for the conference.*

and 그리고 *He plays the guitar and sings country songs. She was pretty, slim and busty.*

as ~ 이므로 (이유, formal) *The summit was cancelled as the president was not able to attend it.* ~ 듯이 *As I explained on the phone, you will be interviewed next week.* ~ 하면서 *I saw Peter as I was getting off the bus.* ~ 만큼 *Harry visits his mother as often as he can. I was trying to be as nice as I could to them.*

before ~ 전에 (시간 개념) *Say goodbye before you go.*

because ~ 때문에 (이유) *We didn't enjoy the day because the weather was so awful.*

but 그러나 *It's an old car, but it's very reliable.*

how 얼마나 *Do you know how old he is?* 어떻게 *My car broke down again. I don't know how I get home.*

if ~ 라면, 한다면 조건적 의미, 확률 50% *We'll stay at home if it rains.* ~인지 아닌지 *I don't know if she is coming.*

like ~ 같이/처럼 *Don't talk to me like you talk to your child.*

nor ~ 도 아니다 *It was neither my fault, nor his. Neither Matt nor Julie said anything.*

once 일단 ~ 하게 되면 시간적 의미 확률 99% *We can start once she arrives.*

or ~ 나 *Would you like coffee or something? You either go there alone or just don't go.* 그렇게 하지 않으면 ~ 할 것이다 *Wear the coat or you'll catch a cold.*

since ~ 이래로 *It has been(현재 완료) five years since her father died(과거).* ~ 때문에 (formal, 현재/미래) *Since the committee is not able to come up with any solution, perhaps we should ask someone else.*

so (that) 그래서 *I was very hungry, so (that) I went to a fast food restaurant and had a hamburger.*

than ~ 보다 *You need that money more than I do.*

that ~ 라고 목적절(subj + verb) 연결 *I can't believe (that) she's only 17.* 그것은, 앞의 명사(주어) 지칭 *They've got a printer that(conj & subj) prints on clothes.* 그것을, 앞의 명사(목적어) 지칭 *I don't know where I left the pen(that, conj & obj) I bought yesterday.* 문장 맨 앞의 it 을 받는 that 주어 + 동사 *It is well known that women live longer than men.*

though ~ 일지라도 informal *Though she's almost 40, she's still beautiful.*

unless ~ 하지 않는다면 *He won't go to bed unless you read him a storybook.*

until ~ 까지 (시간 개념) *I will wait here until you finish the work.*

what ~ 것 *Show me what(conj & obj) you bought. Tell me what(conj & subj) happened.*

whatever 무엇을 ~ 든지, 무엇이 ~ 든지 *Whatever(conj & obj) I suggest, he always disagrees. Whatever(conj & subj) happens, you must get there by 7.*

when ~ 할 때 *I'll phone you again when I get home.*

whenever ~ 할 때 마다 *Whenever I hear that tune, I think of you.*

where 곳 (장소) *Stay where you are.* 그곳에서 (앞의 장소 지칭) *I've just come back from New Zealand where I spent two weeks.*

wherever 어느 곳이든지 *Sit wherever you like.*

whereas 반면에 formal *The old system was fairly complicated whereas the new one is really simple.*

whether ~ 인지 (아닌지) *Mark asked me whether I needed any help (or not).* 상관 없이 *Whether you like it or not, I will call your dad.*

which 무엇/어떤 (이미 정해진 몇 개중 하나) *I don't know which one I have to choose.* 그것은, 앞의 명사(주어) 지칭 *Have you seen the letter which(conj & subj) arrived this morning?* 그것을, 앞의 명사(목적어) 지칭 *The book(which, conj & obj) I bought last week is really interesting.*

whichever 무엇이든지 (이미 정해진 몇 개중 하나) *It will be a difficult operation, whichever method you choose.*

while ~ 동안에 *They arrived while we were having dinner.* 반면에 *Jessy likes meat while Steve likes vegetables.*

who 누구 *I don't know who he is.* 그 사람이/은, 앞의 사람(주어) 지칭 *Do you know the people who(conj & subj) live over the road?* 그 사람을, 앞의 사람 (목적어) 지칭 *The person(who, conj & obj) I wanted to see was away on holiday.*

whoever 누구든지 *I'll take whoever(conj & subj) wants to go.* 접속사 겸 주어 *Whoever(conj & subj) is responsible for this will be punished.*

whose 앞 사람의 (소유) *That's the man whose(conj) car(명사) was stolen(verb) last month.*

why 왜 (이유) *I have no idea why the television isn't working.*

Prepositions

about ~ 관하여 *Sally lied about her age. She is 45.*

above ~ 위에 (바로 위, 수직 개념) *Tony's new office is above the bank.*

across ~ 가로질러 *This is the only bridge across the river.* 여기 저기/곳곳에 *There are over 100 discount stores across the country.*

after ~ 후에 (시간 개념) *I go swimming every day after work.* 뒤에 (공간 개념) *You were after me.*

against ~ 반(反)하여 *Walking against the strong wind is very hard. They married against her parents' wishes.* 힘을 많이 들인 접촉 *Julia was leaning against me. I put the ladder against the roof.*

along ~ 를 따라서 *We were driving along Riverside Road.*

among/amongst ~ 속으로/중에 *The girl quickly disappeared among the crowd. You get paid the most among us.*

around ~ 둘러(서) *Everyone was sitting around the table.* ~ 여기 저기/전역에 *There are about 40 universities around Australia.*

as ~ 로서 *Dad used to dress up as Santa Claus on every Christmas Eve.* ~ 만큼 *You are as tall as my brother. My brother get paid as much as me.*

at ~ 에 (시간)*The film starts at 8 o'clock.* ~ 에/에서 (장소) *Let's meet at the cinema.* ~ 정도 (단위 앞에) *The Toyota was travelling at about 50 kph.*

because of ~ 때문에 *She stayed at home because of her illness.*

before ~ 전에 (시간 개념) *Harry arrived just 10 minutes before the ceremony.* ~ 앞에 (공간 개념) *You were before me.*

behind ~ 뒤에 *Bianca was standing behind me.*

below ~ 아래에 (바로 아래, 수직 개념) *The post office is directly below Sam's office.*

beside ~ 곁에 *I sit beside Wendy in the classroom.*

besides ~ 말고도 *People choose jobs for other reasons besides money.*

between ~ 둘 사이에 *I sat down between Sue and Jane. It's strictly between us.*

beyond ~ 저 너머에 (공간 개념)*There is a huge sheep farm beyond the river.* ~ 지나서/넘겨서 쭉 (시간 개념) *I think that the conflict in the Middle East will continue beyond this century.*

but ~ 제외하고 *Everybody was there but James.*

by ~ 곁/가에 *Jane went and sat by Patrick. Emily was standing by the window, looking outside.* ~ 로 (교통 수단) *Josh always travels by (무관사) train.* ~ 에 의하여 *This house was built by my grandfather in the 1960s.* ~ 까지 (일시적 동작 동사와 함께) *You must hand in your assignment by next Friday.*

despite ~ 에도 (불구하고) *Despite all our efforts to save the company, it went bankrupt.*

down ~ 아래로 *A pretty woman is walking down the street.*

due to ~ 때문에 formal, *Many overseas students have suffered recently due to the weak Korean currency.*

during ~ 동안에 *During the summer, I worked as a lifeguard at a beach.*

except ~ 제외하고 *Everyone except Adam went to the concert.*

for ~ 위하여 *I've got a present for you.* ~ 동안 *We have known each other for ten years.* ~ 로/에 (이유) *Thank you for your help.*

from ~ 부터 (공간 개념) *How do I get there from here?* ~ 부터 (시간 개념) *I will be at home from 6 pm.*

in ~ 안에 *There's some milk in the fridge. I will be staying in Tokyo for a week.* ~ 만에/쯤 걸려서 *Wait! I will get there in half an hour.*

in front of ~ 앞에 *There is a park in front of Central station.*

inside ~ 안(쪽)에 (밀폐) *I will leave the keys inside the box.*

into ~ 안으로 *The children dived into the river.* ~ 로 (형태 변화) *The man turned into a beast.*

like ~ 같이/처럼 *He was so hungry and he ate like a pig!*

near ~ 근처에 *The library is near the city hall.*

next to ~ 옆에 *The post office is next to the bank.*

of ~ 의 *The color of her dress was purple.* ~ 대하여 (피상적) *He's never heard of John Lennon.*

off 분리 *I got off the train at City Hall Station.*

on 접촉 *There are three cups on the table.* ~ 관한/관하여 formal, *I've been reading a book on the Korean War recently.*

onto ~ 표면으로 *She dropped the cup onto the floor.*

opposite ~ 맞은 편에 *There is a huge shopping center opposite the park.*

outside ~ 밖에 *I'll meet you outside the cinema at 2.*

over ~ 위로 *Look! A plane is flying over the harbour.* ~ 건너 편에 *There's a bus stop over the road.* ~ 걸쳐서 *Over the last decade, the country has developed a lot.*

per ~ 당/에 *The price of petrol is $1.30 per liter. It's $150 per person per night.*

since ~ 이래로 쭉 *We've been waiting here since 5.*

than ~ 보다 *This car is cheaper than the other.*

through ~ 관통/통과하여 (공간 개념) *She smiled at him as she walked through the door.* ~ 통과하여/내내 (시간 개념) *The weather forecast said that it will rain though the weekend.*

throughout ~ 짝 (공간 개념) *The company has its customer service centers throughout the country.* ~ 내내 (시간 개념) *E-mart opens every weekend throughout the year.*

to ~ 로 (방향) *She stood up and walked to the window.*

towards ~ 로 향하여 *He was walking towards me.*

under ~ 아래에 *They were hiding under a table.*

underneath ~ 접촉된 바로 아래에 *The letter was hidden underneath the table using sticky tape.*

unlike ~ 와 같지 않게 *It's unlike Greg to be late.*

until ~ 까지 (지속적 동작 동사와 함께) *You can keep the book until the end of this month. You can use the tool until this weekend.*

up ~ 위로 *Everybody walked up the hill.*

versus ~ 대 *There's going to be a soccer match tonight, Korea versus Japan.*

via ~ 를 거쳐서 *We flew to Seoul via Tokyo.*

with ~ 와 (함께) *I saw Bob with his girlfriend in town.* ~ 로 (수단, 도구) *Cut the rope with this knife.* ~ 로 (이유) *The girl was trembling with fear.* 명사에 정보 추가 *I'm looking for a house with a huge backyard.*

within ~ 이내에 (공간 개념) *There is no village within 50km.* ~ 이내에 (시간 개념) *We can have the test results back within 24 hours.*

without ~ 없이 *Homes without a garden are not very popular among families with children in Australia.*

worth 가치가 나가는 *'How much is your car worth?' 'It is worth around $20,000.'*

Conjunctions

after ~ 후에 (시간 개념) *James left the party after Jenny arrived.*

although ~ 일지라도 formal *Although her doctor asked her to rest, she left for Tokyo for the conference.*

and 그리고 *He plays the guitar and sings country songs. She was pretty, slim and busty.*

as ~ 이므로 (이유, formal) *The summit was cancelled as the president was not able to attend it.* ~ 듯이 *As I explained on the phone, you will be interviewed next week.* ~ 하면서 *I saw Peter as I was getting off the bus.* ~ 만큼 *Harry visits his mother as often as he can. I was trying to be as nice as I could to them.*

before ~ 전에 (시간 개념) *Say goodbye before you go.*

because ~ 때문에 (이유) *We didn't enjoy the day because the weather was so awful.*

but 그러나 *It's an old car, but it's very reliable.*

how 얼마나 *Do you know how old he is?* 어떻게 *My car broke down again. I don't know how I get home.*

if ~ 라면, 한다면 조건적 의미, 확률 50% *We'll stay at home if it rains.* ~인지 아닌지 *I don't know if she is coming.*

like ~ 같이/처럼 *Don't talk to me like you talk to your child.*

nor ~ 도 아니다 *It was neither my fault, nor his. Neither Matt nor Julie said anything.*

once 일단 ~ 하게 되면 시간적 의미 확률 99% *We can start once she arrives.*

or ~ 나 *Would you like coffee or something? You either go there alone or just don't go.* 그렇게 하지 않으면 ~ 할 것이다 *Wear the coat or you'll catch a cold.*

since ~ 이래로 *It has been(현재 완료) five years since her father died(과거).* ~ 때문에 (formal, 현재/미래) *Since the committee is not able to come up with any solution, perhaps we should ask someone else.*

so (that) 그래서 *I was very hungry, so (that) I went to a fast food restaurant and had a hamburger.*

than ~ 보다 *You need that money more than I do.*

that ~ 라고 목적절(subj + verb) 연결 *I can't believe (that) she's only 17.* 그것은, 앞의 명사(주어) 지칭 *They've got a printer that(conj & subj) prints on clothes.* 그것을, 앞의 명사(목적어) 지칭 *I don't know where I left the pen(that, conj & obj) I bought yesterday.* 문장 맨 앞의 it 을 받는 that 주어 + 동사 *It is well known that women live longer than men.*

though ~ 일지라도 informal *Though she's almost 40, she's still beautiful.*

unless ~ 하지 않는다면 *He won't go to bed unless you read him a storybook.*

until ~ 까지 (시간 개념) *I will wait here until you finish the work.*

what ~ 것 *Show me what(conj & obj) you bought. Tell me what(conj & subj) happened.*

whatever 무엇을 ~ 든지, 무엇이 ~ 든지 *Whatever(conj & obj) I suggest, he always disagrees. Whatever(conj & subj) happens, you must get there by 7.*

when ~ 할 때 *I'll phone you again when I get home.*

whenever ~ 할 때 마다 *Whenever I hear that tune, I think of you.*

where 곳 (장소) *Stay where you are.* 그곳에서 (앞의 장소 지칭) *I've just come back from New Zealand where I spent two weeks.*

wherever 어느 곳이든지 *Sit wherever you like.*

whereas 반면에 formal *The old system was fairly complicated whereas the new one is really simple.*

whether ~ 인지 (아닌지) *Mark asked me whether I needed any help (or not).* 상관 없이 *Whether you like it or not, I will call your dad.*

which 무엇/어떤 (이미 정해진 몇 개중 하나) *I don't know which one I have to choose.* 그것은, 앞의 명사(주어) 지칭 *Have you seen the letter which(conj & subj) arrived this morning?* 그것을, 앞의 명사(목적어) 지칭 *The book(which, conj & obj) I bought last week is really interesting.*

whichever 무엇이든지 (이미 정해진 몇 개중 하나) *It will be a difficult operation, whichever method you choose.*

while ~ 동안에 *They arrived while we were having dinner.* 반면에 *Jessy likes meat while Steve likes vegetables.*

who 누구 *I don't know who he is.* 그 사람이/은, 앞의 사람(주어) 지칭 *Do you know the people who(conj & subj) live over the road?* 그 사람을, 앞의 사람 (목적어) 지칭 *The person(who, conj & obj) I wanted to see was away on holiday.*

whoever 누구든지 *I'll take whoever(conj & subj) wants to go.* 접속사 겸 주어 *Whoever(conj & subj) is responsible for this will be punished.*

whose 앞 사람의 (소유) *That's the man whose(conj) car(명사) was stolen(verb) last month.*

why 왜 (이유) *I have no idea why the television isn't working.*

Prepositions

about ~ 관하여 *Sally lied about her age. She is 45.*

above ~ 위에 (바로 위, 수직 개념) *Tony's new office is above the bank.*

across ~ 가로질러 *This is the only bridge across the river.* 여기 저기/곳곳에 *There are over 100 discount stores across the country.*

after ~ 후에 (시간 개념) *I go swimming every day after work.* 뒤에 (공간 개념) *You were after me.*

against ~ 반(反)하여 *Walking against the strong wind is very hard. They married against her parents' wishes.* 힘을 많이 들인 접촉 *Julia was leaning against me. I put the ladder against the roof.*

along ~ 를 따라서 *We were driving along Riverside Road.*

among/amongst ~ 속으로/중에 *The girl quickly disappeared among the crowd. You get paid the most among us.*

around ~ 둘러(서) *Everyone was sitting around the table.* ~ 여기 저기/전역에 *There are about 40 universities around Australia.*

as ~ 로서 *Dad used to dress up as Santa Claus on every Christmas Eve.* ~ 만큼 *You are as tall as my brother. My brother get paid as much as me.*

at ~ 에 (시간) *The film starts at 8 o'clock.* ~ 에/에서 (장소) *Let's meet at the cinema.* ~ 정도 (단위 앞에) *The Toyota was travelling at about 50 kph.*

because of ~ 때문에 *She stayed at home because of her illness.*

before ~ 전에 (시간 개념) *Harry arrived just 10 minutes before the ceremony.* ~ 앞에 (공간 개념) *You were before me.*

behind ~ 뒤에 *Bianca was standing behind me.*

below ~ 아래에 (바로 아래, 수직 개념) *The post office is directly below Sam's office.*

beside ~ 곁에 *I sit beside Wendy in the classroom.*

besides ~ 말고도 *People choose jobs for other reasons besides money.*

between ~ 둘 사이에 *I sat down between Sue and Jane. It's strictly between us.*

beyond ~ 저 너머에 (공간 개념) *There is a huge sheep farm beyond the river.* ~ 지나서/넘겨서 쭉 (시간 개념) *I think that the conflict in the Middle East will continue beyond this century.*

but ~ 제외하고 *Everybody was there but James.*

by ~ 곁/가에 *Jane went and sat by Patrick. Emily was standing by the window, looking outside.* ~ 로 (교통 수단) *Josh always travels by (무관사) train.* ~ 에 의하여 *This house was built by my grandfather in the 1960s.* ~ 까지 (일시적 동작 동사와 함께) *You must hand in your assignment by next Friday.*

despite ~ 에도 (불구하고) *Despite all our efforts to save the company, it went bankrupt.*

down ~ 아래로 *A pretty woman is walking down the street.*

due to ~ 때문에 formal, *Many overseas students have suffered recently due to the weak Korean currency.*

during ~ 동안에 *During the summer, I worked as a lifeguard at a beach.*

except ~ 제외하고 *Everyone except Adam went to the concert.*

for ~ 위하여 *I've got a present for you.* ~ 동안 *We have known each other for ten years.* ~ 로/에 (이유) *Thank you for your help.*

from ~ 부터 (공간 개념) *How do I get there from here?* ~ 부터 (시간 개념) *I will be at home from 6 pm.*

in ~ 안에 *There's some milk in the fridge. I will be staying in Tokyo for a week.* ~ 만에/쯤 걸려서 *Wait! I will get there in half an hour.*

in front of ~ 앞에 *There is a park in front of Central station.*

inside ~ 안(쪽)에 (밀폐) *I will leave the keys inside the box.*

into ~ 안으로 *The children dived into the river.* ~ 로 (형태 변화) *The man turned into a beast.*

like ~ 같이/처럼 *He was so hungry and he ate like a pig!*

near ~ 근처에 *The library is near the city hall.*

next to ~ 옆에 *The post office is next to the bank.*

of ~ 의 *The color of her dress was purple.* ~ 대하여 (피상적) *He's never heard of John Lennon.*

off 분리 *I got off the train at City Hall Station.*

on 접촉 *There are three cups on the table.* ~ 관한/관하여 formal, *I've been reading a book on the Korean War recently.*

onto ~ 표면으로 *She dropped the cup onto the floor.*

opposite ~ 맞은 편에 *There is a huge shopping center opposite the park.*

outside ~ 밖에 *I'll meet you outside the cinema at 2.*

over ~ 위로 *Look! A plane is flying over the harbour.* ~ 건너 편에 *There's a bus stop over the road.* ~ 걸쳐서 *Over the last decade, the country has developed a lot.*

per ~ 당/에 *The price of petrol is $1.30 per liter. It's $150 per person per night.*

since ~ 이래로 쭉 *We've been waiting here since 5.*

than ~ 보다 *This car is cheaper than the other.*

through ~ 관통/통과하여 (공간 개념) *She smiled at him as she walked through the door.* ~ 통과하여/내내 (시간 개념) *The weather forecast said that it will rain though the weekend.*

throughout ~ 짝 (공간 개념) *The company has its customer service centers throughout the country.* ~ 내내 (시간 개념) *E-mart opens every weekend throughout the year.*

to ~ 로 (방향) *She stood up and walked to the window.*

towards ~ 로 향하여 *He was walking towards me.*

under ~ 아래에 *They were hiding under a table.*

underneath ~ 접촉된 바로 아래에 *The letter was hidden underneath the table using sticky tape.*

unlike ~ 와 같지 않게 *It's unlike Greg to be late.*

until ~ 까지 (지속적 동작 동사와 함께) *You can keep the book until the end of this month. You can use the tool until this weekend.*

up ~ 위로 *Everybody walked up the hill.*

versus ~ 대 *There's going to be a soccer match tonight, Korea versus Japan.*

via ~ 를 거쳐서 *We flew to Seoul via Tokyo.*

with ~ 와 (함께) *I saw Bob with his girlfriend in town.* ~ 로 (수단, 도구) *Cut the rope with this knife.* ~ 로 (이유) *The girl was trembling with fear.* 명사에 정보 추가 *I'm looking for a house with a huge backyard.*

within ~ 이내에 (공간 개념) *There is no village within 50km.* ~ 이내에 (시간 개념) *We can have the test results back within 24 hours.*

without ~ 없이 *Homes without a garden are not very popular among families with children in Australia.*

worth 가치가 나가는 *'How much is your car worth?' 'It is worth around $20,000.'*

Conjunctions

after ~ 후에 (시간 개념) *James left the party after Jenny arrived.*

although ~ 일지라도 formal *Although her doctor asked her to rest, she left for Tokyo for the conference.*

and 그리고 *He plays the guitar and sings country songs. She was pretty, slim and busty.*

as ~ 이므로 (이유, formal) *The summit was cancelled as the president was not able to attend it.* ~ 듯이 *As I explained on the phone, you will be interviewed next week.* ~ 하면서 *I saw Peter as I was getting off the bus.* ~ 만큼 *Harry visits his mother as often as he can. I was trying to be as nice as I could to them.*

before ~ 전에 (시간 개념) *Say goodbye before you go.*

because ~ 때문에 (이유) *We didn't enjoy the day because the weather was so awful.*

but 그러나 *It's an old car, but it's very reliable.*

how 얼마나 *Do you know how old he is?* 어떻게 *My car broke down again. I don't know how I get home.*

if ~ 라면, 한다면 조건적 의미, 확률 50% *We'll stay at home if it rains.* ~인지 아닌지 *I don't know if she is coming.*

like ~ 같이/처럼 *Don't talk to me like you talk to your child.*

nor ~ 도 아니다 *It was neither my fault, nor his. Neither Matt nor Julie said anything.*

once 일단 ~ 하게 되면 시간적 의미 확률 99% *We can start once she arrives.*

or ~ 나 *Would you like coffee or something? You either go there alone or just don't go.* 그렇게 하지 않으면 ~ 할 것이다 *Wear the coat or you'll catch a cold.*

since ~ 이래로 *It has been(현재 완료) five years since her father died(과거).* ~ 때문에 (formal, 현재/미래) *Since the committee is not able to come up with any solution, perhaps we should ask someone else.*

so (that) 그래서 *I was very hungry, so (that) I went to a fast food restaurant and had a hamburger.*

than ~ 보다 *You need that money more than I do.*

that ~ 라고 목적절(subj + verb) 연결 *I can't believe (that) she's only 17.* 그것은, 앞의 명사(주어) 지칭
They've got a printer that(conj & subj) prints on clothes. 그것을, 앞의 명사(목적어) 지칭 *I don't know where I left the pen(that, conj & obj) I bought yesterday.* 문장 맨 앞의 it 을 받는 that 주어 + 동사 *It is well known that women live longer than men.*

though ~ 일지라도 informal *Though she's almost 40, she's still beautiful.*

unless ~ 하지 않는다면 *He won't go to bed unless you read him a storybook.*

until ~ 까지 (시간 개념) *I will wait here until you finish the work.*

what ~ 것 *Show me what(conj & obj) you bought. Tell me what(conj & subj) happened.*

whatever 무엇을 ~ 든지, 무엇이 ~ 든지 *Whatever(conj & obj) I suggest, he always disagrees. Whatever(conj & subj) happens, you must get there by 7.*

when ~ 할 때 *I'll phone you again when I get home.*

whenever ~ 할 때 마다 *Whenever I hear that tune, I think of you.*

where 곳 (장소) *Stay where you are.* 그곳에서 (앞의 장소 지칭) *I've just come back from New Zealand where I spent two weeks.*

wherever 어느 곳이든지 *Sit wherever you like.*

whereas 반면에 formal *The old system was fairly complicated whereas the new one is really simple.*

whether ~ 인지 (아닌지) *Mark asked me whether I needed any help (or not).* 상관 없이 *Whether you like it or not, I will call your dad.*

which 무엇/어떤 (이미 정해진 몇 개중 하나) *I don't know which one I have to choose.* 그것은, 앞의 명사(주어) 지칭 *Have you seen the letter which(conj & subj) arrived this morning?* 그것을, 앞의 명사(목적어) 지칭 *The book(which, conj & obj) I bought last week is really interesting.*

whichever 무엇이든지 (이미 정해진 몇 개중 하나) *It will be a difficult operation, whichever method you choose.*

while ~ 동안에 *They arrived while we were having dinner.* 반면에 *Jessy likes meat while Steve likes vegetables.*

who 누구 *I don't know who he is.* 그 사람이/은, 앞의 사람(주어) 지칭 *Do you know the people who(conj & subj) live over the road?* 그 사람을, 앞의 사람 (목적어) 지칭 *The person(who, conj & obj) I wanted to see was away on holiday.*

whoever 누구든지 *I'll take whoever(conj & subj) wants to go.* 접속사 겸 주어 *Whoever(conj & subj) is responsible for this will be punished.*

whose 앞 사람의 (소유) *That's the man whose(conj) car(명사) was stolen(verb) last month.*

why 왜 (이유) *I have no idea why the television isn't working.*

Prepositions

about ~ 관하여 *Sally lied about her age. She is 45.*

above ~ 위에 (바로 위, 수직 개념) *Tony's new office is above the bank.*

across ~ 가로질러 *This is the only bridge across the river.* 여기 저기/곳곳에 *There are over 100 discount stores across the country.*

after ~ 후에 (시간 개념) *I go swimming every day after work.* 뒤에 (공간 개념) *You were after me.*

against ~ 반(反)하여 *Walking against the strong wind is very hard. They married against her parents' wishes.* 힘을 많이 들인 접촉 *Julia was leaning against me. I put the ladder against the roof.*

along ~ 를 따라서 *We were driving along Riverside Road.*

among/amongst ~ 속으로/중에 *The girl quickly disappeared among the crowd. You get paid the most among us.*

around ~ 둘러(서) *Everyone was sitting around the table.* ~ 여기 저기/전역에 *There are about 40 universities around Australia.*

as ~ 로서 *Dad used to dress up as Santa Claus on every Christmas Eve.* ~ 만큼 *You are as tall as my brother. My brother get paid as much as me.*

at ~ 에 (시간) *The film starts at 8 o'clock.* ~ 에/에서 (장소) *Let's meet at the cinema.* ~ 정도 (단위 앞에) *The Toyota was travelling at about 50 kph.*

because of ~ 때문에 *She stayed at home because of her illness.*

before ~ 전에 (시간 개념) *Harry arrived just 10 minutes before the ceremony.* ~ 앞에 (공간 개념) *You were before me.*

behind ~ 뒤에 *Bianca was standing behind me.*

below ~ 아래에 (바로 아래, 수직 개념) *The post office is directly below Sam's office.*

beside ~ 곁에 *I sit beside Wendy in the classroom.*

besides ~ 말고도 *People choose jobs for other reasons besides money.*

between ~ 둘 사이에 *I sat down between Sue and Jane. It's strictly between us.*

beyond ~ 저 너머에 (공간 개념) *There is a huge sheep farm beyond the river.* ~ 지나서/넘겨서 쭉 (시간 개념) *I think that the conflict in the Middle East will continue beyond this century.*

but ~ 제외하고 *Everybody was there but James.*

by ~ 곁/가에 *Jane went and sat by Patrick. Emily was standing by the window, looking outside.* ~ 로 (교통 수단) *Josh always travels by (무관사) train.* ~ 에 의하여 *This house was built by my grandfather in the 1960s.* ~ 까지 (일시적 동작 동사와 함께) *You must hand in your assignment by next Friday.*

despite ~ 에도 (불구하고) *Despite all our efforts to save the company, it went bankrupt.*

down ~ 아래로 *A pretty woman is walking down the street.*

due to ~ 때문에 formal, *Many overseas students have suffered recently due to the weak Korean currency.*

during ~ 동안에 *During the summer, I worked as a lifeguard at a beach.*

except ~ 제외하고 *Everyone except Adam went to the concert.*

for ~ 위하여 *I've got a present for you.* ~ 동안 *We have known each other for ten years.* ~ 로/에 (이유) *Thank you for your help.*

from ~ 부터 (공간 개념) *How do I get there from here?* ~ 부터 (시간 개념) *I will be at home from 6 pm.*

in ~ 안에 *There's some milk in the fridge. I will be staying in Tokyo for a week.* ~ 만에/쯤 걸려서 *Wait! I will get there in half an hour.*

in front of ~ 앞에 *There is a park in front of Central station.*

inside ~ 안(쪽)에 (밀폐) *I will leave the keys inside the box.*

into ~ 안으로 *The children dived into the river.* ~ 로 (형태 변화) *The man turned into a beast.*

like ~ 같이/처럼 *He was so hungry and he ate like a pig!*

near ~ 근처에 *The library is near the city hall.*

next to ~ 옆에 *The post office is next to the bank.*

of ~ 의 *The color of her dress was purple.* ~ 대하여 (피상적) *He's never heard of John Lennon.*

off 분리 *I got off the train at City Hall Station.*

on 접촉 *There are three cups on the table.* ~ 관한/관하여 formal, *I've been reading a book on the Korean War recently.*

onto ~ 표면으로 *She dropped the cup onto the floor.*

opposite ~ 맞은 편에 *There is a huge shopping center opposite the park.*

outside ~ 밖에 *I'll meet you outside the cinema at 2.*

over ~ 위로 *Look! A plane is flying over the harbour.* ~ 건너 편에 *There's a bus stop over the road.* ~ 걸쳐서 *Over the last decade, the country has developed a lot.*

per ~ 당/에 *The price of petrol is $1.30 per liter. It's $150 per person per night.*

since ~ 이래로 쭉 *We've been waiting here since 5.*

than ~ 보다 *This car is cheaper than the other.*

through ~ 관통/통과하여 (공간 개념) *She smiled at him as she walked through the door.* ~ 통과하여/내내 (시간 개념) *The weather forecast said that it will rain though the weekend.*

throughout ~ 짝 (공간 개념) *The company has its customer service centers throughout the country.* ~ 내내 (시간 개념) *E-mart opens every weekend throughout the year.*

to ~ 로 (방향) *She stood up and walked to the window.*

towards ~ 로 향하여 *He was walking towards me.*

under ~ 아래에 *They were hiding under a table.*

underneath ~ 접촉된 바로 아래에 *The letter was hidden underneath the table using sticky tape.*

unlike ~ 와 같지 않게 *It's unlike Greg to be late.*

until ~ 까지 (지속적 동작 동사와 함께) *You can keep the book until the end of this month. You can use the tool until this weekend.*

up ~ 위로 *Everybody walked up the hill.*

versus ~ 대 *There's going to be a soccer match tonight, Korea versus Japan.*

via ~ 를 거쳐서 *We flew to Seoul via Tokyo.*

with ~ 와 (함께) *I saw Bob with his girlfriend in town.* ~ 로 (수단, 도구) *Cut the rope with this knife.* ~ 로 (이유) *The girl was trembling with fear.* 명사에 정보 추가 *I'm looking for a house with a huge backyard.*

within ~ 이내에 (공간 개념) *There is no village within 50km.* ~ 이내에 (시간 개념) *We can have the test results back within 24 hours.*

without ~ 없이 *Homes without a garden are not very popular among families with children in Australia.*

worth 가치가 나가는 *'How much is your car worth?' 'It is worth around $20,000.'*

Index

교재 사용 방법

자극은 기억을 오래 지속하는 데에 그 효과가 엄청납니다. 매우 기뻤던 일, 슬펐던 일, 또는 충격적인 일들을 생생하게 기억하는 이유는 그 순간에 자극이 컸기 때문입니다. 마찬가지로 모든 영어 학습의 기본은 먼저 해설/해석을 보지 않고 자기 힘으로만 시도, 즉, 두뇌에 자극을 주는 것입니다. 의문을 갖고, 고민을 하는 과정 자체가 커다란 자극이 되어, 그런 자극 없이 해설/해석을 바로 보는 것 보다 기억에 많은 도움이 됩니다.

Warming up

이미 살펴보았듯이, 접속사와 전치사의 기본 개념과 그들의 자세한 소개가 되어있습니다. 철저하게 학습해야 하는 부분입니다. 무조건 암기하는 것이 아니라, 철저하게 이해를 하고 연습 문제로 들어가야 합니다. 연습 문제로 들어가기 전에 2-3회 이해 위주로 읽어봅니다. 기억은 연습 문제들을 풀다 보면 저절로 됩니다.

Exercises
Figurative Expression

한글 해설부터 바로 보지 말고, 우선 영영 사전식 의미 설명을 먼저 보시기 바랍니다. 그 다음 한글 해설을 보고, 스스로의 힘만으로 예문을 해석한 뒤, 한글 해석을 참고합니다.

콩글리시

우선 콩글리시가 무엇인지 파악하고서, 한글 해설을 먼저 봅니다. 그 다음 모든 예문들을 직접 해석해 보도록 합니다. 그리고, 한글 예문 해석을 참고합니다.

접속사와 전치사

해설과 답을 확인하지 않고 (종이 따위로 가리세요), 접속사와 전치사의 요약만을 참고하여, 10 문제 모두를 답해 봅니다. 그 다음에 한글 해설을 참고하여 답을 맞추어 봅니다.

마지막 단계

가장 중요한 단계입니다. 보통 한 회에 Figurative Expression, 콩글리시, 접속사, 전치사를 망라하여, 총 15-20 문장이 소개됩니다. 이 모든 연습 문제들을 한글 해석만을 보고, 영어로 말해봐야 합니다. 한 문장, 한 문장을 말해보고서, 바로 바로 확인해 봅니다.

왜 금방 한 것을 또 하느냐고요? 이유는 간단합니다. 우선은, 영어식 어순에 익숙해 지기 위함이고, 또 하나는 말하기 실력 향상입니다. 아무리 영어를 잘 알아듣는 사람도, 자기가 생각해 보지 않고, 해보지 않은 말은 절대 말 할 수 없거나 매우 서툽니다. 많은 토익 고득점자들이 말하기에 서툰 이유가 이것입니다. 여하간, 이 말을 바꾸어 말하면, 자기가 생각하고 해본 말은 웬만해서는 잘 잊혀지지 않습니다.

이런 질문들을 가끔 하십니다. '내가 이런 문장들을 영어로 말할 수 있을 것 같으면 내가 왜 이 책을 사서 공부를 하나?' 물론, 그렇게 할 수 있을 것이라고 기대하지도 않습니다. 다만, 중요한 것은, '영어로 말을 할 수 있기 때문에 말하는 것이 아니라', '영어로 말을 하기 위해서 말을 해봐야 합니다'. '영어로 이런 말을 어떻게 하지? + 무슨 수를 써서라도 한 번 의사 전달을 해보자'라는 과정을 거쳐야, 영어로 말을 할 수 있습니다.

다시 말하지만, 한국어 해석을 보고, 정확하게 영어로 말을 할 수 있는 것이 목표가 아니라, 자기가 생각한 것을 영어식 어순으로, 의사 전달 할 수 있으면, 그것으로 1 단계 성공입니다.

그리고, 문장이 어느 정도 구사되면, **명사(또는 상황) 바꾸기**, 즉 문장의 명사만을 학습자가 원하는 단어로 바꾸어 **새로운 문장을 만드는 것입니다.** '이것이 뭔 소린겨????', 다음 예문을 보겠습니다.

예문 1

*I couldn't go to **the post office** because I was so busy.*
→ *I couldn't go to **the bank** because I was so busy* 또는, *John couldn't go to **the bank** because he was so busy.*

예문 2

*There is **a bank** near the shopping center.*
→*There is **a subway station** near the shopping center,* 또는, *There is **a subway station** near the university.*

인간의 두뇌는 남의 말이나 글을 그냥 읽을 때, 또는 들을 때보다, 자기가 하고 싶은 말을 할 때, 훨~~~~얼~~~~~씬 기억을 잘 합니다. 이유는, 앞서 설명했듯이, 두뇌에 자극이 더 가해지기 때문입니다. 중요한 것은 억지로 아무 명사나 끼워 넣지 말고, **영어로든 한국어로든 상관없이 말하고 싶었던 또는, 말 해야 했던 학습자의 경험과 기억을 바탕으로 새로운 문장을 만들어야** 합니다.

교재 사용 방법을 철저하게 준수하여 학습을 하면, 하나의 excercise 가 결코 만만한 양이 아닙니다. 특히 처음에는 말이죠. 하지만, 이 방법으로 꾸준히 연습을 하면 실수가 줄면서 점점 더 완벽한 문장으로 말하는 여러분 자신을 보며 매우 놀라게 될 것임을 확신합니다.

그리고, 첨부된 audio file 들을 가장 효과적으로 활용하는 방법은 진도에 맞추지 말고, Ex 1 부터 Ex 201까지 무작위로 듣는 것입니다. '과연 그럴까' 라는 생각이 들겠지만, 시간대비 가장 효율적인 방법입니다.

Exercises 예문들의 특징
Exercises 의 모든 예문들은 일상에서의 다양한 상황과 주제들을 표현하고자 노력했습니다. 기존의 교재들이 중립적이고 지극히 평범한 주제들을 바탕으로한 문장들로만 구성되어 있는 반면, 본 교재는 많은 사람들이 흔하게 사용하는 생활적인 표현들로부터 정치적, 사회적 현상에 대한 의견들까지도 포함하고 있습니다. 이런 표현들은 필자의 개인적 시각이라기 보다는 신문, 방송, 인터넽 댓글 등에서 흔하게 거론되어지는 의견들에 바탕을 두고 있습니다. 그러한 문장들이 학습자의 의견과 다르더라도 너그러이 여기시어 학습에 걸림돌이 되는 일이 없기를 바란다는 필자의 당부입니다. ^^;

그리고, 가끔씩 비슷하거나 같은 해설이 띄엄 띄엄 반복되는 경우가 있습니다. 학습자들이 잠시라도 자연스럽게 복습을 하게끔 만든 필자의 의도이니 오해(실수?, 지면이 아까워서?) 없으시길 부탁드립니다.

Figurative Expressions (Sayings, Proverbs & Colloquial expressions)

the someone/something from hell someone or something that is the worst possible

hell 은 지옥입니다. '누군가 또는 무엇이 지옥으로부터 왔다' 라면 저승사자를 떠올리시는 분들도 계시리라 생각합니다. 여하간, 지옥에서 온 저승사자처럼 아주 끔찍하고 지긋 지긋한, 간단히 말하면, '최악' 이라는 표현입니다.

- It was *disaster after disaster* – the holiday from hell!

- I used to live with the *flatmate* from hell. She was so lazy and selfish.

- He is the teacher from hell. I'm sure (that) he doesn't know what he is teaching.

- We live *next door to* the neighbors from hell. They fight and yell all the time, and they never say hello.

- *이것은 사고의 연속 이었다 – 이번 휴가는 정말 최악이었다!*

- *나는 살곤 했다, 최악의 집을 나눠 쓰는 사람과. 그녀는 정말 게을렀고 이기적이었다.*

97년 필자가 호주의 수도 Canberra 에서 머물 당시에 겪었던 실화입니다. 허벅지가 필자의 두 배가 넘는 고도 비만인데도 반바지를 즐겨입고 다니면서 보는 이들을 괴롭게 했던, 핏짜 큰 것 세 판을 시켜서 냉장고에 재어 놓고 혼자 다 먹어치웠던, 인간이 얼마만큼 게을러 질 수 있음을 몸소 보여준 그녀를 생각하면 지금도 몸이 부르르 떨립니다. ^^;

- *그는 정말 최악의 선생이다. 나는 확신한다, 그는 모른다고, 그가 가르치는 것을. (모르면서 가르친다)*

- *우리는 산다 옆집에, 최악의 이웃들. 그들은 싸우고 고함친다 항상, 그리고 그들은 절대 말하지 않는다 인사를.*

Konglish   오무라이스

'오무라이쓰' 라는 말은 '오믈렛' 과 '쌀' 이 합쳐져 만들어진 단어로, 쌀을 좋아하는 일본인들과 한국인들의 식성에 맞게 진화된 새로운 음식의 이름입니다. 영어에서 '오무라이쓰' 라는 단어는 없습니다. omelet/오믈렛/을 밥과 같이 먹는 경우가 거의 없기 때문이지요. omelet 은 scrambled egg(계란 흰자와 노른자를 약간의 우유와 섞어서 볶은 것)에 버섯, 토마토 등의 다른 야채들을 곁들여 먹는 음식입니다.

- I love omelets/omelettes. With coffee, they're great for breakfast.

- Do you like fried rice with scrambled eggs? I will make it for you. Give me half an hour.

- *나는 정말 좋아한다 오믈렛들을. coffee 와 함께, 그들은 끝내준다 아침 식사를 위해(로).*

- *당신은 좋아합니까? 볶은 밥을, 계란 붙임이 딸린? 나는 만들겠다 이것을, 당신을 위하여. 줘라 나에게 30분을.*

오무라이쓰를 굳이 표현하고자 할 경우에 이렇게 말하면 됩니다.

The omelet looks yum!

Conjunctions

1. _____ restaurant you go to, I'm sure _____ you'll be satisfied with the food and the service.

2. *Try* this home-made ice cream _____ you've finished your meal.

3. Do you know the man _____ came to the party with Michelle last night?

4. Only around 30 per cent of the population support the **ruling party**, _____ the other 70 per cent support the **opposition parties**.

Prepositions

1. I have been waiting _____ an hour now. Do you really know when he will **turn up**?

2. Sorry, I'm late. I **got caught up** _____ heavy traffic.

3. The money exchange booth _____ the airport is open _____ the year.

4. Paul has refused to go out with us three times _____ **a row**. It is very _____ him.

5. How long does it take _____ Osaka _____ Tokyo _____ train/car/air?

6. Before the plane lands, it will fly _____ the Sydney Opera House and the harbour. So don't miss them.

Conjunctions

1. 어떤 식당을 당신이 가든지 *whatever, whichever*, 나는 확신합니다, 당신은 만족할 것이라고 *that*, 음식과 써비스에. 이미 언급된 식당 몇 개중에 하나를 의미합니다.

2. **먹어 보세요** 이 집에서 만든 아이스크림을, 당신이 마친 후에 *after*/마쳤다면 *if*/마치면 바로 *once*/마쳤을 때 *when*, 당신의 식사를.

3. 당신은 알고 있습니까 그 남자를, 그는 *who*, 왔습니다 파티에 미쎌과 지난 밤?

4. 단지 약 30%, 인구의,가 지지한다 **여당**을, 반면에 *while, whereas*/그러나 *but*, 나머지 70%는 지지한다 **야당**들을.

Prepositions

1. 나는 기다려오고 있는 중이다 한 시간 동안 *for*, 지금. 당신은 정말 알고 있습니까, 언제 그가 **나타날지**?

phrasal verb, turn up 과는 달리, '나타나다' 라는 의미를 가진 동사 appear 는 사람이 약속 장소 따위에 나타나는 의미로는 사용하지 않습니다. appear 는 눈 앞에 없던 물체나 사람이 갑자기 어디에선가 나타나는 경우에만 사용합니다. *A little girl suddenly appeared from behind a tree.* 작은 여자 아이가 갑자기 나타났다 나무 뒤로부터. *A few cracks appeared in the wall.* 몇 몇의 금들이 나타났다 벽에.

2. 미안합니다, 나는 늦었습니다. 나는 **잡혀 있었습니다** 극심한 교통 체증에 *in*.

3. 환전 창구, 그 공항에 *at*,는 엽니다, 1년 내내 *throughout*.

in 이 답이 되려면 공항(비행장)이 실내가 되어야 합니다. 그런 공항은 없으니 in 은 답이 될 수 없습니다.

4. 폴은 거절 했다 나가기를 우리들과, 세 번 **연속으로** *in*. 이것은 매우 그답지 않다 *unlike*.

5. 얼마나 길게(오래) 걸리나 오사카부터 *from*, 토쿄까지 *to*, 열차/차/비행기로 *by*?

by 다음에 교통수단 앞에 관사가 오지 않습니다. *by the car (x)*

6. 비행기가 착륙하기 전에, 이것은 날 겁니다, 씯니 오페라 하우쓰와 항구 위를 *over*/근처를 *near*. 그러니 놓치지 마세요 그들을.

이제 한글 해석을 보고 영어로 말해 볼 차례입니다.

Figurative Expressions (Sayings, Proverbs & Colloquial expressions)

feel/look like hell to be very ill or tired

직역은 '느끼다/보인다 지옥처럼'입니다. 누군가가 매우 아프거나 지쳐 보일 때, 혹은 그렇게 느껴질 때 사용하는 표현입니다. 역시 지옥은 동,서양을 막론하고 '최악의' 라는 표현의 가장 적절한 표현인 듯 합니다. 주의 하실 것은 이 표현은 주로 성인 남성들이 사용하는 표현입니다. 어린이들이나 여성들이 사용하면 좀 웃기게 들릴 수 있습니다.

- *I think (that) I need to see the doctor. I've been feeling like hell all week.*
- *I have been bitten by an ant on my foot and it feels like hell.*
- *'You look like hell. What happened to you?' 'I drank too much last night and I have a terrible hangover.'*

- *나는 생각한다, 내가 필요하다고 볼, 의사를. 나는 몸 상태가 매우 좋지 않아 왔다, 일주일 내내.*
- *나는 물렸다, 개미에 의하여, 내 발 위에, 그리고 이것은 정말 죽도록 아프다.*

호주의 불개미, fire ant 는 크기가 2 cm 이상되는 경우도 흔합니다. 물리면 정말 죽을 지경입니다. 이것도 필자의 경험담입니다.^^;

- *'너 많이 안 좋아 보인다. 뭔 일이 일어났나 너에게 (뭔 일 있어)?' '나 술 마셨다, 너무 많이 어젯 밤, 그리고 나는 가지고 있다 심각한 숙취를.'*

Konglish   케챱

ketchup/케첩/이 잘못된 영어는 아닙니다. 다만, 영어권에서는 tomato sauce/토마토 쏘쓰/를 훨씬 더 일반적으로 사용합니다. 정확하게 말하면, ketchup 은 tomato sauce 의 한 종류입니다. 그래서, 영어권 식당에서 ketchup 을 찾는 것 보다, tomato sauce 를 찾는 것이 좀 더 안전한 선택입니다. 사실 보통 사람들의 입맛에는 tomato sauce 나 ketchup, 둘 다 맛이 비슷합니다.

- *Do you have tomato sauce? I want to put some on my omelet/omelette.*
- *(At a supermarket) 'Where is tomato sauce?' 'It is in aisle 5.'*
- *Ketchup, also spelled catsup, is a kind of tomato sauce.*
- *The largest distributor of ketchup in the world is the H.J. Heinz company.*

- *당신은 가지고 있습니까 토마토 쏘쓰를? 나는 원합니다 넣기를, 약간을, 나의 오믈렛에.*
- *(수퍼마켙에서) '어디에 있습니까 토마토 쏘쓰가?' '이것은 있습니다 열 5에(5번 열에).'*
- *케첩, 또한 철자되어 진다, catsup으로,은 일종이다, 토마토 쏘쓰의.*
- *가장 큰 공급자, 케첩의, 세계에서,는 에이치. 제이, 하인즈 회사이다.*

Both the ketchup and the tomato sauce come in squeezable bottles.

Conjunctions

1. _____ you allow me or not, I am going to Europe for a holiday.

2. I agree with your teacher _____ you should review _____ you learn every day.

3. _____ participates in the game wins a prize.

4. _____ I drink a lot of water, I'm suffering from constipation.

Prepositions

1. Is there a water supply _____ the island?

2. The price _____ petrol has gone up so much **compared** _____ 10 years ago.

3. Please give me some tips _____ how to take good photos.

4. The driver was taken _____ hospital _____ serious **injuries** _____ his head and legs.

5. Sprinkle some sesame seeds _____ the meat.

6. Karl said (that) he saw a naked lady walking _____ him _____ his dream.

Conjunctions

1. 당신이 허락을 하든지 나를, 또는 하지 않든지 *whether*, 나는 간다 유럽으로, 휴가를 위해.

2. 나는 동의한다 당신의 선생님과, 당신이 복습해야 한다고 *that*, 당신이 배우는 것을 *what*/배우는 것이 무엇이라도 *whatever*, 매일.

3. 누구든지 참여하는 사람, 그 경기에,은 *whoever*, 이긴다(획득한다) 상을.

4. 내가 마실지라도 *although*, *though*, 많은 물을, 나는 고생하고 있다 변비로부터.

Prepositions

1. 있습니까 물 공급이, 그 섬에 *on*/섬을 위하여 *for*/섬으로 *to*?

2. 가격, 휘발유의 *of*,이 올랐다 매우 많이, 비교해서, 10년들 전과 *with*/10년들 전에 *to*.

3. 주세요 저에게 약간의 조언들을, 어떻게 찍는지에 관한 *about*, *on*/찍기를 위한 *for*, 좋은 사진들을.

4. 운전자는 데려다 졌다 병원으로 *to*, 심각한 부상들로 *with*/부상들 때문에 *because of*, *due to*, 그의 머리와 다리들에 *to*.

5. 흩어 뿌려라 약간의 참깨들을 고기 위에 *on*, *over*.

> 특별한 경우를 제외하고는 보통 sprinkle 뒤에는 전치사 on 이나 over 가 나옵니다. *Sam always sprinkle some chilli flakes on/over his instant noodles.* 쌤은 항상 흩어 뿌린다 약간의 고추가루를 그의 즉석 라면들 위에.

6. 칼은 말했다, 그는 보았다고 나체의 여인을, 걷고 있었다 그에게로 *to*/그를 향하여 *towards*/그와 *with*, 그의 꿈속에서 *in*.

이제 한글 해석을 보고 영어로 말해 볼 차례입니다.

Figurative Expressions (Sayings, Proverbs & Colloquial expressions)

can't help it/doing to be unable to stop doing something

직역은 '돕지 못한다 그것을/하는 것을' 입니다. 대명사 it 은 앞서의 상황을 받는 말입니다. '그 상황을 돕지 못한다는 말' 은 자기 자신도 자신의 행동을 멈출 수 없을 때에 '어쩔 수 없다' 라는 표현입니다. help 뒤에 '동사 + ing' 형태가 나오는 경우는 '동사 + ing 을 멈출 수 없다' 라고 이해하시면 됩니다. 예문을 보시면 이해가 더 쉬울 겁니다.

- *I always get angry with him, I just can't help it.*
- *Sorry! It was a joke. I couldn't help it.*
- *I can't help thinking about what happened to her.*

- *나는 항상 낸다 화를 그와(에게). 나는 어쩔 수 없이 그렇게(화내게it) 된다.*
- *미안합니다! 이것은 농담이었습니다. 참을 수 없었습니다 그것을(농담하는 것을).*
- *나는 멈출 수 없다 생각하는 것을, 무슨 일이 일어났었는지 관하여, 그녀에게. (어쩔 수 없이 계속 생각한다)*

Konglish   마요네즈

발음만 틀린 경우입니다. /마요네즈/가 아니라 /메요네이즈/입니다. 미국에서는 줄여서 /메요/라고도 합니다.

- *'Excuse me! Where is mayonnaise?' 'It's in aisle 7, next to cooking oils.'*
- *We need some mayo for the salad. Go **next door** and get some.*
- *Mayonnaise is made from vegetable oil and egg yolk. (the yellow part in the centre of an egg)*

- *'실례합니다! 어디에 있습니까 메요네이즈가?' '이것은 있습니다 열 7에(7번 열에), 요리용 기름들 옆에.'*
- *우리는 필요하다 약간의 메요가 쌜러드를 위해. 가라 **옆집에** 그리고 얻어라 약간을.*
- *메요네이즈는 만들어진다, 식물성 기름과 계란 노른자로(노란 부분, 중앙에, 계란의).*

Mayonnaise is also called 'mayo'.

Conjunctions

1. Check _____ the item is still on sale on the web site.

2. _____ you are in Sydney, visit your aunty.

3. I got an invitation from Mike, _____ house is around 10km from the city centre.

4. I've got a sore throat _____ I sneeze a lot. Do you have medicine for them?

Prepositions

1. The information centre is located _____ the shopping centre.

2. I have been suffering _____ indigestion since I had pork _____ dinner yesterday.

3. He is _____ a critical condition. I guess (that) the operation is the only option.

4. Anyone _____ 18 cannot purchase alcohol _____ Australia _____ law.

5. Flying _____ Australia _____ Tokyo or Osaka is cheaper _____ flying directly.

6. 'Do you have a vacant room?' '_____ how many people?' 'I'm _____ my wife and three children.

Conjunctions

1. 확인해라, 그 물품이 여전히 할인판매 중인지 *if, whether*, 웹 싸잍에서.

2. 당신이 있는 동안에 *while*/있을 때 *when*/있을 때마다 *whenever*/있다면 *if*, 씯니에, 방문해라 당신의 고모/이모를.

3. 나는 받았다 초대를 마잌으로부터, 그의 *whose*, 집은 있다 약 10km 시내로부터.

4. 나는 가지고 있다 아픈 목을, 그리고 *and*, 나는 재채기 한다 많이. 당신은 가지고 있느냐 약을, 그것들을 위한?

Prepositions

1. 그 정보 쎈터는 위치하여 있다, 그 쇼핑쎈터 위층에 *above*/아래에 *below*, *under*/뒤에 *behind*/옆에 *beside*, *next to*/안에 *in*/안쪽에 *inside*/밖에 *outside*/근처에 *near*/맞은편에 *opposite*.

2. 나는 고생 해 오고 있는 중이다, 소화불량으로부터 *from*, 내가 먹은 이래로 돼지고기를, 저녁을 위해(으로) *for*, 어제.

3. 그는 있다 심각한 상태에 *in*. 나는 추측한다, 수술이 유일한 선택이라고.

> someone is in a stable/critical/satisfactory etc condition 누군가가 있다 안정적인/심각한/만족할 만한 등의 상태에. 주로 건강 상태를 말할 때 사용합니다. *Last week my father had a heart attack and was admitted to hospital. He is in a serious condition.* 지난 주 나의 아버지는 가졌다 심장 마비를, 그리고 입원되었다 병원으로. 그는 있다 심각한 상태에.

4. 누구든지, 18세 이하 *under*, 는 구입할 수 없다 술을 호주에서 *in*, 법적으로 *by*.

5. 날아가는 것, 호주로 *to*/호주를 거쳐 *via*, 토쿄나 오사카를 거쳐서 *via*/토쿄나 오사카로 *to*, 는 더 싸다, 날아가는 것 보다 *than*, 바로.

6. '당신은 가지고 있습니까 빈 방을?' '몇 분을 위하여 *for*? (몇 분이세요?)' '저는 있습니다, 나의 아내, 그리고 셋(세 명의) 아이들과 *with*.'

Figurative Expressions (Sayings, Proverbs & Colloquial expressions)

put one's heads together to discuss a difficult problem together

직역은 '두다, 누군가의 머리들을 함께' 입니다. 머리를 함께 한다는 것은 생각을 모으는 것이고, 그러니 '어려운 문제를 함께 상의하다' 라는 의미가 됩니다.

- *We must put our heads together and see if we can* **come up with** *some new ideas.*
- *Come on guys! Put your heads together and* **figure** *something* **out**.
- *Let's put our heads together for some better design ideas.*

- *우리는 고민해야 한다 함께, 그리고 봐야 한다, 우리가* **떠올릴** *수 있는지, 몇 몇의 새로운 생각들을.*
- ***제발*** *여러분들! 모아서 당신들의 생각을,* **궁리해 내라** *무언가를.*
- *상의 합시다 함께, 몇 몇의 더 나은 설계 개념들을 위하여.*

They've literally put their heads together.

Konglish   마가린

다른 많은 콩글리시 단어들처럼 발음이 일본식인 경우입니다. /마가린/이 아니고 /메져린/이 맞는 발음입니다.

- *Spread margarine on the bread before you put ham and lettuce.*
- *Margarine is a healthier choice than butter for people with a high cholesterol level.*

- *넓게 펴서 발라라 메져린을 빵 위에, 당신이 놓기 전에 햄과 상추를.*
- *메져린은 더 건강한 선택이다 버터보다, 사람들을 위해서는, 높은 콜레스테롤 수치와(가지고 있는).*

This type of margarine is called 'stick margarine'.

Conjunctions

1. _____ you are sick, you should have a good rest.

2. Let's play golf sometime next week _____ the weather's good/fine.

3. Never ever lose your passport _____ you will ruin your holiday.

4. 'Do you remember _____ we met at a party sometime last year?' 'Yes! It was Stacy's birthday party.'

Prepositions

1. I have been living alone _____ graduation.

2. The service _____ Korean Air has improved a lot _____ the last few years.

3. He's got a few problems _____ his income tax.

4. Walk _____ the station and catch the train _____ the city centre.

5. This restaurant is very popular _____ families _____ children.

6. The match has been **put off** _____ tomorrow _____ bad weather.

Conjunctions

1. 당신이 아프면 if/아플 때 when/아플 때마다 whenever/아프기 때문에 because, since/아프므로 as, 당신은 가져야 한다 좋은 휴식을.

before 가 답이 되려면, before you get sick 으로 바뀌어야 합니다.

2. 우리 칩시다 golf 를 언젠가 다음 주, 날씨가 좋으면/화창하면 if/좋을 때/화창할 때 when.

3. 절대로 (절대로) 잃지 마라 당신의 여권을, 그렇지 않으면 or, 당신은 망칠 것이다 당신의 휴가를.

because, since 또는 as 가 답이 되기 위해서는 문장 맨 뒤에 if you do so 가 들어가야 자연스러운 표현이 됩니다.

4. '당신은 기억합니까, 우리가 만났다는 것을 (that), 파티에서 언제인가 작년?' '예! 이것은 스테이씨의 생일 파티였습니다.'

Prepositions

1. 나는 살아오고 있는 중이다 혼자, 졸업 이래로 since.

2. 써비쓰, 대한 항공에 on, 는 향상되어왔다 많이, 지난 몇 년들에 걸쳐서 over/동안 during, for/만에 in.

on 은 '기내'라는 의미로 on board(승선)의 on 과 같은 맥락으로 사용합니다.

3. 그는 가지고 있다 약간의 문제들을, 그의 소득세와 with/소득세 때문에 because of, due to.

4. 걸어라 역으로 to, 그리고 잡아라 그 열차를 시내를 향하는 for/시내로 to/시내에서 오는 from.

5. 이 식당은 매우 인기이다, 가족들 사이에 among/가족들과 with, 애들이 딸린 with.

'애가 없는' 의 의미로 families without children 이라고 표현하기보다, 그냥 couples 을 쓰면 됩니다.

6. 그 경기는 연기되었다 내일까지 until, 나쁜(궂은) 날씨 때문에 because of, due to.

이제 한글 해석을 보고 영어로 말해 볼 차례입니다.

Figurative Expressions (Sayings, Proverbs & Colloquial expressions)

help yourself to take or use something, such as food or tools without asking further permission from the owner

'도와라 당신 스스로를' 이라는 직역에 의미의 핵심이 있습니다. 스스로를 도와야 하니, 어떤 물건이나 음식을 누가 챙겨주는 것이 아니라 **직접 갖다 쓰거나 먹거나 하는 경우**에 사용하는 표현입니다. 예를 들어, 파티에서 음식이 차려져 있는 상태에서는 '스스로 맘껏 챙겨먹어라' 라는 의미이고, 사무실에서 필기구를 빌려야 하는 경우에는 직접 집어 주지 않고, '저기 있으니 알아서 맘 편하게 쓰세요' 라는 의미입니다. 여하간, '스스로 알아서 맘껏 먹거나 쓰라' 라는 매우 일상적인 표현입니다. 앞선 Ex 4 에서 간단하게 설명했는데 기억 나셨기를….

• *Please help yourself. There's plenty of food.*

• *'Can I use your pen for a minute please?' 'Help yourself.'*

• *'Can I have one of these doughnuts?' 'Help yourself.'*

• *맘껏 알아서 챙겨 드세요. 있습니다, 풍족한 양의 음식이.*

• *'제가 써도 됩니까 당신의 펜을, 1분 동안(잠시 동안)?' '맘껏 쓰세요.'*

• *'내가 먹어도 돼, 하나를, 이 도넛들의?' '알아서 챙겨 먹어.'*

Konglish 하드

나이 드신분들이 흔히 이야기하는 '하드' 는 보통의 아이스크림과는 확실하게 구별됩니다. 뭔가 딱딱하기도 하고. 그래서 '하드' 라는 이름이 붙여진 듯 합니다만, 전혀 영어다운 표현은 아닙니다. 영어로 ice lolly (영국), ice block (호주, 뉴질랜드) 또는 popsicle (미국과 캐나다, 상표명)이라 합니다. hard 가 형용사로는 '딱딱한', '어려운', '엄격한', 부사로는 '열심히' 라는 뜻으로 사용됩니다.

• *It's very hot! I will buy you an ice lolly/ice block.*

• *Mom! I want a popsicle please!*

• *I have been sitting on this hard wooden chair too long. My bottom hurts.*

• *This year's exam was much harder than last year's.*

• *I think (that) you're too hard on your child.*

• *My father has worked hard all his life.*

• *이것은 매우 덥다! 내가 사겠다 너에게 아이쓰 롤리/아이쓰 블록을.*

• *엄마! 나는 원해요 팝씨클 하나를 제발요!*

hard, adjective

• *나는 앉아 오고 있다 이 딱딱한 나무 의자에 너무 오래. 나의 엉덩이가 아프다.*

• *올해의 시험은 훨씬 더 어려웠다, 작년 것 보다.*

• *나는 생각한다, 당신은 너무 엄격하다고 당신의 아이에게.*

hard, adverb

• *나의 아버지는 일해 왔다 열심히 그의 일생(동안).*

ice lolly/ice block   popsicle

Conjunctions

1. _____ I told you already, dinner is *my treat*.

2. He told me last week _____ he is really good at golf _____ look at him now. He's *hopeless*.

3. I haven't been able to sleep well _____ I heard the truth behind the incident.

4. I believe _____ every government should provide free health care for its people.

Prepositions

1. I wanted to punch him _____ the/his nose when he was lying _____ his past.

2. Long time no see! I haven't seen you _____ last summer.

3. Give my best wishes _____ your parents when you see them.

4. Only people _____ plenty _____ money can afford to shop here.

5. John **was locked out** so he climbed _____ the kitchen window (and got) _____ the house.

6. The money exchange booth is _____ the duty free shop _____ the lobby _____ the airport.

Conjunctions

1. 내가 말했듯이 *as*, 당신에게 이미, 저녁식사는 **내가 대접한다**(쏜다).

2. 그는 말했다 나에게 지난 주(에), 그는 진짜 능하다고 *that*, golf 에, 그러나 *but*, 봐라 그를 지금. 그는 **형편없다**.

3. 나는 잠을 잘 수 없어 왔다 잘, 내가 들은 이래로 *since*/들었기 때문애 *because*/들었으므로 *as*, 진실을, 그 사건 배후의.

4. 나는 믿는다, 모든 정부가 제공해야 한다고 *(that)*, 무료 건강 제도를, 이것의 사람(국민)들을 위하여.

Prepositions

1. 나는 원했다 주먹을 날리기를 그를, 그의 코에 *on, in*, 그가 거짓말을 하고 있었을 때, 그의 과거에 관하여 *about*.

접촉의 의미를 가진 동사 + 사람 + on/in 부위 *When I kissed her on the/her lips, she slapped me in the/my face.* 내가 키쓰했을 때 그녀를 그녀의 입술에, 그녀는 찰싹 때렸다 나를 얼굴에.

2. 오랜만에 만나는군요! 나는 보지 못해왔다, 당신을 지난 여름 이래로 *since*.

3. 줘라 나의 진정한 마음들(안부)을 당신의 부모들에게 *to*, 당신이 볼 때 그들을

4. 오직 사람들, 충분한 돈을 가진 *with* ~*of*, 만이 감당할 수 있다 구매하는 것을 이곳에서.

5. 존은 **잠겨서 밖에 있었다**(열쇠가 없어서 못 들어가고 있었다), 그래서 그는 기어서 들어갔다 부엌 창문을 통하여 *through*, (그리고 들어갔다) 집안으로 *in, into*.

6. 그 환전 창구는 있다, 면세점 옆에 *next to, beside, by*/근방에 *near*/맞은 편에 *opposite*/뒤에 *behind*/앞에 *in front of*, 대합실 안에 *in*, 공항의 *of*.

이제 한글 해석을 보고 영어로 말해 볼 차례입니다.

Figurative Expressions (Sayings, Proverbs & Colloquial expressions)

have nothing to hide to be willing to tell people about everything one has done, because the person has done nothing dishonest, illegal, or immoral

직역은 '가지고 있지 않다, 아무것도, 숨길 것을' 입니다. 물론 직역은 '숨길 것이 아무것도 없다' 로 간단하지만, 이 표현에는 '법적으로나 도덕적으로 거리낄 것이 아무것도 없으니 모든 것을 다 이야기 할 수 있다' 라는 좀 더 깊은 의미가 있습니다. 간단하게 말하면 '떳떳하다' 입니다.

- *'I will ask you a few questions. You must tell me the truth.' 'Don't worry. I have nothing to hide.'*
- *There is no need to make up a story. We've got nothing to hide.*
- *The company claimed that the deal was legal and that they had nothing to hide.*

- *'내가 묻겠습니다 당신에게 몇 가지 질문들을. 당신은 이야기해야 합니다 나에게 진실을.' '걱정 마시오. 난 숨길 것이 하나도 없소이다.'*
- *필요 없다, 꾸며낼, 이야기를. 우리는 떳떳하다.*
- *그 회사는 주장했다, 그 거래는 합법적이었고, 그들은 떳떳했다고.*

Konglish   마트

mart/마트/는 영국식 영어로는 '시골 우시장' 정도의 의미가 있으나, 현대 영어에서는 사실 그리 많이 사용되지 않습니다. 한국에서는 대형 쇼핑쎈터 정도를 의미하는데, mart 라기보다 supermarket/수퍼마켙/이나 shopping centre 또는 shopping complex 라고 말하는 편이 적절합니다.

- *'Where are you going?' '**I'm on my way to** the supermarket/shopping centre.'*
- *The word 'mart' in Korea means 'a shopping centre' or 'a shopping complex', not a traditional market.*

- *'어디에 당신은 갑니까?' '나는 가는 길입니다, 수퍼마켙/쇼핑쎈터으로'*

앞에서도 두 번이나 소개되었습니다. sb + be + on sb's way to 장소 는 '주어가 어디 가는 길이다/중이다' 라는 의미로 영어권에서 밥 먹듯이 자주 쓰이는 구조입니다. 일상 생활에서뿐만 아니라 영화나 드라마 등에서 아주 쉽게 들을 수 있는 구조입니다. '너 뭐 해 빨리 안 오고?' 라는 전화상 질문에 '가는 중이야' 라는 대답으로, 'to + 장소'를 생략하여, 'I'm on my way' 라고 말합니다. *I'm on my way to the bank.* 나는 가는 길이다, 은행에. *'Why are they so late? They're supposed to be here by now!' 'Let's wait! They are on their way'.* '왜 그들이 이렇게 늦나? 그들은 되어 있다, 오기로 이곳에 지금까지는.' '기다리자! 그들은 오는 길이다.' *She was on her way to work when she witnessed the accident.* 그녀는 가는 길이었다 직장으로, 그녀가 목격했을 때 그 사고를. *I was on my way home when I met Amy.* 나는 가는 길이었다 집으로, 내가 만났을 때 에이미를. 여기서 home 은 to 의 의미가 포함된 부사, '집으로' 입니다.

- *단어 mart, 한국에서,는 의미한다 '쇼핑쎈터' 나 '쇼핑 단지' 를, 전통적인 시장이 아니라.*

Conjunctions

1. You should book with the restaurant for dinner _____ you go there.

2. Oh dear! I brought neither my mobile _____ my wallet.

3. I missed the last bus _____ I had to catch a taxi.

4. _____ Jeremy is an extremely busy man, he always comes for his mother's birthday party.

Prepositions

1. My son threw the ball _____ the roof.

2. Wow! You look much younger _____ before.

3. Don't show these letters _____ anyone else.

4. You must bring your passport and itinerary _____ you.

5. He slept _____ the movie again.

6. I can't imagine the world _____ you. It would be _____ the world _____ beer.

Conjunctions

1. 당신은 예약해야 한다 그 식당과, 저녁 식사를 위하여, 당신이 가기 전에 before 거기에(식당).

2. 맙소사! 나는 가지고 오지 않았다, 나의 휴대전화도, 나의 지갑도 nor.

이번에는 neither 와 nor 가 둘 다 목적어 앞에서 부정을 했습니다. 한 번 자기 자신이 하고 싶은 말을 neither ~ nor 를 사용하여 만들어 볼 때도 되지 않았나 생각합니다. 만들어 보세요.

3. 나는 놓쳤다 마지막 버스를, 그래서 so, 나는 잡아야 했다 택시를.

4. 제레미가 극단적으로(매우) 바쁜 남자일지라도 although, though, 그는 항상 온다 그의 어머니의 생일 파티를 위해.

Prepositions

1. 나의 아들은 던졌다, 그 공을 지붕 위로 onto/지붕 너머로 over/지붕의 높이 보다 높게 수직으로 above/향하여 towards.

on 을 쓰면 두 가지 의미가 됩니다. 하나는 '지붕 위 표면으로 공을 던졌다' 이고 다른 하나는 '공을 지붕 위에서 던졌다' 가 됩니다.

2. 와! 당신은 보인다 훨씬 젊게, 그 전보다 than.

거의 모든 성인들이 좋아하는 말이 아닐까 생각합니다. 자주 사용하세요. 특히 여성분들에게.

3. 보여주지 마세요 이 편지들을, 다른 사람들에게 to.

4. 당신은 반드시 가지고 와야 합니다 당신의 여권과 일정표를, 당신과 with.

여행사 직원이 해외 여행을 앞 둔 고객에게 하는 말입니다.

5. 그는 잤다, 영화 도중에 during/영화 내내 through/throughout, 또.

before 와 after 도 가능하기는 하나, before/after watching the movie 가 더 자연스럽습니다.

6. 나는 상상할 수 없소 세상을, 당신 없는 without. 이것은 세상 같을 like, 것이오. 맥주 없는 without.

필자가 맥주를 좋아해서 ^^; 여러분들의 상황에 맞게 beer 를 다른 단어로 바꿔보세요.

이제 한글 해석을 보고 영어로 말해 볼 차례입니다.

Figurative Expressions (Sayings, Proverbs & Colloquial expressions)

over the hill no longer young, and therefore no longer attractive or good at doing things, or simply old

직역은 '언덕(고개) 넘어' 입니다. '언덕' 은 '중년' 을 의미하는데,'나이가 먹어서, 더 이상 매력적이지도 않고, 별 쓸모가 없다' 라는 표현입니다. 단지, '늙었다' 라는 의미로도 사용되는데, 여기서 hill(나이)는 주관적 개념이어서, 마흔이 될 수도, 쉰, 예순이 될 수도 있습니다. 우리말에 비슷한 표현으로는 '한 물 갔다' 정도 입니다.

- *Susan thinks (that) she's over the hill, but she's only 32.*
- *My boss is over the hill now. I guess (that) he will retire in a year or two.*
- *He was one of the best players in the team but he is over the hill now, I guess.*

- *수잔은 생각한다, 그녀가 한 물 갔다고. 그러나, 그녀는 단지 서른 둘이다.*
- *나의 상관은 많이 늙었다. 나는 추측한다, 그는 은퇴할 것이라고, 일 이년 만에.*
- *그는 하나였다, 최고 선수들의, 팀에서, 그러나 그는 한 물 갔다 지금은, 내가 추측하기에.*

Konglish   아이 쇼핑

나름대로 그럴듯한 구조를 지녔습니다, eye + shopping. '눈요기를 위해 여러 상점을 다니면 물건을 구경하는 것' 을 의미하죠. 영어로는 window shopping 이라고 합니다. shop/show window 에서 window 를 따서 window shopping 이 되었습니다.

- *My girlfriend goes to the city centre to do window shopping every weekend.*
- *Katie! Let's have lunch together in the city center and go window shopping.*
- *Some people think (that) window shopping is a waste of time while others think (that) it's fun.*

- *나의 여자 친구는 간다 시내로, (가서) 한다 윈도 쇼핑을 매 주말.*
- *케이티! 먹자 점심을 함께 시내에서, 그리고 가자 윈도 쇼핑을.*
- *어떤 사람들은 생각한다, 윈도 쇼핑은 낭비라고, 시간의, 반면, 다른 사람들은 생각한다, 이것은 재미있다고.*

Manikins are displayed in the shop/show window.

Conjunctions

1. I called her on her mobile several times _____ she never answered.

2. _____ you get on the train, you can start to relax.

3. John told me _____ the girl was much nicer _____ he at first thought.

4. I'm not going to the party _____ you're going.

Prepositions

1. I will return your car _____ Friday morning.

2. The weather forecast said (that) the rain will continue _____ the week.

3. Many Korean parents tend to spend more money _____ their children's education than _____ food.

4. Patrick hid the key _____ the door mat.

5. 'Are we there yet?' 'Stop asking! We will get there _____ half an hour.'

6. No way! The car is not _____ $5000.

Conjunctions

1. 나는 전화했다 그녀를, 그녀의 휴대 전화에, 여러 번들, 그러나 but, 그녀는 절대 받지 않았다.

2. 일단 당신이 타면 once/만약 당신이 타게 된다면 if/당신이 탓을 때 when 열차에, 당신은 시작할 수 있다, 느긋해지기를.

3. 존은 말했다 나에게, 그 젊은 여자는 훨씬 더 착하다고 (that), 그가 처음에 생각했던 것보다 than.

> 누군가가 '착하다/좋은 사람이다' 라는 형용사는 nice 입니다. good 은 주로 '잘 한다' 의 의미.

4. 나는 가지 않는다 그 파티에, 당신이 가지 않는다면 unless/당신이 간다면 if/당신이 갈지라도 although, though/당신이 가기 때문에 because, since/당신이 가므로 as.

Prepositions

1. 나는 돌려 줄 것이다 당신의 차를 금요일 아침에 on/아침까지 by/아침 전에 before.

> after 도 가능하기는 하나 '금요일 오후/저녁에' 는 on Friday afternoon/evening 으로 표현함이 더 자연스럽습니다.

2. 기상 예보는 말했다, 이 비가 계속될 것이라고, 이번 주 내내 through, throughout.

3. 많은 한국 부모들은 경향이 있다, 쓰는 더 많은 돈을, 그들 자녀들의 교육에 on, 음식에 on, 보다.

> spend + $ + on + something/somebody 쓰다 돈을 무엇/누군가에 I spend around $20 on cigarettes per week. 나는 쓴다 약 20 달러를 담배들에 일주일에. I don't want to spend money on you anymore. 나는 원하지 않는다 쓰기를, 돈을, 당신에, 더 이상

4. 팻릭은 숨겼다 그 열쇠를, 문(현관) 발판 아래에 underneath, under.

5. '있는가 우리가 그곳에 아직? (우리 아직 도착 안 했어?)' '멈춰라 묻는 것을! 우리는 도착할 것이다 그곳에, 30분 이내에 within/ 30분 만에 in.

6. 그럴 리가 없다! 그 차는 나가지 않는다, 오천 달러 가치가 worth.

이제 한글 해석을 보고 영어로 말해 볼 차례입니다.

Figurative Expressions (Sayings, Proverbs & Colloquial expressions)

hit the road to begin a journey

직역은 '친다 또는 때린다 그 길을' 입니다. 전형적인 구어체적인 표현으로 '먼 길을 떠나다, 여정을 시작하다' 라는 의미입니다. 아래에 흔히 '여행'으로 잘못 알고 있는 어휘들의 용법을 분리해놓았습니다.

- *We are all ready. Let's hit the road.*
- *We have to hit the road very early tomorrow morning.*
- *I'd love to stay longer, but it's really time to hit the road.*
- *They've already hit the road. They will get here by midnight.*

- *우리는 모두 준비되었다. 떠나자.*
- *우리는 떠나야 한다 매우 일찍, 내일 아침.*
- *나는 머물고 싶다 더 오래, 그러나 이것은 정말 시간이다, 떠나야 할.*
- *그들은 이미 떠났다. 그들은 도착할 것이다 이곳에, 자정까지.*

---

travel 주로 동사로, 핵심 뜻은 '이동하다'.

We traveled/travelled across Eastern Europe by train. 우리는 이동했다/다녔다 동부 유럽을 가로질러 열차로.

The car was traveling/travelling at around 100 kph. 그 자동차는 이동하고 있었다, 약 100 킬로미터쓰로 시속.

Light travels faster than sound. 빛은 이동한다 더 빨리 소리보다.

journey 주로 명사로, 시간을 강조한 '긴 여정'.

It was a long journey home from London. 이것은 긴 여정이었다, 집으로 런던으로부터.

These birds make an incredible 10,000-kilometre journey to Africa every winter. 이 새들은 가진다, 믿을 수 없을 정도의 만 킬로미터쓰 여정을, Africa 로 매 겨울.

trip 주로 명사로, 뜻은 어떤 목적을 가진 '방문'. journey 에 비해 느낌이 짧은 여정.

The return trip will cost $8.50. 왕복 여정은 들 것입니다, 8달러쓰 50쎈츠가.

*My husband **is on a business trip** to Japan now.* 나의 남편은 **출장 중입니다**, 일본으로, 지금.

tour 주로 명사로, 뜻은 여기 저기를 둘러보며 즐기는 '관광'

The package tour includes return air fares, hotel accommodations and daily breakfast. 그 묶음 관광은 포함한다, 왕복 비행 요금들, 호텔 숙박들과 매일 아침식사를.

We had a guided tour around the island. 우리는 가졌다 안내자가 딸린 관광을, 섬 주위(를 둘러 보았다).

holiday 주로 명사로 뜻은 '휴가'

I've just come back from holiday in Guam. 나는 막 돌아왔다 휴가로부터, 괌에서.

*My parents **are on holiday** in Jeju Island at the moment.* 나의 부모님은 **휴가 중이다**, 제주도에서, 현재에.

Konglish   디씨 (디스카운트)

DC는 direct current(직류 전류)의 약자 입니다. 영어에서는 '할인' 의 의미로 dc 라고 절대 줄여 쓰지 않습니다. discount/디스카운트/는 주로 동사 get, give 등과 함께 쓰입니다.

- *Members **get** a 15% discount.*
- *The new credit card **gives** you a discount on rail travel.*
- *Employees can buy things **at a discount**.*

- *'Can I **get** a discount please?' 'Sorry. It's already discounted.'*

- 회원들은 얻는다 15% 할인을.
- 새로운 신용카드는는 준다 당신에게 할인을 기차(로) 이동에.
- 직원들은 살 수 있다 물건들을, **할인된 가격으로.**
- '제가 얻을 수 있나요 할인을? (좀 깎아 주시겠어요?)' '미안합니다. 이것은 이미 할인되어 있습니다.'

Conjunctions

1. Do not drink _____ you completely recover.

2. _____ you go, send me an email.

3. Let's have a beer _____ (we are) waiting for our meals.

4. _____ you visit Korea, go to Minsokchon. It's a traditional Korean village.

Prepositions

*1. Three pretty and **slim** girls were strolling _____ the beach.*

2. We spent over 2 hours, waiting _____ you _____ the rain.

3. Sally has damaged her car _____ repair.

4. His new office is _____ the second floor, _____ a lawyer's office.

5. Many native English teachers working _____ Korea don't know _____ how languages operate _____ all.

6. The value _____ the Australian dollar has increased _____ the slow US economy.

Conjunctions

1. (술) 마시지 마라, 당신이 완전히 회복할 때까지 *until*.

2. 어디를 당신이 가던지 *wherever*/가면 *if*/가기 전에 *before*/갈 때 *when*, 보내라 나에게 전자 우편을.

3. 마시자 한 (잔) 맥주를, 기다리는 동안에 *while*, 우리의 식사들을.

4. 당신이 방문할 때 *when*/방문한다면 *if*, 한국을, 가라 민속촌으로. 이것은 전통 한국 마을이다.

Prepositions

1. 세 (명의) 예쁘고 **날씬한** 여자들이 산책하고 있었다 해변을 따라서 *along*/해변에서 *on*/해변 위쪽으로 *up*/해변 아래쪽으로 *down*.

2. 우리는 보냈다 두 시간들 넘게, 기다렸다 당신을 *for*, 빗속에서 *in*.

3. 쎌리는 손상시켰다 그녀의 자동차를, 수리 가능한 상태를 초과하여 *beyond*.

4. 그의 새로운 사무실은 있다 2 층에 *on*, 변호사 사무실 옆에 *beside*, *next to*/근처에 *near*/맞은편에 *opposite*/뒤에 *behind*.

5. 많은 원어민 영어 교사들, 일하는 한국에서 *in*,은 모른다, 어떻게 언어들이 작용하는지에 관해 *about*, 전혀 *at*.

'어떻게 언어들이 작용하는지를 모른다' 라고 하려면 about 을 생략합니다.

6. 가치, 호주 달러의 *of*,는 상승(증가)했다, 늦은(침체된) 미국 경제 때문에 *because of*, *due to*.

이제 한글 해석을 보고 영어로 말해 볼 차례입니다.

Figurative Expressions (Sayings, Proverbs & Colloquial expressions)

make yourself at home to tell someone to relax and become less formal

직역은 '만들어라 당신 자신을 집에(있는 것처럼)' 입니다. 자기 집만큼 편한 곳이 없다고들 합니다. 방문객에게 자기 집에서처럼 '격식 없이 편하게 있어라' 라는 호의의 표현입니다. 집이나 사무실을 방문한 손님에게 아주 흔하게 사용하는 표현입니다.

- *Make yourself at home while I get some coffee.*
- *Make yourself at home. This is your room. Take a shower first if you want.*

- *편하게 계세요, 제가 가지고 오는 동안에, 약간의 coffee 를.*
- *편하게 쉬세요. 이것이 당신의 방입니다. 하세요 샤워를 먼저, 당신이 원한다면.*

Konglish   바겐

bargain/바겐/은 '정상 가격 보다 아주 많이 싸게 사는 것' 을 의미입니다. 주로 명사로 사용되는데, 주의 하실 것은 한국에서와 같이 bargain + sale 로 함께 사용되지 않고 단독으로 사용됩니다. 동사로 '임금 조건 따위를 협상하다' 라는 의미도 있습니다.

- *It's an attractive little home, and I think (that) it's a bargain.*
- *That second-hand table was a real bargain. I only paid $150 for it.*
- *Good knives don't come at bargain prices.*
- *Thousands of **bargain hunters** (= people looking for things to buy at low prices) queued up for hours.*
- *They bargained **over** the level of wages.*

- *이것은 매력적인 작은 집이다, 그리고 나는 생각한다, 이것은 정말 거저라고.*
- *저 중고 탁자는 정말 쌌다. 나는 단지 지불했다 150 달러쓰를, 그것을 위해.*
- *좋은 칼들은 오지 않는다, 싼 가격들에. (좋은 칼들은 싼 가격에 살 수 없다)*
- *몇 천명의 (아주 많은) **싼 물건을 찾는 사람들**이 줄을 섰다, 몇 시간 동안.*
- *그들은 흥정했다 수준, 임금들의(임금 수준)에 **대하여**.*

It's an advertisement for a warehouse store. The ladies in it look so happy.

Conjunctions

1. Damn! I can't use the Internet _____ the new modem arrives.

2. Please stay inside your home _____ the harsh weather has cleared.

3. Last winter was very cold _____ this winter has been mild.

4. Doctors _____ were found guilty of raping their patients during endoscopy must not be allowed to continue their **practice**.

Prepositions

1. Simon walked _____ the creek.

2. I think (that) Jeju Island is the best holiday destination _____ the many places _____ Korea.

3. We must arrive _____ Tokyo _____ sunset.

4. You can visit my office any **day** _____ weekends.

5. The rent _____ a 4 bedroom house _____ Brisbane is _____ $400 and $700 _____ week. The prices vary, depending _____ the suburb.

6. You can't just bury your head _____ the sand. Pretending that there's no problem isn't going to help _____ all.

Conjunctions

1. 제기랄! 나는 사용할 수 없다 인터넷을, 새로운 모뎀이 도착할 때까지 *until*/도착하지 않는다면 *unless*.

2. 머무세요 당신의 집 안에, 거친 날씨가 걷힐 때까지(치워질 때까지) *until*.

3. 지난 겨울은 매우 추웠다, 그러나 *but*/반면에 *while, whereas*, 올 겨울은 온화해 왔다.

4. 의사들, 그들은 *who*, 발견되었다 유죄로, 강간의, 그들의 환자들을, 내시경 중에,은 절대 허락되어져서는 안 된다, 계속하기를,그들의 **진료 행위**를.

신문 기사의 흔한 댓글을 옮겨 보았습니다.

Prepositions

1. 싸이몬은 걸어 갔다 개울(을) 따라서 *along*/안에서 *in*/로 *to*/향하여 *towards*/개울 상류 쪽으로 *up*/하류 쪽으로 *down*/근처를 *near*.

2. 나는 생각한다, 제주도가 가장 좋은 휴가지라고, 그 많은 장소들 사이에 *among*, 한국에서 *in*.

3. 우리는 반드시 도착해야 한다, 토쿄에 *in*, 해가 질 때 *at*/해가 지기 전에 *before*/해질 때까지 *by*.

4. 당신은 방문할 수 있습니다 나의 사무실을, 어떤 **요일**(에도), 주말들을 제외하고는 *but, except*.

5. 집세, 4 방 주택(방 4개를 가진 주택)을 위한 *for*, 브리즈번에서 *in*,는 있다 400달러와 700달러 사이에 *between*, 주 당 *per*. 그 가격들은 다양하다, 동네(지역)에 따라 *on*.

6. 당신은 그냥 묻을 수 없다 당신의 머리를 모래 속에 *in*. 척 하는 것, 없다고 문제가,은 돕지 않을 것이다 (도움이 되지 않을 것이다) 전혀 *at*. Ex 23

이제 한글 해석을 보고 영어로 말해 볼 차례입니다.

Figurative Expressions (Sayings, Proverbs & Colloquial expressions)

keep (one's) distance (from someone/something) to avoid becoming too friendly with someone or too closely involved in something

직역으로 '유지하라, (누군가의) 거리를 (누군가/어떤 것으로부터)' 입니다. 물론 물리적인 거리를 의미할 때도 있지만, 많은 경우 '누군가와 너무 가까이 지내지 말라' 나 '어떤 일에 너무 깊이 연루되지 말라' 라는 식으로 사용됩니다. 서양이나 동양이나 어떤 사람들과 너무 가까이 지내는 것이 문제가 되는 것은 매 한가지인가 봅니다.

- *You'd better keep your distance from the next door neighbor. He is **weird**.*
- *I'd keep some distance from what is going on about the project at your company if I were you. It all seems a bit fishy to me.*
- *I think (that) many Koreans tend to keep some distance from people with a different cultural background.*

- 당신은 낫겠다 두는 편이 당신의 거리를, 옆집 이웃으로부터. 그는 **이상 + 기이**하다.
- 나는 두겠다 약간의 거리를, 돌아가고 있는 것으로부터, 그 계획에 관해, 당신의 회사에서, 내가 당신이라면. 그 모든 것이 인 듯하다, 좀 구린내가 난다고 나에게. (뭔가 정직하지 못한 느낌)
- 나는 생각한다, 많은 한국인들은 경향이 있다고, 두는, 약간의 거리를, 사람들로부터, 다른 문화적 배경을 가진.

Konglish   쎄일

한국에서 sale/쎄일/하면 '할인' 이라는 개념이 가장 먼저 떠오릅니다. 하지만 영어에서는 '판매 중'과 '할인' 이라는 두 가지의 의미로 사용됩니다. 그래서 무조건 '할인' 으로 해석하면 오해의 소지가 생길 수 있습니다.

- *A wide range of women's winter clothing **is on sale** at the department store.*
- *A new tablet pc from Apple will **go on sale** (=will begin to be sold) next week.*
- *This backpack **was on sale** for only $30.*

- 넓은 범위의 여성 겨울 의류가 **판매 중/할인 판매 중**이다 그 백화점에서.
- 새로운 손에 쥐고 이동할(가지고 다닐) 수 있는 컴퓨터, 애플로부터,는 **판매되기 시작**할 것이다 다음 주.
- 이 등에 매는 가방은 **할인 판매 중**이었다 단지 30 달러쓰에.

These sale banners mean that things are being sold at discounted prices.

Conjunctions

1. Harry goes fishing _____ he has **time to spare**.

2. 'What channel do you want to watch?' 'I don't care. Just watch _____ you want.'

3. Please let me know _____ you still want the book. Otherwise I will give it to someone else.

4. _____ you are **see**ing at the moment, you should not keep it secret from your parents.

Prepositions

1. He's worked _____ the same office week _____ week, year _____ year, _____ 2008.

2. A holiday _____ Europe _____ 10 days will cost around $5,000.

3. Don't worry! I will be _____ you all the time.

4. You'd better book a rental car _____ the holiday _____ **advance**.

5. Greg leaned the ladder _____ the house and climbed up _____ the roof.

6. We used some dead trees _____ fuel _____ the fire while camping _____ the mountains.

Conjunctions

1. 헤리는 간다 낚시를. 그가 가질(있을) 때 마다 *whenever*/가질 때 *when*/시간이 되면 *if*/있기 때문에 *because*, *since*/있으므로 *as*, **여유 시간을**.

2. '무슨 채널을 당신은 원하는가, 보기를?' '나는 상관없다. 그냥 봐라, 당신이 원하는 것을 *what*/원하는 것 무엇이라도 *whatever*.

3. 허락하세요 내가 알게(알려주세요), 당신이 여전히 원하는지 *if, whether*, 그 책을. 그렇지 않으면, 나는 줄 것입니다, 그것을 다른 사람에게.

4. 누구를 당신이 보든지(**사귀든지**) *whoever*, 지금, 당신은 유지해서는 안 된다, 그것을 비밀로, 당신의 부모님들로부터.

동사 see 는 '사귄다' 라는 의미도 가지고 있습니다. Are you seeing someone? 은 Are you dating someone? 또는 Are you going out with someone? 과 거의 같은 표현입니다.

Prepositions

1. 그는 일해왔다, 같은 사무실에서 *at*/사무실 안에서 *in*, 매 주 *after*, 매 년 *after*, 2008년 이래로 *since*.

2. 휴가, 유럽에서 *in*/유럽을 둘러서 *around*/유럽을 가로질러 *across*/유럽으로 *to*, 열흘 동안 *for*,는 비용이 든다, 대략 오천 달러쓰.

3. 걱정 마라! 내가 있을 것이다, 당신과 *with*/당신 뒤에 *behind*/곁에 *by* 항상.

이번 문장에서 behind 와 with 는 추상적인 의미 즉, support '지지/성원' 이라는 의미도 포함합니다.

4. 당신은 낫겠다, 예약하는 것이, 렌탈 자동차를, 휴가를 위하여 *for*, 미리 *in*.

5. 그렉은 기대었다 사다리를 집에 *against*, 그리고 기어 올랐다 지붕 위로 *onto*.

보통 사다리는 힘이 꽤 받히게 지지해야 함으로, 살짝 접촉하는 on 은 답으로 적절치 않습니다.

6. 우리는 사용했다 약간의 죽은 나무들을, 연료로서 *as*, (모닥)불을 위해 *for*, 야영 중에, 그 산들 속에서 *in*.

'산 속에서' 는 대부분 복수형 in the mountains, '산에서' 는 단수형 on the mountain 이라 합니다. *We nearly froze to death on the mountain while camping, although we had sleeping bags.* 우리는 거의 얼어 죽을 뻔 했다 산에서, 야영하는 동안, 우리가 가지고 있었지만 침낭들을.

이제 한글 해석을 보고 영어로 말해 볼 차례입니다.

Figurative Expressions (Sayings, Proverbs & Colloquial expressions)

there's no place like home to say that home is the best of all places

'없다, 장소가, 집 같은' 이 직역으로, '세상 어디에도 자기 집 만큼 편한 곳은 없다', 즉, '부모 형제가 있는 나의 집이 가장 좋은 곳' 이라는 표현입니다.

- *The holiday was so tiring. There's no place like home.*
- *After I spent a year overseas, I found (that) there's no place like home.*

- 휴가는 매우 피곤했다. 역시 집이 최고야.
- 내가 보낸 이후로 1년을 해외에서, 나는 알았다, 없다는 것을 자기 집만큼 좋은 곳이.

Konglish   서비스

단어 service/써비쓰/는 다양한 의미로 사용되는 단어입니다. 그 범위가 넓고 그 뜻을 한국어로 옮기기가 애매한 경우도 많아서, 이번에는 다양한 예문을 통하여 설명을 대신 하겠습니다. 모두가 일상적으로 흔하게 쓰이는 용법이나, 한국 식당이나 술집에서의 '공짜' 라는 의미로는 절대로 사용되지 않습니다.

- *A wide range of financial services are available at the ANZ Bank.*
- *Restoring all the essential services (= health, postal and fire services, the police and organizations that provide basic things such as water, gas, or electricity) damaged by the earthquake is our top priority.*
- *He was sentenced to 100 hours of* **community service** *.*

- *The service at the restaurant was terrible and so was the food.*
- *We insist on high standards of customer service.*

- *These trains have been* **in service** *for many years.*
- *The elevator/lift is still* **out of service** *.*
- *My secretary is* **at your service** *.*

- *The service is held in the chapel at 10 am every Sunday.*
- *The memorial service for the disaster victims will be held at 11 am tomorrow.*

- *Her son is in the services.*
- *The military service in Korea is compulsory for most men 18 and over.*

- *I'm getting the bus home – my car's in for a service.*

- *The set score is 4 all (4:4). It's your serve/service in this set.*

- *(At a restaurant) Mike! You eat at my restaurant very often. Try this. It's* **on the house** *.*

공공/대중 업무
- 다양한 범위의 재정(돈에 관련된) 써비들이 있다(가능), ANZ 은행에.
- 원상복구 시키는 것, 모든 필수 적인 써비쓰들를(= 건강, 우편 그리고 소방 services, 경찰 그리고 기관들, 그것들은 제공한다 기본적인 것들을, 예를 들어 물, 개쓰나 전기) 손상된, 지진에 의하여,은 우리의 최상으로 중요한 일이다.
- 그는 선고되었다 100 시간들의 **지역사회 봉사활동**에.

고객 대우
- 써비쓰, 그 식당에,는 형편없었고, 그랬다(형편 없었다) 음식도.
- 우리는 고집한다 높은 수준들을, 고객 써비쓰의.

이용 가능/이용 불가
- 이 열차들은 이용되어 왔다 많은 해들(세월) 동안.
- 이 승강기는 여전히 이용할 수 없다.
- 나의 비서는 당신을 도울 것입니다.

예배/의식

- 예배는 열린다 예배당 안에서 오전 10시에 매주 일요일.
- 추도식, 재난 피해자들을 위한, 은 개최될 것이다, 오전 11시에, 내일.

군 복무

- 그의 아들은 있다 군 복무 중에.
- 군 복무, 한국에서,는 의무적이다 대부분의 남자들에게, 18세 그리고 초과(18세 이상).

자동차 정비

- 나는 잡을 것이다 버쓰를 집으로 – (왜냐하면) 나의 차는 들어갔다 정비를 위해.

운동

- 셸 스코어가 4:4 이다. 당신이 serve 를 넣을 차례이다 이번 셸에.

- (식당에서) 마잌! 당신은 먹는다 나의 식당에 매우 자주. 한 번 드셔봐 이것을. **돈 받지 않을 테니**.

Conjunctions

1. I **am willing to** pay _____ price you're asking for your work.
2. Zoe and her family really enjoyed Bali, _____ they spent 2 weeks.
3. The product _____ I ordered from Japan arrived yesterday.
4. 'Do you know _____ Korean cars are popular in Australia?' 'It's _____ Korean cars offer good value for money.'

Prepositions

1. It is generally true that people _____ a **relationship** are happier.
2. The course is aimed _____ **those** aged 16 **and over**.
3. _____ **date**, no cure has been found _____ Parkinson's disease.
4. I became so nervous when I got _____ **board** because it was my first air trip.
5. I'll be home _____ 6:30, I promise.
6. _____ the pressure _____ the US, it seems that North Korea is still secretly developing its nuclear missiles.

Conjunctions

1. 난 **기꺼이 지불하겠다**, 어떤 가격이라도 whatever, 당신이 요구하는, 당신의 작품을 위해.
2. 조와 그녀의 가족은 정말 즐겼다 발리를, 그곳에서 where, 그들은 보냈다 2주들을.
3. 상품, 내가 주문한 (which, that) 일본으로부터,가 도착했다 어제.
4. '당신은 아느냐 왜 why, 한국 차들이 인기가 있는지/한국 차들이 인기가 있다는 것을 that, 호주에서?' '그것은 한국차들이 제공하기 때문이다, because, 좋은 가치를 돈에 비해.

It's since 또는 It's as 라고는 잘 말하지 않습니다.

Prepositions

1. 이것(that 이하)은 일반적으로 사실이다, 사람들, **연애 관계** 안의 in, 은 더 행복하다.
2. 그 과정은 목표되어 있다 **사람들**에게 at, 나이든 16세, 그리고 초과(16세 **이상**).
3. **오늘날까지** to, 어떤 치료도 발견되어지지 않아왔다, 파킨슨 질병을 위한 for.
4. 나는 되었다 매우 긴장하게, 내가 **승선** on, 했을 때, 이것이 나의 첫 번째 항공 여행이었기 때문에.
5. 나는 도착할/있을 것이다 집에, 여섯 시 삼십 분에 at/분까지 by/전에 before/이후에 after, 내 약속한다.
6. 압력에도 불구하고 despite, 미국으로부터 from, 이것(that 이하)이 그런 듯하다, 북한은 여전히 비밀리에 개발 중이다, 이것(북한)의 핵 미사일들을.

of 를 사용해서 한국어로는 '미국의 압력' 이라하면 그럴 듯 하나, 영어에서는 '누군가로부터의 압력' 이란 표현을 씁니다. 그래서 from 이 답입니다.

이제 한글 해석을 보고 영어로 말해 볼 차례입니다.

Figurative Expressions (Sayings, Proverbs & Colloquial expressions)

there are plenty of fish in the sea to tell someone whose relationship has ended that there are other people they can have a relationship with

직역은 '있다, 충분한 물고기가 바다에' 입니다. 연애 관계가 끝나버린 남자나 여자에게 하는 위로의 말인, '세상에 널린 것이 여자/남자다' 라는 표현입니다. 물론, 한국이든 영어권이든, 널려 있다고 다 자기의 연인이 될 수 없음은 마찬가지이니, 얼마만큼 위로가 되는 표현인지는 모르겠습니다. ^^; plenty more 또는 plenty of, 두 가지 형태로 사용됩니다.

• *'Come on! Cheer up! You've been crying all day. There are plenty of fish in the sea!' 'I know (that) there are plenty of fish in the sea, but that doesn't guarantee (that) I will meet someone like Michael again. And I also know (that) there are plenty of fish at Noryangjin and Jagalchee seafood markets.' '????'*

• *'제발 좀! 기운 내! 너 울어 오고 있잖아 하루 종일. 널린 게 남자야 세상에는!'* 나 알아, 널린 게 남자라는 것 세상에, 그러나, 그것(널렸다는 것)이 보증하지 않아, 내가 만날 것을 누군가를, 마이클 같은, 다시. 그리고 나 또한 알아, 있다는 것을 정말 많은 생선이, 노량진과 자갈치 수산물 시장들에.' '???'

There are plenty more fish(women) in the sea.

Konglish   애프터 서비스/에이에쓰

after-sales service/support (경영학 용어, 판매들 후 고객지원)에서 나온 말입니다. 언급되었듯이 학문적인 용어이기 때문에 일상 생활에서는 그리 자주 쓰이지는 않는 단어입니다. warranty/워런티/(품질 보증)가 '판매 후 고객 지원' 이라는 의미로 가장 많이 사용되는 단어입니다.

• *The after-sales service/support of Korean cars has improved a lot over the last decade.*
• *My car has got a 130,000 km warranty.*
• *The car is still **under warranty**.*
• *This TV comes with a 2- year replacement warranty.*

• *판매들 후(사후) 고객 지원 제도, 한국 차들의,는 향상해 왔다 많이, 지난 10년에 걸쳐.*
• *나의 차는 가지고 있다 one hundred thirty thousand kilometer 보증을.*
• *그 차는 있다 여전히 **보증 기간 하에**.*
• *이 TV는 옵니다 2년의 교체 보증과. (고장이 나면 수리가 아니라 새 것으로 교체 해주는)*

영어로 숫자를 읽는데, 가장 쉬운 편한 방법은 한국 단위(만, 천)로 옮기지 않고 주어진 숫자를 그대로 읽는 것입니다. 영어에서는 천, 즉 숫자 0 세 개마다 콤마(,)가 찍혀 있습니다. 위의 예문처럼 130,000 은 앞의 130 을 one hundred thirty 라고 읽고, 다음의 0 세 개는 천, 즉 thousand 라고 읽으면 됩니다. *1,000 one thousand, 10,000 ten thousand, 40,000 forty thousand, 55,000 fifty five thousand, 100,000 one hundred thousand, 379,000 three hundred seventy nine thousand, 500,000 five hundred thousand, half a million, 1,000,000 one million,*
The population of South Korea is around 45,000,000 (forty five million). 인구, 남한의,는 약 사천 오백만이다.

Conjunctions

1. You have to see me _____ the meeting starts.

2. _____ Mansoo graduated from high school, he's never studied English.

3. Please finish the work by this Friday _____ (it is) possible.

4. Read the manual carefully _____ you operate the machine _____ you might have a series of problems.

Prepositions

1. I'm sure (that) Peter is not happy though he said (that) he is. I can **read** _____ **the lines.**

2. The boy died _____ the operation.

3. Jason spent twenty years _____ prison _____ the murder _____ his wife.

4. 'Umm! It tastes _____ beer.' 'Oh, dear! It IS beer.'

5. I'll be back _____ a minute. The call _____ nature.

6. I've been _____ most famous places _____ Korea _____ Mt. Seorak.

Conjunctions

1. 당신은 봐야 합니다 저를, 회의가 시작하기 전에 *before*/시작할 때 *when*.

2. 만수가 졸업한 이래로 *since*/졸업했지만 *although, though*, 고등 학교로부터, 그는 절대 공부하지 않아왔다 영어를.

3. 끝내세요 그 일을 이번 금요일까지, (이것이) 가능하면 *if*.

4. 읽어라 설명서를 주의 깊게, 당신이 운용하기 전에 *before*, 그 기계를, 그렇지 않으면 *or*, 당신은 가질지도 모른다 연속적인 문제들을.

Prepositions

1. 나는 확신한다 피터가 행복하지 않다고, 그가 말했지만, 그가 그렇다고(행복하다고). **나는 숨겨진 뜻을 알 수 있었다,** *between*. Ex 142

2. 그 소년은 죽었다 수술 중에 *during*/수술 전에 *before*/수술 후에 *after*/수술에도 불구하고 *despite*/수술 때문에 *because of, due to*.

3. 제이슨은 보냈다 20 년들을 교도소에서 *in*, 살인으로 *for* (이유), 그의 아내의 *of*.

4. '음! 이것은 맛이 난다 맥주같은 *like*.' '오, 세상에! 이것 맥주야 (맥주 거든!).'

5. 나는 돌아오겠다 일분만에(금방) *in*. 부름, 자연의 *of* (소변 보러 화장실 간다). Ex 24

6. 나는 다녀봤다 대부분의 유명한 곳들에 *to*, 한국에서 *in*, 설악산만 빼고 *except*.

이제 한글 해석을 보고 영어로 말해 볼 차례입니다.

Figurative Expressions (Sayings, Proverbs & Colloquial expressions)

something/it is no joke to say that a situation is serious or what someone said is true.

직역은 '어떤 것/이것이 아니다 농담이' 입니다. '어떤 일이 매우 심각하다' 또는 '누군가가 말한 것이 농담이 아니고 진담이다' 라는 표현입니다. 우리말에 비슷한 표현으로 '장난이 아니다', '농담 아니다' 와 비슷한 표현입니다. '어떤 일이 수월하지 않다' 라는 의미로도 사용됩니다.

- *It's no joke. I think (that) she really means to kill herself.*
- *It's no joke to raise a baby on your own.*
- *Brad hurt his back* **badly**. *He can't work at the moment. It's no joke.*
- *Recovering all those files damaged by the virus is no joke.*

- *농담 아니다. 난 생각한다, 그녀가 진짜로 의미한다고, 죽일 것을 그녀 자신을. (자살할 것이라는)*
- *이것(to 이하)은 쉬운 일이 아니다, 키우는 것을, 아기를, 너 혼자서.*
- *브랫은 다쳤다 그의 허리를 **심하게**. 그는 일할 수 없다 지금. 장난이 아니다.*
- *복구하는 것, 모든 그 파일들을, 손상되어 있는, 그 바이러쓰에 의해,은 쉬운 일이 아니다.*

Konglish   모닝콜

그대로 해석하면 morning + call 은 '아침 전화' 입니다. 이 단어를 영어권 사람들에게 보여주고 '무슨 뜻인 것 같냐' 고 물으면 아마도 'call in the morning' 즉, '아침에 온 전화' 쯤으로 생각할 것입니다. wake-up call/웨이컵 콜/이 바른 표현입니다. 그리고, wake-up call 은, 우리말에 '경종을 울리다' 와 비슷하게, '어떤 사고나 일이 변화의 계기가 되는 것'을 의미합니다.

- *Would you please give me a wake-up call at 6 tomorrow morning?*
- *Shit! I didn't get the wake-up call this morning. I'm late.*
- *The Sewol ferry disaster should be a wake-up call to everyone.*
- *The latest report on increased STDs (sexually transmitted diseases) among teenagers is a wake-up call for many parents.*

- *당신은 주시겠습니까 저에게 웨이컵 콜을 여섯 시에 내일 아침?*
- *젠장(상스러운 젠장)! 나는 받지 못했다 웨이컵 콜을 오늘 아침에. 나는 늦었다.*
- *세월 여객선 재난은 경종을 울리는 계기가 되어야 한다, 모든이에게.*
- *최근의 보고, 증가된 성병들에 관한, 청소년들 사이에,는 경종을 울리는 계기이다, 많은 부모들에게.*

A penguin is trying to wake the bear up by clashing cymbals.

Conjunctions

1. _____ Shannon isn't rich at all, she is the most *generous* person _____ I've ever met.

2. Many exam candidates lose marks *simply* _____ they do not read the questions carefully.

3. I *am sick* _____ *tired* of you talking about her _____ you know everything about her.

4. I have been feeling *sick* _____ I got on the bus.

Prepositions

1. My mother was too ill to get up even _____ dinner, but she is ok now.

2. E-Mart is just _____ the train station. (= _____ the other side _____ the road)

3. I'm sure (that) his new office is _____ the 13ᵗʰ floor _____ this building.

4. I was born _____ July 1ˢᵗ, 1995.

5. We don't have much time. Let's *get down* _____ *business*.

6. Everybody waited _____ *silence* _____ the result.

Conjunctions

1. 셰넌이 부유하지 않지만 *although, though*, 전혀, 그녀는 가장 **인심이 후한** 사람이다 (*who*), 내가 여지껏 만나 본.

전통적인 문법에 따르면 who 나 whom 이 들어갈 수도 있으나, 현대 영어에서 whom 을 넣는 경우는 거의 없고, who 도 구어체 영어에서는 대부분 생략합니다. 넣으면 이상할 정도입니다.

2. 많은 시험 응시자들이 잃는다 점수들을, 단순히 그들은 읽지 않기 때문에 *because*, 그 질문들을 주의 깊게.

이번에는 because 만 정답입니다. simply because 라는 함께 사용하는 표현 때문에 그렇습니다.

3. 나는 **질린다** *and*, 당신에게, (당신은) 말한다 그녀에 관하여, 당신이 알고 있는 것처럼 *like*, 모든 것을 그녀에 관하여.

4. 나는 아파(**멀미**)오고 있다, 내가 오른 이래로 *since*, 버쓰 위에.

Prepositions

1. 나의 어머니는 너무 아팠다 일어나기에, 심지어 저녁 식사를 위해 *for*, 그러나 그녀는 괜찮다 지금은.

2. E-맡은 있다 바로 기차역 맞은 편에 *opposite*. (반대쪽에 *on*, 길의 *of*)

3. 나는 확신한다, 그의 새로운 사무실이 있다고 13층에 *on*, 이 건물의 *of*.

4. 나는 태어났다 7월 1일에 *on*, 1995년.

5. 우리는 가지고 있지 않다 많은 시간을 (우리는 시간이 없다). 내려가자 비지니쓰로 *to* (슬슬 본론으로 들어가자)

Ex 25

6. 모든 사람들이 기다렸다 침묵속에서 *in*, 결과를 *for*.

이제 한글 해석을 보고 영어로 말해 볼 차례입니다.

Figurative Expressions (Sayings, Proverbs & Colloquial expressions)

Don't judge a book by its cover to say not to form an opinion based only on the appearance of something or someone.

매우 자주 사용되는 표현으로 직역은 '판단하지 마라, 책을 이것의 표지로' 입니다. 책의 겉 표지만을 보고서 책의 내용이나 가치를 알 수는 없습니다. 마찬가지로 '어떤 사물이나 사람의 경우에도 겉 모습만으로는 제대로 된 가치 판단을 할 수 없다' 는 속담입니다. 겉 모습이나 외모만으로 너무 많은 것을 판단해버리는 습관을 가진 현대인들이 한 번쯤 곰곰히 생각해 봐야 할 속담입니다.

• *Don't judge a book by its cover! She/He is the smartest student in the class.*

• *Don't judge a book by its cover! My car has been very reliable though it's old.*

• *Don't judge a book by its cover! He might just be a **well dressed** conman.*

• *판단하지 마라 겉 모습만으로. 그녀/그는 가장 명석한 학생이다, 그 반에서.*

• *속단하지 마라 겉만 보고. 내 차는 매우 믿음직스러워 왔다, 비록 이것이 오래되었지만.*

• *판단하지 마라 외모만으로. 그는 단지 **잘 차려 입은** 사기꾼인지도 모른다.*

Konglish   파마

파마는 perm/펌/의 일본식 발음입니다. 단지 틀에 돌돌 말아서 머리를 곱슬거리게 하는 것보다 화학적 과정을 거쳐 머리를 말면 그 상태가 오래 지속됩니다. 단어의 어원만큼 영구적이지는 않지만. perm 은 형용사 permanent/퍼머넌트/(영구적인)에서 나와 동사와 명사로 사용됩니다.

• *Please perm my hair.*

• *I had my hair permed last week.*

• *She's got permed brown hair.*

• *Her hair is dyed black and permed.*

• *A permanent wave, commonly called a **perm**, is the chemical and/or thermal treatment of hair to produce waves.*

She's got attractive permed hair.

• *펌 해주세요 나의 머리를.*

• *나는 시켰다 나의 머리가 펌되게 지난 주.*

have + 목적어 + 과거분사형 목적어를 과거 분사형되게 시키다/만들다. *I had my car repaired.* 나는 시켰다 나의 차가 수리 되게. *I had my hair cut last week.* 나는 시켰다 나의 머리가 잘려지게 지난 주.

• *그녀는 가지고 있다 permed(파마가 된) 갈색 머리를.*

• *그녀의 머리는 염색되어 있다 검정색으로, 그리고 파마가 되어 있다.*

• *영구적인 꼬불, (이것은) 보통 불리 운다 펌이라고,은 화학적이고/또는 열 처리이다, 머리의, (그것은) 만들어 낸다 꼬불거림들을.*

Conjunctions

1. She picked up the files _____ put them in the box.

2. The plane was supposed to take off an hour ago _____ it is still on the ground.

3. Neither Harry _____ his wife spoke English.

4. We finished our work earlier _____ we expected _____ we left early.

Prepositions

1. You paid $5,000 _____ that old car? Are you **nuts**?

2. I **get paid** around $75,000 _____ year _____ tax.

3. I have been working _____ this company _____ 2009.

4. I can't really guess what will happen _____ me _____ the near future.

5. Bruce used to smoke 2 packets _____ cigarettes _____ day when he was _____ his 20's, but now he doesn't smoke _____ all.

6. Two public servants **were charged** _____ embezzling half a million dollars. I think (that) it's only the tip _____ the iceberg.

Conjunctions

1. 그녀는 집어 올렸다 그 파일들을 그리고 *and*, 넣었다 그들을 그 상자 안에.

2. 비행기는 (예정)되어 있었다 이륙하기로 한 시간 전에, 그러나 *but*, 이것은 있다 여전히 땅 위에.

3. 헤리도 그의 아내도 *nor*, 말하지 못했다 영어를.

> neither ~ nor 가 이번에는 둘 다 주어 앞에서 부정을 했습니다.

4. 우리는 끝냈다 우리의 일을 더 일찍, 우리가 예상했던 것보다 *than*, 그래서 *so*, 우리는 떠났다 일찍.

Prepositions

1. 당신은 지불했나 오천 달러쓰를 그 오래된 차를 위해 *for*? 당신 **미쳤나**?

2. 나는 **받는다** 약 칠만 오천 달러쓰를 년 마다 *per*, 세금 (떼기) 전에 *before*/세금 땐 후에 *after*.

> 당신 얼마나 받아? How much do you get paid?

3. 나는 일해오고 있다 이 회사를 위해 *for*/회사에서 *at*/회사와 *with*, 2009년 이래로 *since*.

4. 나는 정말 추측할 수 없다, 무슨 일이 일어날지 나에게 *to*, 가까운 미래에 *in*.

5. 브루쓰는 피우곤 했다 두 갑의 *of*, 담배들을 하루에 *per*, 그가 있었을 때 그의 20대에 *in*. 그러나 지금 그는 흡연하지 않는다 전혀 *at*.

> per day 대신에 a day 라고도 말합니다.

6. 두 공무원들이 **혐의 부과** 되었다 횡령으로 *with*, 오십만 달러쓰를. 나는 생각한다, 이것은 단지 일각이라고, 빙산의 *of*. Ex 29

이제 한글 해석을 보고 영어로 말해 볼 차례입니다.

Figurative Expressions (Sayings, Proverbs & Colloquial expressions)

This is it! to say that something expected to happen is actually going to happen

'이것이 그것이다' 라는 직역만을 놓고 보면 도대체 무슨 소리인지 알 수가 없습니다. 왠지 전라도 사투리의 '뭐시기' 나 '거시기' 를 의미하는 것 같기도 하지만, 그런 뜻도 아닙니다. 예상/기대 되었던 일이 눈 앞에서 이루어지려는 찰나에 말하는 일종의 감탄 표현으로 '마침네', '드디어' 정도의 느낌을 가지고 있습니다. animation 영화 슈렉 2 초반부 (13분 10초경), 왕궁 Far Far Away 에서 슈렉과 그의 아내 Fiona 가 그녀의 부모님과 상봉하기 직전, 극중 인물들이 사용한 표현입니다.

- *This is it, boys! The moment (that) we've been waiting for!*
- *This is it! Finally I am graduating.*
- *This is it! I am finally being discharged from the Army.*

- *드디어 올 것이 왔다, 얘들아! 그 순간, 우리가 기다려 온.*
- *드디어 올 것이 왔다, 마침내 내가 졸업 한다.*
- *드디어 올 것이 왔다, 내가 마침내 제대를 한다, 육군으로부터.*

Konglish   부페

buffet, 발음은 /f/를 살린 /부페이/ 또는 /바페이/입니다. 단독으로 사용되기보다는 주로 buffet restaurant, buffet breakfast/lunch/dinner, seafood buffet 라는 식으로 다른 명사와 함께 사용됩니다. 뜻에는 문제가 없습니다.

- *A new buffet restaurant has opened in Shinchon recently. Let's go there sometime.*
- *At a buffet restaurant, you serve yourself and can eat all (that/which) you want. So it's sometimes called an all-you-can-eat restaurant.*
- *The price includes daily buffet breakfast and one seafood buffet dinner at the hotel restaurant.*

- *새로운 buffet 식당이 개업했다 신촌에 최근. 가자 그곳에 언젠가 (조만간에).*
- *buffet 식당에서는, 당신이 시중든다 당신 자신을, 그리고 먹을 수 있다 모든 것을, 당신이 원하는. 그래서 이것은 때때로 불리운다, 당신이 먹을 수 있는 만큼 먹는 식당이라고.*
- *그 가격은 포함합니다 매일의 buffet 조식과 하나(한 번) 해산물 buffet 석식을, 그 호텔 식당에서.*

People can try many different kinds of food at buffet restaurants.

Conjunctions

1. He isn't as rich _____ he was. He was a billionaire.

2. I will lend you my data projector for the meeting _____ (it is) necessary.

3. Don't worry. _____ her mom arrives, she will behave.

4. The hotel _____ I stayed at during my business trip was much nicer _____ I expected.

Prepositions

1. He's been _____ work _____ a while. (on leave or away from work)

2. Her car is locked and the key is inside. She is _____ big trouble.

3. Emma died young _____ the age _____ 30.

4. Keep going this way and soon you'll see the school _____ your left.

5. _____ *average*, men still earn more _____ women.

6. My home is _____ a very convenient location _____ spitting distance _____ a subway station and a shopping centre.

Conjunctions

1. 그는 부유하지 않다, 그가 그랬던 것만큼 *as*. 그는 억만 장자였다.

2. 내가 빌려주겠다 당신에게 나의 데이터 프로젝터를 그 회의을 위해, 필요하면 *if*.

when 은 답이 될 수가 없습니다. 정황상 그 회의가 언제 있을지 알고 있기 때문에.

3. 걱정 마라, 일단 그녀의 엄마가 도착하면 *once*, 그녀는 똑바로 행동할 것이다.

if 는 답이 될 수가 없습니다. '걱정 마라' 라 하는 것을 봤을 때, '도착 한다면' 이라는 가정이 아니라 도착 할 것이라는 상황이 확실하기 때문에. *너 행동 똑바로 해라 (똑바로 처신해라) Behave yourself!* 필자가 교사로 재직할 때, 호주 중,고등학생들에게 자주 사용하던 말입니다. ^^;

4. 그 호텔, 내가 머문 *which*, *that*, 나의 출장 동안에,은 훨씬 더 좋았다, 내가 기대했던 것보다 *than*.

호텔 뒤에 where 가 답이 되려면, stayed at 에서 at 이 빠져야 합니다.

Prepositions

1. 그는 일을 하지 않아오고 있다 *off*, 잠시 동안 *for*. (휴가 중, 아니면 어디 갔음 직장으로부터)

2. 그녀의 자동차는 잠겨 있고 열쇠는 있다 안쪽에. 그녀는 (빠져)있다 큰 곤란에 *in*.

열쇠를 방 안에 두고 나왔다 (잠겨서 못 들어간다) *I'm locked out.*

3. 에마는 죽었다 젊어서, 나이에 *at*/나이 전에 *before*, 30세의 *of*.

4. 계속 가라 이 길을, 그리고 조만간 당신은 볼 것이다 그 학교를, 당신의 왼쪽에 *on*.

5. 평균적으로 *on*, 남자들은 여전히 (돈을) 번다 더, 여자들보다 *than*.

on avergage 평균적으로 *On average, women lives longer than men.* 평균적으로 봤을 때, 여자들이 산다 더 길게 남자들보다.

6. 나의 집은 있다 매우 편리한 위치에 *in*, 침 뱉을 거리 안에 *in*, *within*, 지하철 역과 쇼핑 쎈터의 *of*. Ex 30

이제 한글 해석을 보고 영어로 말해 볼 차례입니다.

Figurative Expressions (Sayings, Proverbs & Colloquial expressions)

keep it down to tell someone to be quieter

매우 일상적인 표현입니다. 그렇지만, 직역만으로는 도대체 무슨 소리인지 잘 모를 것 같은 표현입니다. 직역은 '유지하라 이것을 아래로' 입니다. it 은 volume 이나 noise level (소음 수치)을 의미하여 보통 '조용히 해달라' 고 할 때 사용합니다. 물론 TV 나 radio 의 음향을 높여 달라거나 내려달라 할 때는 '소리 조절간을 돌려서 올린다/내린다' 하여 turn the volume up 또는 turn the volume down 이라고 합니다.

- *Keep it down, will you? We're trying to sleep.*
- *(While talking on the phone) Boys! Would you keep it down a bit? I can't hear.*
- *Come on! Keep the noise down. Can't you see (that) I need to concentrate?*

- *조용히 해주세요, 그럴꺼죠 당신? 우리는 노력하고 있습니다 자려고.*
- *(말하는 동안, 전화에) 남자 애들아(얘 들아)! 너희들 조용히 해라 좀. 내가 들을 수 없다.*
- *제발! 줄여라 소음을. 당신은 볼 수 없나 (내가 뭐 하는 지 안 보여), 내가 필요하다는 것을, 집중할?*

Konglish   럭셔리

'럭셔리 하다' 라는 식으로 표현하죠, 마치 luxury/럭셔리/가 형용사처럼. luxury 는 '사치', '사치품', '고급품' 을 뜻하는 명사입니다. '고급의' 라는 형용사는 luxurious/럭저리어쓰/입니다.

- *We can't afford luxuries like piano lessons anymore.*
- *Helen has bought a new luxurious leather sofa set for $5000.*

- *우리는 감당할 수 없다 사치들을, 피아노 교습들 같은, 더 이상.*
- *헬렌은 샀다 새 고급 가죽 sofa 셑을 오천 달러쓰에.*

The hotel we stayed at was luxurious.

The resort was luxurious, with a beautiful swimming pool in front of our room.

Conjunctions

1. Can you believe _____ Janet is only 17? She looks very mature.

2. Take this medicine, two tablets twice a day _____ you recover completely.

3. _____ I have diarrhea, I eat a couple of fully ripe persimmons.

4. I have lost the smart phone _____ I bought for $500 just last month.

Prepositions

1. Philip **snatch**ed the book _____ my hand and ran away.

2. 'What would you like to drink? Juice? Beer?' '_____ course, beer.'

3. 'Do you know the address _____ the immigration office?' 'I'll write down the address _____ you.'

4. Don't worry! I will **help** you _____ your homework/problem.

5. It is more expensive now to buy Australian dollars _____ the weak Korean currency.

6. Her behavior is _____ my control. (I can't control her behavior)

Conjunctions

1. 당신은 믿을 수 있나, 자넬이 겨우 열 일곱이라는 것을 (that)? 그녀는 보인다 매우 성숙하게.

2. 복용해라 이 약을, 두 알들 두 번 하루에, 당신이 회복할 때까지 until 완전하게.

3. 내가 가질 때 when/가질 때마다 whenever/가지면 if, 설사를, 나는 먹는다 몇 개의 완전히 익은 감들을.

4. 나는 잃어버렸다 그 전자 사전을, (그것을 which, that), 나는 샀다 500 달러에 막 지난 달.

Prepositions

1. Philip 은 낚아챘다 그 책을 나의 손으로부터 from, 그리고 도망갔다.

> snatch something from ~ 채가다 목적어를 ~ 로부터 *A thief snatched my mom's handbag from her hand yesterday.* 도둑놈이 채갔다 나의 엄마의 손가방을 그녀의 손으로부터 어제. (날치기 당했다)

2. '무엇을 당신은 마시고 싶습니까? 주쓰? 맥주?' '물론 of, 맥주.'

3. '당신은 압니까 주소, 출입국 사무소의 of,를?' '내가 적어 주겠다 그 주소를 당신을 위해 for.'

4. 걱정 마라! 내가 도와주겠다 당신을 당신 숙제/문제와 with (하는데).

> help someone with something 돕다 누군가를 무엇에(누군가가 무엇을 하는 것을 돕다) *Jenny helped me with the preparation for the party.* 제니는 도왔다 내가 준비하는 것을 파티를 위한. *Jim! Can you help me with this?* 짐! 당신 도와 줄 수 있나 나를 이것에 (이것에 도움을 줄 수 있나)?

5. 이것(to 이하)은 더 비싸다 지금, 사는 것, 호주 달러들을, 약한 한국 통화 때문에 because of, due to.

6. 그녀의 행동은 있다, 나의 통제 한참 위에 beyond. (나는 통제할 수 없다 그녀의 행동을)

이제 한글 해석을 보고 영어로 말해 볼 차례입니다.

Figurative Expressions (Sayings, Proverbs & Colloquial expressions)

kill two birds with one stone to achieve two things with one action

많이 알려진 속담입니다. 직역은 '죽인다 새 두마리를, 돌 하나로' 입니다. 사자성어로 '일석이조' 입니다. 동양에서 먼저 이 속담이 나왔는지, 서양에서 먼저 나왔는지는 정확하게 알 수는 없으나, 어원이 같은 것만은 분명합니다. 의미는 '한가지 행위로 두 가지의 결과를 이루어 내다' 입니다.

• *These days there are many young Korean women who try to kill two birds with one stone when they marry. They want to marry in order to get out of the pressure of being unemployed, and to get a higher economic and social status at the same time. Some can but most can't.*

• *요즘에는 있다 많은 젊은 한국 여자들이, 그들은 한 번에 두 가지를 이루려고 한다, 그들이 결혼할 때. 그들은 원한다 결혼하기를, 벗어나기 위하여, 압박으로부터, 실업의, 그리고 얻기 위하여, 더 높은 경제적 그리고 사회적 지위를 동시에. 몇 몇은 할 수 있다 그러나 대부분은 못한다.*

Konglish   슈퍼 (동네 가게)

영어권의 어떤 사람도 super 를 /슈퍼/라고 발음하는 사람은 없습니다. /수퍼/가 정확한 발음입니다. 또, 영어권의 어떤 사람도 super 를 동네 식품점으로 생각하는 사람은 없습니다. 한국에서처럼 동네 곳곳에 자리잡은 규모의 상점은 grocery/그로써리/(식품, 잡화) + shop/store, 또는 구석 가게라는 의미로 corner store/shop 이라 합니다. supermarket 은 grocery shop 보다 엄청나게 큰 규모를 가진 상점을 말하고, super 가 단독으로 명사 superannuation /수퍼에뉴에이션/(연금)의 줄임말이 되기도 합니다. super 는 '매우 매우 좋은' 이라는 구어체 형용사이기도 합니다.

• *He is running a grocery shop/store in Incheon.*

• *Go and buy some milk at the corner shop.*

• *I don't shop at local grocery stores because prices are high and there aren't many things to choose from.*

• *That sounds super! (= That sounds great!)*

• *You guys really did a super job.*

• *Superannuation is a pension scheme in Australia. Employers are required by law to pay a proportion of an employee's salaries and wages into a superannuation fund, which can be accessed when the employee retires.*

• *그는 운영 중이다, 식료품점을 인천에서.*

• *가서 사라 약간의 우유를, 구석(구멍) 가게에서.*

• *나는 사지 않는다, 동네 식료품점들에서, 가격들이 높고, 없기 때문에 많은 물건들이, 선택할.*

• *그것 들린다 정말 좋게! (그거 정말 좋네!)*

• *당신들 정말 해냈습니다, 엄청난 일을.*

• *수퍼에뉴에이션은 연금 계획이다, 호주에서. 고용주들은 요구되어진다 법에 의하여, 내도록, 일정 부분, 피고용인의 월급들과 급료들의,을 수퍼에뉴에이션 기금 안으로,그것은 접근(찾을 수)되어질 수 있다, 피고용인이 퇴직할 때.*

A bicycle is locked to a post in front of a corner store.

Conjunctions

1. It is very strange _____ she did not turn up for the exam.

2. Would you please tell me _____ is in your bag?

3. Go to the information centre, _____ you can get the information on various accommodations and places to eat.

4. You can either have the double room _____ the family room, _____ you want.

Prepositions

1. Since your visa expires _____ October, you must **apply** _____ the new visa _____ October.

2. I reckon (that) the film should be over _____ 9:30.

3. _____ the break, I visited New Zealand. It was awesome.

4. Things aren't going very well _____ James _____ the moment.

5. Make sure (that) you **fill** the radiator _____ anti boil/freeze solution _____ winter.

6. _____ **addition**, you should check its (solution's) level regularly.

Conjunctions

1. 이것(that 이하)은 매우 이상하다, 그녀가 나타나지 않았다 that, 그 시험을 위해서.

2. 당신 말해 주시겠어요 나에게, 무엇이 what, 있는지 당신의 가방 안에?

3. 가세요 안내소로, 그곳에서 where, 당신은 얻을 수 있습니다 정보를, 다양한 숙박지들과 장소들에 관한, 먹을.

4. 당신은 가질 수 있다 2인실이나 or, 가족실을, 둘 중에 무엇이라도 whichever, 당신이 원하는.

Prepositions

1. 당신의 비자가 만료하기 때문에 10월에 in, 당신은 반드시 신청해야 한다 새로운 비자를 위하여 for, 10월 전에 before.

2. 나는 생각한다, 그 영화가 끝날 것이라고 아홉 시 삼십 분까지는 by/분에 at/분 전에 before/분 이후에 after.

3. 휴가(휴식) 동안에 during/휴가(휴식) 전에 before/후에 after, 나는 방문했다 뉴질랜드를. 이것은 끝내줬다.

4. 일들(이것 저것 주변 여건들)이 안 가고 있다 매우 잘 (안 풀리고 있다) 제임쓰를 위하여 for/제임쓰와 with, 현재에 at.

5. 확실히 해라, 당신이 채우는 것을 뢰디에이터를 부동액으로 with, 겨울 전에 before/겨울에 in.

6. 추가로 in, 당신은 점검해야 한다 이것의 수위를 정기적으로.

In addition 추가로/또한 In addition to her music work, Olivia Newton John is known as an active environmentalist. 그녀의 음악 일에 추가로, Olivia Newton John 은 알려져 있다, 활발한 환경주의자(환경 운동가)로서.

이제 한글 해석을 보고 영어로 말해 볼 차례입니다.

Figurative Expressions (Sayings, Proverbs & Colloquial expressions)

on one's knees in a way that shows someone has no power or is very sorry

'누군가의 무릎 표면' 이 직역으로, '누군가 무릎을 꿇은 모습' 이 연상되는 표현입니다. 동,서양에 걸쳐 무릎을 꿇는 것은 '복종' 을 의미합니다. 또한 누군가에게 '복종, 순종, 미안함' 을 나타내는 표현이기도 합니다. 물론 이런 추상적 의미 말고, 말 그대로, '무릎 꿇은' 이라는 표현(3번째 문장)으로도 사용됩니다.

- *He was on his knees, begging me for forgiveness.*
- *Come on! I am on my knees! Help me!*
- *(A police officer is telling a suspect) Get down on your knees and put your hands on your head.*

- 그는 무릎을 꿇었다, 구했다 나에게 용서를. (자존심이고 뭐고 다 포기하고)
- 제발! 내가 무릎 꿇었다! 도와 달라 나를! (애걸 복걸)
- (경찰관이 명령한다, 용의자에게) 당신 무릎 꿇고, 두어라 당신의 손들을 당신의 머리 위에.

A tennis player is on her knees on the court.

Konglish   펀드

한국에서 fund /펀드/하면 대부분 '금융 투자 상품' 이 가장 먼저 머릿속에 떠오릅니다. 영어에서 fund 의 가장 기본적인 의미는 '돈' 입니다. 주로 '기금' 또는 '자금' 의 의미입니다. 때로는 그런 자금을 좋은 일에 사용하는 '자선 단체' 라는 의미로도 사용되고, 동사로서는 '자금을 지원하다' 입니다. fund 가 금융 상품을 가리키는 경우는 hedge fund, mutual fund 같은 전문 금융 용어로 쓰일 때 뿐입니다.

- *Everybody participated in **raisi**ng funds for the school.*
- *The public swimming pool remains unfinished due to lack of funds.*
- *I donate to the Children's Fund every Christmas.*
- *Simon is an experienced fund manager at CitiBank.*
- *The project is mainly funded by the government.*

- 모두가 참가했다 모금하는데 기금들을, 학교를 위하여.
- 그 공용 수영장은 남아있다 끝나지 않은 채로, 부족 때문에 자금들의.

국토가 광활한 호주의 경우, 지방 자치 단체에서 운영하는 저렴한 가격 혹은 무료 수영장을 흔히 볼 수 있습니다.

- 나는 기부한다 어린이 기금 단체에, 매 성탄절(에).
- 싸이몬은 경험 있는 금융 상품 관리자이다, 씨티 은행에서.
- 그 계획은 주로 자금 지원이 된다, 정부에 의하여.

It's a children's fund logo.

Conjunctions

1. _____ he is my old friend, I am not going to lend money to him/to do business with him.

2. 'You will enjoy _____ food you order at the restaurant.' 'Is it **that** good?'

3. (At a restaurant) 'Where can we sit?' 'It's up to you. You can sit _____ you want.'

4. Would you please stir the soup _____ I peel the garlic?

Prepositions

1. Two men _____ the recent credit card scam were arrested _____ Busan last night.

2. You've got to play _____ the rules. **Got it?**

3. Wayne isn't as rich/tall/fast/handsome _____ Harry.

4. You will definitely have a better **chance** _____ getting a job when you have skills.

5. There is a pleasant little cafe a hundred meters _____ the road.

6. Some people said that the former president _____ Korea, Moohyun Roh, died _____ very mysterious circumstances because no one actually saw what happened.

Conjunctions

1. 그가 나의 오랜 친구이지만 *although, though*, 나는 빌려주지 않을 것이다 돈을 그에게/하지 않을 것이다 사업을 그와.

2. '당신은 즐길 것이다 어떤 음식이라도 *whatever*, 당신이 주문하는 그 식당에서.' '그것(그 식당)이 **그렇게** 좋은가?'

3. (식당에서) '어디에 우리는 앉을 수 있습니까?' '이것은 달렸다 당신에게. 당신은 앉을 수 있다 어디든지 *wherever*, 당신이 원하는.'

4. 당신 저어 주시겠어요 숲을, 내가 까는 동안에 *while*, 마늘을?

Prepositions

1. 두 남자, 그 최근의 신용카드 사기 배후에 *behind*,가 체포 되었다 부산에서 *in*/근처에서 *near*, 지난 밤.

2. 당신은 경기해야 한다 규칙들에 의해(따라) *by*. **알았지?**

3. 웨인은 부유하지/키 크지/빠르지/잘 생기지 않다, 헤리만큼 *as*.

4. 당신은 분명히 가질 것이다 더 좋은 기회를, 얻는 것의 *of*, 직업을, 당신이 가지고 있을 때 기술(자격)들을.

skill 은 전문직을 포함한 모든 기술이나 직업 능력을 의미합니다.

5. 있다 기분 좋은(상쾌한) 작은 찻집이, 100 미터쓰 길 아래로 *down*/위로 *up*.

6. 어떤 사람들은 말했다, 전임 대통령, 한국의 *of*, 무현 노,이 죽었다고, 매우 의문스러운 정황들 안에서 *in*/정황들하에서 *under*, 아무도 실제로 보지 못했기 때문에, 무엇(무슨 일)이 일어났는지.

이제 한글 해석을 보고 영어로 말해 볼 차례입니다.

Figurative Expressions (Sayings, Proverbs & Colloquial expressions)

better late than never to say that doing something late is better than not doing it at all

'더 낫다 늦게라도, 결코 하지 않는 것 보다' 라는 직역의 격언입니다. 많은 사람들이 꼭 해보고 싶은, 혹은 해야되는 일을 나중으로 미루곤 합니다. '늦게라도 시작하는 것이 아예 하지 않는 것보다 낫다' 라는 표현으로, 누군가가 늦게라도 어떤 일을 시작했을 때 '그래 참 잘 시작했어' 아니면, 시작을 계속 미루는 누군가에게 '늦게라도 시작하는 것이 좋겠다' 라는 의도로 사용합니다.

- *You may think (that) it's too late to try what you really want to do, but better late than never.*
- *'Katie's card arrived 2 weeks after my birthday.' 'Oh well, better late than never.'*

- *당신이 생각하는지 모른다, 이것(to 이하)이 너무 늦었다고, 시도해 보는 것, 당신이 정말로 하기를 원하는 것을. 그러나, 더 낫다 시작하는 것이 늦게라도, 아예 하지 않는 것보다.*
- *'케이티의 카드는 도착했다 2주 후에 내 생일(내 생일 2주 후에).' '어 뭐, 그래도 늦게라도 와서 다행이지 아예 오지 않는 것보다.'*

Konglish   아르바이트

'아르바이트' 라는 말은 '일' 을 뜻하는 독일어 arbeit 에서 왔다 합니다. 한국에서 '아르바이트' 의 의미는 '비정규직 + 하루에 몇 시간 정도 하는 일' 정도를 의미합니다. 물론 영어권에서는 다양한 고용 형태가 존재합니다만 한국의 '아르바이트' 를 가장 무난하게 표현할 수 있는 단어는 part-time work/job/팥 타임 웍, 잡/입니다. part time 단독으로 '팥 타임으로' 라는 부사로도 사용됩니다.

- *'Do you work at the moment?' 'Yes, I have a part-time job.'*
- *'Were you a **full-time** employee? Or a part-time?' 'I was a part time employee.'*
- *When I was a uni(versity) student, I used to have 3 different part-time jobs.*
- *I used to work at a fast food restaurant **part-time**.*

- *'당신은 일하는가 현재?' '예, 나는 가지고 있습니다 하나의 팥 타임 잡을.'*
- *'당신은 **주당 최소 38시간 근무하는** 직원이었습니까? 아니면 a part time?' '저는 팥 타임 피고용인이였습니다.'*
- *내가 대학생이었을 때, 나는 가지곤 했다 3개의 다른 팥 타임 일(직업)들을.*

대학생을 줄여서 uni student 라고도 합니다.

- *나는 일하곤 했다 fast food 식당에서 **팥 타임으로**.*

호주의 대표적 고용 형태

permanent full time 정규직, 주당 최소 38시간 근무, 특정한 이유 없이 해고 불가.

permanent part time 정규직, 주당 38시간 미만 근무, 특정한 이유 없이 해고 불가.

casual full time 비 정규직 (주로 기간제 계약직, 보통 6개월에서 몇 년), 주당 최소 38시간 근무, 계약 만료후 해고 용이.

casual part time 비 정규직, 주당 38시간 미만 근무, 해고 용이, 계약 만료후 해고 용이.

호주의 경우 정규직 직업을 가진 사람들이 그리 많지 않습니다. 교사나 대학 교수들 중에서도 casual 로 일하는 사람들이 수두룩합니다. 공무원도 마찬가지고. 써비스업 쪽은 거의 다가 casual 이고 다른 분야도 계약제가 주된 고용형태 입니다. '퇴직금' 이라는 개념은 없고, 다만 고용주가 의무적으로 피고용인의 연금(super annuation)을 부어 주어야 합니다. '동일노동 동일임금'의 원칙이 적용되어 정규직과 비 정규직의 임금 차별은 거의 없습니다.

Conjunctions

1. _____ you practise every day, you will not improve your drumming skills.

2. I will give you a call on your mobile _____ I leave.

3. '_____ you like it or not, I will marry him!' 'Listen! You will marry him over my dead body!'

4. 'Do you have any friends _____ have been to Australia?' 'Why?' 'I have a few questions.'

Prepositions

1. She hates him, so she never sits _____ him _____ the classroom.

2. I am sure (that) your new job will open doors _____ you.

3. _____ further details/more information, **write** _____ this address.

4. A few days later, she left _____ New York.

5. Food here is great, **compared** _____ food sold _____ fast food restaurants.

6. Sorry! I'm late. The bus didn't come _____ **ages**.

Conjunctions

1. 당신이 연습하지 않으면 *unless*/연습하더라도 *although, though*, 매일, 당신은 향상시킬 수 없다 당신의 드럼치는 기술들을.

2. 나는 주겠다 너에게 전화(통화)를 너의 휴대 전화에, 내가 떠나기 전에 *before*/떠날 때 *when*/떠난다면 *if*.

3. '당신이 좋아하든지 이것을, 그렇지 않든지 *whether*, 나는 결혼한다 그를(와)!' '들어! 너 결혼할 것이다 그를 내 죽은 몸 위로!' (결혼 못해 그와 내 눈에 흙이 들어가기 전까지는). Ex 164

4. '당신은 가지고 있나 친구들을, 그들은 *who*, 다녀왔다 호주로?' '왜?' '나는 가지고 있다 약간의 질문들을.'

Prepositions

1. 그녀는 싫어한다 그를, 그래서 그녀는 절대 앉지 않는다 그의 옆에 *next to, beside*/근처에 *near*/함께 *with*/교실에서 *in*.

2. 나는 확신한다, 당신의 새로운 직업이 열어줄 것이라고 (기회의)문들을 당신을 위하여 *for*. Ex 48

3. 더 이상의 세부사항들/더 많은 정보를 위해서 *for*, **편지를 써라** 이 주소로 *to*.

동사 write 에는 뒤에 letter 가 나오지 않아도 그 자체로 '편지 쓰다' 라는 의미를 가지고 있습니다.

4. 몇 일들 나중에(후에), 그녀는 떠났다 뉴욕을 향하여 *for*.

5. 음식, 이곳에,은 매우 좋다, 비교하여 음식과 *with*/음식에 *to*, 팔리는, 빠른 음식 식당들에서 *at*.

6. 미안합니다! 내가 늦었네요. 버스가 오지 않았습니다 **정말 오랫동안** *for*.

for years 와 함께 '정말 오랫동안' 이라는 표현으로 매우 자주 사용됩니다.

이제 한글 해석을 보고 영어로 말해 볼 차례입니다.

Figurative Expressions (Sayings, Proverbs & Colloquial expressions)

live like a king to have a very good quality of life

직역은 '살다, 왕처럼' 입니다. 한 나라의 왕처럼 호의 호식하고 하고 싶은 것 다하며 사는, 즉 '호강하다' 라는 표현입니다.

- *He was poor when he was young, but now he lives like a king. I wonder how he became so rich.*
- *After retirement, some ordinary Korean people go to a developing country, such as the Philippines or Indonesia, and live like kings.*

- *그는 가난했다, 그가 젊었을 때. 그러나, 지금 그는 산다 왕처럼 호의 호식하며. 나는 궁금하다, 어떻게 그가 되었는지 매우 부유하게.*
- *퇴직 후, 몇 몇 평범한 한국인들은 간다 개발 도상국으로, 예를 들어 필리핀쓰나 인도네시아로, 그리고, 산다 왕들처럼 호의 호식하며.*

Konglish　　　　　클래식 (음악)

classic/클래씩/은 형용사로서는 '전통적인' 또는 '전형적인' 라는 의미이고, 명사로는 '고전' 이라는 뜻입니다. classic 단독으로 classical music/클라씨컬 뮤직/을 대신할 수는 없습니다. classical music 이 바른 표현입니다.

- *'What sort of music do you like?' 'I like classical music.'*
- *I hate classical music. It's boring and **puts me into sleep**.*
- *I have a collection of classical music CDs. You can borrow them if you want.*
- *She wore a classic black suit for the ceremony.*
- *Misunderstanding of body language is a classic example of miscommunication between people from different cultural backgrounds.*
- *The story of Choonhyang is one of the best known Korean classics.*

- *'어떤 종류의 음악을 당신은 좋아합니까?' '나는 좋아합니다 고전 음악을.'*
- *나는 싫어한다 고전 음악을. 이것은 지루하고 둔다 나를 잠으로 (잠들게 한다).*
- *나는 가지고 있다 수집을, 고전 음악 씨디들의. 당신은 빌릴 수 있다 그들을, 당신이 원한다면.*
- *그녀는 입었다 전통적인/전형적인 검정색 정장을 그 의식을 위하여.*
- *오해, 몸 언어의,은 전형적인 예이다, 의사소통 오류의, 사람들 사이에서, 다른 문화적 배경들로부터(온).*
- *이야기, 춘향의,는 하나이다, 가장 잘 알려진 한국 고전들의.*

Conjunctions

1. *Do you know anyone _____ car is BMW? I wonder _____ they go for a service.*

2. *I got a phone call from my friend as soon _____ I arrived home from work.*

3. *Julie isn't as energetic _____ she used to be. I think _____ she's over the hill.*

4. *_____ I applied for the visa 3 months ago, I haven't heard anything yet from the immigration department.*

Prepositions

1. *'How long did you live _____ Canada?' 'Oh, _____ about three years.'*

2. *I have everything _____ making Kimchi _____ fish sauce.*

3. *What _____ dinner _____ my place next week?*

4. *The town centre has changed _____ recognition.*

5. *A check/cheque _____ one hundred dollars has arrived _____ someone (who) I don't know.*

6. *He had to retire earlier than expected _____ his health problem, hemorrhoids.*

Conjunctions

1. *당신은 아느냐 누군가를, 그의 whose, 차는 BMW이다? 나는 궁금하다, 어디로 where, 그들이 가는지 정비를 위하여.*

2. *나는 받았다 전화를 내 친구로부터, 내가 도착하자마자 as, 집에, 직장으로부터.*

3. *줄리는 활력이 넘치지 않는다, 그녀가 그랬던 것 만큼 as. 나는 생각한다, 그녀는 한물 갔다고 that. Ex 97*

4. *나는 신청했음에도 although, though/신청한 이래로 since, 비자를 세 달들 전에. 나는 듣지 못해왔다 어떤 것도 아직, 이민부로부터.*

Prepositions

1. *'얼마나 길게(오래) 당신은 살았나 캐나다에 in?' '오, 약 3년들 동안 for.'*

about 은 '대략' 이라는 생략 가능한 부사이지만 '동안' 이라는 의미의 전치사 for 는 생략할 수 없습니다.

2. *나는 가지고 있다 모든 것을 김치를 만들기 위해 for, 젓갈을 제외하고 except, but.*

3. *저녁 식사 어때 about, 내 장소(집)에서 at, 다음 주(에)?*

what/how about + 명사/동사 -ing/(that) + 주어 + 동사 ~ 하는게 어때? *What/how about a cup of coffee?* 어때 한 잔의 coffee? *What/how about going to the movies/cinema tonight?* 어때 가는게 극장에 오늘 밤? *What/how about (that) we go on a picnic this weekend?* 어때 우리 가는게 소풍을, 이번 주말?

4. *그 마을 중심부는 변화했다 인식을 초월하여(알아볼 수 없을 정도로) beyond.*

5. *수표, 백 달러쓰 짜리 for,가 도착했다, 누군가로부터 from, (그를) 나는 모른다.*

앞서 설명했듯이 대부분의 영어권 사람들은 who 를 생략합니다. 넣으면 이상하게 들릴 정도.

6. *그는 퇴직해야 했다 (어쩔 수 없이 퇴직 했다), 더 일찍, 기대되었던 것보다, 그의 건강 문제, 치질 때문에 because of, due to.*

이제 한글 해석을 보고 영어로 말해 볼 차례입니다.

Figurative Expressions (Sayings, Proverbs & Colloquial expressions)

you never know to say that it is possible that something good may happen

직역은 '당신은 절대 모른다' 입니다. 그렇다고 직역대로 '절대 알 수 없다' 라는 것은 아닙니다. 우리말에 일말에 가능성을 기대한다는 '혹시 아냐' 또는 '누가 아냐 ~ 될지, ~ 할지' 라는 표현입니다.

• *I know (that) you hate **blind dates**, but you never know – you might find **Mr. Right** this time.*

• *It may be too late to buy an air-ticket to New York now, but there might be a cancellation. You never know.*

• *'Erin! You bought a lottery ticket again? You're just wasting money.' 'Don't say that. You never know!'*

• *나는 안다, 네가 싫어한다는 것을, **소개팅/선들**을. 그러나 혹시 아냐, 당신이 찾을 지도 모른다 너의 **이상형**을 이번에.*

Mr. Right 은 '올바른' 이라는 형용사 right 을 사용한 '이상형' 을 말하는 구어체입니다. Mr. Right 이 Miss. Right 보다 월등히 자주 사용됩니다.

• *이것(to 이하)은 아마 너무 늦었는지 모른다, 사는 것은 항공권을 뉴욕으로 지금. 그러나 있을지도 모른다 취소(취소된 표)가. 혹시 아냐.*

• *'에린! 너 샀냐 복권을 또? 너 그냥 낭비하고 있는 것이야 돈을.' '말하지 마라 그것을(그렇게). 혹시 또 아냐!'*

Konglish   앵콜

참 많이 외치죠. '앵콜!' '앵콜!' 하면서. 뭐 의미야 잘 아시는 데로 '노래나 연주를 다시 한 번 해달라' 입니다. 근데 발음이 /앵콜/이 아니라 encore/앙코/ 또는 /옹코/입니다. 그리고 영어권에서는 한국에서처럼 청중들이 단체로 Encore! Encore! 하는 경우는 사실 그리 많지 않습니다. 뭐 통계적 자료가 없어서 단정 짓기는 어려우나 일반적으로 그렇습니다. 친구들끼리나 가족들끼리의 비공식적 모임에서도 한국에서처럼 Encore 를 외치는 경우보다 그냥 '노래 한 곡 더 해줘!' 라는 식으로의 부탁이 더 일반적입니다.

• *The audience began clapping and shouting 'encore'.*

• *The band came back onstage for an encore.*

• *(At a party) Come on Julie! Can you sing another song for us please?*

• *청중들은 시작했다 박수와 소리치기를 '앙코'라고.*

• *그 밴드는 돌아왔다 무대 위로 옹코를 위해.*

• *(파티에서) 제발 줄리! 노래해줄 수 있지, 한 곡 더, 우리를 위해 제발?*

Conjunctions

1. Do you know _____ Sunny hates her English teacher so much?

2. I will come _____ see you _____ you want.

3. It looks _____ it's going to rain.

4. Andy asked _____ the meat pie contained any lamb.

Prepositions

1. Italy will face Brazil this afternoon _____ 30,000 spectators.

2. Some people prefer to pay _____ their credit cards while others prefer to pay _____ cash.

3. Alison is looking _____ a job _____ the moment. If a vacant position comes up _____ your company, let her know _____ it please.

4. Why are you _____ a hurry? Relax a bit. You will make mistakes if you do things _____ a hurry.

5. When you fill out the form, please write _____ black pen.

6. 'May I get a refund _____ this shirt please?' 'What's wrong _____ it?' 'A button is missing'.

Conjunctions

1. 당신은 아느냐, 왜 why, 써니가 싫어하는지/써니가 싫어한다는 것을 that, 그녀의 영어 선생님을, 매우 많이?

2. 나는 와서 and, 볼 것이다 너를, 당신이 원할 때 when/원할 때라면 언제라도 whenever/원한다면 if.

3. 이것은 보인다, 비가 올 것같이 like.

4. 앤디는 물었다, 그 고기 파이가 함유했는지 if, whether, 양고기를.

Meat pies are very popular with many Australians.

Prepositions

1. 이탈리는 맞닥들일(경기할) 것이다, 브라질을 이번 오후, thirty thousand 관중들 앞에서 in front of, before.

2. 어떤 사람들은 선호한다 지불하는 것을 그들의 신용카드들로 with, 반면에 다른 사람들은 선호한다 지불하는 것을 현금으로 in.

> in cash 현금으로 Many shops charges less when customers pay in cash. 많은 상점들은 부과한다 더 적게(값을 할인해 준다), 고객들이 지불한다면 현금으로.

3. 앨리슨은 찾고 있다 직업을 for, 지금 at. 빈 자리가 나오면, 너의 회사에 at, in, 허락하세요 그녀가 알게 (알려주세요 그녀에게), 그것에 관하여 about.

4. 왜 있느냐 당신은 서두룸에 in? 여유를 가져라 약간. 당신은 만들 것이다 실수들을, 당신이 하면 일들을 서둘러서 in.

> be in a hurry 있다 서두룸에/급하다 I'm not in a hurry. Take your time. 나는 급하지 않다. 가져라 시간을(천천히 해라).

5. 당신이 채울(작성할) 때 그 양식을, 쓰세요 검정색 펜으로 in.

> with 가 답이 되려면 관사 a 가 들어간 with a black pen 이 되어야 합니다.

6. '내가 얻을 수 있습니까 환불을, 이 셜을 위해 for?' '무엇이 잘못입니까 그것과 with?' '단추 하나가 실종되었습니다.' (없습니다)

이제 한글 해석을 보고 영어로 말해 볼 차례입니다.

Figurative Expressions (Sayings, Proverbs & Colloquial expressions)

a matter of life and death a serious situation in which someone might die or something very bad might happen

직역은 '문제, 삶과 죽음의' 입니다. 목숨이 걸려있을 만큼 매우 중요한, 즉, '생사가 달린 문제' 라는 표현입니다.

- *Kim! Please lend me some money. It's a matter of life and death.*

- *Don't disturb me unless it's a matter of life and death.*

- *킴! 빌려주세요 나에게 약간의 돈을. 이것은 문제입니다, 생과 사의(가 달린).*

- *방해하지 마라 나를, 이것이 아니라면, 문제가 생과 사의(가 달린).*

Konglish   히트

음악이나 상품 따위가 대중들에게 인기를 얻어 성공하는 것을 흔히 '히트 쳤다' 라고 합니다. 영어에서는 be/became + a hit/힡/의 구조로 주로 사용됩니다. 물론, hit 은 동사로 '때리다' 로 사용됩니다.

- *His new song, Endless Love, became a hit.*

- *I really hope (that) your new book is going to be a No.1 hit.*

- *The legendary pop group ABBA produced many hit songs.*

- *The robbers hit the shop owner over the head with a baseball bat.*

- *그의 새로운 노래, 끝없는 사랑은, 되었다 인기곡이.*

- *나는 정말 기원한다, 당신의 새로운 책이 될 것을 최고의 힡이.*

- *전설적인 팝 그룹 아바는, 만들어 냈다 많은 인기곡들을.*

- *강도들은 때렸다 상점 주인을 머리 위를 야구 방망이로.*

The batter is hitting the baseball.

Conjunctions

1. I want to thank _____ brought my bag to me.

2. He knocked on the door _____ he came in.

3. _____ I left my wallet at home, I couldn't buy anything.

4. We've been good friends _____ Eva moved to my apartment block in 2010.

Prepositions

1. _____ his criminal record, employers were unwilling to offer him a job.

2. She looked _____ the road to see if anyone was coming.

3. A police officer went _____ house _____ house asking if anyone had seen the child.

4. I don't agree _____ you/your idea. Camping alone in the mountains is too dangerous.

5. _____ average, I spend 2 hours studying English every day.

6. It was alleged that politicians were _____ the recent violence.

Conjunctions

1. 나는 원한다, 감사하기를, 그가 누구이든지 간에 *whoever*, 가지고 온, 나의 가방을, 나에게.

2. 그는 두들겼다 그 문에, 그가 들어오기 전에 *before*/후에 *after*/그리고 *and*/들어오면서 *as*.

after 는 들어오고서도 방 주인이 일에 열중해서 사람이 들어온 것도 모르고 있을 때 방 안에서 문을 두드리는 상황입니다.

3. 내가 두었기 때문에 *because, since*/두었으므로 *as (formal)*, 나의 지갑을 집에, 나는 살 수 없었다 어떤 것도.

4. 우리는 좋은 친구들이어 왔다, 이바가 이사 온 이래로 *since*, 나의 아팥먼트 동(같은 동)으로 2010년에.

Prepositions

1. 그의 범죄 기록 때문에 *due to, because of*, 고용주들은 꺼렸다, 주기를 그에게 직업을.

2. 그녀는 보았다, 길 건너를 *across*/길 위쪽을 *up*/길 아래쪽을 *down*, (그래서) 봤다, 누군가가 오는지를.

3. 한 경찰관이 갔다 **집집 마다** *from*, *to*, 물었다, 누군가 보았는지 그 아이를.

4. 나는 동의하지 않는다 당신과/당신의 의견과 *with*. 야영하는 것, 혼자서 그 산들속에서,은 너무 위험하다.

5. **평균적으로** *on*, 나는 보낸다 두 시간들을, 공부한다 영어를 매일. (두 시간을 보낸다 공부하는 데)

spend + 시간 + 동사~ing 시간을 보내서 동사~ing 하다.

I used to spend more than 3 hours a day studying English when I was a student. 나는 보내곤 했다 세 시간들 이상을 하루에, (그래서) 공부했다 영어를, 내가 학생이었을 때. *I used to spend at least 30 minutes every morning putting my make-up on when I was in my early 20s but not anymore.* 나는 보내곤 했다 적어도 30분들을 매일 아침, (그래서) 화장했다 내 자신을, 내가 있었을 때 나의 초반 20대에, 그러나 아니다 더 이상은.

6. 이것(that 이하)은 주장되었다, 정치인들이 있었다고 최근의 폭력(사태) 뒤에(배후) *behind*.

이제 한글 해석을 보고 영어로 말해 볼 차례입니다.

Figurative Expressions (Sayings, Proverbs & Colloquial expressions)

that's life to express disappointment because someone must accept something unpleasant

직역은 '그것이 삶이다' 입니다. 어떤 실망스러운 일이 생겼을 때, 체념하며 어쩔 수 없이 그 상황을 인정해야 할 때, 우리말에 '사는 게(것이) 다 그렇지 뭐', '살다 보면 그런 일도 있지 뭐' 라는 표현입니다.

- *I paid $400 for my drum set last week. Now it's on sale for $250. Oh well, that's life!*
- *They are rich and they've got everything (that) they want but a child. I think (that) that's life!*

- *나는 지불했다 400 달러쓰를 나의 드럼 셀에 지난 주. 지금 이것은 할인 판매 중이다 250 달러쓰에. 오, 뭐, 살다 보면 이럴 수도!* 필자의 이야기 입니다. ^^;
- *그들은 부유하고 그들은 가지고 있다 모든 것을, 그들이 원하는, 아이를 제외하고. 난 생각한다, 인생이 다 그렇다고!*

Konglish   씽어쏭 라이터

뜻은 맞지만, 끊어 읽는 방법이 틀린 경우로, sing a song + writer 가 아니라 singer-songwriter /씽어-쏭롸이터/ 라고 표기하고 읽습니다. 또는 본문 두 번째처럼 동사 sings 와 write 을 사용하여 같은 의미를 나타낼 수도 있습니다.

- *He is a singer-song writer.*
- *He sings and writes music.*
- *There are not so many female singers in Korea who write songs themselves.*

- *그는 가수겸 작곡가이다.*
- *그는 노래하고 쓴다 음악을.*
- *없다 그리 많은 여성 가수들이 한국에, 그들은 쓴다 곡들을 직접. (그리 많지 않다)*

Stevie Wonder is one of the most famous singer-song writers.

Conjunctions

1. *I called the police immediately _____ I witnessed the accident.*

2. _____ *your parents told you already, you should drive more carefully.*

3. *The holiday was very tiring _____ it was very enjoyable.*

4. _____ *the boss gets here, we can start to negotiate the deal.*

Prepositions

*1. Your son's English/math is **well** _____ average.*

2. She earns her living _____ selling insurance.

*3. I will give him a call _____ **behalf** _____ you if you want.*

4. I have a brother, but he's away _____ home _____ present.

5. What do you want _____ me? Tell me.

*6. _____ the expensive price tag, many Korean ladies are **crazy** _____ the brand 'Louis Vuitton'*

Conjunctions

1. 나는 전화했다 경찰을 즉시, 목격한 후에 after/목격했기 때문에 because, since/목격했으므로 as, 그 사고를.

2. 당신의 부모님들이 말했듯이 as, 당신에게 이미, 당신은 운전해야 한다 좀 더 조심스럽게.

3.1 휴가는 매우 피곤했다 그러나 but, 이것은 매우 즐거웠다.

3.2 휴가는 매우 피곤했다, 이것이 매우 즐거웠을 지라도 although, though.

4. 일단 사장님이 도착하면 once/도착한다면 if/도착할 때 when, 이곳에, 우리는 시작할 수 있다 협상하기를 그 거래를.

once 는 도착하기로 되어 있는 상황이고 if 는 도착할지 안 할지 모르는 상황입니다.

Prepositions

*1. 당신 아들의 영어/수학은 있습니다, **한참** 평균 아래에 below/위에 above.*

2. 그녀는 번다 그녀의 삶을, 판매함으로써 by, 보험을. (그녀는 생계를 유지한다 보험 쎄일즈를 해서)

*3. 나는 주겠다 그에게 전화(통화)를, 당신을 **대신하여** on ~ of, 당신이 원한다면.*

instead of 와 **on behalf of** 는 한국어로는 둘 다 '대신에' 라는 의미를 가지고 있으나, 둘은 전혀 다른 의미로 사용됩니다. 예를 들어, 여자 친구가 누군가로부터 $50 빌렸는데, 돈을 주기로 한 날에 몸이 아파서 오지 못합니다. 그래서, 남자 친구가 돈을 대신해서 갚아줘야 하는 상황입니다. '*내가 줘도 되나요 $50를 당신에게 내 여자 친구 대신에*' 를 *Can I give you $50 **instead of** my girlfriend?* 라고 말하면 '*여자 친구를 당신에게 주는 대신에 $50를 당신에게 줘도 됩니까?*' 라는 의미가 되어버립니다. 돈을 받아야 하는 사람에게는 '여자 친구나 $50 중에 하나를 선택해야 하는 황당한 상황'이 되는 겁니다. 이 상황에서는 instead of 자리에 on behalf of 가 들어가야 적절한 표현입니다. 결론은 '대신에' 라는 말이 '누군가를 위하여' 라는 상황일 때는 on behalf of 를 사용해야 합니다.

I'm here on behalf of my boss. 나는 있다(왔다) 이곳에 사장님을 대신하여(사장님이 오지 못하기 때문에).

4. 나는 가지고 있다, 형제(하나)를, 그러나 그는 있다 떨어져서 집으로부터 from (집 떠나 멀리 살고 있다), 현재에 at.

5. 무엇을 당신은 원하나 나로부터 from? 말해라 나에게.

6. 그 비싼 가격표에도 불구하고 despite, 많은 한국 여인들은 너무 좋아(환장)한다, 그 상표, 루이 비톤에 about.

crazy about somebody/something 정말 좋아한다/관심있다 about 이하에 *Helen's crazy about Ryan.* 헬렌은 정말 좋아한다 롸이언을. *Dean's crazy about football/baseball.* 딘은 정말 관심이 많다 축구에/야구에.

이제 한글 해석을 보고 영어로 말해 볼 차례입니다.

Figurative Expressions (Sayings, Proverbs & Colloquial expressions)

have the time of one's life to have a very enjoyable time

직역은 '가지다 시간, 누군가의 인생의,을' 입니다. '인생에서 몇 번 오지 않을 만한 매우 즐거운 시간을 보내고 있다' 즉, '만끽하다' 라는 표현입니다. 미국의 음악 밴드 Green Day 의 노래 제목, Time of Your Life 이기도 합니다. 시간 내셔서 You Tube 에서 한 번 들어보시길 바랍니다. 경쾌한 곡입니다.

- *'Are you enjoying the party?' 'Absolutely! I'm having the time of my life.'*
- *I hope that you have the time of your life when you visit Europe during the school holidays.*
- *The kids had the time of their lives at the waterslide.*
- *Julie went to her best friend's wedding last weekend and she had the time of her life.*

- *'당신은 즐기고 있습니까 파티를?' '절대적으로(정말이요)! 나는 가지고 있습니다 정말 즐거운 시간을.'*
- *나는 바란다, 당신이 가지기를 정말 즐거운 시간을, 당신이 방문할 때 유럽을, 방학 동안에.*
- *아이들은 가졌다 정말 즐거운 시간을 물 미끄럼틀에서.*
- *줄리는 갔다 그녀의 최고 친구의 결혼식에, 지난 주말 그리고, 그녀는 가졌다 매우 즐거운 시간을.*

Konglish   장르

genre/존러/는 불어에서 와서 철자가 좀 엉뚱합니다. kind, sort 의 의미를 가지고 있죠. 주로 문학이나 예술의 한 종류를 의미합니다. 발음이 문제인 경우로, /장르/가 아니라 /존러/입니다.

- *My favourite genre of music is 'jazz'.*
- *'Let's watch this DVD tonight.' 'What genre is it? Horror? Romantic comedy?'*

- *나의 가장 좋아하는 존러, 음악의,는 '재즈'이다.*
- *'보자 이 DVD를 오늘 밤.' '무슨 존러야 그것이? 공포? 로맨틱 코미디?'*

It seems that they are having the time of their lives, dancing.

Conjunctions

1. You must buy the bus ticket at a travel agency _____ you get on the bus.

2. I was surprised _____ he was Korean, not Japanese.

3. You should concentrate more _____ you're in class.

4. No bone is broken. You've just sprained your wrist. Try not to use your hand _____ the swelling disappears.

Prepositions

1. Is there any public holiday _____ now and the school holidays?

2. My partner has been off _____ flu.

3. My sister was born _____ New Years' Day.

4. Your red T-shirt goes really well _____ your jeans.

5. Around 20% _____ the annual budget _____ the Korean government is spent _____ military/defense.

6. _____ the other hand, North Korea's military/defense budget is around 60% _____ their total national budget.

Conjunctions

1. 당신은 반드시 사야 한다 그 버스 표를 여행사에서, 당신이 오르기 전에 before, 버스에.

2. 나는 놀랐다, 그가 한국인이었다 (that), 일본인이 아니라.

> 감정 형용사 that subj + verb 감정 형용사를 느끼다, that 이하 해서. 거의 모든 감정 형용사를 이 구조를 활용하여 사용할 수 있습니다. *I was shocked that he left so early.* 나는 놀랐다, 그가 떠나서 매우 일찍. *I am happy that you're here.* 나는 행복하다, 당신이 있어서 이곳에. *I am so sad that she's gone.* 나는 매우 슬프다, 그녀가 떠나서. *My mom got really angry that I didn't come home last night.* 나의 엄마는 정말 화났다, 내가 오지 않아서 집으로 어제 밤. *Mr. Han was really annoyed that some of his books were missing.* 한 선생은 정말 짜증이 났었다, 몇 권의 그의 책이 없어져서.

3. 당신은 집중해야 한다 더, 당신이 있는 동안 while/있을 때 when, 수업 중에.

4. 아무 뼈도 부러지지 않았다. 당신은 단지 삐었다 당신의 손목을. 노력해라 안 쓰려고, 당신의 손을, 붓기가 사라질 때까지 until.

Prepositions

1. 있습니까 공휴일이, 지금과 학교 방학(들) 사이에 between?

2. 나의 팔너(동업자)는 휴식 중이어 왔다, 감기로 with/감기 때문에 because of, due to.

> be off 휴가/휴식중이다 *I was off work for a few days last week because my wife was sick.* 나는 일을 하지 않았다, 몇 일 동안, 지난 주, 나의 아내가 아팠기때문에.

3. 나의 여자 형제는 태어났다, 새해 첫날에 on.

4. 당신의 빨간색 티셔츠은 간다(어울린다) 매우 잘, 당신의 청바지와 with.

5. 약 20%, 년 예산의 of, 한국 정부의 of, 가 쓰여진다, 군사/방어에 on.

6. 또 다른 손 위에(반면에) on, 북한의 군사/방어 예산은 약 60%이다, 그들의 총 국가 예산의 of. Ex 85

이제 한글 해석을 보고 영어로 말해 볼 차례입니다.

Figurative Expressions (Sayings, Proverbs & Colloquial expressions)

the sky is the limit to say that there is no limit to what someone can achieve, spend, win etc

직역은 '하늘이 한계이다' 입니다. 끝이 보이지 않는 하늘이 한계이니, '무한하다' 또는 '제한이 없다' 라는 긍정적 의미로, 주로 '무한한 가능성이' 나 '기회' 를 이야기 할 때 자주 사용되는 표현입니다.

• *Never give up. You can achieve what you want. Remember! The sky is the limit.*

• *For people who work hard at this company, the sky's the limit.*

• *절대 포기하지 마라. 당신은 성취할 수 있다, 당신이 원하는 것을. 기억하라! 가능성은 무한한 것을.*

• *사람들, 그 사람들은 일한다 열심히 이 회사에서, 에게는, (승진) 기회는 무한하다.*

A ladder is soaring up the sky.

Konglish   부루쓰

음악의 한 genre 인 blues/블루쓰/가 한국에서는 night club 에서 남,녀가 서로를 마주보며 추는 '분위기(?)있는 춤' 을 의미하게 되었습니다. blues/블루쓰/는 춤이 아니고 음악의 한 genre 입니다. 미국 남부에서 시작되어 여러 형태의 대중 음악의 모태가 되었습니다. 예문에서 더 자세히 설명합니다.

• *Many Koreans think (that) 'blues' is a form of dance but it is actually a genre of music.*

• *Blues is a slow sad style of music that came from the southern US. It became the roots of jazz, rhythm and blues, rock and roll, hip-hop, and other popular music forms.*

• *I love slow romantic dancing. It's so hot.*

• *많은 한국인들은 생각한다 (that 이하를) 블루쓰는 한 형태라고, 춤의, 그러나 이것은 실제로 한 죤러이다, 음악의.*

• *블루쓰는 느리고 슬픈 스타일이다, 음악의, 그것은 왔다 남부 미국으로부터. 이것은 되었다 근원들이, 재즈, 리드멘 블루쓰, 롹캔롤, 히팝 그리고 다른 대중 음악 형태들의.*

• *나는 정말 좋아한다 느리고 분위기 있는 춤을. 이것은 매우 관능적이다.*

Conjunctions

1. I have lost my passport _____ I have reported it to the Korean consulate (consular office) in Sydney.

2. _____ you study English really really hard, it is still not possible to pass the IELTS test in 3 months _____ your current score is 3.5.

3. Tell me _____ you think about the plan.

4. I don't care _____ you do in the future, _____ there is one thing _____ you must remember. _____ you do, you should do your best.

Prepositions

1. I'm sure (that) I put my credit card _____ my wallet, but it's gone now.

2. What's _____ TV tonight? Is there anything interesting?

3. 'What was _____ this jar?' 'The jar was *filled* _____ brown sugar.'

4. 'What colour do you like?' 'I like any color _____ red.'

5. The closure _____ the factory will cause serious *damage* _____ the local economy.

6. The *tax* _____ cigarettes is very high _____ most developed countries _____ the related medical costs.

Conjunctions

1. 나는 잃어버렸다 나의 여권을, 그래서 *so*, 나는 보고했다 그것(잃어버린 사실)을, 한국 영사관으로 씐니에.

2. 당신이 공부할지라도 *although, though*, 영어를 정말 정말 열심히, 이것(to 이하)은 여전히 가능하지 않다, 통과하는 것, IELTS 시험을, 3개월 만에, 당신의 현재 점수가 3.5일 때 *when/*3.5 라면 *if/*3.5 이기 때문에 *because, since (formal)/*3.5 이므로 *as (formal).*

3. 말해달라 나에게 무엇을 *what*, 당신이 생각하는지 그 계획에 관해. (계획에 대한 의견을 말해 달라)

4. 나는 신경 쓰지 않는다, 무엇을 당신이 할지 *what*, 장래에, 그러나 *but*, 있다 한 가지가, 그것을 (*that, which*) 당신은 반드시 기억해야 한다. 무엇을 당신이 하든지 *whatever*, 당신은 해야한다 당신의 최선을.

Prepositions

1. 나는 확신한다, 나는 두었다고 나의 신용카드를 나의 지갑 안에 *in*, 그러나 이것은 가 버렸다(없어졌다) 지금.

2. 뭐 있어 텔레비전에 *on* 오늘밤? 있나 뭔가 흥미 있는 것이?

TV 가 방송의 개념으로 사용될 때는 관사 a 나 the 가 붙지 않습니다. 하지만, 수상기의 의미로 사용될 때에는 항상 관사와 함께 합니다. *I have bought a new tv.* 나는 샀다, 새로운 TV 수상기를.

3. '무엇이 있었나 이 단지 안에 *in, inside*?' '그 단지는 채워져 있었다 흑설탕으로 *with.*'

fill 목적어 with something 채우다 목적어를 with 이하로 *Fill the bucket with ice.* 채워라 그 양동이를 얼음으로.

4. '어떤 색깔을 당신은 좋아합니까?' '나는 좋아합니다 어떤 색깔도, 빨강만 제외하고 *but, except/*빨간색과 함께인(빨간색이 들어간) *with.*'

5. 폐쇄, 그 공장의 *of*,는 유발할 것이다 심각한 손상(타격)를, 그 지역 경제에 *to.*

casue damage to something 유발시키다 손해를 무언가에

Ruthless development will cause serious damage to the environment. 인정사정 보지 않는 개발은 일으킬 것이다 심각한 손상을 환경에.

6. 세금, 담배들에 *on*,은 매우 높다, 대부분의 선진국들에서는 *in*, 연관된 의료 비용들 때문에 *because of, due to.*

'~에 부과되는 세금' 이라는 의미로 항상 tax on something 입니다. *I think (that) there are too many taxes on fuel.* 나는 생각한다, 있다고 너무 많은 세금들이 연료에.

이제 한글 해석을 보고 영어로 말해 볼 차례입니다.

Figurative Expressions (Sayings, Proverbs & Colloquial expressions)

live in the past to have old-fashioned ideas and attitudes

직역은 '살다 과거에' 입니다. '시대에 걸맞지 않는 구닥다리/구식 방법과 태도를 가지고 사는 것' 을 말합니다.

• *Dad! You can't go on living in the past. Every girl wears mini skirts these days.*

• *My mother still lives in the past. She hates the Internet and mobile phones.*

• *아빠! 당신은 계속할 수 없다(계속 해서는 안 된다), 사는 것을, 구식으로. 모든 여자가 입는다 미니 스컷들을 요즘에.*

• *나의 엄마는 여전히 산다 구식으로. 그녀는 싫어한다 인터넷과 휴대 전화기들을.*

Konglish   CF

흔히 대문자 CF 를 'TV 광고' 라고 한국에서는 쓰고 있지만 CF 란 단어는 영어에는 없습니다. 대신에 주로 소문자로 괄호 안에 (cf, something) 라고 쓰면 '참조' 의 의미로 사용됩니다. 하지만 이것도 학술적인 글에서나 볼 수 있는 단어이지 일반적인 영어에서는 쓸 일이 거의 없습니다. 여하간에, TV 광고는 TV commmercial/커머셜/ 또는 줄여서 그냥 commercial 이라고 합니다. commercial 은 TV 나 radio 광고만을 의미하며, 신문 광고를 포함한 광범위한 의미의 광고는 advertisment/앧버티쓰먼트, 앧버타이즈먼트/ 또는 그냥 줄여서 ad/앧/라고 합니다. 또한 commercial 은 '상업적인' 이라는 형용사로도 사용됩니다.

• *I'm really sick of this commercial. It is too offensive.*

• *There are too many TV commercials during movies in Australia.*

• *A TV commercial is a form of advertisement.*

• *She only appears on TV commercials because she can't act.*

• *I don't like commercial TV channels. There is too much American crap.*

• *나는 정말 짜증난다 이 TV 광고가. 이것은 너무 공격적(기분 상하게 하는)이다.*

• *있다 너무 많은 TV 광고들이, 영화들 도중에 호주에서.*

• *TV 광고는 한 형태이다, 광고의.*

• *그녀는 단지 나타난다 TV 광고들에만, 그녀가 연기를 하지 못하기 때문에. (그녀의 연기가 형편없기 때문에)*

• *나는 좋아하지 않는다 상업 방송 채널들을. 있다 너무 많은 미국의 쓰레기가. (쓰레기 같이 말도 안 되는 프로그램이)*

Conjunctions

1. *Going on an overseas holiday is much easier these days _____ it was 20 years ago.*

2. *He is not going to tell you _____ the pretty girl is _____ you buy him dinner _____ a beer.*

3. *Sam is really proud of _____ he is and _____ he is doing.*

4. _____ *you read sentences written in English, try to read them out loud. That way you will improve your pronunciation and listening skill, _____ also you will remember the words better.*

Prepositions

1. He did very badly _____ the exam – worse than he anticipated.

2. She shouted my name _____ a harsh voice.

*3. Canola oil is much cheaper **compared** _____ olive oil.*

*4. The school provides free internet access. _____ **addition**, it **offers** discounted air fares _____ its students.*

*5. There is no need to get **sensitive** _____ what people are saying _____ you.*

*6. Everything _____ the holiday is explained _____ the booklet _____ **detail**.*

Conjunctions

1. 가는 것, 해외 휴가를,은 훨씬 쉽다 요즘에, 이것이 20년 전 보다 than.

2. 그는 말하지 않을 것이다 너에게, 누구인지 who, 그 예쁜 아가씨가, 네가 사지 않는 한 unless/살 때까지 until/사더라도 although, though, 그에게 저녁 식사와 and, 한 (잔) 맥주를.

3. 쌤은 정말 자랑스러워한다, 누구인지에 who 그가, 그리고, 것에 what, 그가 하고 있는.

4. 당신이 읽을 때 when/읽을 때 마다 whenever, 문장들을, 쓰여진 영어로, 해 봐라, 소리 내어 읽도록 그들을 크게. 그 방법으로 당신은 향상 시킬 것이다 당신의 발음과 듣기 기술을, 그리고 and, 또한 당신은 기억할 것이다 그 단어들을 더 잘.

Prepositions

1. 그는 했다 매우 나쁘게, 시험에서 in, on – 더 안 좋게, 그가 기대했던 것보다. (시험 완전히 망쳤다)

2. 그녀는 소리쳤다(불렀다) 나의 이름을, 쉰 목소리로 in.

3. 카놀라 유는 많이 더 싸다, 비교하여 올리브 유와 with/유에 to.

*4. 그 학교는 제공한다 무료 인터넷 접근(사용)을. **추가로** In, 이것은 제공한다 할인된 항공료들을 이것의 학생들에게 to.*

'학생들을 위하여' 라는 의미로 for 를 사용하는 사람이 있기는 합니다만 드뭅니다.

5. 없다, 필요가, 민감해질, 사람들이 말하고 있는 것에 to/것에 대하여 about, 당신에 관하여 about.

be sensitive to/about something 민감하게 반응하다/민감해지다 something 에 *Don't you think (that) you are too sensitive about your weight?* 당신은 생각하지 않나, 당신이 너무 민감하다고 당신의 (몸)무게에? *Although she has been involved in politics for many years, she is very sensitive to criticism.* 그녀가 몸 담아 왔지만 정치에 많은 세월들 동안, 그녀는 매우 민감하게 반응한다 비난에. *Many people are sensitive to cow's milk.* 많은 사람들이 민감하다(쉽게 탈 난다) 우유에.

*6. 모든 것, 휴가에 관한 about,은, 설명되어 있다, 그 소책자 안에 in, **자세하게** in.*

내용상 on (formal) 보다는 about 이 적절합니다. 세부 사항이라는 명사 detail 과 in 이 합쳐져 '자세하게'라는 의미가 되었습니다. *This issue will be discussed in more detail in the next lesson.* 이 주제(논쟁 거리)는 논의 될 것이다 더 자세하게 다음 수업에서. 그리고 어미 let 은 '작다' 라는 의미를 가지고 있습니다. 그래서, 새끼 돼지는 piglet, 아주 작은 물방울은 droplet, 작은 안내서는 leaflet 또는 pamphlet 이라 합니다.

이제 한글 해석을 보고 영어로 말해 볼 차례입니다.

Figurative Expressions (Sayings, Proverbs & Colloquial expressions)

kill time to do something that is not very useful or interesting while waiting for time to pass

직역은 '죽인다 시간을' 입니다. 소중한 시간을 죽인다는 얘기는 '남는 시간을 때우다' 라는 의미입니다.

- *I was early for the appointment, so I killed time at a bookstore.*
- *To kill time, he went to a cinema.*
- *Surfing the Internet is a good way to kill time.*

- *나는 일렀다(일찍 왔다) 약속을 위하여는, 그래서 나는 때웠다 시간을, 한 서점에서.*
- *시간을 때우기 위하여, 그는 갔다 극장에.*
- *여기 저기 둘러보는 것, 인터넷을,은 좋은 방법이다, 때우는 시간을.*

복습 들어 갑니다. 현대 영어에서 to 부정사가 '~ 하기 위하여'로 해석되는 경우는, to 부정사가 문장 맨 앞에 나왔을 경우입니다. 바꿔 말하면 문장 중간에 들어가 있는 to 부정사를 '~ 하기 위하여' 라고 해석하는 경우는 거의 없다는 이야기입니다. 결론을 말하면 to 부정사를 사용하여 '~하기 위하여' 라는 표현을 하기 위해서는, 반드시 문장 맨 앞을 to 부정사로 시작해야 합니다. 아래 예문의 해석의 차이를 보세요. 자세한 설명은 저자의 문법책을 참고하세요. *I left in the morning to arrive early.* 나는 떠났다 아침에, (그래서) 도착했다 일찍. *To arrive early, I left in the morning.* 도착하기 위하여 일찍, 나는 떠났다 아침에.

Konglish   탤런트

talent/탤런트/는 '재능' 이라는 뜻입니다. 'TV 연기자' 라는 뜻은 전혀 없습니다. 연극 배우든, TV 연기자이든, 영화 배우든 상관없이 영어에서는 전부 actor 아니면 actress 입니다. talented 는 '재능이 있는' 이라는 형용사입니다. 전치사(in)에 주의 하세요.

- *He was an actor when he was young.*
- *Sadly, she inherited none of her father's musical talent.*
- *Amy has got a talent **for** acting.*
- *He is talented **in** music/fine art.*

- *그는 연기자이었다, 그가 젊었을 때.*
- *슬프게도, 그녀는 물려받지 못했다 아무것도, 그녀의 아버지의 음악적 재능의,*
- *에이미는 가지고 있다 재능을, 연기를 위한.*
- *그는 재능이 있다 음악/미술에.*

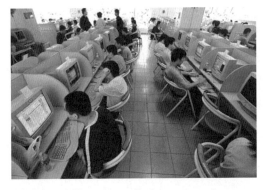

They are killing time playing computer games at an internet cafe.

Conjunctions

1. Have you reported to the consulate _____ you have lost your passport?

2. I will be away until 30 June. So _____ you want to talk to me, give me a call on my mobile.

3. Can you please wait here _____ the meeting finishes?

4. Do you know _____ I should go for fishing? Let me know a good spot.

Prepositions

1. (While checking – in at an airport) May I have a seat _____ the toilet please?

2. You are allowed to bring only one carton _____ cigarettes _____ Australia, *duty free*.

3. Your condition will improve _____ a short period _____ time.

4. Her mom was killed _____ a car accident a couple _____ years ago.

5. You must pay the tuition fee 6 months _____ *advance*.

6. I'm _____ him now (= I am no longer _____ love _____ him).

Conjunctions

1. 당신은 보고 했습니까 영사관에, 당신이 잃어버렸다고 *that*, 당신의 여권을?

after 나 when을 쓰면 동사 report 의 목적어가 되지 않으므로 답이 될 수 없습니다.

2. 나는 있을 것이다 떠나 30일까지 6월. 그래서 당신이 원한다면 *if*/원할 때 *when*/때면 언제라도 *whenever*, 말하기를 나에게, 주세요 나에게 전화를 나의 휴대 전화에.

3. 당신은 기다려 주실 수 있습니까 이곳에서, 회의가 끝날 때까지 *until*?

4. 당신은 알고 있습니까, 어디로 *where*, 내가 가야 하는지 낚시를 위해? 허락하세요 내가 알도록(알려주세요) 좋은 장소를.

Prepositions

1. (입국 수속 중에, 공항에서) 허락해 주시겠어요. 제가 가지도록 좌석을 화장실 근처에 *near*? (화장실 근처에 좌석을 주세요)

맥주를 좋아하시는 분들은 화장실 근처 자리가 편합니다.^^;

2. 당신은 허락된다 가지고 오도록, 단지 한 보루의 *of*, 담배들을 호주 안으로 *into*/호주로 *to*. 면세로.

3. 당신의 상태는 향상될 것입니다, 짧은 기간만에 *in*/기간 안에 *within*/기간에 걸쳐 *over*, 시간의 *of*.

4. 그녀의 엄마는 사망했다 (죽어졌다) 차 사고에서 *in*, 몇 년 *of*, 전에.

5. 당신은 반드시 지불해야 합니다 수업료를, 6개월들 미리 *in*.

in advance 미리 *You should arrive at the airport 2 hours in advance of your departure time.* 당신은 도착해야 합니다 공항에, 두 시간들 미리, 당신의 출발 시간의.

6. 나는 사귀지 않습니다 *over*, 그와 지금은 (나는 있지 않다 더 이상 사랑에 *in*, 그와 *with*)

이제 한글 해석을 보고 영어로 말해 볼 차례입니다.

Figurative Expressions (Sayings, Proverbs & Colloquial expressions)

long time no see to say hello when someone has not seen somebody for a long time

직역은 '오랜 시간, 못 봤다' 입니다. 많이들 들어보셨을 만한 표현입니다. 오랜만에 만난 사람에게 '참 오래간만이다' 라는 인사말입니다. 앞서 문제에 이미 두어번 소개되었습니다.

- *Hey James! Long time no see. Where have you been?*
- *'Long time no see, Becky!' 'How are you, Cindy? I just came back from the States.'*
- 헤이 제임쓰! 참 오랜만이다. 어디 너 다녀왔어?
- '참 오랜만이다, 베키!' ' 어때 너, 씬디? 나 막 돌아왔다 미국으로부터.'

Konglish   개런티 (연기자의 출연료)

guarantee/개런티/가 어떻게 '배우들의 출연료'를 의미하게 되었는지 곰곰히 생각해 보았습니다. 추측컨데 '영화가 흥행했을 경우, 얼마를 보장해 주겠다' 라는 것에서 유래하지 않았나 싶습니다. guarantee 는 동사로는 '보장/보증하다', 명사로는 '보장/보증(특히 상품의 품질 보증)'의 뜻으로 일상 생활에 매우 흔하게 사용되는 단어입니다. 거의 같은 말로 warranty/워런티/가 있는데 이 단어는 동사로는 쓰지 않고, 명사로 '품질 보증' 의 의미로만 사용됩니다. guarantee 보다 더 흔히 사용됩니다.

- *He got paid $2,000,000 for his role in the movie, 'Titanic'.*
- *I think that some actors and actresses get paid too much for starring in their movies, compared to what supporting actors get paid.*
- 그는 지불 받았다, 2백만 달러쓰를, 그의 역할로, 영화, '타이타닉' 에서.
- 나는 생각한다, 몇몇 남자 배우들과 여자 배우들은 지불 받는다고 너무 많이, 주연 역할 하는 것으로 그들의 영화들에서. 비교하여, 조연 배우들이 지불 받는 것에.

'guarantee' as a verb (guarantee that 주어 + 동사/guarantee + 명사)

- *I guarantee (that) you'll like her.*
- *I guarantee (that) you will not find a lower price for this car anywhere in London.*
- *We can't guarantee (that) the plan will work, but we will **give it a try**.*
- *We guarantee (that) you won't lose your jobs when the company **is taken over**.*
- *The law guarantees equal rights and opportunities regardless of sex and age.*
- *A university degree doesn't guarantee you a good job.*
- 나는 보장한다, 당신이 좋아할 것이라고 그녀를.
- 나는 보장한다, 당신은 못 찾을 것이라고 더 싼 가격을 이 차를 위한, 어떤 곳에서도, 런던에서.
- 우리는 보장할 수는 없다, 그 계획이 효과가 있을 것 이라고, 그러나 우리는 줄 것이다 그것에 시도를. (**시도해 볼** 것이다)
- 우리는 보장한다, 당신들은 잃지 않을 것이라고 당신들의 직업들을, 회사가 **넘어 갈 때**.
- 그 법은 보장한다, 동등한 권리들과 기회들을, 상관없이 성별과 나이의.
- 대학 학위는 보증하지 않는다 당신에게 좋은 직업을.

'guarantee' as a noun

- *Hyundai and Kia motors offer a 5-year unlimited km guarantee/warranty on their cars sold in Australia.*
- *All the notebook computers come with a one year guarantee/warranty.*
- *This product has a money-back guarantee/warranty. If you're not happy with the product, simply return it to the store for a full refund.*
- *The car is still under factory guarantee/warranty.*

- 현대와 기아차는 제공한다 5년 무제한 킬로(거리) 보증을 그들의 자동차들에, (그것들은) 판매된다, 호주에서.
- 모든 놋북 컴퓨터들은 **온다** 1년 보증과. (1년 보증이 있다)
- 이 제품은 가지고 있다 돈 돌려주는 보증을. 당신이 **만족하지** 않는다면 그 제품에, 단지 반환해라 이것을 상점에 완전한 환불을 위하여.

> 필자가 유학생 시절에 supermarket 직영제품(보통 제일 싼 품목들) 치즈 포장에 써 있었던 문구입니다. 먹어보고서 너무 맛이 없어서 환불을 받았던 기억이 나네요. 마치 포장용 종이 상자를 씹어먹는 느낌이었다는 ^^;

- 그 자동차는 있다 여전히, 공장 품질보증(기간) 하에.

Conjunctions

1. I have a friend _____ wife is Japanese.

2. _____ way you choose, it will take more than an hour to get to the airport.

3. Instead of using buses and trains, let's rent a car _____ we can go _____ we want _____ we want.

4. _____ he was born in Korea, he can't speak much Korean _____ he was adopted to the U.S _____ he was only 6 months old.

Prepositions

1. The bullet passed straight _____ his skull.

2. Mike has never been this late. It's very _____ him.

3. Sometimes, it is quicker to go to the airport _____ the city centre.

4. Children _____ parents' permission cannot join the field trip.

5. According _____ the weather forecast, it will rain _____ the week.

6. (_____ a dry-cleaner's) Can I have my **suit** back _____ tomorrow morning please?

Conjunctions

1. 나는 가지고 있다 한 친구를, 그의 whose, 아내는 일본인이다.

2. 어떤 길을 whichever (보통 2-3 중 하나), whatever, 당신이 선택하든지, 이것(to 이하)은 걸릴 것이다 한 시간 이상이, 도착하는데 공항에.

3. 이용하는 대신에 버쓰들과 열차들을, 빌리자 자동차를. 그래서 so, 우리는 갈수 있다, 어디든지 wherever, 우리가 원하는, 언제든지 whenever, 우리가 원하는.

4. 그가 태어났지만 although, though, 한국에서, 그는 말하지 못한다 많은 한국어를, 그는 입양되었었기 때문에 because, since/입양되었으므로 as, 미국으로, 그가 겨우 육 개월들 나이 일 때 when.

Prepositions

1. 그 총알은 통과했다 직선으로(바로) 그의 두개골를 통하여 through.

2. 마익은 절대 않아왔다 이렇게 늦지. 이것은 매우 그 답지 않다 unlike.

3. 때로는 이것(to 이하)이 더 빠르다, 가는 것 공항으로 시내를 거쳐서 via, through.

4. 어린이들, 부모의 허가가 없는 without, 은 합류할 수 없다 그 견학을.

5. 따르면 일기 예보에 to, 비가 올 것이다 (이번) 주에 during/이번 주에 계속 through/이번 주에 쉬지 않고 throughout.

6. (드라이 클린 세탁소에서 at) 내가 돌려 가질 수 있습니까 나의 **정장**을 내일 아침까지 by?

> '내일 아침에' 라고 할 때는 전치사 in 없이 그냥 tomorrow morning 만 쓰면 됩니다.

이제 한글 해석을 보고 영어로 말해 볼 차례입니다.

Figurative Expressions (Sayings, Proverbs & Colloquial expressions)

have nothing to lose worth taking a risk because the situation cannot become any worse

직역은 '가지고 있지 않다 아무것도 잃을 것을' 입니다. 잃을 것이 아무것도 없는, 즉 더 이상 손해 볼 것도, 악화될 것도 없는 상황에서 '어떤 일을 시도해 봐라' 라는 의미로 사용됩니다. 우리말에 '밑져야 본전' 이라는 속담과 비슷합니다.

- *You should apply for the job – you've got nothing to lose.*

- *Why don't you meet her again? She seems nice. Don't think too much. You've got nothing to lose.*

- *당신은 지원해야 한다 그 일을 위해 – 당신은 가지고 있지 않다 아무것도 잃을.*

- *너 만나는 것이 어때 그녀를 다시? 그녀 같던데 착한 (것). 생각하지마 너무 많이. 밑져야 본전이잖아.*

subj + seem + adj 주어가 형용사 인듯하다, it seem that subj + verb that + 주어 + 동사인듯 하다.

Edward seems rich. = It seems that Edward is rich. 엔윈은 부자인듯 하다

Jenny seems busier than usual. = It seems that Jenny is busier than usual . 제니는 더 바쁜듯 하다 평소 보다.

Konglish   멜로 (드라마/영화)

흔히 '멜로(물)' 이라 하면 한국에서는 남,녀간의 사랑과 슬픔이 주제로 된 드라마나 영화를 의미합니다. 영어권에서 melodrama/멜러드라마/라 하면 범위가 좀 더 넓은데, 인간의 내면적 갈등(사랑, 이별, 우정, 가족, 삶의 역경 등)을 그려낸 작품들을 의미합니다. 이야기 자체가 좀 비현실적이고 과장된 면이 특징이기도 합니다. 여하간 영어에서 melodrama/melomovie 는 의미의 범위가 넓기 때문에, 대부분의 한국인들이 말하는 melo 물은 romantic drama/movie 라고 해야 합니다. 형용사 romantic 은 종종 '비현실적인' 이라는 뜻으로도 사용됩니다.

- *'What sort of movie do you like?' 'I like romantic movies.'*

- *My mom is crazy about romantic dramas. I think (that) they all have **the same old story**.*

- *Jason sends me red roses whenever he gets drunk. How romantic!*

- *Like many people, she has a romantic image of living overseas. She should be more realistic.*

- *'어떤 종류의 영화를 당신은 좋아합니까?' '나는 좋아합니다 애정 영화들을.'*

- *내 엄마는 환장한다 (정말 좋아한다) 로맨틱 드라마들에. 나는 생각한다, 그들 모두가 가지고 있다고 **진부한 이야기**(구성)을.*

- *제이슨은 보낸다 나에게 빨간 장미들을, 그가 술 취할 때 마다. 얼마나 로맨틱한가!*

- *많은 사람들처럼, 그녀는 가지고 있다 비현실적인 상을, 사는 것에 대해, 해외에서. 그녀는 좀 더 현실적이어야 한다.*

How romantic! The couple are having a time of thier lives at twilight.

Conjunctions

1. _____ I am really busy, my wife has plenty of free time. It's not fair.

2. Let's wait _____ see _____ happens.

3. I have no idea _____ such a nice lady like Angie married a guy like Steve.

4. A temporary visa will be issued _____ your application for the permanent visa is being processed.

Prepositions

1. Did you get an **invitation** _____ their wedding?

2. You can keep the book _____ the 21st _____ March.

3. She came back _____ a letter _____ her hand.

4. A lot _____ the small towns _____ the area are definitely _____ visiting.

5. You can pay your bill online _____ www.post.com.au.

6. According _____ the post office, the parcel has been dispatched and will arrive _____ the next 10 days.

Conjunctions

1. 나는 정말 바쁜 반면에 while, whereas/나는 정말 바쁠지라도 although, though, 나의 아내는 가지고 있다. 충분한 자유 시간을. 이것은 공평하지 않다.

2. 기다리고 and, (두고) 보자, 무엇이 what, 일어나는지 (무슨 일이 생기는지).

3. 나는 가지고 있지 않다 생각을(도저히 모르겠다) 왜 why, 그런 착한 아가씨, 엔지 같은,가 결혼했는지 남자를 스팁같은.

4. 임시 비자가 발행될 것이다, 당신의 신청, 영주권을 위한,이 처리되고 있는 동안 while/처리되고 있는 중이라면 if.

before 가 답이 되려면 is being processed 가 is processed 가 되어야 합니다.

Prepositions

1. 당신은 얻었습니까(받았습니까) 초대를 그들의 결혼식에 to?

invitaion to something 어떤 것으로의 초대 Don't worry! Gary will come. He has never turned down an invitation to dinner. 걱정마라! 게리는 올 것이다. 그는 절대 거절해본 적이 없다 초대를, 저녁 식사로(의).

2. 당신은 가지고 있을 수 있다 그 책을 21일까지 until/21일부터 from, 3월의 of.

keep 은 동사의 동작이 지속적이므로 by 가 답이 될 수 없습니다.

3. 그녀는 돌아왔다 편지와 with, 그녀의 손에 in. (그녀의 손에 편지를 가지고)

4. 많은 of, 작은 마을들, 이 지역의 of/지역에 in/지역 주변에 around,은 있다 분명히, 방문할 가치가 worth.

5. 당신은 지불 할 수 있다 당신의 요금을 온라인상에서, www.post.com.au 에서 at.

6. 우체국에 따르면 to, 그 소포는 발송 되었고, 도착할 것이다 다음 10일들 이내에 within/10일들 만에 in.

이제 한글 해석을 보고 영어로 말해 볼 차례입니다.

Figurative Expressions (Sayings, Proverbs & Colloquial expressions)

bad luck to express sympathy when something unpleasant has happened to someone

직역은 '불운' 입니다. 좋지 않은 일이 생긴 사람에게 하는 위로의 말로서 '운이 없었을 뿐이야' 라는 의미로 사용하세요.

• *The accident was just bad luck. You've done everything (that) you were supposed to do.*

• *Bad luck Nick but don't be disappointed. You will win next time.*

• *그 사고는 단지 운이 없었던 것이었다. 당신은 했다 모든 것을, 당신이 했어야 했던.*

• *운이 없었다 닉! 그러나 실망하지 마라. 당신은 이길 것이다 다음 번(에).*

Konglish   에로 (영화)

이번에는 '에로' 입니다. 우선 ero 라는 말은 영어에 없습니다. erotic/이로틱/을 줄인 단어입니다. 의미는 '성적인', '성을 묘사하는' 입니다. 비슷한 의미의 형용사로는 adult/어덜트/가 있습니다. 물론 adult 의 가장 기본적인 의미는 '성인의' 입니다. 흔히 이야기하는 음란물(야한 동영상이나 사진 따위)은 pornography/포노그라피/ 또는 줄여서 porn/폰/입니다. 형용사형은 pornographic 입니다.

• *You can sometimes watch erotic/adult movies on TV late at night in Australia.*

• *The film is rated R for language and adult themes.*

• *These days it is too easy for children and teenagers to access pornographic materials online.*

• *당신은 때때로 볼 수 있다 성을 묘사하는/성인 영화들을 TV에서 늦게 밤에 호주에서.*

많은 영어권 국가에서는 아이들이 잠들었다고 가정되는 시간, 호주의 경우 밤 아홉시 경 이후에는, 여성의 상반신 정도가 드러나는 장면이 들어있는 영화 정도는 TV에서 심심치 않게 볼 수 있습니다.

• *그 영화는 등급 평가 되어있다 R(restricted)로, 언어와 성인 주제들 때문에.*

• *요즘에는 이것(to 이하)은 너무 쉽다, 아이들과 청소년들이 접근하는 것, 음란물들을, 온라인에서.*

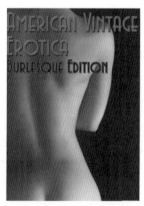

It's a poster of an erotic film.

Conjunctions

1. Do you know _____ Kelly passed the test?

2. I think _____ people _____ support the conservative party are either wealthy _____ stupid.

3. They went back to England _____ they got married.

4. _____ (it is) explained, all the accommodations and meals are included in the price.

Prepositions

1. I can't continue this anymore _____ getting paid.

2. I think (that) you were _____ me _____ the queue.

3. What are you going to do _____ the money?

4. I had to make a decision _____ *the spot*.

5. A new train station is currently _____ construction.

6. (Washing instruction) Turn shirts inside out _____ better results.

Conjunctions

1. 당신은 아느냐 켈리가 통과했는지 아닌지 if, whether/통과했다는 것을 that/어떻게 통과했는지 how/언제 통과했는지 when, 그 시험을?

2. 나는 생각한다, that, 사람들, 그들은 who, 지지한다 그 보수 정당을,은 부유하거나 또는 or, 어리석다고.

3. 그들은 돌아갔다 영국으로, 그들이 결혼했을 때 when/ 결혼 후에 after/결혼 전에 before/결혼했기 때문에 because /결혼했으므로 as (formal)/결혼 후 바로 once/돌아가서 and 결혼했다.

4. (이것이) 설명되어 있듯이 as, 모든 숙박들과 식사들은 포함되어 있다 그 가격에.

Prepositions

1. 나는 계속할 수 없다 이것을 더 이상, 돈 받지 않고는 without.

2. 나는 생각한다, 당신이 있었다고 내 앞에 before/내 뒤에 after, 그 줄(사람들이 줄지어 있는)에 in.

3. 무엇을 당신은 하기로 했나 그 돈으로 with/그 돈 없이 without (그 돈이 없으면 할 수 있는 것들이 없다, 꼭 필요하다)?

4. 나는 만들어야만 했다(내려야만 했다) 결정을 **그 자리에서** on.

on the spot 은 '그 자리에서' 라는 직역에서 '즉석에서 ~을 하다' 라는 표현이 나왔습니다.

5. 새로운 기차역이 있다, 현재 공사 중에 under.

6. (세탁 요령) 돌려라 셭들을 안쪽이 바깥쪽으로 (뒤집어라), 더 나은 결과들을 위하여 for.

이제 한글 해석을 보고 영어로 말해 볼 차례입니다.

Figurative Expressions (Sayings, Proverbs & Colloquial expressions)

drive someone mad/crazy/nuts to make someone feel very annoyed

동사 drive 의 가장 기본적인 뜻은 물론 차량 따위를 '운전하다' 입니다. 하지만 흔하게 사용되는 또 다른 의미는 '누군가를 어떤 (좋지 않은) 상황으로 몰아버린다' 입니다. 우리말에 '누군가를 돌아버리게 한다/미치고 팔짝 뛰게 만든다/ 환장하게 만든다' 와 비슷한 표현입니다.

- *This cough is driving me mad!*
- *Get out of here now. You're saying the same old things again and again, and it's driving me nuts.*
- *The new boss drives me and my colleagues crazy. She is so **inflexible**.*

- *이 기침이 만들고 있고 나를 미치게!*
- *나가라 이곳에서 지금. 당신은 말하고 있다 같은 진부한 것들(말들)를 반복해서, 그리고 그것은 몰아가고 있다 나를 미치게.*
- *새로운 상관은 만든다 나와 나의 동료들을 미쳐버리게. 그녀는 정말 **융통성이 없**다.*

Konglish   에피소드

한국에서 episode/에피쏟/는 '연예인들의 사담' 정도의 의미로 쓰여집니다. 하지만 영어에서는 그런 국한된 의미보다는 더 넓은 의미로 '어떤 기간 중의 있었던 특정 사건' 이나, TV 나 radio 방송의 '연속되는 여러 이야기들 중의 한 편' 이라는 의미로 사용됩니다.

- *Erin's decided to forget the episode with Harry that made everyone laugh at them.*
- *This week's episode of CSI is 'murder' **as usual**.*

- *그녀는 결정했다 잊기로 그 사건을, 헤리와(의), 그것은 만들었다 모든이가 비웃게 그들을.*
- *이번 주의 편, Crime Scene Investigation 의,은 '살인' 이다, **의례 그렇듯이**.*

CSI: Crime Scene Investigation (also known as CSI: Las Vegas) is an American crime drama television series, which premiered on CBS on October, 2000.

Conjunctions

1. Did you watch the Japanese movie _____ was on SBS last night?

2. _____ tries hard will get the result _____ they want.

3. Jenny became extremely depressed _____ her boyfriend left her.

4. You must have a valid passport _____ you apply for a visa.

Prepositions

*1. You need to **focus** more _____ what you're doing.*

*2. The Olympic Stadium can hold **up to** 50,000 spectators _____ one time.*

*3. Where have you been? I haven't seen you _____ **years/ages**.*

*4. The river was very clean _____ **the past**, but not anymore.*

5. Two nights' hotel accommodation _____ the daily buffet breakfast and dinner will cost over $1,000 _____ person.

6. _____ $100, I bought a leather hat _____ a couple _____ crocodile teeth _____ it.

Conjunctions

1. 당신은 봤는가 그 일본 영화를, 그것은 which, that, 있었다 SBS에 지난 밤?

2. 누구든지 whoever, 노력하는 열심히,는 얻을 것이다 결과를, (that, which) 그들이 원하는.

3. 제니는 되었다 극단적으로 우울하게, 그녀의 남자 친구가 떠난 후에 after/떠났을 때 when/떠났기 때문에 because, 그녀를.

since 가 '이래로' 의 의미로 사용될 때는, 현재 완료형이 사용된, *Jenny has been extremley depressed since her boyfriend left her* 가 적절합니다. as 는 가능하기는 하나 다소 formal 합니다.

4. 당신은 반드시 가지고 있어야 한다 유효한 여권을, 당신이 신청하기 전에 before/할 때 when, visa 를.

Prepositions

1. 당신은 필요하다, 집중 할, 좀 더, 당신이 하고 있는 것에 on.

*2. 그 올림픽 경기장은 수용 할 수 있다 **최대** fifty thousand 관중들을, 한 번에 at.*

*3. 어디 당신 다녀왔어? 나는 보지 못해왔다 당신을, **정말 오랜 시간 동안** for.*

*4. 그 강은 매우 깨끗했다 **과거에는** in, 그러나 아니다 더 이상.*

in the past 옛날에는/과거에는 *People used to show some respect for elderly people in the past.* 사람들은 보이곤 했다 어느 정도의 존중(존경)을 나이 드신 분들을 향해, 과거에는.

5. 이틀 밤의 호텔 숙박, 매일 바페이(buffet) 아침 식사와 저녁 식사가 딸린 with, 는 비용이 들 것이다 one thousand 달러쓰 이상 사람당 per.

6. one hundred 달러쓰로 for, 나는 샀다 가죽 모자를, with 달린, 몇 개의 of, 악어 이빨들이, 이것 위에 on/빙 둘러서 around.

필자의 모자입니다. ^^; 호주 전통 모자인데 두껍고 질 좋은 소가죽으로 정성들여 만든 a product of Australia 입니다.

이제 한글 해석을 보고 영어로 말해 볼 차례입니다.

Figurative Expressions (Sayings, Proverbs & Colloquial expressions)

mad/crazy about somebody/something to like someone or something very much

보통 mad 나 crazy 는 부정적으로 '미친' 또는 '화난' 이라는 형용사로 사용됩니다. 하지만 mad 와 crazy 는 about 과 함께 '누군가나 무엇을 미치도록 좋아한다' 라는 의미로도 종종 사용됩니다. 우리말에 좋은 의미의 '환장한다' 정도로 볼 수 있습니다.

• *My friend Joe is mad/crazy about the computer game, Star Craft.*

• *I am still mad/crazy about Britney Spears' music though she is no longer as pretty as she was before.*

• *My wife is mad/crazy about Harrison Ford. She has watched every movie (that) he has been in.*

• 내 친구 조는 정말 좋아한다 그 컴퓨터 게임, *Star Craft* 를.

• 나는 여전히 매우 좋아한다 브릿니 스피어의 음악을, 그녀가 더 이상 예쁘지 않더라도, 그녀가 그랬던 것만큼 전에.

• 나의 아내는 환장한다 헤리슨 포드에. 그녀는 봤다 모든 영화를, 그가 있어왔다(나왔었다), (그것)에서.

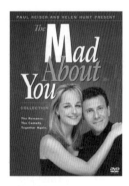

The Mad About You was a hit American sitcom in the 1990s.

Konglish   멘트

'방송용 발언' 이라는 의미의 방송 은어입니다. ment 라는 단어는 영어에 없습니다. 대신에 comment/커멘트/를 사용합니다. 의미는 '(의견 따위의) 발언' 입니다.

• *Does anyone have any questions or comments?*

• *His comments **about** the president received much public attention.*

• *The phrase 'no comment' is used when people do not want to answer questions in public.*

• 누구인가 가지고 있습니까 어떤 질문들이나 의사 발언(할 말)들을?

• 그의 발언들, 대통령에 관한,은 받았다 많은 대중의 관심을.

• 구문, 'no comment' 는 사용된다, 사람들이 원하지 않을 때, 답하기를 질문들을, 대중들 속에서(대중들 앞에서).

Conjunctions

1. Please cancel my appointment/booking for 10 am. I can't make it _____ my daughter is very sick.

2. He told me _____ he lived in the States for a few years _____ he was in his 20s.

3. I think _____ the land size of Korea is too small to offer decent lifestyles to its huge population.

4. We can't do anything _____ we get the result. We must wait.

Prepositions

1. It's _____ the money (that) I borrowed _____ you last week. Can I pay it back sometime next week please?

2. The travel agency _____ our office offers cheap air fares _____ many destinations worldwide.

3. You should be very careful _____ John. He is the kind _____ person who says things _____ people's backs.

4. You can't sit _____ the computer all day. Get up! I need to do my assignment.

5. You will find various fashion stores _____ this street.

6. The men are due to appear _____ **the court** tomorrow.

Conjunctions

1. 취소해 주세요 나의 예약을 10시 오전을 위한 (10시에 있는). 나는 지킬 수 없습니다 그것을, 나의 딸이 매우 아프기 때문에 because, since/아프므로 as.

2. 그는 말했다 나에게, 그가 살았었다고 that/왜 살았었는지 why/어떻게 살았었는지 how, 미국에 몇 년들 동안, 그가 있었을때 when, 그의 20대에 (그의 20대에).

3. 나는 생각한다, 땅 크기, 한국의,가 너무 작다고 that, 제공하기에는, 어느 정도 수준이 되는 삶의 방식들을, 이것의 엄청나게 큰 인구에게.

4. 우리는 할 수 없다 아무것도. 우리가 얻을 때까지 until/얻기 전에는 before, 결과를. 우리는 기다려야 한다.

Prepositions

1. 이것은 돈에 관한 about, 것이다, 내가 빌린 당신으로부터 from, 지난 주(에). 내가 갚을 수 있습니까 이것을 언제인가 다음 주(에)?

2. 그 여행사, 우리 사무실 아래에 below, under/위에 above/옆에 next to, beside/맞은 편에 opposite/뒤에 behind/앞에 in front of/근처에 near, 는 제공한다, 싼 항공 요금들을, 많은 목적지들로 to, 전 세계 곳곳에.

3. 당신은 매우 조심해야 한다 존과(을) with. 그는 한 종류의 of 사람이다, 그는 얘기한다 일들을, 사람들의 등들 뒤에서 behind. Ex 6

'사람을 조심/주의하다' 라는 경우 careful 뒤에는 전치사 with 가 가장 일반적으로 사용됩니다.

4. 당신은 앉을 수(앉아 있을 수) 없다 컴퓨터에 at/컴퓨터 앞에 in front of, 하루 종일. 일어나라! 나는 필요하다 할, 나의 과제를.

5. 당신은 발견할 것이다 다양한 fashion 상점들을, 이 거리를 따라 along/거리에서 on,

various 뒤에는 항상 셀 수 있는 복수 명사가 나옵니다. I quit my job for various reasons. 나는 관뒀다 나의 직업을 다양한 이유들로.

6. 그 남자들은 (예정)되어 있다 나타나기로 법정(앞에) before 내일.

비슷한 표현으로 in court 가 있습니다. court 앞에 관사가 없음에 유의하세요.

이제 한글 해석을 보고 영어로 말해 볼 차례입니다.

Figurative Expressions (Sayings, Proverbs & Colloquial expressions)

be made for each other to be completely suitable for each other, especially as a husband and a wife

직역은 '만들어져 있다 서로를 위하여' 입니다. 서로에게 정말 잘 어울리는, 즉 연인 관계에 있어서 '천생연분' 이라는 표현입니다.

• *James and Jess are made for each other. They have never had an argument since they first met.*

• *Dad! James and I are made for each other. I can't live without him, and I am going to marry him.*

• *Before couples get married, most of them think (that) they are made for each other, but many of them find (that) they were wrong soon after.*

• 제임쓰와 제쓰는 천생연분이다. 그들은 한 번도 가지지 않아왔다 말다툼을, 그들이 처음 만난 이래로.

• 아빠! 제임쓰와 나는 매우 잘 어울려요. 나는 살 수 없어요 그 없이는. 나는 결혼합니다 그를.

• 커플들이 결혼하기 전에, 대부분, 그들의,은 생각한다 그들이 천생연분이라고, 그러나 많은 이들, 그들의,이 발견한다, 그들이 틀렸었다고(잘못 생각했었다고) 조만간 후에.

Konglish　　　　아나운서

방송에서 news 를 발표하는 사람들을 한국에서는 announcer 라 합니다. 동사 announce/어나운쓰/(공표하다)에서 나온 말이 announcer 입니다. 물론 사전적으로 announcer 가 '방송에서 뉴쓰를 공표하는 사람' 이라는 의미가 있기는 하지만, announcer 하면 가장 먼저 떠오르는 것은 '역, 공항, 스포츠 중계에서 정보를 발표/전달하는 사람' 입니다. 방송 뉴스 전달자로 가장 많이 사용되는 단어는 anchor 와 newsreader 입니다.

• *My dream when I was young was to be a newsreader/anchor.*

• *To be a newsreader/anchor is considered one of the best jobs in Korea, especially among young ladies.*

• *The government has announced plans to create 50,000 new jobs.*

• *The police spokesperson, Julie Kim, has announced that the hostages have been rescued and they are now in a safe place.*

• *My sister is an announcer at Seoul Station/a baseball stadium/the airport.*

• 나의 꿈, 내가 어렸을 때,은 되는 것이었다 뉴쓰리더/앵커가.

• 되는 것, 뉴쓰리더/앵커가,은 여겨진다 하나로, 최고 직업들 중의, 한국에서, 특히 젊은 여성들을 사이에서.

• 정부는 발표했다 계획들을, 만들, fifty thousand 새로운 직업들을.

• 경찰 대변인, 쥴리 킴,은 발표했다, 인질들이 구출되었다고 그리고 그들은 있다고 지금, 안전한 장소에.

• 나의 언니/누나/여동생은 아나운써이다 서울역에서/야구장에서/공항에서.

She is a newsreader/an anchor.

Conjunctions

1. I was very tired _____ I took a day off.

2. He's neither called _____ written to me _____ he left Korea in 2010.

3. I will show you _____ you do it. It is not as hard _____ you may think.

4. _____ it costs a lot to study overseas, the number of Korean students going abroad has increased recently.

Prepositions

1. A KAL office is _____ the second floor, _____ the bank.

2. There are over 3000 post offices _____ the country.

3. For the temperature to drop _____ zero is normal _____ Korea _____ winter.

4. Warming up significantly reduces the risk _____ serious injury.

5. There were probably 50 people _____ *total*.

6. You'd better choose your car **based** _____ fuel efficiency.

Conjunctions

1. 나는 매우 피곤했다 그래서 *so*, 나는 하루를 (일반적인 일정으로부터) 분리했다 (쉬었다/재꼈다).

2. 그는 전화도 하지 않아왔고, 편지를 쓰지도 않아왔다 *nor*, 나에게, 그가 떠난 이래로 *since*, 한국을 2010년에.

이번에는 neither 와 nor 가 둘 다 동사 앞에 위치했습니다.

3. 내가 보여주겠다 당신에게, 어떻게 *how*, 당신이 하는지 이것을. 이것은 그리 어렵지 않다, 당신이 아마 생각하는 만큼 *as*

4. 이것(to 이하)이 비용이 들지만 *although*, *though*, 많이, 공부하는 것 해외에서, 그 숫자, 한국 학생들의, (그들은) 간다 해외로,는 증가해왔다, 최근에.

Prepositions

1. 대한항공 사무실은 있다 2층에 *on*, 그 은행 위에 *above*/아래에 *below*/옆에 *next to*, *beside*/맞은 편에 *opposite*/뒤에 *behind*/근처에 *near*.

2. 있다 3000개 이상의 우체국들이, 나라 여기 저기에 *across*, *around*/나라에 *in*.

3. 기온이, 떨어지는 0도 아래로 *below*, *under*/0도로 *to*,은 보통이다 한국에서 *in*, 겨울에 *in*.

4. 준비 운동은 상당히 줄인다 위험을, 심각한 부상의 *of*/부상에 *for*.

5. 있었다 아마도 50명이 **도합/총** *in*.

in total 도합/총 The budget for the construction of the new hospital has been announced. It is 9 million dollars in total. 그 예산, 건설을 위한, 새로운 병원의,은 발표되었다. 이것은 nine 밀리언 달러쓰(구백만 달러)이다, 총.

부사 probably 와 maybe 는 대부분의 영한 사전에서 둘 다 '아마도'로 해석합니다. 하지만 뜻에는 많은 차이가 있습니다. probably 는 약 85% ~ 90% 의 확률을 가진 '아마도'이고 maybe 는 확률이 50%입니다. 가능성(확률)을 나타내는 문법 동사 may 도 마찬가지로 50% 의 확률을 이야기 할 때 사용합니다. 예문입니다.

He is probably Korean. 그가 한국 사람인 것 같다. Maybe he is Korean/He may be Korean. 그가 한국 사람인지도 모른다. I think (that) I will probably be late. 나는 생각한다, 내가 늦을 것 같다고.(거의 늦는다고 봐야함) I think (that) I may be late. 나는 생각한다, 내가 늦을 지도 모른다고. (확률 반반)

6. 당신은 낫겠다 선택하는 편이 당신의 자동차를, **바탕을 두고** 연료 효율에 *on*.

이제 한글 해석을 보고 영어로 말해 볼 차례입니다.

Figurative Expressions (Sayings, Proverbs & Colloquial expressions)

have got one's word to have a confirmation that someone will keep a promise

a man of his word a man who will do what he has promised to do

매우 비슷한 표현을 함께 묶어 봤습니다. '가진다 누군가의 말을' 이라는 표현에서, 말은 약속을 의미하여 '약속을 지킬 확인을 받았다' 라는 의미가 되었습니다. '남자, 그의 말의' 은 '약속을 잘 지키는 남자' 라는 표현입니다. a woman of her word 라는 표현도 있기는 하지만 그리 많이 사용되지는 않습니다. a man of his word 가 남자가 대부분의 결정권을 행사하던 시절에 생긴 표현이어서 그런 것 같습니다. 96년작 Sean Connery, Nicolas Cage, Ed Harris 주연의 영화 The Rock 의 41분 30초 경에서 Sean 의 질문, 'Why should I trust you now?' 에 FBI Director 의 답변이 'You've got my word.' 입니다. 안 보셨으면 언제 한 번 시간내어 보세요. 괜찮은 액션 영화입니다. ^^;

• *I will take good care of your home while you're away. You've got my word.*

• *David is a man of his word. He always does what he promises to do. So there is no need to worry at all.*

• *'Do you think (that) I can trust him?' 'Don't worry. Richard is a man of his word.'*

• *나는 잘 돌보겠다 당신의 집을, 당신이 있는 동안에 떨어져. 당신은 가졌다 나의 약속을(약속 한다).*

• *데이빗은 믿을 만한 사람이다. 그는 항상 한다, 것을 그가 약속하는, 하기로. 그러니, 필요 없다, 걱정할, 전혀.*

• *'당신은 생각하는가, 내가 믿을 수 있다고 그를?' '걱정 마라. 리찬은 약속을 잘 지키는 사람이다.'*

Konglish   매스컴

mass/매쓰/(큰, 방대한 양의) + communication(정보 교류)를 줄여서, 영어에는 없는 masscom 이라는 단어가 만들어 졌습니다. mass communication 은 학문으로서 '(대중) 매체학' 을 말합니다. 하지만 한국에서 '매스컴' 은 '대중 매체' 를 의미합니다. '대중 매체' 는 masscom 이 아니라 mass media /매쓰미디어/ 입니다.

• *A series of brutal murder cases has received heavy **coverage** in the mass media.*

• *The mass media is the media which is intended for a large audience. It includes television, radio, newspapers and magazines.*

• *The mass media can be used and is actually being used as a powerful tool to **brainwash** people in many countries.*

• *연속적인 잔인한 살인 사건들은 받아왔다 무거운(엄청난) **보도**를 대중 매체에서.*

• *대중 매체는 매체인데, 이것은 의도 되어 있다, 큰 청중들을 위해. 이것은 포함한다 텔레비전, 뢰디오, 신문들, 그리고 잡지들을.*

• *대중 매체는 사용될 수 있고 실제로 사용되고 있는 중이다 강력한 도구로서, **세뇌한다** 사람들을, 많은 나라들 에서.*

Conjunctions

1. *I made a booking for a double room a week ago. Why are you saying now _____ there is no vacancy?*

2. *_____ we get to the town, we can use our mobile phones.*

3. *The living cost in Australia is much higher _____ most Koreans think.*

4. *_____ you get to the airport by 7, you will miss the plane.*

Prepositions

1. The TV series, Deajangeum became extremely popular _____ many Asian countries.

2. _____ an English teacher, I cannot give up on your English.

3. Migrants _____ low levels _____ English often experience difficulty _____ finding a decent job _____ most English speaking countries.

4. You'd better discuss it _____ your teacher, Mr. Han.

5. This pair _____ shoes is made _____ genuine leather.

6. 'Excuse me! Where is the city library?' 'Sorry, I don't know. I'm not *familiar* _____ this area.'

Conjunctions

1. 나는 만들었다 예약을 2인실을 위해, 일주일 전에. 왜 당신은 말하고 있나 지금, 없다고 *(that)*, 빈 방이?

2. 우리가 도착할 때 *when*/일단 도착하면 *once*/만약 도착하게 된다면 *if*, 그 마을에, 우리는 쓸 수 있다 우리의 휴대 전화기들을.

when 이나 once 는 도착한다는 것이 예정 되어 있는 상황이고, if 는 도착할 수 있을지 어떨지 모르는 상황입니다. 참고로, 국토가 광활한 호주는 휴대전화 신호가 잡히지 않는 국토 면적이 잡히는 면적보다훨씬 넓습니다.

3. 생활비, 호주에서,는 훨씬 더 높다, 대부분의 한국인들이 생각하는 것보다 *than*.

4. 당신이 도착하지 않는다면 *unless*/도착하면 *if*/도착하더라도 *although*, *though*, 공항에 일곱 시까지, 당신은 놓칠 것이다 그 비행기를.

Prepositions

1. TV 연속극, 대장금은 되었다 매우 인기 있게, 많은 동양 나라들에서 *in*.

across, around, throughout 이 답이 되기 위해서는 many Asian countries 가 그냥 Asia 로 바뀌어야 합니다.

2. 영어 교사로서 *as*, 나는 포기할 수 없다 당신의 영어를.

give up on 은 '좋아/나아지는 것을 포기하다' 라는 phrasal verb 입니다.

3. 이민자들, 가지고 있는 *with*, 낮은 수준들을, 영어의 *of*,은 종종 경험한다, 어려움을, 찾는데에 *in*, 어느 정도 수준의 직업을. 대부분의 영어를 말하는 나라들에서 *in*.

have/experience difficulty (in) doing something 가지다/겪다 어려움을 something 하는데(에) *I had great difficulty (in) driving due to the heavy rain.* 나는 가졌다 큰 어려움을 운전하는데, 폭우때문에. *The company has been experiencing (in) finding the right person for the position.* 그 회사는 겪어 오고 있는 중이다, 찾는데, 적합한 사람을 그 직위를 위한.

4. 당신은 낫겠다 상의하는 것이 이것을, 당신의 선생님, 미스터 한과 *with*.

5. 이 켤레, 신발들의 *of*,는 만들어져 있다 진짜 가죽으로 *(out) of*.

from 은 제품(shoes)과 원료(leather)가 같은 재질이므로 답이 될 수 없습니다. 예문을 보시죠. *Cheese is made from milk.* 치즈는 만들어 진다 우유로부터. *Paper is made from wood.* 종이는 만들어 진다 나무로부터. *The sauce pan is made of stainless steel.* 그 냄비는 만들어져 있다 스테인리쓰 스틸로.

6. '실례합니다. 어디에 있습니까 시립 도서관이?' '미안합니다만, 나는 모릅니다. 나는 **익숙하지** 않습니다 이 지역에 *with*.'

be familair with something 어떤 것에 익숙하다(잘 알다) *Are you familiar with Apple's Macintosh computers?* 당신은 익숙합니까 애플(사)의 매킨토시 컴퓨터들에? (잘 쓸 수 있는가요?). *I'm not familiar with this software.* 나는 익숙하지 않습니다, 이 숲트웨어에.

이제 한글 해석을 보고 영어로 말해 볼 차례입니다.

Figurative Expressions (Sayings, Proverbs & Colloquial expressions)

take matters into one's own hands to deal with a problem oneself because other people have failed to deal with it
직역은 '가지고 오다 문제들을 누군가 자신의 손들로' 입니다. 직역만으로는 뭔가 애매합니다. 어떤 좋지 않은 상황이 다른 사람에 의하여 해결 되어지기를 바랬는데, 그렇게 되지 않았을 때, '직접/스스로 문제를 해결한다' 라는 표현입니다. 우리말에 비슷한 표현으로 '내 손으로 직접 처리하다' 가 있습니다.

• *The local people have decided to take matters into their own hands. They're going to hire their own security guards.*

• *I know (that) the police are not going to do anything about it. I will take matters into my own hands!*

• 동네 사람들은 결정했다, 해결하기로 문제들을, 그들 자신 스스로. 그들은 고용할 것이다 그들 자신의 안전 요원들을.

• 나는 안다, 경찰은 하지 않을 것을 어떤 것도 그것에 관하여. 나는 처리할 것이다 그 문제를 내 손으로 직접!

Konglish   쑈

먼저 show 는 /쑈/가 아니라 /쇼우/입니다. show 는 동사로 '보여주다' 라는 뜻이 있고, 명사로서는 '공연 – 주로 춤과 음악이 함께 하는' 또는 'TV program 의 한 종류' 를 의미합니다. 여기에다 한국인들이 많이 사용하는 '쑈하고 있네'(~ 하는 척 하고 있다/시늉하다)의 뜻으로도 사용됩니다. 그 구조는 대부분 make a show of something 입니다. 구조의 한계 때문에 '~하는 척 한다' 는 pretent to be 또는 pretend that subj + verb 를 사용하여 표현하는 것이 일반적입니다.

• *The show starts at 7:30 pm.*

• *A fashion show for charity will be held next month.*

• *He always makes a show of kindness (= He always pretends to be kind) whenever he is in front of TV cameras. He is such a **hypocritical** politician.*

• *You know (that) Sunny was sick yesterday? It was just a show to get out of school. (= Yesterday Sunny was just pretending that she was sick to get out of school.)*

• *Show your ticket to the lady at the entrance.*

• 그 공연은 시작한다 7시 30분에 오후.

• fashion 쇼우, 자선을 위한,가 개최될 것이다 다음 달(에).

• 그는 항상 만든다(한다) 친절한 척 (= 그는 항상 한다 친절한 척), 그가 있을 때마다 TV 캐머라들 앞에. 그는 정말 **위선적인** 정치인이다.

• 너 알지, 써니가 아팠다는 것을 어제? 이것은 단지 쇼우였다, 벗어나려는/벗어났다 학교로부터. (= 어제 써니는 단지 척했다, 그녀가 아프다는, (그래서)벗어났다 학교로부터.

• 보여주세요 당신의 표를 아가씨에게 입구에서.

A model is walking on the catwalk during a fashion show.

I love a television quiz show.

It's a spectacular show.

Conjunctions

1. I wouldn't go to that restaurant for dinner _____ I were you. The food _____ the service are awful there. I'm sure _____ it will close down in a year _____ two.

2. Use express mail service _____ it will arrive too late.

3. I am sure _____ you will pass the test _____ you try hard.

4. Did you hear _____ she just said? She said _____ I'm a bitch.

Prepositions

1. _____ 10 minutes, *remove* the cake _____ the oven.

2. She was very tired, so she was leaning _____ my shoulder.

3. Matt's bad _____ *dealing with* people.

4. You'd better book it _____ *advance*. Seating is *limited* _____ 500.

5. Regular smoking can boost the risk _____ heart attack _____ up to 30%.

6. I need to make _____ *least* $1,000 _____ week to keep going.

Conjunctions

1. 나는 가지 않는다 그 식당으로 저녁 식사를 위해, 내가 당신이라면 if, 음식과 and, 써비쓰가 형편없다 그곳에. 나는 확신한다, 이것이 폐업할 것이라고 (that), 1년 또는 or 2(년) 만에.

2. 사용해라 급행 우편 써비쓰를, 그렇지 않으면 or, 이것은 도착할 것이다 너무 늦게.

3. 나는 확신한다, 당신이 통과할 것이라고 (that), 그 시험을 당신이 노력한다면 if/노력하기 때문에 because 열심히.

formal 표현인 since 와 as 보다는 문맥상 because 가 더 적합합니다.

4. 당신은 들었나, 그녀가 방금 말한 것을 what? 그녀는 말했다, 내가 암캐(개 같은 X)라고 (that).

Prepositions

1. 10분 후에 after/만에 in, 제거해라 그 케익을 oven 으로부터 from.

remove something from something 제거하다 목적어를 무언가로부터 *It's not an easy task to remove stains from car seats.* 이것(to 이하)은 아니다 쉬운 일이, 제거하는 것, 얼룩들을 자동차 좌석들로부터.

2. 그녀는 매우 지쳤다, 그래서 그녀는 기대어 있었다 나의 어깨에 살짝 on/나의 어깨에 많이 against.

3. 맽은 나쁘다 **다루**는 것에 at, 사람들을. (사람을 다루는데/대하는데 능하지 못하다)

good/bad at (doing) something 능하다 무언가에 *Amy is very good at languages.* 에이미는 매우 능하다 언어들에. *My friend Ben is good at making/reparing things.* 내 친구 벤은 능하다 만드는/고치는 것에 어떤 것들을. *My wife is really bad at (using) computers.* 나의 아내는 정말 서툴다, (사용하는에) 컴퓨터들에.

4. 당신은 낫겠다 예약 하는 것이 그것을 미리 in. 좌석은 제한되어 있다 500으로 to.

5. 규칙적인 흡연은 증가시킬 수 있다 위험을, 심장 마비의 of, 최대 30% 만큼 by. (숫자 앞에 by 는 '만큼')

6. 나는 필요가 있다 만들, 적어도 at, one thousand 달러쓰를 주에 per, (그래야) 계속 갈 수 있다. (계속 해서 진행할/살아 갈 수 있다)

이제 한글 해석을 보고 영어로 말해 볼 차례입니다.

Figurative Expressions (Sayings, Proverbs & Colloquial expressions)

money doesn't grow on trees to say not to waste money

직역은 '돈은 자라지 않는다 나무들에서' 입니다. 돈 열리는 나무 없고 땅을 파 봐도 돈은 나오지 않으니 '돈을 아껴라' 라는 말입니다.

- *You shouldn't waste money **like that**. Money doesn't grow on trees.*

- *These days there are many young people acting like money grows on trees, spending money **senselessly**.*

- *당신은 낭비해서는 안 된다 돈을 **그렇게**. 돈은 자라지 않는다 나무들에서.*

- *요즈음, 있다 많은 젊은 사람들이, (그들은) 행동한다, 돈이 자라는 듯이 나무들에서, (그들은) 쓴다 돈을 **무분별**하게.*

Konglish   컨닝

학교에서 시험을 치를 때 하는 '부정 행위' 를 흔히 '컨닝' 이라 합니다. 우선 정확한 발음은 cunning/커닝/이고 영어에서는 주로 형용사형으로 '자신의 목적을 이루기 위하여 교활하고 간교한' 이라는 뜻으로 또는, '교활함 + 간교함' 이라는 명사로도 사용됩니다. 다만, 영어에서 cunning 이 그리 빈도 있게 사용되는 단어는 아닙니다.

그러면, '부정 행위' 를 cunning 이라고 하느냐? 답은 No 입니다. 정작 '시험에서의 부정 행위' 라는 뜻은 전혀 가지고 있지 않습니다. '시험 따위에서의 부정 행위' 는 cheat/칱/(동사, 명사)을 사용합니다. cheat 은 시험에서의 부정 행위뿐만 아니라, 운동 경기, 기타 다른 게임 따위에서도 '정석을 벗어난 정직하지 못한 행위' 를 의미합니다. 명사로는 '부정 행위', '부정 행위자' 의 의미로 사용됩니다. 또한 남,녀간의 사랑에서 서로를 속이는 행위, 즉 '바람 피우다' 의 의미로도 사용됩니다.

- *She's a cunning devil! She left for school **as usual**, and then went to the city centre with her friends instead.*

- *He is a cunning business man who exploits young teenagers to satisfy his greed.*

- *He cheated in the test by using a calculator.*

- *I'll never play cards with you again because you cheat.*

- *My teacher suspected them of cheating because their answers on their answer sheets were all the same.*

- *I think (that) some real estate agents are cheats.*

- *You cannot use your dictionary. That's cheating.*

- *I think (that) women tend to cheat more than men these days.*

She is cheating during the test.

- *그녀는 교활한 악마다! 그녀는 떠났다 학교를 향해 **의례 그럴듯이**, 그리고 갔다 시내로, 그녀의 친구들과 대신에.*

- *그는 간교한 사업가이다, 그는 착취한다 어린 청소년들을, (그래서) 만족시킨다 그의 욕심을.*

- *그는 부정 행위를 했다 그 시험에서, 사용함으로써 계산기를.*

- *나는 안 할 것이다 카드 게임을 너와 다시는, 네가 속이기 때문에.*

- *나의 선생님은 의심했다 그들을 부정 행위로, 그들의 답들, 그들의 답안지들에, 이 모두 같았기 때문에.*

- *나는 생각한다, 몇 몇 부동산 중개인들은 사기꾼들이라고.*

- *당신은 사용할 수 없다 당신의 사전을. 그것은 부정 행위이다.*

- *나는 생각한다, 여자들이 경향이 있다, 바람을 피우는 더, 남자들보다 요즘에.*

He is cheating on her.

Conjunctions

1. Please let me know _____ you think about my business plan.

2. _____ I drink alcohol, I feel pain in my stomach. I think _____ I have an ulcer.

3. I haven't decided _____ I will buy a Korean car or a Japanese car.

4. I **have no idea** _____ stole my **brand new** digital camera.

Prepositions

1. I'm sorry (that) I'm late. I left home _____ 3 but the traffic was terrible.

2. Excuse me! Is there a good Japanese restaurant _____ **here**?

3. (_____ a college TV commercial) Hurry up! Some courses are still _____ **offer**.

4. (Notice) Please keep your child/children _____ you _____ all times _____ the park.

5. The hotel (which) we stayed _____ was the most expensive hotel _____ New York.

6. She **wasn't very interested** _____ the man (who) she met _____ the blind date.

Conjunctions

1. 알려주세요 저에게 무엇을 *what*, 당신이 생각하는지 나의 사업 계획에 관하여.

2. 내가 마실 때 *when*/마실 때마다 *whenever*, 술을, 나는 느낀다 통증을 내 위안에. 나는 생각한다, 나는 가지고 있다고 *(that)*, (위)궤양을.

> if 나 once 가 답이 되기위해서는, I will feel pain ~ 이, after 가 답이 되기 위해서는 After I have drunk ~ 가 되어야 합니다.

3. 나는 결정하지 않았다, 내가 살 지 *whether*, *if*, 한국 차를, 아니면 일본 차를.

4. 나는 **전혀 모른다**, 누가 *who* 훔쳤는지 내 **새(완전 새 것)** 디지털 캐머라를.

Prepositions

1. 내가 미안합니다, 나는 늦었습니다. 나는 떠났습니다 집을 세 시에 *at*/세 시 전에 *before*, 그러나 교통이 매우 좋지 않았습니다.

2. 실례합니다! 있습니까 좋은 일본 식당이 **이 근처에** *near*, *around*?

3. (대학교 TV 광고에서 *in*) 서둘러라! 몇 몇 과정들은 있다, 여전이 **제공이 되고** *on*.

4. (주목) 유지하세요 당신의 아이를 당신과 *with*/당신 곁에 *by*, 항상 *at*, 공원에서 *at*/공원 안에서 *in*.

> 큰 공원이나 theme park (놀이 동산)에서 흔하게 볼 수 있는 '애들을 잘 데리고 계세요' 라는 안내 게시판의 문구입니다.

5. 그 호텔, 우리가 머문 *at*,은 가장 비싼 호텔이었다 그 뉴욕에서 *in*.

6. 그녀는 **그다지 없었다 관심이** 그 남자에 *in*, (그를) 그녀가 만났다, 그 소개팅/선에서 *on*.

> date 앞에는 보통 on 이 들어가는데 이번 경우도 마찬가지입니다.

Figurative Expressions (Sayings, Proverbs & Colloquial expressions)

have money to burn to have a lot of money and spend large amounts on unnecessary things

직역은 '가지고 있다 돈을 태울' 입니다. 돈이 아주 많아 돈을 태워서 난방을 하는 형국입니다. 우리말 표현에 '돈으로 똥을 닦는' 또는 '돈으로 벽지를 대신하는' 정도의 의미로 '매우 부자여서 쓸데없는 곳에 돈을 흥청망청 쓴다' 라는 표현입니다.

• *Steve! You've already spent more than $10,000 on the gifts for your girlfriend. Hey men! You must have money to burn.*

• *Unless you've got money to burn, these expensive guitars are probably not for you.*

• *Even though Michael has money to burn, he doesn't waste it.*

• *스팁! 너 이미 썼다 ten thousand 달러쓰 이상을 선물들에, 너의 여자 친구를 위한. 이봐! 너 정말 돈이 남아 도는구나.*

• *당신이 정말 돈이 넘치지 않는 한, 이 비싼 기타들은 아마도(85%) 아니다 당신을 위한 (것이).*

• *마이클이 돈이 넘쳐나더라도, 그는 낭비하지 않는다 그것을.*

It's the money-to-burn fire starter which is used to start a wood fire.

Konglish   커트라인

시험에서 최소 통과 점수를 보통 한국에서는 cutline 이라고 합니다. 나름대로 cut(잘려진) + line(선)으로 잘 조합된 단어인 듯하나 영어에 없는 단어입니다. 바른 표현으로는 cut-off/커더f/라는 형용사가 있습니다. 전치사 off 의 기본적인 뜻이 '분리'지요? 그래서 '잘라서 떼어 낸다' 라는 어원에, 명사를 붙여, cut-off score(최저 합격 점수), cut-off date(마감 일자)등 이런 식으로 사용됩니다. 마감 일자로 가장 일반적으로 사용되는 단어는 deadline/덴라인/입니다.

• *The cut-off score **for** the course was 87.5.*

• *The cut-off date **for** registration is March 1.*

• *The deadline **for** applications for the scholarship is the 31ˢᵗ of January.*

• *합격 점수, 그 학과를 위한,는 eighty seven point five 였다.*

• *마감 일자, 등록을 위한,는 3월 1일이다.*

• *마감 일자, 지원들을 위한, 장학금을 위한,는 31일이다, 1월의.*

Conjunctions

1._____ you do your best, you can't be successful in _____ you do.

2. The hall is in the city centre, _____ concerts _____ musicals are held every weekend.

3. I bought a Swatch watch last year _____ was actually made in Switzerland, not China.

4. Don't forget _____ you are the **person in charge**, _____ you work with.

Prepositions

1. I'm available _____ any day _____ Friday.

2. _____ an overseas tourist, I must say (that) Korea has one _____ the best public transport systems _____ the world.

3. Can you **translate** this manual _____ English _____ Korean?

4. Fill in/out the form _____ block letters.

5. (At a hotel) 'Excuse me! Is there a payphone?' 'It's just _____ the hallway'.

6. I don't want to be kept _____ the dark anymore. Can anyone tell me what's going on?

Conjunctions

1. 당신이 최선을 다하지 않으면 *unless*, 당신은 성공적일 수 없다, 당신이 하는 것에 *what*/당신이 무엇을 하든 *whatever*.

> although 나 though 가 답이 되기위해서는, '당신이 최선을 다하고 있지만'의 의미로 although/though you're doing your best, ~ 가 자연스러운 표현입니다. 두 번째 빈칸에 whatever 도 우리말로는 자연스러운듯 하지만, 영어에서는 그리 자연스럽지 않아서 답으로 채택하지 않습니다.

2. 그 강당은 있다 시내에, 그곳에서 *where*, 콘썰들과 *and*, 뮤지컬들이 열린다 매 주말.

3. 나는 샀다 스와치 손목 시계를 작년(에), 그것은 *which*, *that*, 실제로 만들어 졌다 스위칠랜드에서, 중국에서가 아니라.

4. 잊지 마라, 당신이 **책임자**라는 것을 *(that)*, 누구와 당신이 일 하든지 *whoever*.

Prepositions

1. 나는 가능합니다/있습니다 어떤 요일에도 *on*, 금요일을 제외하고는 *but*, *except*.

2. 해외 관광객으로서 *as*, 나는 반드시 말해야 한다 (이 말은 꼭 해야 겠다), 한국은 가지고 있다고 하나를, 가장 좋은 대중 교통 체계들의 *of*, 세계에서 *in*.

3. 당신은 번역할 수 있습니까 이 설명서를, 영어에서 *from*, 한국어로 *into* (형태변화)?

> translate a language into a language 번역하다 한 언어를 다른 언어로, 번역을 하면 형태가 변화됩니다. 그래서 into 를 사용합니다. *For most translators, translating from a foreign language into their mother tongue is easier than the other way around.* 대부분의 번역가들에게는, 번역하는 것, 한 외국어로부터, 그들의 모국어로, 이 더 쉽다, 그 다른 길을 돌린 것보다. the othe way around 는 '앞서 설명한 어떤 상황의 반대' 라는 표현입니다.

4. 기입하세요 그 양식을 대문자들로 *in*.

5. (호텔에서) '실례합니다! 있습니까 공중 전화기가?' '이것은 있습니다 바로 복도 아래쪽으로 *down*/ 위쪽으로 *up*/복도에 *in*.'

6. 나는 원하지 않는다 남겨지기를 어둠에 *in*, 더 이상 (나만 모르고 있고 싶지 않다). 누군가 말해줄 수 있는가 나에게, 무엇이 진행되고 있는가를 (상황이 어떻게 돌아가는지)? Ex 52

이제 한글 해석을 보고 영어로 말해 볼 차례입니다.

Figurative Expressions (Sayings, Proverbs & Colloquial expressions)

marry into money to marry someone who is rich or/and whose family is rich

marry for money to marry someone only because the person is rich

marry into money 의 직역은 '결혼한다 돈 안으로' 입니다. '돈이 많은 배우자 또는 부잣집 배경의 배우자와 결혼한다' 라는 표현입니다. 긍정적 또는 중립적 표현입니다. 비슷한, 하지만 부정적인 느낌을 담고 있는, 우리말에 '돈 보고 결혼한다' 는 marry for money 입니다.

• *Many female celebrities in Korea tend to marry into money.*

• *I think (that) there are many people who are willing to marry for money these days.*

• *많은 여성 유명 인사들(주로 배우, 연예인, 운동 선수) 한국에,는 경향이 있다, 결혼하는 재력있는 배우자를.*

• *나는 생각한다, 있다고 많은 사람들이, 그들은 기꺼이 결혼한다 돈 보고, 요즘에.*

Konglish   레포트

report 의 발음은 동사(보고하다)로 쓰일 때나 명사(보고서, 보고/보도)로 쓰일 때 상관없이 /뤼폴/입니다. report 은 어떠한 경우에도 '대학 교과 과정에서의 과제' 라는 의미로는 사용되지 않습니다. assignment/어싸인먼트/ 또는 assessment task/어쎄쓰먼트 타슥/가 '과제물' 입니다. 그 과제물에는 essay(논문이나 논술형 과제를 지칭하는 가장 일반적인 단어)와 presentation(발표) 등이 있습니다.

• *I have three assessment tasks for Semantics. Among them, two are essays.*

• *One of this term's assignments is an essay on the Vietnam War.*

• *According to recent news reports, two of the victims are Korean.*

• *The report on drug abuse among young people has been **released** this week.*

• *The **school report** of your child will be sent to you by post.*

• *나는 가지고 있다 셋 평가 일들(과제물들)을 '의미론 (언어학의 한 과목)'을 위해. 그것들 중에, 둘이 에쎄이들 이다.*

• *하나, 이번 학기의 과제물들의,는 에쎄이이다 벹남 전쟁에 관한.*

• *따르면 최근의 뉴쓰 보도들에, 둘, 피해자들의,이 한국인이다.*

• *보고서, 마약 남용에 관한, 젊은이들 사이에,가 **출간되**었다 이번 주.*

• ***학교 성적표**, 당신 아이의,는 보내질 것이다 당신에게 우편으로.*

She works for Channel 8 as a news reporter.

Conjunctions

1. _____ you **are behind the wheel**, you must **wear** the seat belt.

2. _____ you go, you need to have your own car in Australia due to the lack of public transport.

3. _____ camera you buy, it will produce superb quality pictures.

4. That's the man _____ wife works at the Korean Embassy.

Prepositions

1. 'Excuse me! Where is the casino?' 'Just _____ the road.'

2. You should be _____ Gate 54 _____ **least** 30 minutes _____ boarding time.

3. I can't renovate my old kitchen _____ my current financial difficulties.

4. _____ his poor health, he smokes a lot. His job is very stressful.

5. 'Are you busy tomorrow?' 'Umm, I have some time _____ 3 and 5.'

6. The facilities _____ the new cafeteria are very good, _____ your imagination.

Conjunctions

1. 당신이 *운전 할 때* when/마다 whenever, 당신은 반드시 *입어야* 한다 좌석 벨트를.

2. 당신이 어디를 가든지 wherever, 당신은 필요하다 가질, 당신 자신의 차를, 호주에서, 부족 때문에 대중 교통의.

3. 어떤 카메라를 당신이 사든지 whichever, whatever, 그것은 생산해낼 것이다 월등한 품질의 사진들을.

4. 저 (사람)이 그 남자인데 그의 whose, 아내는 일한다 대한민국 대사관에서.

Prepositions

1. '실례합니다! 어디에 있습니까 카지노가?' '바로 이 도로 건너편에 across, over/아래 쪽으로 down/위 쪽으로 up.'

2. 당신은 있어야(도착해야) 합니다 게잍 54에 at/앞에 in front of/근처에 around, near, 적어도 at, 삼십 분 전에 before 탑승 시간. (적어도 탑승 시간 30분 전에)

> least 는 명사로 '가장 적음' 입니다. at 과 함께 '적어도' 라는 표현이 됩니다. *It will take at least an hour to get there.* 이것은 걸릴 것이다 적어도 한 시간, 도착하는데 그 곳에. *At least she didn't lie about her qualification.* 적어도 그녀는 거짓말은 하지 않았다 그녀의 자격(학력 따위)에 관해서는. *I don't expect you to pay me, but you could at least cover my expenses.* 나는 기대하지 않는다, 당신이 지불하는(돈 주는) 것을 나에게, 그러나 당신은 적어도 보상할 수 있을 것 같다 나의 비용들을.

3. 나는 재 단장할 수 없다 나의 오래된 부엌을, 나의 현재의 재정적 어려움들 때문에 because of, due to.

4. 그의 좋지 않은 건강에도 불구하고 despite, 그는 흡연한다 많이. 그의 직업이 매우 스트레스가 많다.

5. '당신은 바쁩니까 내일?' '음~. 나는 가지고 있다 약간의 시간을, 세 시와 다섯 시 사이에 between.'

6. 시설들, 그 새로운 구내 식당의 of/구내 식당에 있는 at/안의 in,은 매우 좋다, 당신의 상상을 초월하여 (상상을 초월할 만큼) beyond.

이제 한글 해석을 보고 영어로 말해 볼 차례입니다.

Figurative Expressions (Sayings, Proverbs & Colloquial expressions)

big mouth someone who says too much or tells another person's secrets

직역은 '커다란 입' 입니다. 누군가 큰 입을 가지고 있는 경우에 He/She has a big mouth 라고 할 수도 있지만, 비유적으로는 '말이 많은 사람' 혹은 '하지 말아야 할 남의 말(비밀이나 사생활 따위)을 떠벌리고 다니는 사람' 이라는 표현입니다.

- *Never ever tell her what happened. She has such a big mouth.*
- *Oops, I shouldn't have said that!* **Me and my big mouth***!*

- *절대로 절대로 말하지 마라 그녀에게, 무엇(무슨 일)이 일어났는지. 그녀는 여기 저기 떠벌리고 다니는 사람이다.*
- *어쩌나, 나는 말하지 말았어야 했는데 그것을!* **이 놈의 입 좀 어떻게!**

Konglish   엠티

한국에서 '엠티' 라 하면 대학생들이나 아니면 직장에서 단체로 1, 2 박 정도로 놀러 가는 것을 말합니다. 영어권에서는 사실 이런 개념을 지칭하는 단어는 없습니다. 영어권 대부분의 대학의 경우 학부제의 형태를 가지고 있어서 '과' 개념이 그리 분명하지 않습니다. 서양의 개인주의적 성향에 의해 과 대표도 없고, 선 후배라는 개념도 없으며, 같이 공부하는 학생들 이름을 모르는 경우도 수두룩 하니 당연히 단합을 위해 떠난다는 '엠티' 라는 것도 없습니다. 대학에서의 경우 엠티의 가장 근접한 형태가 field trip 인데 field trip 은 일종의 '견학' 입니다. 자기 전공에 따라서 산으로, 바다로, 광산으로, 농장으로, 산업 시설로 등, 여러 곳으로, 같은 과목을 공부하는 학생들과 함께 가는데, 낮에는 주로 관찰 학습을 하고 일과 후에는 저녁 식사와 함께 술을 마시면서 이런 저런 얘기를 하며 노는 형태가 일반적입니다. 직장의 경우도 한 부서의 모든 직원들이 식사를 하는 경우는 있어도 (많아야 일년에 두어 번, 특히 성탄절 전 쯤에 연말 회식), 단체로 1, 2 박씩 여행을 같이 가는 경우는 거의 없습니다. 물론 Mt 가 mountain 의 약자이기는 합니다.

- *All of the students studying linguistics are going to the East Coast next week for a short holiday.*
- *When I was a **business studies** student, I visited a few hotels and resorts on the West Coast during a field trip.*
- *My teacher has organized a field trip to a recycling plant.*
- *We climbed up Mt Hanla on Jeju Island last summer.*

- *모든 학생들, 공부하는 언어학을,은 간다 동해로, 다음 주(에), 짧은 휴가를 위하여.*
- *내가 **경영학** 학생이었을 때, 나는 방문했다 몇 몇의 호텔들과 리좋들을, 서해에, 견학 동안에.*
- *나의 선생님은 조직/계획했다 견학을 재활용 공장으로.*
- *우리는 올랐다 한라산을 제주도에 (있는) 지난 여름.*

This photo was taken during a practice teaching period.
The second person from right is the author of this book.

Conjunctions

1. _____ I go to the city centre, I go to that Japanese restaurant for a meal.

2. A 3 year old Camry was $20,000 in Brisbane _____ the same model was $17,000 in Sydney.

3. _____ the yearly vehicle examination is compulsory in NSW, it's not in QLD.

4. I don't understand _____ some people are so curious about other people's personal details.

Prepositions

1. It is _____ *the law* to take photographs _____ some museums.

2. (On the phone) Can I talk _____ you _____ *person*?

3. _____ *question*, too much fat and salt are not healthy.

4. You must log on to the website _____ making any payment online.

5. Choosing the right car *depends* _____ what you want to use it _____.

6. I don't have *access* _____ this restricted area. Only the boss has it.

Conjunctions

1. 내가 갈 때 *when*/마다 *whenever*, 시내에, 나는 간다 그 일본 식당에 식사를 위하여.

2. 3년 된 캠리는 $20,000 이었다 브리즈번에서, 그러나 *but*/반면에 *while, whereas*, 같은 모델은 $17,000 이었다 씯니에서.

3. 1년 마다의 차량 점검은 의무인 반면에 *while, whereas*, New South Wales 주에서는, 이것은 아니다 Queensland 주에서는.

New South Wales 는 Sydney 가 수도인, 호주에서 가장 인구가 많은 주(state)입니다. NSW 의 경우 차량 기본 안전 검사를 매년 모든 차량이 의무적으로 거쳐야 하는데, 문제가 있는 차량은 문제가 수리될 때까지 운행이 금지됩니다. 약간 덜 까다롭지만, Queensland 주에서는 매년 마다의 차량 검사가 의무는 아니나, 대신 개인의 차를 타인에게 양도하기 전에는 반드시 차량 검사를 통과해야 합니다.

4. 나는 이해하지 않는다(모르겠다) 왜 *why*, 어떤 사람들은 그렇게 궁금해(호기심 있어)하는지, 다른 사람들의 개인(인적) 세부 사항들에 관하여.

Prepositions

1. 이것(to 이하)은 *위법*이다 *against*. 찍는 것, 사진들을 어떤 박물관들에서는 *at*/안에서는 *in*.

2. (전화상에서) 내가 말할 수 있습니까 당신에게 *to*/당신과 *with*, *만나서(대면하고)* *in*?

3. *질문의 여지없이* *without*, 너무 많은 지방과 소금은 건강하지 않다.

4. 당신은 로곤투 해야 한다 그 웹사이트를, 지불하기 위해 *for*/지불하기 전에 *before*, 온라인으로.

log on to/into 는 컴퓨터에 관련된 phrasal verb 로 뒤에 목적어인 website 나 computer/pc 따위가 나옵니다. 반대어는 log off 나 log out 입니다.

5. 선택하는 것, 적당한 차를,은 *의존한다*(달렸다) 무엇에 *on*, 당신이 원하는지 쓰기를 그것을, 위해 *for*. (당신이 무엇을 위하여 차를 쓰려는지에)

6. 나는 가지고 있지 않다 *접근(권한)*을 이 제한된 지역으로 *to*. 오로지 상관만 가지고 있다 그것을.

이제 한글 해석을 보고 영어로 말해 볼 차례입니다.

Figurative Expressions (Sayings, Proverbs & Colloquial expressions)

make one's mouth water for a food to smell/look so good, the person very much wants to eat it

직역은 '만든다 누군가의 입에서 물이 나오게' 입니다. 이 표현에서 water 는 '물을 준다/나오게 한다' 라는 동사로 사용되어, 맛있는 음식을 보거나 그 음식의 냄새를 맡게 되는 경우, 입에 침이 고이는 것을 비유했습니다. 즉 '군침 돌게 한다' 입니다. '군침 돌게 하는' 이라는 형용사 표현, mouth-watering 도 기억하세요.

• *The smell of grilled fish always makes my mouth water.*

• *Korean style BBQs always make my mouth water.*

• *A mouth-watering aroma is coming from the kitchen.*

• *냄새, 구운 생선의,는 항상 만든다 군침 돌게.*

• *한국식 바베큐들은 항상 만든다 군침 돌게.*

BBQ 는 barbeque 의 약자로, 주로 야외에서 덩어리 고기나 쏘세지, 좀 특별한 날에는 새우 등을 구워서, 익힌 양파나 쌜럳과 함께 빵에 싸먹는 것이 영어권에서 말하는 가장 일반적인 BBQ 입니다. 통돼지를 불에 그을려 먹는 것은 주로 영화에서나 볼 수 있는 장면입니다. 여하간, 한국인에게는 다소 단조로운 영어권 BBQ 파티에 익숙한 대부분의 영어권 사람들은, 제대로 준비된 한국식 BBQ, 즉 밑 반찬과 야채가 풍부한 한국식 숯불 갈비/불고기/삼겹살 등을 한 번 맛보면 어지간해서는 그 맛을 잊지를 못합니다.

• *군침 돌게 하는 향이 오고 있다 부엌으로부터.*

Konglish   써클

circle/써클/은 말 그대로 '원' 일 뿐입니다. '동호회' 라는 의미로는 사용되지 않습니다. 대신에 club/클럽/이 사용되는데, 클럽은 동호회뿐 아니라 night club 의 줄임말로도 사용됩니다.

• *I have been a member of the baseball club, Blue Tigers since 2013.*

• *They both belong to the local tennis club.*

• *Our guitar club needs new members.*

• *They're going out for dinner and then to a club.*

• *I think (that) you're addicted to going to (night) clubs. You're wasting too much money and time there.*

• *The restaurant is located next to the fitness club.*

• *나는 회원이어왔다 그 야구 동호회, 블루타이거쓰, 2013년 이래로.*

• *그들은 둘 다 속해있다 지역 테니쓰 동호회에.*

• *우리 기타 동호회는 필요하다 새로운 회원들이.*

• *그들은 나간다 저녁 식사를 위하여, 그리고 (나잍) 클럽으로 (간다).*

• *나는 생각한다, 당신은 중독되어 있다고 가는 것에 (나잍) 클럽들에. 당신은 낭비하고 있다 너무 많은 돈과 시간을 그곳에서.*

• *그 식당은 위치하여 있다, 체력단련 클럽 옆에.*

People are dancing at a club.

They are standing in a circle, playing a game.

Conjunctions

1. Pam became pregnant just _____ she got married.

*2. You must make an **appointment** _____ you see the doctor.*

3. I wouldn't waste my precious time doing such things _____ I were you. I'd rather read some books.

4. Don't worry! She will start to make many friends _____ she goes to school.

Prepositions

1. We should finish all the work _____ next week, before they move in.

*2. I will send the copy _____ the document _____ **fax right now**.*

3. 'What does he do _____ living?' 'He writes _____ the "Washington Post".'

*4. Once you've learned how to do it, you can practice _____ **your own** (alone, without anyone's help)*

*5. Compared _____ the United States, Korea is **falling behind** _____ the important field _____ bio technology.*

*6. _____ her efforts, she didn't lose weight _____ **all** _____ her **love affair** _____ beer.*

Conjunctions

1. 팸은 되었다 임신하게, 그녀가 막 결혼한 후에 after/전에 before.

*2. 당신은 반드시 만들어야(잡아야) 한다 **업무상 약속을**, 당신이 보기 전에 before, 그 의사를.*

3. 나는 낭비하지 않을 것이다 나의 소중한 시간을, 하는데 그런 것들을, 내가 당신이라면 if. 나는 차라리 읽겠다 약간의 책들을.

> waste +시간 +verb-ing 낭비하다 시간을 동사-ing 하는데. *I wasted 2 hours waiting for you.* 나는 낭비했다 두 시간을 기다린다고 당신을. *Stop wasting time day-dreaming.* 멈춰라 낭비하는 것을, 시간을, 공상한다고. *You'd better not waste hours and hours playing the computer games.* 당신은 낭비하지 않는 것이 낫겠다, 많은 시간들을, 한다고, 컴퓨터 게임들을.

4. 걱정 마라! 그녀는 시작할 것이다 만들기를, 많은 친구들을, 그녀가 갈 때 when/일단 가면 once/가게 된다면 if/가기 전에 before, 학교로.

Prepositions

1. 우리는 끝내야 한다 모든 일을 다음 주까지 by/이내에 within, 그들이 이사 들어오기 전에.

2. 나는 보낼 것이다 그 사본을, 그 서류의 of, 팩스로 by, 당장 지금.

3. '무엇을 그는 하는가 삶을 위해 for, (직업이 무엇인가)?' '그는 글을 쓴다 워싱턴 포슽 신문을 위해 for.'

> 신문 이름 앞에는 항상 the 가 옵니다.

*4. 일단 당신이 배우고 나면 어떻게 하는지 그것을, 당신은 연습할 수 있다 **당신 혼자서** on.*

*5. 비교하여 미국에 to/미국과 with, 한국은 **뒤쳐져** 있다 중요한 분야에서 in, 생명공학의 of.*

*6. 그녀의 노력들에도 불구하고 despite, 그녀는 잃지 않았다 몸무게를 **전혀** at, 그녀의 **강렬한 사랑** 때문에 because of, due to, 맥주와 with.*

> love affair 는 '불륜' 이라는 의미도 있지만, '무엇을 매우 좋아하고 즐긴다' 라는 표현으로도 자주 사용됩니다.

이제 한글 해석을 보고 영어로 말해 볼 차례입니다.

Figurative Expressions (Sayings, Proverbs & Colloquial expressions)

we all make mistakes to tell someone not to be worried when they have made a mistake

직역은 '우리 모두 만든다 실수들을' 입니다. '누구나 실수는 할 수 있다' 라는 말로, 실수를 저지른 사람에게 '너무 걱정하지 말라' 는 위로의 말입니다. 비슷한 표현으로 nobody's perfect 와 everybody makes mistakes 가 있습니다.

- *'I'm sorry. I've made a terrible mistake. It won't happen again.' 'Don't worry John! We all make mistakes.'*
- *Don't blame yourself too much! Nobody's perfect! Everybody makes mistakes.*

- *'저 미안합니다. 제가 했습니다 엄청난 실수를. 이것은 일어나지 않을 것입니다 다시는.' '걱정하지 말게나 존! 누구나 실수는 할 수 있다네.'*
- *탓하지 말게나 당신 자신을 너무 많이(자책하지 말게나). 누구도 완벽하지는 않다네. 누구나 실수는 할 수 있다네.*

Konglish   아파트

'아파트' 가 apartment/아팔먼트/의 준말이기는 합니다만 영어권에서는 이렇게 줄여 쓰지 않습니다. 특이한 점은 대부분의 영어권에서는 한국에서처럼 똑같은 모양의 고층 apartment 가 대 단위로 밀집되어 있는 것을 보는 것은 그리 쉽지 않습니다. 고층 apartment complex(단지)는 인구 밀도(population density)가 세계 3위인 한국의 특징입니다. 또한, 영어권에서는 apartment 가 한국에서만큼 인기 있지 않습니다. 독신자나 자녀가 없는 부부들이라면 몰라도 아이들이 있는 대부분의 가족들은 마당이 딸린 단독 주택을 선호합니다.

- *'Do you live in a **house**?' 'No, I live in an apartment.'*
- *Many people in Seoul prefer apartments to houses due to security reasons.*
- *Seoul is like a concrete jungle full of high rising buildings and **apartment blocks** everywhere.*
- *Apartments are not popular among families with children in most western countries. Houses with a backyard are preferred.*

- *'당신은 사느냐 **단독 주택**에?' '아니, 나는 산다 아팔먼트에.'*
- *많은 사람들, 서울에,은 선호한다 아팔먼트들을, 단독 주택들보다, 안전 이유들 때문에.*
- *서울은 콘크릿 정글 같다, 꽉찬, 높이 솟은 건물들과 아팔먼트들 동들로, 모든 곳에.*
- *아팔먼트들은 인기가 없다 가족들 사이에서, 아이들이 딸린, 대부분의 서방 나라들에서. 집들, 뒷 마당이 딸린, 이 선호된다.*

All the apartments on the Gold Coast have different shapes.

Conjunctions

1. _____ you love him very much, you should reconsider marrying him.

2. She is very pretty, _____ that doesn't mean _____ she is **nice**.

*3. _____ I said, she was being **smart** with you. (trying to seem clever in a disrespectful way)*

*4. You should carry your ID with you all the time _____ you **might** get in trouble.*

Prepositions

*1. The quality _____ **cheap** tyres _____ China and Indonesia is _____ average.*

2. She ran _____ the stairs as soon as she hung up the phone.

*3. Don't lend them your car. They're just **tak**ing **advantage** _____ you!*

*4. Han's English School **offers** courses _____ students _____ beginner and intermediate **levels**.*

*5. The new technology will **supply** us _____ a future energy source.*

*6. Students are encouraged to **take control** _____ their own learning, **rather** _____ just relying on their teachers.*

Conjunctions

1. 당신이 사랑할지라도 although, though/사랑하지 않는다면 unless/사랑한다면 if/사랑하기 때문에 because, since/사랑하므로 as, 그를 매우 많이, 당신은 재고려 해야 한다 결혼하는 것을 그를(와).

if, because, since, as 는 사랑하기에 놓아주어야 하는 상황입니다. 가수 이정석의 노래 '사랑하기에' (1987) 처럼.

*2. 그녀는 매우 예쁘다 그러나 but, 그것은 의미하지 않는다, 그녀가 **착하다**고 (that).*

*3. 내가 말했듯이 as/내가 말한 것처럼 like, 그녀는 **잔머리(영악)**를 굴리고 있었다 너에게.*

일반적으로 like 가 as 를 대신할 수는 없으나, 구어체적 표현으로 like I said 라고도 합니다.

*4. 당신은 가지고 다녀야 한다 당신의 신분증을 당신과 함께 항상, 그렇지 않으면 or, 당신은 **아마도(50%)** 빠질지도 모른다 어려움에.*

Prepositions

*1. 품질, **싸구려** 타이어들의 of, 중국과 인도네시아에서 온 from, 평균 이하이다 below/이상이다 above.*

그냥 '평균 쯤' 이라고 할 때는 about average 라고 합니다.

2. 그녀는 뛰었다 계단들 아래로 down/위로 up, 그녀가 끊자마자 전화를.

as soon as 에서 나중에 오는 as 는 접속사임을 유의하세요. 뒤에 subj + verb 가 옵니다. *Call me as soon as you get home.* 전화 해라 나를 당신이 도착하자 마자, 집에. *I will live away from my parents as soon as I turn 20.* 나는 살 것이다, 나의 부모와 떨어져. 내가 되자 마자, 스무살이. 자신만의 문장을 만들어 보시기 바랍니다. ^^;

*3. 빌려주지 마라 그들에게 당신의 차를. 그들은 단지 **이용하고** 있다 당신을 of!*

take advantage 뒤에는 over 를 사용하여 '유리함/잇점'을 의미합니다. 하지만 본문처럼 '사람을 이용한다' 라는 부정적 의미로 사용될 때는 항상 of 를 사용합니다. *Thanks to her experience, she has a big advantage over her opponent.* 그녀의 경험 덕분에, 그녀는 가지고 있다, 큰 잇점(유리함)을 그녀의 상대자에 비해.

*4. 한쓰 영어 학원은 **제공**한다 (교육)과정들을 학생들에게 to, 초보자와 중급의 수준에 (있는) at.*

*5. 그 새로운 기술은 **공급**할 것이다 우리에게 미래의 에너지 원천과(을) with.*

6. 학생들은 장려된다 관리하도록 그들 자신의 학습을 of, over, 단지 의존하기 보다 than, 그들의 선생님들에.

이제 한글 해석을 보고 영어로 말해 볼 차례입니다.

Figurative Expressions (Sayings, Proverbs & Colloquial expressions)

know someone by name to only know someone's name, but not know what the person looks like

직역은 '안다 누군가를 이름으로' 입니다. 누군가를 알기는 아는데, 만나본 적이 없어서 얼굴은 모르고 '이름만 안다', '이름은 들어봤다' 라는 표현입니다.

• *'Hi John! Do you know James Kim who works at the university?' 'I don't really know him. I only know him by name. Why?'*

• *You shouldn't talk like you're one of his old friends. I think (that) you know him by name only.*

• *'안녕하신가 존! 당신은 아는가 제임쓰 킴을, 그는 일한다 대학에서?' '나는 정말 모른다 그를. 나는 그냥 안다 그를 이름으로만. 왜?'*

• *당신은 말해서는 안 된다, 당신이 하나인 것처럼, 그의 오랜 친구들의. 난 생각한다, 당신은 들어봤다고 그의 이름만.*

Konglish   빌라

한국에서 villa/빌라/하면 가장 먼저 떠오르는 것은? '연립/다세대 주택' 입니다. 물론 의미가 심하게 과장된 경우입니다. 그럼 영어권에서 villa 하면 가장 먼저 떠오르는 것은? '교외에 지어진 규모있는 단독 주택' 입니다. 휴가용 별장을 연상하시면 됩니다. 뭐 한국에도 몇 몇 고급 villa 가 있기도 합니다만, 한국 villa 와 영어권 villa 의 가장 차이점은 단독 주택(house)이냐 다세대 주택이냐 입니다. 여하간, 한국에서 일반적으로 말하는 연립 주택은 그냥 apartment 입니다. 단지 층 수가 낮을 뿐입니다.

• *We stayed at a nice villa on the Gold Coast during the summer holidays.*

• *I wish (that) I had a holiday villa somewhere on the East Coast.*

• *Many people who live in small apartment blocks in Korea think (that) they live in villas, but a villa is actually a house.*

• *우리는 지냈다 멋진 villa 에서, 골드코슽에서 여름 방학들 동안에.*

• *나는 바란다, 내가 가지고 있기를 휴가용 별장을 어딘가 동해 바닷가에.*

• *많은 사람들, 그들은 살고 있다 작은 아팥먼트들에, 한국에,은 생각한다, 그들이 산다고 villa들에, 그러나, villa 는 실제로는 단독 주택이다.*

It's a beach front holiday villa. (1st)

This holiday villa has a large swimming pool. (2nd)

It's a small apartment block. (3rd)

In Australia, a townhouse usually means a two story residential building with 2 to 3 bedrooms and a single garage. It has no other houses above and usually share one side of its walls with another. (4th)

Conjunctions

1. She had to go to the library _____ her parents couldn't afford to buy her new books.

2. You are talking to me _____ you already won the lottery.

*3. He has been acting **rather** strange _____ he met her.*

4. Irregular meal times _____ too much alcohol are the main causes of the symptom.

Prepositions

1. He has been a terrific business partner _____ the last 15 years.

2. I don't understand what you're thinking. I think (that) you are living _____ a dream world.

3. One _____ the many advantages _____ living _____ Seoul is that you can eat out _____ any time.

*4. Many people say that the main difference _____ Korean cars and Japanese cars is the quality _____ **the long term/run.***

5. Not so many brilliant ideas came up _____ the meeting.

*6. 'Do you need any help?' 'No. everything's _____ **control**, thanks.'*

Conjunctions

1. 그녀는 가야 했다 도서관에, 그녀의 부모들이 감당(경제적으로)할 수 없었기 때문에 because, since/없었으므로 as, 사는 것을 그녀에게 새로운 책들을.

2. 당신은 말하고 있다 나에게, 당신이 이미 승리(당첨)한 것처럼 like, 그 복권을.

*3. 그는 행동해오고 있다 **다소(꽤)** 이상하게, 그가 만난 이래로 since, 그녀를.*

4. 불규칙적인 식사 시간들과 and, 너무 많은 알코올(술)이 주된 원인들이다, 그 증상의.

Prepositions

1. 그는 나의 훌륭한 사업 동업자여 왔다 지난 15년 동안 for, during/지난 15년에 걸쳐 over.

2. 나는 이해하지 않는다(못하겠다), 무엇을 당신이 생각하고 있는지. 나는 생각한다, 당신은 살고 있다고 꿈나라에서 in. Ex 55

3. 하나, 많은 장점들의 of, 사는 것의 of, 서울에 in, 는 당신은 외식할 수 있다 언제나 at.

*4. 많은 사람들이 말한다, 주된 차이점, 한국 자동차들과 일본 자동차들 사이에 between, 은 품질이다 **장기적으로** in.*

> in the long term/run 은 '장기적으로 (봤을 때)' 라는 의미로, 자주 사용할 수 있는 유용한 표현입니다. *Moving to Seoul/the country will be better for you and your family in the long run.* 이사하는 것, 서울/시골로,은 더 좋을 것이다 당신과 당신의 가족을 위해 장기적으로 봤을 때. *In the long term, smoking and alcohol cause high blood pressure.* 장기적으로, 흡연과 술을 유발한다 고혈압을.

5. 그리 많은 훌륭한 생각들이 나오지 않았다 회의 동안에 during/회의에서 at, in/회의에 관한 about/회의를 위한 for.

*6. '당신은 필요합니까 어떤 도움을?' '아니오, 모든 것은 있습니다 **통제 하에** under, 고맙습니다.'*

이제 한글 해석을 보고 영어로 말해 볼 차례입니다.

Figurative Expressions (Sayings, Proverbs & Colloquial expressions)

no news is good news to hope that nothing bad has happened to someone when nothing has been heard about him/her

직역으로 바로 이해가 되는, 몇 안 되는 속담입니다. '무소식이 희(좋은)소식이다' 입니다. 누군가에 관하여 소식을 오랫동안 듣지 못했을 때, '별 일 없음을' 기대/기원하는 표현입니다.

• *'Hey, Charlie! Have you heard from Mike yet? It's been 10 days since he left for London.' 'Don't worry too much. He must be fine. No news is good news.' 'I know (that) no news is good news but he should have called home by now.'*

• *'이봐 찰리! 들었나 당신은 마잌으로부터 아직? 되어 왔다 열흘이, 그가 떠난지 런던을 향하여.' '걱정 마라 너무. 그는 반드시 괜찮을 것이다. 무소식이 희소식이다.' '나는 안다, 무소식이 희소식이라는 것을, 그러나 그는 전화했어야 했다 집을 지금까지는.'*

Konglish   펜션

우선 철자는 pension 입니다. 그런데 /펜션/은 '연금, 정부 보조금' 이라는 뜻이고, 우리가 흔히 말하는 산속의 멋진 숙소는 /퐁숑/입니다. 발음에서 감 잡으셨듯이 불어에서 온 말인데요, 우리가 흔히 알고 있는 것처럼 반드시 그런 멋진 산장 숙소를 말하는 것만은 아닙니다. France 와 유럽에서는, 상대적으로 경제 상황이 열악한 젊은이들이 많이 머무는 일종의 hostel/호쓰텔/을 의미합니다. 물론 hostel 도 좀 멋진 곳이 있고 완전 싸구려가 있듯이, /퐁숑/도 아래 사진에서처럼 다양한 등급이 존재합니다.

• *I mainly stayed at pensions/hostels when I traveled around Europe.*
• *Pensions are considered an exotic holiday accommodation in Korea.*
• *Many people find (that) living on an old age pension is difficult.*
• *He had an accident last year. He retired and now gets a disability pension from the government.*

• *나는 주로 머물렀다 퐁숑들에서/호스텔들에, 내가 다녔을 때 유럽 여기 저기를.*
• *퐁숑들은 여겨진다 이국적인 휴가 숙박지로, 한국에서.*
• *많은 사람들은 발견한다(알게 된다), 사는 것, 노년 연금에 기대어,은 힘들다고.*
• *그는 가졌다(당했다) 사고를 작년. 그는 퇴직했고 지금은 얻는다(받는다) 장애인 연금을 정부로부터.*

There are several outdoor dining tables in front of the pension. (left)
The pension is located on a mountain . It has a beautiful view. (middle)
The pension seems to be located in a city. (right)

Conjunctions

1. Don't worry. I will help you (to) move to your new place as much _____ I can.

2. I got up very late, _____ I had to use a cab to get to work.

3. He is neither Korean _____ Japanese. He is Mongolian.

4. I have no idea _____ the dog escaped. All the fences are intact.

Prepositions

1. Are you coming _____ dinner tonight?

2. Buy some bread and milk _____ your way home.

3. 'What is the name _____ the book?' 'It's *"Introduction* _____ *Photography".'*

4. It all **depends** _____ how much money it will cost.

5. The demonstration **got out** _____ *control* and soon became violent.

6. All _____ the passengers and crew were rescued _____ the boat accident but the captain did not

make it.

Conjunctions

1. 걱정 마라. 내가 돕겠다 당신이 이사하는 것을 당신의 새로운 장소(집)으로, 내가 할 수 있는 만큼 *as.*

2. 나는 일어났다 매우 늦게, 그래서 *so*, 나는 이용해야 했다 택시를 (그래서) 갔다, 직장으로.

3. 그는 한국인도 아니고 일본인도 *nor.* 그는 몽고인이다.

> 필자가 뉴잉글랜드 대학에서 공부할 때, 몽고에서 온 교환 학생을 보고, 한국 사람과 정말 많이 닮았음에 매우
> 놀란적이 있습니다. 같은 인종이라는 것은 알고 있었지만 막상 직접 보니....정말....구분하기 힘들었다는.....^^;

4. 나는 도대체 모르겠다, 어떻게 *how*, 그 개가 탈출했는지. 모든 담장들은 멀쩡하다.

Prepositions

1. 당신은 오느냐 저녁 식사를 위해 *for*/저녁 식사에 *to*, 오늘 밤(에)?

2. 사라 약간의 빵과 우유를, 당신의 길에 *on*, 집으로. (집으로 오는 길에)

3. '무엇이냐 이름이, 그 책의 *of*,?' '이것은 "소개, 사진 예술으로 (사진 예술 입문서) *to* " 이다.'

4. 이것은 모두 **달려있다**, 얼마나 많은 돈이 드는가에 *on.*

5. 그 시위는 **되었다 통제를 벗어나게** *of*, 그리고 곧 되었다 폭력적으로.

> 동사 go 는 종종 become 을 대신하여 사용됩니다. *My mother really went mad when I failed to pass the test*
> *again.* 나의 엄마는 정말 화났다, 내가 실패했을 때, 통과하는 것을, 그 시험을 또.

6. 모든 (*of*) 승객들과 승무원들은 구조되었다 보트 사고로부터 *from*/사고 후에 *after*, 그러나 선장은 **해내지 못했다**
(죽었음을 암시).

> make it 은 어려운 상황에서 '성공적으로 어떤 장소에 도착하다' 와 '성공적으로 해내다' 라는 의미로 매우 자주
> 사용되는 표현입니다. *If we don't make it on time, start it without us.* 우리가 도착하지 못하면 정시에, 시작해라
> 그것을 우리 없이. *Korea made it to* **the finals.** 한국은 진출했다 **결승전에.** *I don't think (that) she can make it*
> *through the night.* 나는 생각 하지 않는다, 그녀가 해낼 것이라고 오늘 밤 통해. (오늘 밤을 넘기기 어렵겠다)

이제 한글 해석을 보고 영어로 말해 볼 차례입니다.

Figurative Expressions (Sayings, Proverbs & Colloquial expressions)

once in a blue moon very rarely

직역은 '한 번, 푸른 달 하나에' 정도입니다. 여기서 blue moon 은 양력과 음력의 차이를 메우기 위하여 약 2.7년 만에 오는 추가적인 달, 즉 '윤달' 을 의미합니다. 그러니 once in a blue moon 은 몇 년에 한 번, 즉 '매우 드물게' 라는 표현이 됩니다. 유의 할 것은 양력을 기본으로 하는 서양에서 blue moon 의 존재가 그리 중요하지 않기에, 대부분의 사람들은 blue moon 의 의미 조차 잘 알지 못합니다. 그저 영화에서나 볼 수 있는 소름 끼치는 푸르른 기운이 도는 달 정도로 생각합니다. 하기야, 그런 시퍼런 달을 보는 것도 쉽지는 않습니다. 우리말에 '가뭄에 콩 나듯' 입니다. 명사 앞에서 '매우 드문' 이라는 형용사로도 사용됩니다.

- *'Rachel! Do you **ever visit** your parents?' 'Yeah ~~, but, only once in a blue moon.' 'I think (that) you should visit them more often.'*
- *It's a 'once in a blue moon opportunity'. You must buy the tickets now.*
- *'Do you ever wash your car? It's filthy!' 'Yeah, but only once in a blue moon because I'm so busy.'*

- *'레이첼! 당신은 **방문하기는** 합니까 당신의 부모님들을?' '어 ~ ~, 그러나, 아주 가끔씩.' '나는 생각한다, 당신이 방문해야 한다고 그들을 더 자주.'*
- *이것은 정말 드물게 오는 기회이다. 당신은 반드시 사야 합니다 그 표들을 지금.*
- *'너 씻기는 하냐 네 차를? 이것 정말 더럽다!' '어, 그러나 아주 가끔씩, 내가 매우 바쁘기 때문에.'*

Konglish   콘도/오피스텔

condo/콘도/는 condominium/콘도미니엄/의 준말입니다. 콘도는 한국에서는 휴가용 별장(holiday villa)정도의 의미로 사용됩니다. 하지만 실제로는 '주상 복합, 고층의 고급 아파트' 나 '오피스텔' 정도의 의미입니다. apartment 와 의미가 중복되기는 하나 좀 더 '고급', '고층', '대규모' 의 느낌이 있습니다. 그리고 office tel 이라는 영어 단어는 없습니다. 대부분의 영어권 사람들은 '사무실 전화 번호' 정도의 의미로 여길 공산이 큽니다.

- *Most Koreans think (that) a condo is a type of holiday accommodation but it is a kind of apartment.*
- *My boss lives alone in a condominium.*

- *대부분의 한국인들은 생각한다, 콘도가 한 형태의 휴가용 숙박지라고, 그러나 이것은 한 종류의 아팔먼트이다.*
- *내 사장님은 산다 혼자서 콘도미니엄(오피스텔)에.*

It's a condominium with the shopping facilities

Conjunctions

1. The facilities of the hospital are far better _____ I hoped.

2. Stay here _____ I come back! **Got it**?

3. Many thought _____ Korea would never recover from the damage caused by the Korean War.

4. She is a really nice young lady _____ her husband is a real **idiot**.

Prepositions

1. 'I don't know which to choose _____ these two'. 'Hurry up! Make up your mind!'

2. You should relax _____ the interview. Otherwise you will make mistakes.

3. Bread and rice, _____ example, are **rich** _____ *carbohydrate.*

4. The form should be filled out _____ black or blue pen, not _____ pencil.

5. Can I please have a new notebook computer **instead** _____ *having a holiday _____ Europe?*

6. I'm here _____ **behalf** _____ *my friend, Joe, to pick up the parcel.*

Conjunctions

1. 시설들 그 병원의,은 훨씬 좋다, 내가 바랬던 것보다 than.

2. 머물러라 이곳에, 내가 돌아올 때까지 until. **알았지**?

3. 많은 이들이 생각했다, 한국은 절대 회복하지 못할 것이라고 (that), 피해들로부터, 야기된, 한국 전쟁에 의해.

4. 그녀는 정말 착한 아가씨이다, 반면에 while, whereas/그러나 but, 그녀의 남편은 진짜 **꼴통**이다.

Prepositions

1. '나는 모르겠다, 무엇을 선택할지 이 둘 중에 between.' '서둘러라! 만들어라 너의 마음을!' (결정해라)

2. 당신은 여유를 가져야 한다 면접 중에 during/전에 before/위하여 for/면접에서 at. 그렇지 않으면 당신은 만들 것이다 실수들을.

3. 빵과 쌀은, 예를 들어 for, **풍부**하다 탄수화물에 in.

4. 그 양식은 기입되어야 합니다. 검정 또는 파랑 펜으로 in , 아니라 연필로 in.

in + 필기구 에는 필기구 앞에 관사(a/an/the)가 절대 오지 않습니다. 주의 하세요.

5. 내가 가질 수 있습니까 새로운 놋북 컴퓨터를, 휴가를 가지는 대신에 of, 유럽에서 in/ 유럽 여기 저기를 around/ 유럽으로 to

holiday across/throughout 이라고는 말하지 않습니다.

6. 나는 있다 이곳에, 나의 친구, 조를 위하여(대신하여) on behalf of, 가지러 그 소포를.

instead of 와 on behalf of 는 한국어로는 둘 다 '대신에' 라는 의미를 기지고 있으나, 둘은 선혀 다른 의미로 사용됩니다. 예를 들어, 여자 친구가 누군가로부터 $50 빌렸는데, 돈을 갚기로 한 날에 몸이 아파서 오지 못합니다. 그래서, 남자 친구가 돈을 대신해서 갚아줘야 하는 상황입니다. '내가 줘도 되나요 $50를 당신에게 내 여자 친구 대신에' 를 Can I give you $50 **instead of** my girl friend? 라고 말하면 '여자 친구를 당신에게 주는 대신에 $50를 당신에게 줘도 됩니까?' 라는 의미가 되어버립니다. 돈을 받아야 하는 사람에게는 '여자 친구나 $50 중에 하나를 선택해야 하는 황당한 상황'이 되는 겁니다. 이 상황에서는 instead of 자리에 on behalf of 가 들어가야 적절한 표현입니다. 결론은 '대신에' 라는 말이 '누군가를 위하여' 라는 상황일 때는 반드시 on behalf of 를 사용해야 합니다.

이제 한글 해석을 보고 영어로 말해 볼 차례입니다.

Figurative Expressions (Sayings, Proverbs & Colloquial expressions)

be a pain in the ass/butt/neck to be very annoying

직역은 '통증/고통 엉덩이/목에' 입니다. 엉덩이에 통증이 있으면 앉아 있는 것 자체가 고역이고, 목(목청이 아니라)의 통증은 고개를 돌리기는 것 조차도 힘들게 합니다. '아주 짜증나는 사람 또는 상황' 을 지칭합니다. 물론 직역대로 목이나 엉덩이에 통증이 있을 경우는 be 동사 대신에 have 를 사용합니다.

• *Richard has been a pain in the ass recently. He kept asking me to buy him a new mobile phone.*

• *Last week's internet failure was a real pain in the ass. I couldn't do anything.*

• *I have a pain in my neck.*

• *I have a sore throat.*

• *리찬은 정말 짜증나는 존재이어 왔다 최근에. 그는 계속해서 요구했다 나에게 사달라고 그에게 새로운 휴대 전화기를.*

• *지난 주의 인터넬 실패(불통)은 정말 짜증나는 것이었다. 나는 할 수 없었다 아무것도.*

• *나는 가지고 있다 통증을 목에. (목 주위의 근육이 뻐근해서 아프다)*

• *나는 가지고 있다 아픈/쓰린 목을. (목청이 아프다)*

Konglish   원룸

one room 은 글자 그대로 '방 하나' 라는 뜻 이외에는 다른 뜻은 전~~~혀 없습니다. 한국에서 이야기하는 원룸을 영어에서는 studio (type) apartment/flat 라고 합니다. 줄여서 studio 라고도 하는데, 화장실 정도만 분리되어 있고 나머지는 한 공간으로 되어 있는 주거 형태로, 주로 대도시의 시내에 사는 독신자, 애가 없는 부부, 또는 연인들을 위한 주거 공간입니다. 한 두 사람 겨우 잠만 잘 만한 그런 크기에서부터 꽤 넓은 크기까지 다양합니다.

• *Studio type apartments/flats are very popular among singles and couples without children, who have a job in the city centre.*

• *Some young Korean women dream of a boyfriend with a luxurious car, living in an expensive and spacious studio (apartment), just like in TV dramas. I think (that) they are living in a dream world.*

• *스튜디오 타잎 아팥먼트들은 매우 인기있다 독신자들과 연인들 사이에서 애가 없는, 그들은 가지고 있다 직업을 시내에.*

• *몇 몇 젊은 한국 여성들은 꿈꾼다 남자 친구를 고급 차가 딸린(가진),(그는) 산다, 비싸고, 넓은 스튜디오(아팥먼트)에, 딱 TV 드라마들에서 처럼. 나는 생각한다, 그들은 살고 있다고 꿈나라에서.*

It's a medium sized studio apartment.

It's a luxurious and spacious studio apartment.

Conjunctions

1. Are you thinking _____ I am thinking?

2. I used to call him for help _____ I was in trouble. I miss him so much.

3. We don't yet know _____ the problem is the battery.

4. Doctors strongly recommend _____ fathers should be present at their baby's birth.

Prepositions

1. April loves all sorts _____ animals _____ reptiles.

*2. Congratulations! I'm really **happy** _____ you.*

*3. Ben found it very hard to **concentrate** _____ his study while **taking care** _____ kids _____ the same time.*

*4. Daniel's been **complaining** _____ a stomach ache _____ a couple _____ days.*

*5. This car is _____ **repair**. I think (that) it should be disposed of.*

*6. Jessica! The guy _____ a blue t-shirt has been **staring** _____ you. He might ask you to be his date.*

Conjunctions

1. 당신은 생각하고 있나, 내가 생각하고 있는 것 *what* 을? (나랑 같은 생각해?)

'너 나랑 지금 같은 생각하고 있는 거야' 라는 의미로 허벌나게 자주 사용되는 표현입니다. 10번 훑으세요.^^;

2. 나는 전화하곤 했다 그를 도움을 위하여, 내가 있었을 때 마다 *whenever*/있을 때 *when*, 어려움에. 나는 그립다 그가 매우 많이.

3. 우리는 아직은 모른다, 문제가 배터리인지 *whether, if.* (문제가 배터리에 있는지 어떠한지)

4. 의사들은 강력하게 권고한다, 아빠들이 있어야 한다고 *(that)*, 그들의 아이의 출생에. (분만 현장에 있어야 한다)

Prepositions

1. 에이프럴(여자 이름)은 정말 좋아한다 모든 종류들의 *of,* 동물들을, 파충류들을 제외하고는 *but, except.*

2. 축하합니다! 나는 정말 행복합니다 당신을 위해 *for.*

happy for sb 는 'sb 의 행복을 빌어준다' 는 뜻입니다. happy 가 '만족' 의 의미로 사용되는 경우는 with/about + st 의 구조를 가지게 됩니다. *I'm not happy with/about the decision.* 나는 만족하지 않는다, 그 결정에. *I'm not happy with/about the way you treat her.* 나는 만족하지 않는다 그 방식에, 당신이 그녀를 대하는.

3. 벤은 발견했다 이것(to 이하)이 매우 힘들다고, 집중하는 것, 그의 공부에 *on,* 돌보면서 *of,* 아이들을, **동시에** *at.*

4. 다니엘은 불평해 오고 있다 위통에 관하여 *about, of,* 동안 *for,* 몇 일들 *of.*

5. 이 차는 있다 수리를 초과해서 (수리가 불가능 하다) *beyond.* 나는 생각한다 이것은 폐기되어야 한다고.

dispose of something 폐기하다 *Most medical waste is disposed of in an incinerator.* 대부분의 의료 쓰레기들은 폐기된다, 소각로에서. *Do you have disposable gloves?* 당신은 가지고 있습니까(판매 합니까) 일회용 장갑들을?

6. 제씨카! 저 남자, 파란 티셜 안의(입고 있는)*in,*는 **응시**해 오고 있다 너를 *at.* 그는 요구할지도 모르겠다 너에게 그의 되어 주기를 **데일** 상대자가.

이제 한글 해석을 보고 영어로 말해 볼 차례입니다.

Figurative Expressions (Sayings, Proverbs & Colloquial expressions)

keep your eyes/ears open to keep looking or listening so that one will notice anything important, dangerous etc

직역은 '유지해라 당신의 눈/귀들을 열린 상태로' 입니다. '눈과 귀를 열어 놓고 주의하여 살펴라' 라는 표현입니다.

무언가 중요한 일이나 위험한 일이 생기면 바로 알아차릴 수 있도록 '정신 바싹 차리고 있어라' 라는 말입니다.

• *I'm sure (that) you will be able to find a good second-hand car if you keep your eyes open.*

• *Keep your ears open, will you? An important change on the policy could be announced soon.*

• *나는 확신한다, 당신은 발견할 수 있을 것이라고 좋은 중고 자동차를, 당신이 정신을 바싹 차리고 있는다면.*

• *잘 살펴라, 그렇게 할거지? 중요한 변화, 그 정책에 관한,가 발표될 수도 있다 조만간.*

Konglish   씰버 타운

Silvertown/씰버타운/은 영국 런던의 한 산업 지역의 지명입니다. 산업 지역에서 노후를 보내는 것보다는 retirement village/리타이어먼트 빌리지/(퇴직 마을)에서 보내는 것이 훨씬 쾌적할 듯합니다. 물론 개인의 취향에 따라 다르겠지만요.^^;

• *After I've retired, I will spend the rest of my life in a retirement village. I've been saving for it.*

• *I'm not going to live in a retirement village when I get old. I will stay in my home which has all the memories of my life and family.*

• *Developing luxurious retirement villages is a good business opportunity in Korea where the population is ageing.*

• *내가 은퇴한 후에, 나는 보낼 것이다 나머지를, 내 삶의, 퇴직 마을에서. 나는 저금해오고 있는 중이다 이것을 위해.*

• *나는 살지 않을 것이다 퇴직 마을에서, 내가 늙었을 때. 나는 머물 것이다 나의 집에, 이것은 가지고 있다 모든 기억들을, 나의 삶과 가족의.*

• *개발하는 것, 호화스러운 은퇴촌들을,은 좋은 사업 기회이다 한국에서, 그곳에서, 인구는 노령화되고 있다.*

Most retirement villages in Australia consist of several town houses.

Conjunctions

1. I don't care _____ you think about him. I will marry him anyway.

*2. Have you seen James Cameron's new movie _____ **was released** last week?*

3. He went to Las Vegas, _____ he planned to end his life.

4. _____ she knows _____ it is not easy to graduate with good grades, she is doing her best.

Prepositions

1. I've known Kim _____ a long time. We went _____ the same school.

2. My favorite classical music is the 'New World Symphony' _____ Dvorak.

3. Lives _____ Korean dramas seem fun and easy _____ all times but _____ real life, they are not _____ that _____ all.

4. _____ its inconvenient location, the business is really booming.

5. The treatment will vary _____ patient _____ patient.

6. A handbook was given _____ me _____ arrival _____ the university.

Conjunctions

1. 나는 신경 쓰지 않는다, 당신이 생각하는 것을 *what*, 그에 관하여. 나는 결혼 할 것이다 그를 어찌됐든.

2. 당신은 봤느냐 제임쓰 캐머런의 새로운 영화를, 그것은 *which, that* **개봉되었다** 지난 주(에)?

3. 그는 갔다 라쓰비가쓰로, 그곳에서 *where* 그는 계획했다 끝내기로 그의 삶을 (죽기로).

니콜라쓰 케이지 주연의 영화 Leaving Las Vegas 의 내용입니다. 발음은 /v/ 를 살린 /라쓰비가쓰/입니다.

4. 그녀는 알기 때문에 *because, since*/알고 있으므로 *as*/알고 있음에도 *although, though*, 이것(to 이하)이 쉽지 않다는 것을 *(that)*, 졸업하는 것, 좋은 성적들과 함께, 그녀는 다하고 있다 그녀의 최선을.

Prepositions

1. 나는 알아왔다 킴을 오랜 시간(기간) 동안 *for*. 우리는 갔다(다녔다) 같은 학교로 *to*.

kim 은 여자 이름 kimberly 의 줄인 표현입니다.

2. 나의 가장 좋아하는 고전 음악은 신세계 교향곡이다 드보락에 의한 *by*.

3. 삶들, 한국 드라마에서 *in*,은 인 듯하다 재미있고 쉬운 듯 항상 *at*, 그러나 실제 삶에서는 *in*, 그들(삶들)은 그렇지 *like*, 않다 **전혀** *at*.

at all 은 항상 부정문에 사용되어 '전혀' 라는 의미를 가집니다. *The goverment have done nothing at all to try to solve the problem.* 정부는 하지 않았다 아무 것도 전혀, 노력해서, 풀려는, 그 문제를. *Tom's not looking well at all these days. I guess (that) something terrible happened to him.* 톰은 보이지 않는다 건강하게 전혀 요즘. 나는 추측한다, 뭔가 끔찍한 것이 일어났다고 그에게.

4. 이것의 편리하지 않은 위치에도 불구하고 *despite*, 그 사업체는 정말 번창 중이다.

5. 치료법은 다양할 것이다 환자 환자 마다 *from ~ to*.

patient 앞에 관사(a/the)가 붙지 않았음에 주의 하시길 바랍니다.

6. 소책자가 주어졌다 나에게 *to*, **도착하자** *on*, 그 대학에 *at*.

on arrival 은 '도착하자 마자' 입니다. *The driver of the vehicle was rushed to hospital, but he died on arrival.* 운전자, 그 차량의,는 서둘러졌다(급히 이송) 병원으로, 그러나 그는 죽었다 도착하자 마자.

이제 한글 해석을 보고 영어로 말해 볼 차례입니다.

Figurative Expressions (Sayings, Proverbs & Colloquial expressions)

pay the price to suffer the consequences for doing something or risking something

직역은 '지불하다 가격을' 입니다. 물론 직역대로 '재화에 대한 돈을 지불한다' 라는 의미이기도 하지만 비유적 의미로 '어떤 행동 따위에 댓가(값)를 치르다' 입니다. 주로 pay the price for + something/doing something 의 구조로 사용합니다.

- *You are such a **sick** person! You should remember (that) you will pay the price for your dishonesty.*
- *William is now paying the price for his early mistakes.*
- *One of my **close** friends has paid the price for working nonstop. He is not **well** now.*

- *당신은 정말 **구역질 나는** 사람이다! 너는 기억해야 한다, 당신은 치를 것이라고 댓가를, 당신의 정직하지 못함에.*
- *월리암은 지금 치르고 있다 댓가를, 그의 초기 실수들 때문에/대한.*
- *하나, 내 **가까운** 친구들 중의,는 치렀다 댓가를, 일하는 것에 멈추지 않고. 그는 **건강하지** 않다 지금.*

형용사 close (친근한, 가까운) 발음은 /클로쓰/입니다. 동사 close /클로즈/와 구분하세요.

Konglish   베란다/발코니

한국에서는 verandah/베란다/와 balcony/발코니/를 그리 구분하지 않습니다. verandah 를 좀 더 많이 쓰는 경향이지만. 여하간 중요한 사실은 한국에서 apartment 에 사시는 분들의 대다수는 verandah 를 가지고 있지 않습니다. 대신에 거의 모든 apartment 와 town house 는 balcony 를 가지고 있습니다. 그림에서처럼 verandah 는 '단독 주택과 붙어있는 지상층 야외 마루 공간' 을 말하나 balcony 는 '지상층 이상의 층에 딸린 야외 마루 공간' 을 의미합니다.

- *You'd better buy a house with a large verandah since summer is very hot and long in Brisbane.*
- *Many people in Korea grow plants on the balconies of their apartments.*
- *In Korea, it is now allowed to convert the balcony of an apartment into an indoor space.*

- *당신은 낫겠다 사는 것이 집을, 큰 verandah 가 딸린, 여름이 매우 덥고 길기 때문에 브리즈번에.*
- *많은 사람들, 한국에,은 기른다 식물들을, 발코니들에서, 그들의 아팥먼트들의.*
- *한국에서는, 이것(to 이하)은 지금 허가 되어 있다, 전환하는 것 발코니를 아팥먼트의, 실내 공간으로.*

This house has a balcony.

People are having a meal together on the verandah.

Conjunctions

1. Don't worry! _____ you ask, they will be able to help you.

2. _____ course you take, it won't be easy to pass.

3. _____ he is, he will be able to make friends easily, **thanks to** his outgoing personality.

4. _____ you advertise your business actively, no one will know about it.

Prepositions

1. She broke her leg while (she was) hurrying _____ the stairs.

2. 'Are you alright?' 'No, I feel like **throwing up**'. 'Oh, wait! I will **pull over** soon. Just don't throw up _____ the car'.

3. _____ *the past*, Seoul wasn't as crowded _____ now.

4. The prices _____ cars here **range** _____ $10,000 _____ over $100,000.

5. He is always helping people _____ expecting something/anything _____ **return**.

6. Women _____ their 70s have a **one** _____ **eight chance** _____ getting breast cancer.

Conjunctions

1. 걱정 마라! 어떤 사람에게 *whoever*, 당신이 요구하더라도, 그들은 도와줄 수 있을 것이다 당신을.

2. 어떠한 강좌를 당신이 수강하든지 간에 *whichever* (정해진 몇 개 중 하나)/*whatever* (정해지지 않은 몇 개 중에서 하나), 이것(to 이하)은 쉽지 않을 것이다, 통과하는 것은.

3. 그가 어느 곳에 있던지 *wherever*, 그는 만들 수 있을 것이다 친구들을 쉽게, **덕분에** 그의 외향적 성격.

4. 당신이 광고하지 않는 한 *unless*, 당신의 사업을 활발하게, 아무도 모를 것이다 그것에 관하여.

> although 나 though 가 답이 되려면, advertise 를 are advertising(광고하고 있더라도)으로 바꾸는 것이 더 자연스럽습니다.

Prepositions

1. 그녀는 부러뜨렸다 그녀의 다리를, 그녀가 서두르는 와중에 계단 아래로 *down*/위로 *up*.

2. '당신 괜찮소?' '아니, 나 할 것 같아 **구토**를.' '오, 기다려! 내가 **세우겠소** 금방. 단지 토하지만 마세요 차 안에 *in*, *inside*.

3. **과거에는** *in*, 서울은 번잡(인구로 인한)하지 않았다 지금만큼 *as*.

4. 가격들, 차들의 *of*/차를 위한 *for*, 이곳에,은 **범위를 이룬다** $10,000부터 *from*, $100,000이상 까지 *to*.

> range 는 '범위를 이룬다' 라는 동사로 항상 뒤에 범위의 기준이 두 개(from st to st)가 나옵니다. between 과 and 를 사용하여 ~ range between $10,000 and $100,000 도 가능합니다.

5. 그는 항상 도와준다 사람들을, 기대를 가지고 *with*/기대 없이 *without*, 무언가를, **보답으로** *in*.

> with 는 something 과 without 은 anything 과 짝 입니다. 좀 다르게 *He helps people a lot but he doesn't want anything in return at all./He helps people a lot but he always wants something in return.* 으로 표현할 수도 있겠네요.

6. 여성들, 그들의 70 대의 *in*, 은 가진다 1/8 *in*, **확률**을, 얻게 되는 것의 *of*, 유방암을.

> chance 은 '기회'이기도 하지만, 수학에서의 '확률'을 의미하기도 합니다. 분수를 표현할 때는 항상 전치사 in 을 사용합니다. 그리고, 확률을 숫자적으로 표현할 때는, 앞에 % 을 함께 씁니다. 30% chance, 90% chance 이런식으로. 그리고 '반반의 확률'은 다음과 같이 표현합니다. *The doctor says (that) she has a fifty-fifty chance of surviving the operation.* 의사는 말한다, 그녀는 가지고 있다고 반반의 확률, 견뎌낼 그 수술을.

이제 한글 해석을 보고 영어로 말해 볼 차례입니다.

Figurative Expressions (Sayings, Proverbs & Colloquial expressions)

get the picture to understand a situation

직역은 '얻는다 사진을' 입니다. 물론 직역대로 사진을 얻기도 하겠지만, picture 는 전체적인 상황을 비유하여, '전체적인 상황을 이해하다/감을 잡는다/그림이 그려진다' 는 표현입니다. 주의 할 것은 항상 현재형으로만 씁니다. got the picture (x)

• *You've said enough. I get the picture.*

• *'She doesn't want him but she doesn't want anyone else to have him, you know?' 'Yes, I get the picture.'*

• *There is no cure for mad-cow disease yet. So prevention is the only way. Get the picture?*

• *너 말했다 충분히. 나 감 잡았어.*

• *'그녀는 원하지 않는다 그를, 그러나 그녀는 원하지 않는다 다른 사람이 그를 차지하는 것을, 당신 (무슨 말인지) 알겠지?' '음, 내 그림이 그려진다'.*

• *없다, 치료법이 광우병을 위한 아직. 그래서 방지가 유일한 방법이다. 상황파악 되냐?*

Konglish   인테리어

interior/인테리어/라는 단어를 잘 살펴보면 in 이 있어서 '내부의' 라는 뜻입니다. 한국에서는 의미가 축소되어, 주로 '실내 디자인' 정도의 의미로 밖에 사용되지 않지만, '내부' 라는 의미로 더 넓게 사용됩니다. 설명보다는 예문을 통해 살펴보는 것이 더 쉬울 것 같습니다. 어쨌거나 반대말은 exterior/익쓰테리어/입니다. 영어에서 ex- 가 들어간 단어들은 '외부, 바깥' 이라는 의미를 가지고 있는 경우가 많습니다.

• *She is an interior designer for offices.*

• *The interior of the bottle is made of special plastic while the exterior is made of stainless steel.*

• *The car's interior was pretty cozy/cosy.*

• *The interior walls are all painted (in) white.*

• *The exterior walls of the house were bricks.*

• *그녀는 실내 디자이너이다 사무실들을 위한. (사무실 설계를 담당하는)*

• *내부, 그 병의,는 만들어져 있다 특수한 플라스틱으로, 반면에 외부는 만들어져 있다 스테인리쓰 스틸로.*

• *그 차의 내부는 매우 아늑했다.*

• *내 벽들은 모두 칠해져 있다 희게.*

• *외벽들, 그 집의,은 벽돌들이었다.*

These are the hands of interior designers.

Conjunctions

1. _____ you have excessive luggage, you must pay extra.

2. May I talk to the person _____ is in charge of ticketing please?

3. Do you have any idea _____ things _____ are cheap in Korea are so expensive in Australia?

4. Meat from cows older than 30 months is being imported into Korea from the US at the moment,_____ only meat from cows younger than 20 months is imported into Japan.

Prepositions

1. If we hurry, we will **get** there _____ time.

2. Back off! Don't get any **close**r _____ me.

3. Reach _____ the stars! Otherwise you cannot be who you really want to be.

4. You should put some sesame oil and chili paste _____ the rice and mix it well before you eat it.

5. Mobile phones may **interfere** _____ the electronic system _____ the plane.

6. Osteoporosis, a medical condition _____ which your bones become weak and break easily, is much more

common _____ women.

Conjunctions

1. 당신이 가지고 있으면 if/있기 때문에 *because, since*/있으므로 *as*/있을 때 *when*/있을 때 마다 *whenever*, 초과

하는 짐을, 당신은 반드시 지불해야 한다 추가(요금)를.

2. 말해도 되겠습니까(말 할수 있습니까) 그 사람에게, 그는 *who*, 있다 권한/담당에 발권을?

우리말에서는 '책임' 이라는 단어가 '권한' 을 동시에 의미하기도 하지만, 영어에서는 responsible 과 in charge 로

확연하게 구분됩니다. 예문 참고하세요. *He is responsible for the accident.* 그가 책임이 있다 그 사고에. *He is in*

charge of the division. 그는 책임자/담당자이다 그 부서의.

3. 당신은 가지고 있느냐 어떤 생각을(당신은 아느냐)? 왜 *why*, 물건들, 그들은 *which, that*, 싸다 한국에서는,이

그리 비싼지 호주에서는?

4. 고기, 소들로부터, 30개월들 보다 오래된,는 수입되고 있는 중이다 한국으로 미국으로부터 현재에, 반면에

while, whereas/그러나 *but*, 단지 고기, 소들로부터, 20개월들 보다 어린,만이 수입되고 있다 일본으로.

Prepositions

1. 우리가 서두른다면, 우리는 **도착**할 것이다 그곳에 시간에 넉넉하게 *in*/제 시간에 *on*.

2. 물러서! 오지마 더 가까이 나에게로 *to*.

여기서 close 는 동사 /클로즈/가 아니라 형용사 /클로쓰/입니다. '~에 가깝다/친밀하다' 라는 표현으로 to 와 함께

사용합니다. The Carpenters 의 명곡 Close To You 를 YouTube 에서 검색해서 한 번 들어보시면, 의미도 발음도

한꺼번에 건지실 수 있습니다. to 뒤에는 사람과 사물 모두 올 수 있습니다. *I'm still very close to my cousins*

although we're all married. 나는 여전히 매우 가깝다 나의 사촌들에, 비록 우리 모두가 결혼한 상태지이만. *We*

moved the bed close to the window. 우리는 옮겼다 그 침대를, 창 가까이로. *We are very close.* 우리는 매우

친하다.

3. 높게 가져라 이상/목표를 *for*! 그리 아니하면 당신은 될 수 없다 누군가가, 당신이 정말로 원하는 되기를. Ex 143

4. 당신은 넣어야 합니다 약간의 참기름과 고추장을 밥 위에 *on, onto*, 그리고 섞어야 합니다 그것을 질, 당신이

먹기 전에 그것을.

5. 휴대 전화기들은 방해할지도 모릅니다, 전자 장치와 *with*, 비행기의 *of*/비행기에서 *on*/비행기 안의 *in*.

6. 골다공증/오쓰티오포로씨쓰/, 의학적 상태, 그 안에서 *in*, 당신의 뼈들은 된다 약하게 그리고 부서진다 쉽게,은

훨씬 더 **흔하다** 여성들 사이에서 *among*/여성들에 *in*.

이제 한글 해석을 보고 영어로 말해 볼 차례입니다.

Figurative Expressions (Sayings, Proverbs & Colloquial expressions)

as easy as pie to be very easy

직역은 '쉽다 파이 만큼' 입니다. 우리말에 '누워서 떡 먹기' 라는 말처럼 '어떤 상황이나 일이 매우 쉽다' 라는 표현으로, 앞서 소개되었던 a piece of cake 과 같은 의미입니다. 앞선 as (adv) 생략하고 그냥 easy as pie 라고도 합니다.

• *Buying tickets for the concert was as easy as pie, thanks to the Internet.*

• *My job was as easy as pie. I just answered a few phone calls and kept the office. However, it was really boring.*

• *'Maria! Can you finish this by this weekend?' 'Don't worry, easy as pie.'*

• *사는 것, 표들을 그 콘썰을 위한,은 정말 쉬웠다, 덕분에 인터넬.*

• *나의 직업은 누워서 떡 먹기였다, 나는 단지 받았다 약간의 전화 통화들을 그리고 지켰다 사무실을. 그러나, 이것은 정말 지루했다.*

• *'머리아! 너 끝낼 수 있나 이것을 이번 주말까지?' '걱정 마라. 일도 아니다.'*

Konglish   리모델링

remodel/리모델/이라는 단어는 어원 그대로 '다시(re), 설계하다(model)' 입니다. 주로 '건물을 개조한다' 라는 의미로 사용됩니다. 비슷한 단어로 renovate/레노베잍/이 있는데, 이 단어의 기본 의미는 '복원하다' 입니다. 가구나 집 따위를 원래 상태 그대로 복구하는 것에서부터, 변화를 주는 수리까지 포함합니다. 두 단어가 의미가 중복되기는 하나 굳이 차이를 두자면 remodel 은 '개조' 에 가깝고, renovate '복원' 에 가깝습니다. 가장 결정적인 차이는 일반적인 집수리 및 개조에 있어서는 remodel 보다 renovate 이 더 보편적으로 사용됩니다.

• *The kitchen is too old. I think (that) it should be renovated before we move in.*

• *It will take over a year to renovate the historic building damaged by fire.*

• *I bought an antique wooden table at a secondhand shop and I've completely renovated it.*

• *I couldn't believe my eyes when the renovation of the old house was completed. It became a totally different house.*

• *The station has been extensively remodeled.*

• *We're remodeling the whole house this winter.*

• *부엌은 너무 낡았다. 나는 생각한다, 그것이 재 공사(수리)되어져야 한다고, 우리가 이사 들어가기 전에.*

• *이것(to 이하)은 걸릴 것이다 일 년 넘게, 복원하는 것은, 그 역사적인 건물을, (그것은) 손상되어 있다 화재로.*

• *나는 샀다 고풍스러운 목재 탁자를 중고상에서, 그리고 나는 완전하게 복원했다 이것을.*

• *나는 믿을 수 없었다 나의 눈들을, 재공사(복구), 그 낡은 집의,가 끝마쳐졌을 때, 그것은 되었다 완전히 다른 집이.*

• *그 역은 광범위하게 개조되었다.*

• *우리는 개조한다 전체 집(집 전체)을 이번 겨울.*

The bathroom is being renovated.

Conjunctions

1. I promise _____ I will come _____ see you as often _____ I can.

2. It's amazing _____ they've managed to finish everything so quickly.

3. The Korean Government can stop importing US beef, only _____ they've found problems with meat, not before.

4. _____ it's only been 3 months _____ the president **took office**, his popularity has declined dramatically, _____ is now only supported by around 20% of the population.

Prepositions

1. He died _____ the age _____ 52.

2. The party was a disaster. Everything went **out** _____ **control**.

3. 'What is your address?' 'I live _____ 12 Thompson St, Paddington.'

4. Don't worry. Wherever I go, I will **keep** _____ **touch** _____ you.

5. He's always been **frightened** _____ spiders and cockroaches.

6. I didn't know (that) the person (who) I was talking _____ was the person _____ front _____ me.

Conjunctions

1. 나는 약속한다, 나는 올 것이라고 (that), 그리고 and, 볼 것이다 너를 자주, 내가 할 수 있는 만큼 as.

2. 이것(that, how 이하)은 놀랍(믿기 어려울 정도로)다, 그들이 해낸 것이 that/어떻게 how, 해냈는지 마치기를 모든 것을 그렇게 빨리.

3. 대한민국 정부는 멈출 수 있다 수입하는 것을 미국 소고기를, 그들이 발견한 이후에만 after/발견 했을 때 when, 문제들을 고기와, 전이 아니라. (고기에 문제를 발견하기 전이 아니고 그 후에만)

> 필자는 개인적으로 문제의 소지가 있는 조건이라 생각합니다. 문제가 의심되는 경우가 생길지라도 그 문제가 확실하게 증명되기 전까지는 수입 중단 조치를 취할 수 없게 하는 조건입니다.

4. 이것이 단지 3개월들 만이 되어왔을지라도 (3개월 밖에 지나지 않았지만) although, though, 대통령이 **취임**한 이래로 since, 그의 인기는 감소했다 급격하게, 그리고 and, 지금 단지 지지된다 약 20%의 인구에 의해.

Prepositions

1. 그는 죽었다 나이에 at, 52세의 of.

2. 그 파티는 엉망 진창이었다. 모든 것이 되었다 **통제 밖에 (통제를 벗어나게)** of.

> out of control 의 반대말은 under control 입니다. 'Do you need any help?' 'It's OK. Everything's under control.' '당신은 필요합니까, 어떤 도움을?' '이것은 괜찮습니다. 모든 것이 있습니다 통제 하에.'

3. '무엇이 당신의 주소인가?' '나는 산다 12 톰쓴 가에 at, 패딩턴.'

4. 걱정 마라. 어디를 내가 가든지, 나는 계속해서 **연락할 것이다** in, 너와 with.

5. 그는 항상 **무서워해왔다** 거미들과 바퀴벌레들을 of.

> 비슷한 의미의 단어들, afraid, scared 등도 of 와 함께 사용됩니다. I'm scared of the dark. 나는 무섭다 어둠이.

6. 나는 몰랐다, 그 사람, 내가 이야기하던, 관하여 about, 이 그 사람이었다는 것을, 내 앞에 in ~ of.

이제 한글 해석을 보고 영어로 말해 볼 차례입니다.

Figurative Expressions (Sayings, Proverbs & Colloquial expressions)

the pot calling the kettle black to say that one should not criticize someone for something, because he/she has done the same thing or has the same fault

직역은 '솥(그것은) 부른다 주전자를 검다고' 입니다. 옛날에 장작으로 요리를 하던 시절에 솥 단지의 바닥은 그을려져 보통 검습니다. 뭐 주전자라고 예외는 아닙니다. 근데 솥이 주전자보고 검다고 놀리는 격이니 참 우습습니다. '자신의 허물과 같은 허물을 가지고 있는 다른 사람을 비난해서는 안 된다' 라는 표현으로, 우리말에 '똥 묻은 개가 겨 묻은 개 나무란다' 또는 '오십 보 백 보' 와 비슷합니다.

• What? You're criticising her for wearing old-fashioned clothes? That's the pot calling the kettle black, isn't it?

• Your mocking him for getting fined for speeding is the pot calling the kettle black. I know (that) your license was suspended for drink driving last year.

• 뭐? 당신 비난하는 거야 그녀를 입는 것으로, 구닥다리 옷들을? 그것은 똥 묻은 개가 겨 묻은 개 나무라는 격이야, 그렇지 않냐?

• 당신의 비웃음 그를, 벌금 받은 것으로(이유), 과속으로(이유),은 똥 묻은 개가 겨 묻은 개 욕하는 격이다. 나는 안다, 당신의 면허가 정지되었었다는 것을, 음주 운전으로, 작년.

A pot is calling a kettle black.

Konglish　　　　오바이트 (토하다)

발음으로 유추를 해보면 overheat/오버힡/(과열되다) 또는 overeat (과식하다) 라는 동사에서 나온 말임을 알 수 있습니다. 물론 술을 먹고 몸이 과열되어 또는 과식하여 구토를 할 수도 있겠지만, 영어권에서는 overheat/overeat 을 '구토' 라는 의미로는 사용하지 않습니다. 가장 흔하게 사용되는 '구토하다' 의 표현은 throw up/쓰로우업/과 vomit/보밑/입니다. overheat 은 자동차의 엔진이나 기계 따위의 과열이라는 의미로 사용할 수 있지만, '과식하다' 라는 말을 할 때, 동사 overeat 은 잘 사용하지 않습니다.

• Michael drank too much last night. He threw up 3 times and had diarrhea. He's got **heart burn** now.

• I haven't had much appetite since I vomited last week. I can't digest.

• Sam has been sick since throwing up yesterday. Now she's got a stomachache and a fever. I guess (that) she's got **food poison**ing.

• The engine overheated due to the faulty radiator.

• I think (that) I had too much.

• 마이클은 마셨다 너무 많이 지난 밤. 그는 토했다 3 번들, 그리고 가졌다(했다) 설사를. 그는 가지고 있다 속쓰림을 지금.

• 나는 가지지 않아 왔다 많은 식욕을, 내가 토한 이래로 지난 주. 나는 소화 시킬 수 없다. (소화가 안 된다)

• 쌤은 아파 오고 있다 토한 이래로 어제. 지금 그녀는 가지고 있다 위통과 열을. 나는 추측한다, 그녀가 가지고 있다고 **식중독**을.

• 엔진이 과열되었다 불량 방열 장치(냉각기) 때문에.

• 나는 생각한다, 내가 먹었다고 너무 많이 (너무 많이 먹은 것 같다)

She is throwing up into the toilet bowl.

Conjunctions

1. _____ is responsible for this will pay the price for their stupid decisions.

2. These days you must show/present your id _____ you post an international parcel.

3. _____ I had known _____ you were in Seoul, I would have called you _____ I was there.

4. _____ the president has promised to stop importing beef from the US _____ problems arise, most people do not believe _____ he said.

Prepositions

1. I look forward _____ seeing you soon _____ Korea/hearing _____ you soon.

2. He died _____ cancer _____ 2009.

3. You must put some *glutinous rice* _____ the chicken _____ boiling it.

4. The title was printed _____ *capital letters*.

5. Interest rates were cut and, _____ *turn*, share prices rose.

6. Crude oil prices have gone _____ the roof recently _____ the increased demand _____ developing countries, such _____ China and India.

Conjunctions

1. 책임 있는 사람이 누구든지 *whoever*, 이것에, 치를 것이다 그 대가를 그들의 어리석은 결정들에 대해. Ex 137

2. 요즘에는 당신은 반드시 보여줘야/제시해야 한다 당신의 신분증을, 당신이 우편으로 보내기 전에 *before*/보낼 때 *when*/보낼 때 마다 *whenever*, 국제 소포를.

3. 내가 알았더라면 *if*, 당신이 있었다는 것을 *(that)*, 서울에, 나는 전화했을 것이다 당신을(에게), 내가 있었을 때 *when*/있는 동안에 *while*, 그곳에.

4. 대통령이 약속했을지라도 *although*, *though*, 멈춘다고 수입하는 것, 쇠고기를, 미국으로부터, 문제가 생기면 *if*/생길 때 *when*/생길 때마다 *whenever*, 대부분의 사람들은 믿지 않는다, 그가 말한 것 *what* 을.

Prepositions

1. 나는 고대한다 만나기를 *to*, 당신을 조만간 한국에서 *in*/듣기를 당신으로부터 *from*, 조만간.

2. 그는 죽었다 암으로 *of*/암으로부터 *from*, 2009년에 *in*.

3. 당신은 반드시 넣어야 한다 약간의 찹쌀을 닭 안에 *in*/닭 안쪽에 *inside*/안으로 *into*, 삶기 전에 *before*, 그것을.

4. 그 제목은 인쇄되어 있었다 대문자들로 *in*.

5. 이자율들은 잘렸다(감소되었다) 그리고 차례로 *in*, 주가들은 올랐다.

6. 원유 가격들은 갔다 지붕을 뚫고(치솟았다) *through*, 최근에, 증가된 요구 때문에 *because of*, *due to*, 개발도상국들로부터 *from*/개발도상국에서 *in*, 예를 들어 *as*, 중국과 인도. Ex 146

이제 한글 해석을 보고 영어로 말해 볼 차례입니다.

Figurative Expressions (Sayings, Proverbs & Colloquial expressions)

save something for a rainy day to save something, especially money, for a time when it is needed

직역은 '아껴라 무언가를 비 오는 날을 위해' 입니다. 비 오는 날이 우리말에서도 '궂은 날' 을 의미하듯이 영어에서는 '어려운 시기' 를 비유합니다. '차후에 어려운 때를 대비하여 돈을 아껴라' 라는 표현입니다.

• *I know (that) you're making a lot of money at the moment, but don't you think (that) you should save some for a rainy day?*

• *Why are you spending money like there's no tomorrow. Save some for a rainy day or you will regret it.*

• 나는 안다, 당신이 만든(번)다는 것을 많은 돈을 지금. 그러나, 당신은 생각하지 않나, 당신이 아껴야 한다고 약간을 힘든 날을 대비하여?

• 왜 당신은 쓰느냐 돈을, 없는 것처럼 내일이. 아껴라 좀, 어려울 때를 대비하여, 그렇지 않으면 당신은 후회할 것이다 그것을 (흥청망청 쓴 것을).

It's a rainy day. A couple are walking under an umbrella.

Konglish 알레르기

'알레르기' 는 allergy/앨러지/의 일본식 발음입니다. 뜻이야 잘 알고 계시는 것처럼, '특정 음식이나 물질에 대한 부작용' 을 의미합니다. 형용사 allergic/앨러직/도 많이 사용됩니다. '~에 앨러지가 있다' 할 때, 전치사 to 와 함께 사용합니다.

• *I have an allergy to cats.*

• *My son has an allergy to cow's milk.*

• *I can't eat peaches. I am allergic to them.*

• *Some people are allergic to eggs.*

• 나는 가지고 있다 앨러지를 고양이들에.

• 나의 아들은 가지고 있다 앨러지를 우유에.

• 나는 먹을 수 없다 복숭아들을. 나는 앨러직하다 그들에.

• 어떤 사람들은 앨러직하다 계란들에.

Conjunctions

1. Is there anyone _____ home is in Busan, Korea?

2. Can I have two large supreme pizzas, one garlic bread _____ a 2 liter Coke please?

3. Just _____ you're my brother, it doesn't mean _____ I have to like you!

4. She dresses _____ she is still in her 20s.

Prepositions

1. I've made an appointment _____ my dentist _____ a regular check-up.

2. It was the hardest decision _____ my life _____ a parent.

3. It will take 10 _____ 14 days to travel _____ the south island.

4. The topic suggested _____ discussion is 'The Environment'. Let's split the class _____ two groups.

5. _____ *the way*, who's going to take you home _____ the party? Let me drive you home if it's ok _____ you.

6. Things _____ glass, paper, and plastic can all be recycled.

Conjunctions

1. 있습니까 누군가, 그들의 *whose*, 집(가정)은 있다 부산에, 한국?

2. 제가 가질(살) 수 있습니까 둘 큰 수프림 피자들, 하나 마늘 빵과 *and* 하나 2리터 콜을?

3. **단지** 네가 나의 형제이기 **때문에** *because*, 이것은 의미하지 않는다, 내가 좋아해야 한다고 *that*, 너를!

just since 또는 just as 라는 말은 잘 쓰지 않습니다.

4. 그녀는 (옷을)입는다, 그녀가 있는 여전히 것처럼 *like*, 그녀의 20대에. (20대 인것처럼)

Prepositions

1. 나는 만들었다 업무적 약속을 나의 치과 의사와 *with*, 정기 검진을 위해 *for*.

appointment 는 '업무상의 약속' 만을 의미합니다. 그럼 '나는 약속이 있다 에린과 주말에' 라는 말은 어떻게 할까요? 그냥 *I'm meeting Erin on the weekend* 라고 합니다.

2. 이것은 가장 어려운 결정이었다 내 인생의 *of*/내 인생에서 *in*, 부모의 한 사람으로서 *as*.

a parent 는 부,모 중의 한 명을, parents 는 부, 모 둘 다를 의미합니다.

3. 이것(to 이하)은 걸릴 것이다 10에서 14일들까지 *to*, 둘러보는데 남섬 여기 저기를 둘러서 *around*/남섬으로 (가는데) *to*/가로질러 가는데 *across*.

4. 토픽, 제안되어진, 토론을 위하여 *for*,은 '환경' 이다. 나누자 반을 두 무리들로 *into* (형태 변화).

명사 environment 는 셀 수 있는 명사로 반드시 관사 (a, the)와 함께 사용합니다. 하지만, '자연 환경'을 의미하는 경우에는 반드시 the 가 들어간 the environment 입니다. 그 밖의 다른 환경들은 a/an + enviroment 로 사용합니다. *a working/learning/economic/political etc environment.*

5. *by*, **그나 저나**, 누가 데려다 줄 겁니까 당신을 집으로 파티 후에 *after*? 내가 차로 모시게 해주시오 당신을 집으로 이것이 괜찮다면, 당신과 *with*.

by the way 와 anyway 는 둘 다 한국말로는 '하여간' 정도로 해석이 됩니다. 하지만, by the way 는 앞서 이야기하던 주제에서 화제를 다른 것으로 전환할 때 사용하고, anyway 는 앞서의 화제를 요약하는 느낌입니다. *By the way, who's going to bring a tent?* 그건 그렇고, 누가 가지고 옵니까 텐트를? *Anyway, you're the person who made a call, right?* 어쨌거나, 당신이 그 사람이다, 그는 만들었다 전화 통화를, 맞지? (어쨌거나, 네가 전화 한 것 맞지?)

6. 물건들 유리, 종이 그리고 플라스틱 같은, *like*,은 모두 재활용 되어질 수 있다.

이제 한글 해석을 보고 영어로 말해 볼 차례입니다.

Figurative Expressions (Sayings, Proverbs & Colloquial expressions)

read between the lines to find a hidden meaning in something said or written

직역은 '읽어라 줄들 사이를' 입니다. 책의 줄과 줄의 사이를 보면 아무것도 없는 빈 공간입니다. '눈에 직접적으로 띄지 않는 숨겨진 의미를 글이나 말에서 찾아라/파악하라' 라는 표현입니다. 영화 The School of Rock (2003) 초반부(6:50)에서 주인공(Jack Black)이 자신이 결성한 rock band 에서 쫓겨날 때, 옛 동료들에게 음악의 본질을 찾으라며 외치던 문구가 Read between the lines! 입니다.

• *You will be able to see what she really wants when you try to read between the lines.*

• *I'm sure (that) Peter is not happy though he says (that) he is. I can read between the lines.*

• *The report does not criticize the government directly, but you can read between the lines that the experts are not impressed by the government decision.*

• *당신은 볼 수 있을 것이다, 무엇을 그녀가 정말 원하는지, 당신이 시도할 때, 파악하려 숨겨진 의미를.*

• *나는 확신한다, 피터가 행복하지 않다고, 그가 말하지만, 그가 그렇다고 (행복하다고). 나는 볼 수 있다 숨겨진 의미를.*

• *그 보고서는 비난하지 않는다 정부를 직접적으로, 그러나 당신은 알 수 있다 함축된 의미를, 전문가들은 감흥 받지 않는다 정부의 결정에 의하여. (전문가들이 그리 감명받지 못했다는 의미)*

Konglish   다이어트

diet/다이얼/하면 대부분의 한국인들은 '살 빼기' 만을 연상합니다. 물론 '살 빼기' 의 의미도 있으나, 더 흔하게 쓰이는 의미는 '식단' 입니다. 살 빼기는 be/go on a diet 입니다. 구체적으로 어떻게 쓰이는지는 예문을 통하여 살펴보겠습니다.

• *It is important to have a healthy balanced diet.*

• *A fat and salt-free diet is recommended for many patients with heart problems.*

• *I'm not going to eat anymore. I'm on a diet.*

• *I'll go on a diet after finishing this chicken and beer first.*

• *I have been on a diet for the last 2 months but it seems (that) I haven't lost much weight.*

• *이것(to 이하)은 중요하다, 먹는 것, 몸에 좋고 균형잡힌 식단을.*

• *지방과 소금이 없는 식단이 추천 된다, 많은 환자들을 위해, 심장 문제들을 가진.*

형용사 free 는 명사 앞에서 수식하면 '공짜' 라는 뜻이지만 명사 뒤에 위치하면 '~이 없는' 입니다. free salt 는 '공짜 소금', salt free 는 '소금이 안 들어 있는' 입니다.

• *나는 먹지 않을 것이다 더 이상. 나는 **살 빼는 중**이다.*

• *나는 **시작할 것이다 살 빼기를**, 끝낸 후에 이 닭고기와 맥주를, 우선.*

• *나는 해오고 있다 살 빼기를, 지난 두 달들 동안, 그러나 이것은 인듯 하다, 나는 잃은 것 같지 않은 것, 많은 (몸)무게를.*

it 은 가짜 주어, that 이하가 진짜 주어입니다. 영어는 주어가 길 경우, 가짜 주어를 먼저 쓰고 진짜 주어가 나중에 오는 경우가 많습니다.

This picture shows an example of a healthy diet.

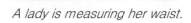

A lady is measuring her waist.

Conjunctions

1. He is neither a good leader _____ a nice person.

2. Are you sure _____ he was born in Osaka?

3. I think _____ people will continue demonstrating _____ the president resigns/appologizes/agrees to renegotiate the deal.

4. _____ excuses he makes, people will not trust him anymore.

Prepositions

1. She has been lying _____ many things, including her work experience and her age.

2. I've been **sufferi**ng _____ hay fever since I moved _____ Seoul.

3. Would you please describe what happened that night _____ more **detail**?

4. The earthquake left thousands _____ people _____ **danger**.

5. She got arrested, **suspected** _____ possessing and trafficking drugs.

6. There are many magnificent houses _____ beautiful gardens _____ the Avon River _____ Christchurch, New Zealand.

Conjunctions

1. 그는 아니다 좋은 지도자도 *nor*, 착한 사람도.

2. 당신은 확신하나, 그가 태어났다는 것을 *(that)*, 오사카에서?

3. 나는 생각한다, 사람들은 계속할 것이라고 *(that)*, 시위를, 대통령이 사임 할 때까지/사과 할 때까지/동의 할 때까지 *until*/사임하지/사과하지/동의하지 않는 한 *unless*, 재 협상 하겠다고 그 거래를.

4. 어떤 변명들을 *whatever*, 그가 만들더라도(하더라도), 사람들은 신뢰하지 않을 것이다 그를 더 이상.

Prepositions

1. 그녀는 거짓말을 해오고 있다 많은 것들에 관하여 *about*, (그것들은) 포함한다 그녀의 직장 경력과 그녀의 나이를.

2. 나는 **고생해**오고 있다 건초열(비염)**로부터** *from*, 내가 이사한 이래로 서울로 *to*.

3. 묘사해 주시겠습니까, 무엇(무슨 일)이 일어났는지 그날 밤, 좀 더 **자세히** *in*?

4. 그 지진은 남겼다 수 천들의 *of*, 사람들을 위험에 *in*.

5. 그녀는 체포 되었다, **의심받아서**, 소지와 유통의 *of*, 마약들을.

> suspect somebody of (doing) something 은 '의심하다 누군가를 of 이하로'입니다. 주로 범죄의 유,무죄를 의심하는 경우입니다. *The bank manager was suspected of fraud.* 지점장은 의심받았다 사기로 (사기죄가 있다고).

6. 있다 많은 매우 멋진 집들이, 아름다운 정원들이 딸린 *with*, 에이본 강을 따라서 *along*/근처에 *near*, 크라이슽처치에 *in*, 뉴질랜드.

Figurative Expressions (Sayings, Proverbs & Colloquial expressions)

reach for the stars to aim for something very difficult to achieve

직역은 '뻗어라 별들을 향하여' 입니다. 왜 우리말에도, 특히 연인들 사이에서 '하늘에 별도 따다 줄 수 있다' 고 합니다. 그리고, 매우 어려운 일을 가리켜 '하늘에 별 따기' 라는 표현도 사용합니다. 영어에서는 약간 의미가 다른데요, '매우 어려운 일을 목표로 잡아라' 즉 '이상이나 목표를 높게 잡아라' 라는 격려의 표현입니다.

• *Hey James! Being young is the most valuable asset. Have a dream and reach for the stars!*

• *Reach for the stars! Otherwise you cannot be who you really want to be.*

• *이보게 제임쓰! 젊다는 것은 가장 가치 있는 자산이네. 가지게나 꿈을, 그리고 잡게나 이상을 높게!*

• *높게 가져라 이상/목표를! 그리 아니하면 당신은 될 수 없다 누군가가, 당신이 정말로 원하는 되기를.*

They are reaching for the stars in the sky.

Konglish   비타민

/비타민/도 일본식 발음입니다. 물론 /b/대신에 /v/로, /바이타민/이라 발음해야 합니다. 의미는 vitamin 보조제와 성분 개념의 vitamin 입니다.

• *You'd better take vitamins/vitamin supplement for your health.*

• *Try to eat foods that are rich in vitamins and minerals before you try vitamin supplements.*

• *A lack of vitamin E can cause skin diseases and tiredness.*

• *당신은 낫겠다 섭취하는 것이 바이타민들/바이타민 보조제들을 당신의 건강을 위해.*

• *노력하라 먹도록 음식들을, 그들은 풍부하다 바이타민들과 무기물들이, 당신이 시도하기 전에 바이타민 보조제들을.*

• *부족, 바이타민 E의,은 일으킬 수 있다 피부 질환들과 피로를.*

Conjunctions

1. *We are here to let you know _____ we think about the legislation.*

2. *Protesters were marching towards the palace _____ the presidential office is located.*

3. *_____ you may try not to buy _____ eat US beef, it is difficult to avoid, _____ most people cannot distinguish between Korean beef _____ imported beef with the naked eye (just by looking).*

4. *_____ he takes office, he will do anything to make the rich richer _____ the poor poorer.*

Prepositions

1. 'I think (that) Sam will **go out** _____ me if I ask him.' '_____ your dreams!'

2. 'I don't know what to do anymore.' 'Don't worry! Leave it _____ me. I will **take care** _____ it.'

3. There were many innocent civilians _____ the casualties.

4. Please pay attention _____ the details _____ the instructions.

5. They **stopped by** Byron Bay _____ their way _____ Brisbane _____ Sydney.

6. The value _____ the Korean currency, the Won, has fallen. _____ a result, the cost _____

living _____ Korea has **soared**, since Korea imports a lot _____ other countries.

Conjunctions

1. 우리는 있다 이곳에, 허락한다 당신이 알도록 (당신에게 알리러 왔다), 무엇을 what, 우리가 생각하는지 그 법안에 대하여.

2. 시위자들은 행진하고 있었다 궁을 향하여, 그곳에 where, 대통령 직무실이 위치하여 있다.

3. 당신이 노력할지 몰라도 although, though, 사거나 or/사고 and, 먹지 않게 미국 소고기를, 이것(미국 쇠고기)은 어렵다 피하기가, 대부분의 사람들은 구분할 수 없기 때문에 because, since/못하므로 as, 한국 쇠고기와 and, 수입 된 쇠고기 사이를 **육안으로** (단지 보는 것으로).

4. 그가 일단 차지하면 once/만약 차지한다면 if/차지할 때 when, 사무실을 (자리에 오르면, 취임하면), 그는 할 것이다 어떤 것도, (그래서) 만들 것이다 **부자들**을 더 부자로 그리고 and, **가난한 사람들**을 더 가난하게.

the + adjective 가 '형용사 한 사람들' 이 된다는 문법을 배우신 적이 있으실 겁니다. 그러나 주의 하셔야 할 것은 이 공식을 남발하여 '형용사한 사람들' 이라는 말을 마구 마구 만들어서 쓰지는 않습니다. 이 공식대로 사용하는 경우의 대표적인 예들이 the rich, the poor, the young, the old, the eldery, the unemployed, the homeless 정도입니다. 주로 formal 문체에서 사용되며, 대부분의 경우에는 adjective + people 의 구조가 선호됩니다. *young people, eldery people, rich people, poor people, homeless people etc* 여하간, '빈익빈 부익부' 라는 말을 영어로 *The rich get richer, the poor get poorer* 라고 합니다.

Prepositions

1. '나는 생각한다, 쌤이 **사귈 것이라고 나와** with, 내가 요구하면 그에게.' '네 꿈들에서나 (그렇게 해라) in!' Ex 56

2. '나는 모른다, 무엇을 할지 더 이상.' '걱정 마라! 뒤라(맡겨라) 이것을 나에게 to/나와 with. 내가 신경 쓰겠다 이것을 of.'

물론 take care of something 이 '돌보다 무언가를' 라는 의미도 있지만, take care (of 없이)는 '조심해' 라는 의미 와 '잘 지내' 라는 헤어질때의 인사말로도 사용합니다. *Take care when driving on wet roads.* 조심해라, 운전할 때, 젖은 길들에서. *Take care! See you next week!* 잘 지내! 볼게 너를 다음 주 (다음 주에 보자)!

3. 있었다 많은 무고한 민간인들이 사상자들 중에 among.

4. 주목해 주세요 세부 사항들에 to, 지침들의 of.

5. 그들은 **들렀다** 바이런 베이(만)를 그들의 가는 길에 on, 브리즈번으로 to/부터 from, 씬니로부터 from/로 to.

stop by 는 '잠깐 들르다' 라는 의미의 phrasal verb로 바로 뒤에 장소(전치사 없이)가 나옵니다. *I will stop by your office sometime tomorrow.* 내가 들를게, 너의 사무실을, 언젠가 내일 (내일 중에).

6. 가치, 한국 통화, 원의 of, 는 떨어졌다. 결과적으로 as, 비용, 생활의 of, 한국에서 in,은 **엄청나게 올랐다**, 한국이 수입하기 때문에 많이, 다른 나라들로부터 from.

이제 한글 해석을 보고 영어로 말해 볼 차례입니다.

Figurative Expressions (Sayings, Proverbs & Colloquial expressions)

ring a bell reminds someone of something, but not exactly what it is

직역은 '울린다 종을' 입니다. '종이 울린다' 는 것은 '머리 속에 신호가 왔다' 라는 정도의 의미입니다. 이름이나 어떤 사건 따위를 기억해 내려 할 때, 정확하게는 기억이 나지는 않지만, '어디서 들어본 것 같다' 또는 '희미하게 기억이 난다' 라는 표현입니다.

• *His name rings a bell but I can't remember his face.*
• *'Samuel Johns rings a bell?' 'Yeah, but I don't think (that) I've met him before.*

• *그의 이름은 들어봤다, 그러나 난 기억할 수가 없다 그의 얼굴을.*
• *'싸무엘 존쓰라는 이름을 들어본 것 같습니까?' '네, 그런데 나는 생각하지 않습니다. 내가 만나봤다고 그를 전에.*

Konglish   기브스

영어권에서 아무도 gibs 라고 말하지 않습니다. 사전에서도 찾을 수 없는 단어입니다. cast/카슽, 캐슽/ 또는 plaster/플라스터/ 혹은 plaster cast 를 사용합니다. has + **부상부위** + in a cast/plaster 로 표현합니다.

• *Kim **has** her leg **in a plaster/cast**. She broke it while (she was) riding a motorbike.*
• *I've **had** my arm **in a plaster cast** for over 3 months now. It's so uncomfortable.*

• *킴(Kimberly 의 준말)은 가지고(하고) 있다 그녀의 다리를 플라스터/캐슽에. 그녀는 부러뜨렸다 그것을, 타다가 모터바익을.*
• *나는 가져왔다 나의 팔을, 플라스터 캐슽에, 3개월들 이상 동안 지금. 이것은 매우 불편하다.*

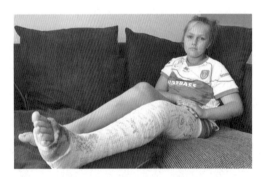

She has her leg in a cast/plaster.

Conjunctions

1. *He must change his leadership style _____ he will lose support from the people.*

2. *People are angry with the government, _____ a lot of people have joined demonstrations.*

3. *People tend to think _____ information _____ TV delivers is always correct.*

4. _____ *excuses he comes up with, people will not trust him anymore.*

Prepositions

1. The rumor that he has been fired has spread rapidly _____ the university.

2. If you need further information _____ the product, please call _____ 1800 333 816.

3. (_____ a lawn mower manual) Do not adjust the height _____ the mower while it's _____

motion.

*4. You must **concentrate** more _____ driving safely _____ _____ arriving early.*

*5. I'm very **proud** _____ what the former president did _____ our country.*

6. The address should be written _____ the name _____ the recipient.

Conjunctions

1. 그는 반드시 바뀌어야 한다 그의 통솔 방식을, 그렇지 않으면 or, 그는 잃을 것이다 지지를 사람들로부터.

2. 사람들은 화가 나 있다 정부에 그래서 so, 많은 사람들이 합류해왔다 시위들을.

3. 사람들은 경향이 있다, 생각하는, that 이하 라고, 정보, 텔레비전이 전달하는 that, which, 는 항상 정확하다고.

4. 어떠한 변명들을 whatever, 그가 떠올리든지(내놓든지) 간에, 사람들은 믿지 않을 것이다 그를 더 이상.

come up with 생각 따위를 떠올리다. *I can't come up with any ideas.* 나 떠올릴 수 없다 어떤 생각도.

Prepositions

1. 그 소문, 그가 해고 되었다는,은 퍼졌다 빠르게 대학 여기 저기로 across, around/대학에 쫙 throughout.

2. 당신이 필요하면 더 많은 정보를 그 제품에 관하여 on, about, 전화하세요 one eight hundred, triple three, eight one six 로 on.

*3. (잔디 깎기 설명서에서 in) 조절하지 마라 높이를, 잔디 깎기의 of, 이것이 있는 동안에, **움직이고** in.*

4. 당신은 반드시 집중해야 한다 더, 운전하는 것에 on, 안전하게, 도착하는 것에 보다 than ~ on, 일찍.

concentrate 과 focus 다음에 '어디에' 라는 의미를 넣은 경우에는 항상 on + 명사(형)입니다.

5. 나는 매우 자랑스럽다, 대하여 of, 것, 전직 대통령이 한, 우리의 조국을 위하여 for.

6. 그 주소는 쓰여져야 한다 이름 전에 before/다음에 after/위에 above/아래에 below, under/이름과 함께 with,

수신자의 of.

영어권에서는 주소를 적을 때는 이름이 가장 먼저오고, 번지, 지역, 도시, 주 순으로 기재합니다. 보통 우편번호는 빈칸에 넣거나 줄을 바꿔서 주소 다음에 기재합니다. 보내는 사람(sender)은 봉투 왼쪽 위 또는 봉투 뒤에 작게 기재합니다.

```
Sally Student
302 Red, White and Blue Ave.
Wilmington, NC 28409
```

```
          Sam Student
          405 Liberty Lane
          Wilmington, NC  28409
```

이제 한글 해석을 보고 영어로 말해 볼 차례입니다.

Figurative Expressions (Sayings, Proverbs & Colloquial expressions)

get real! to tell someone that they are being very silly or unreasonable

직역은 '되어라 현실로' 입니다. real 에는 '진짜' 라는 의미 말고도 '현실적인' 이라는 의미도 있습니다. get 은 become 의 의미로 사용되어 '현실적으로 되라' 라는 의미입니다. 매우 비현실적으로 생각하고 행동하는 사람에게 '정신차려라' 라는 표현입니다.

- *Oh, get real! You're not tall enough to be a model.*
- *Hey Brad! Get real! It will take a couple of years until your business gets settled.*

- *오, 정신 좀 차려! 너는 키가 크지 않아 충분히, 되기에는 모델이.*
- *이보게 브랜! 좀 현실적으로 생각해봐! 이것은 걸릴 것이다, 몇 년들이, 당신의 사업이 안정되기까지는.*

Konglish   헬쓰 (운동)

'야 몸 좋다! 너 요즘 헬쓰하냐?' 라는 식으로 말하는 경우가 있습니다. 여기서 health/헬쓰/는 '운동' 특히 '근육 다지는 운동' 정도의 의미입니다. 그러나, health 는 '운동' 이라는 의미로는 전혀 사용되지 않습니다. '건강' 이라는 의미가 대부분이고, 경제를 이야기할 때에는 '번영, 번창' 정도의 의미로 사용되기도 합니다. 형용사형은 healthy 입니다. '몸 만들기 운동' 은 weight training/웨잍 트레이닝/ 또는 동사로 work out/워카욷/입니다. 그리고, 이런 운동을 하는 장소는 health club, fitness center 또는 gym/짐/(체육관)입니다.

- *I've been doing **weight training**/been **work**ing out at the local health club/fitness center/gym recently.*
- *You'd better join a local health club to improve your fitness and figure.*
- *I'm worried about my husband's health.*
- *Smoking can cause serious damage to your health.*
- *Air pollution is a serious health hazard.*
- *The government has promised to spend more on health and education.*
- *I hope that the economy of Korea will soon become healthier.*

- *나는 해오고 있는 중이다 웨잍 트레이닝을 동네 헬쓰 클럽/체력 쎈터/체육관에서 최근에.*
- *당신은 낫겠다 가입하는 것이, 동네 헬쓰 클럽을, (그래서) 향상 시켜라 당신의 체력과 몸매를.*
- *나는 걱정된다 내 남편의 건강에 관하여.*
- *담배는 일으킬 수 있다 심각한 손상을 당신의 건강에.*
- *대기 오염은 심각한 건강 위험 요소이다.*
- *정부는 약속했다 쓰기로 더 많이, 건강과 교육에.*
- *나는 바란다, 경제, 한국의,가 조만간 되기를 더 건강하게.*

They are running on running machines/treadmills at a health club/fitness center/gym.

Conjunctions

1. _____ the new president **took office** in February, everything has gone up, including the price of petrol _____ the exchange rate.

2. Most people now think _____ the former president was better than the current one.

3. _____ I hear an excuse from him, it drives me crazy.

4. Some people are afraid _____ they can not eat their favorite food due to imported US beef.

Prepositions

1. Sorry, I'm late! I was stuck _____ a traffic jam _____ over an hour.

2. He was **stabbed** _____ **death** _____ the brutal attack.

3. According _____ a news report, the economy of South Korea will suffer various problems _____ the next couple _____ years.

4. Two men were **charged** _____ the murder _____ the woman, and they will appear _____ **court** next week.

5. Do you have insurance _____ your home/car?

6. South Korea is the world's 5th largest car producer, _____ China, the USA, Japan and Germany.

Conjunctions

1. 새로운 대통령이 **직무를 시작**한 이래로 since/시작했을지라도 although, though, 2월에, 모든 것이 올랐다, 포함하여 가격, 휘발유의, 그리고 and, 환율을.

2. 대부분의 사람들은 지금 생각한다, 전직 대통령이 더 나았다고 (that), 현재의 사람(대통령)보다.

3. 내가 들을 때 when/때마다 whenever, 변명을 그로부터, 그것은 만든다(몬다) 나를 미치게. Ex 121

4. 몇 몇 사람들은 두려워 한다, 그들이 먹을 수 없다는 것을 (that), 그들의 가장 좋아하는 음식을, 수입된 미국 쇠고기 때문에.

Prepositions

1. 미안합니다, 내가 늦었네요! 나는 붙어있었다(꼼짝 달싹 못했다) 교통 체증에 in, 한 시간 이상 동안 for.

> over 는 생략 가능한 부사입니다.

2. 그는 **칼에 찔려서 죽었다** to, 그 잔혹한 공격에서 in.

> '총에 맞아 죽다' 는 someone was shot dead 입니다. A man in his 50s was shot dead in L.A last night. 한 남자, 오십대의,가 총 맞아 죽었다.

3. 따르면, 뉴스 보도에 to, 경제, 남한의 of, 는 겪을 것이다 다양한 문제들을, 동안 for/걸쳐서 over/만에 in/안에 within/지나서 후에 after, 향후 몇 (2-3년) of, 년들.

4. 두 남자가 **혐의 부과** 되었다 살인으로 with, 그 여인의 of, 그리고 그들은 나타날 것이다 **법정에** in, 다음 주(에).

5. 당신은 가지고 있습니까 보험을, 당신의 집/차에 on, 집/차를 위하여 for?

6. 남한은 세계에서 5번째로 큰 자동차 생산자이다, 중국, 미국, 일본과 독일 후에(다음으로) after.

이제 한글 해석을 보고 영어로 말해 볼 차례입니다.

Figurative Expressions (Sayings, Proverbs & Colloquial expressions)

go through the roof to say that a price, cost etc increases to a very high level

직역은 '가다 지붕을 뚫고(통과하여)' 입니다. 무언가가 지붕을 뚫고서 계속 올라가는 상황으로, '가격이나 비용 따위가 치솟다' 라는 표현입니다.

• Rents in Seoul have gone through the roof *over* the last couple of years.

• Crude oil prices have gone through the roof recently due to the increased demand from developing countries, such as China and India.

• 집세들, 서울에, 이 치솟았다 지난 몇 년들에 *걸쳐서*.

• 원유 가격들은 치솟았다 최근에, 증가된 요구 때문에, 개발 도상국들로부터, 예를 들어, 중국과 인도.

Konglish   웰빙

비교적 나이가 얼마 안된 콩글리시 어휘입니다. 명사인 well-being/웰빙/의 사전적 의미를 보면 a feeling of being comfortable, healthy, and happy 입니다. 한국어로 가장 근접한 단어는 '안위' 정도가 아닐까 생각합니다. 한국에서 well-being 은 주로 '건강한' 이라는 의미로 사용되므로, 형용사 healthy 로 대체하는 것이 적절합니다.

• I think (that) Koreans are obsessed with eating healthy food.

• These days, there are many Koreans trying to live a healthy life.

• We are responsible for the care and well-being of all our patients.

• *A good company* promotes a sense of well-being.

• 나는 생각한다, 한국 사람들은 집착하고 있다, 먹는 것에, 몸에 좋은 음식을.

• 요즈음 있다 많은 한국인들이, 노력한다, 살기를, 건강한 삶을.

• 우리는 책임이 있다 보살핌과 안위에, 모든 우리의 환자들의

• *좋은 사람들과 시간을 같이 보내는 것*, 은 촉진시킨다 느낌을, 안위의.

What a happy family!

Conjunctions

1. We have to find him very soon _____ he is.

2. I don't really know _____ I should contact _____ I'm in trouble.

3. _____ you complain, you'd better do _____ you are supposed to do first.

4. She killed herself by jumping off the balcony of her apartment _____ she burnt all the photos of her ex-boyfriend.

Prepositions

1. My father made a vegetable garden _____ the fence.

2. You'd better not go out alone _____ *night*. It's not safe.

3. _____ *fact*, all the rumors/rumours _____ me are true.

4. She broke down _____ *tears* _____ the news _____ her sister's death.

5. His son was **named** _____ his father.

6. Tens _____ thousands _____ people protest every day _____ the free trade agreement _____ the two nations.

Conjunctions

1. 우리는 찾아야 한다 그를 매우 빨리, 어디에 그가 있든지 *wherever*.

2. 나는 정말 모른다, 누구를 *who*/어디를 *where*, 내가 연락해야 하는지, 내가 처해 있을 때 *when*, 곤란에.

3. 당신이 불평하기 전에 *before*, 당신은 낫겠다 하는 것이, 당신이 하도록 되어있는 것을 *what*, 먼저.

4. 그녀는 죽였다 그녀 자신을, 뛰어 내림으로써 발코니로부터, 그녀 아팥먼트의, 그녀가 태운 후에 *after*. 모든 사진들을, 그녀 전 남자 친구의.

Prepositions

1. 나의 아버지는 만드셨다 야채 텃밭을 담장을 따라서 *along*/담장 근처에 *near*/담장 옆에 *next to, beside*/ 담장 가에 *by*.

2. 당신은 낫겠다 나가지 않는 것이 혼자서 **밤에** *at*. 이것은 안전하지 않다.

during the day 는 '낮에' 입니다. *The moon sometimes comes out during the day.* 달은 때때로 나온다 낮에.

3. **사실상** *in*, 모든 소문들, 나의 관한 *about*,은 진실이다.

in fact 는 '사실상/사실은 말이지' 정도의 의미로, 주로 뒤에 바로 주어와 동사가 따라나오는 구조를 가집니다. *In fact, I had dinner with my ex last night.* 사실은 말이지, 나는 먹었어 저녁을 나의 옛날 애인과 함께, 어젯 밤. *My daughter's teacher said (that) my daughter was a slow learner, but in fact she was partially deaf.* 나의 딸의 선생님은 말했다, 나의 딸이 늦은 학습자(학습 속도가 더딘)라고, 그러나 사실상, 그녀는 부분적으로 귀가 먹었었다 (난청이었다).

4. 그녀는 무너져 버렸다 **눈물들로** *in*, 뉴쓰에 *at*, 그녀의 여동생/언니의 죽음에 관한 *about, of*.

break down (in tears)는 '울음을 참지 못하고 엉엉 울다' 입니다. 주로 남의 보는 앞에서 우는 경우에 사용합니다. *Sarah broke down again at her mother's funeral* 쎄라는 터뜨렸다 울음을 다시, 그녀 엄마의 장례식에서.

5. 그의 아들은 **이름 지어졌다** 그의 아버지(이름)를 **따라** *after*/아버지에 의하여 *by*.

6. 수 만의 *of ~ of*, 사람들이 시위한다 매일, 그 자유 무역 협정에 반대하여 *against*/찬성하여 *for*, 그 두 나라들 사이에 *between*.

이제 한글 해석을 보고 영어로 말해 볼 차례입니다.

Figurative Expressions (Sayings, Proverbs & Colloquial expressions)

better (to be) safe than sorry to say that one had better be careful to avoid regret, rather than taking a risk

직역은 '낫다 안전한 것이 미안한 것보다' 입니다. '시간과 노력이 들더라도 위험을 감수하지 말고 안전하게 처리하는 것이 나중에 혹시라도 미안/유감스럽게 되는 것보다 더 바람직하다' 라는 표현입니다.

- *You're over 60. I think (that) you should have a regular **check-up**. It's better safe than sorry.*
- *You'd better bring some extra batteries – better safe than sorry.*
- *It's better safe than sorry. Bring the map **just in case**.*

- *당신은 넘었다 예순이. 나는 생각한다, 당신은 가져야 한다고 정기적인 **신체 검사**를. 안전한 것이 낫다, 유감스럽게 되는 것보다.*
- *당신은 낫겠다 가지고 오는 것이 약간의 추가적인 건전지들을 – 안전한 것이 낫다 나중에 후회하는 것보다.*
- *안전한 것이 낫다 나중에 후회하는 것보다. 가지고 와라 지도를 **만약에 대비하여**.*

Konglish   포켓볼

물론 주머니, pocket 안으로 공을 넣지만, 영어권에서는 아무도 pocket ball 이라 하지 않습니다. pool/푸울/, billiards/빌리어즈/, snooker/스누커/ 등으로 불리는데, 가장 일반적이고 포괄적인 단어는 pool 입니다.

- *We go to the local pub and play pool every weekend.*
- *They meet up every Friday night to play pool/snooker/billiards.*
- *Some people in Australia have a pool/billiard table and a mini-bar in their home.*

- *우리는 간다 동네 술집에, 그리고 친다 당구를 매 주말.*
- *그들은 모인다 매 금요일 밤, 친다 당구를.*
- *몇 몇 사람들, 호주에,은 가지고 있다 당구대와 작은 바(음주 시설)를 그들의 집 안에.*

전 세계에서 국토 면적 대비 인구 수가 가장 적은 나라 중 하나가 호주입니다. 그래서, 주택 크기를 실내 면적 기준으로 보았을 때, 40평 정도는 호주에서는, 작은 편에 속합니다. 보통 방 4개 짜리 단독 주택은 차고(2대용)를 포함하여 작아도 60평 정도는 됩니다. 그러니 좀 경제적 여유가 되는 사람들이 100평 넘는 집에 당구대가 있는 bar 가 있는 것은 그리 놀랄 만한 일은 아닙니다. 물론 호주에서도 그런 집들이 싸다는 이야기는 아닙니다. ^^;

He is about to hit the ball with his cue.

Conjunctions

1. _____ he likes it or not, he must make a decision by the end of the week.

2. _____ tries hard will be promoted in a year.

3. _____ they were rich, they were not as happy _____ they could be.

4. She has been absent from the class _____ she has been sick.

Prepositions

1. I am telling you _____ your friend, not _____ your boss.

2. 'Do you know how old he is?' 'I don't know exactly but I am sure (that) he is _____ his early 30s.'

3. *Removing* rust _____ clothes is almost impossible.

4. I'm sure (that) he is a wolf _____ sheep's clothing.

5. Patrick is the one who has the biggest *influence* _____ the company.

6. The Prosecutor's Office is _____ *fire* _____ unfair investigations.

Conjunctions

1. 그가 좋든지 싫든지 간에 *whether*, 이것을, 그는 반드시 만들어야 한다 결정을(결정해야) 한다, 말까지, 이번 주의.

2. 누구든지, *whoever*, 노력한다 열심히,는 승진 될 것이다 일년 만에.

3. 그들이 부자였지만 *although, though*, 그들은 행복하지 않았다, 그들이 할 수 있었던 것 만큼 *as*.

4. 그녀는 결석해왔다 수업으로부터, 그녀가 아파왔기 때문에 *because, since*/아파왔으므로 *as*.

Prepositions

1. 나는 말하고 있다 당신에게, 당신의 친구로서 *as*, 아니고 당신의 상사로서 *as* 가.

2. '당신은 아느냐, 몇 살인지 그가?' '나는 모른다 정확하게, 그러나 나는 확신한다, 그는 있다고 그의 초반 30대에 *in*.'

30대 중반에 in his mid 30s, 후반에 in his late 30s *My father is in his late 50s*. 나의 아버지는 50대 후반이시다.

3. 제거하는 것, 녹을 옷으로부터 *from*,는 거의 불가능하다.

remove something from something 제거하다 목적어를 무언가로부터 *It is almost impossible to remove rust from clothes*. 이것(to 이하)은 거의 불가능하다, 제거하는 것, 녹을 옷들로부터. 본문의 문장을 일부러 다른 문장 구조로 나타내 보았습니다.

4. 나는 확신한다, 그는 늑대라고, 양의 옷 안의 *in*. Ex 66

5. 팻릭은 그 사람이다, 그는 가지고 있다 가장 큰 영향력을, 그 회사에 *on, over*.

'~에 영향력을 가지다' 라고 할 때 have an influence on/over something 으로 표현합니다. 보통 on 을 더 많이 사용하는데, 이유는 over 뒤에는 항상 사물이 오는 반면, on 뒤에는 사람이든 사물이든 상관습니다. *Alcohol will have a bad infulence on your health*. 술은 가질 것이다 좋지 않은 영향을 당신의 건강에. *A father like Daniel is a positive/good/bad influence on his child*. 아버지, 다니엘 같은,은 긍정적인/좋은/나쁜 영향이다, 그의 아이에.

6. 검찰청은 있다 **비난을 받고** *under*, 공정하지 못한 수사들로 *for*/수사들 때문에 *because of, due to*. Ex 68

이제 한글 해석을 보고 영어로 말해 볼 차례입니다.

Figurative Expressions (Sayings, Proverbs & Colloquial expressions)

waste one's breath to say something that has no effect

직역은 '낭비한다 누군가의 숨/호흡을' 입니다. 말을 할 때는 호흡이 필요하고 말을 많이 하게 되면 숨이 찹니다. 그래서 '호흡을 낭비한다' 라는 것은 '아무리 떠들어도 달라질 것 없는 그런 상황에서 쓸데없이 계속 말을 한다' 라는 의미입니다. 주로 '입만 아프니 떠들지마' 라는 식으로 사용합니다. 같은 맥락으로 save one's breath 라고도 합니다.

• Don't waste your breath! He is too stupid to understand what's going on.

• You're wasting your breath. She's living in a dream world.

• Save your breath. She's already made up her mind.

It's a SAVE YOUR BREATH women's singlet.

• 네 입만 아프다 계속 떠들어 봤자! 그는 너무 멍청하다, 이해하기에, 무슨 일이 일어나고 있는지. (상황이 어떻게 돌아가는지)

• 입만 아프니 그만 하세요. 그녀는 살고 있다 꿈 나라에서.

• 소용없다 계속 이야기해 봤자. 그녀는 이미 만들었다(굳혔다) 그녀의 마음을.

Konglish   화이팅

운동 경기 시작 전에 단합을 위해 '화이팅 한 번 하자' 라는 식으로 말합니다. 영어에서 fighting 은 '싸움' 이외의 다른 뜻은 전혀 없습니다. 완전한 콩글리시라는 이야기입니다. 그러면 우리가 외치는 '화이팅' 은 영어로 뭐라고 하느냐? 엄밀히 말해서 같은 뜻을 가진 영어 표현은 없습니다. 혹자는 way to go 나 cheer up 이 '화이팅' 의 영어식 표현이라고 합니다만 잘못된 설명입니다. way to go 는 '바로 그거야 그거!' 정도의 의미고 cheer up 은 '기운 내/힘 내' 라는 표현입니다. 본문에서처럼 동사 shout/샤웃/을 사용하여 학교 이름이나 구호 따위를 '외쳤다' 정도로 표현하는 것이 가장 근접한 방법입니다. 또 의례 그런 구호를 외치는 경우는, 손을 포개고서 그냥 'On three' 라고 말한 후 'One, Two, Three Richmond!' 라는 식으로 소리를 외칩니다.

• (During a football match from a spectator) Come on! You can do it!

• (Before starting a game of basketball) The players shouted the name of their school, 'Richmond' with their hands stacked together.

• (축구 경기 중에 관중으로부터) 제발! 당신은 할 수 있어 그것을!

• (시작하기 전에 경기를 농구의) 그 선수들은 소리 쳤다 이름을, 그들 학교의, '리치먼드',그들의 손들은 포개고 함께.

Conjunctions

1. Have you heard the news _____ an earthquake struck China?

2. An architect is someone _____ job is to design buildings.

3. I think _____ he married her **only** _____ she is rich.

4. Jason was very angry with his daughter, _____ he couldn't do anything.

Prepositions

1. She *lied* _____ me _____ her past.

2. The **demand** _____ natural gas _____ a primary fuel worldwide has significantly increased _____ the last decade.

3. Boil eggs _____ a low temperature _____ 15 minutes until they are cooked.

4. He is the person (who is) **responsible** _____ the accident.

5. The message wasn't _____ me. It was _____ the boss.

6. Everybody brought a dish to **share** _____ everyone else _____ the picnic _____ the park.

Conjunctions

1. 당신은 들었나 그 뉴쓰를, 지진이 강타했다는 *that*, 중국을?

news + that 주어 + 동사 that 이하의 뉴쓰/소식 *I've heard the news that the president was shot dead.* 나는 들었다 뉴쓰를, 대통령이 총에 맞아 죽었다는. *The news that a prisoner charged with murder has escaped from prison is spreading quickly across the country.* 뉴쓰, 수감자, 기소된, 살인으로,가 탈출했다는 감옥으로부터,는 퍼지고 있다 빠르게 그 나라에 여기 저기.

2. 건축가는 사람이다, 그의 *whose*, 직업은 설계하는 것이다 건물들을.

3. 나는 생각한다, 그는 결혼했다고 *(that)* 그녀를, 단지 그녀가 부자이기 때문에 *because*.

only since/as 라는 식으로는 말하지 않습니다.

4. 제이슨은 매우 화나 있었다 그녀의 딸과(에게), 그래서 *so*/그러나 *but*, 그는 아무것도 할 수 없었다.

because 가 답이 되기위해서는 문맥상 bcause he couldn't do anything about her 정도가 되어야 합니다.

Prepositions

1. 그녀는 거짓말을 했다 나에게 *to*, 그녀의 과거에 관하여 *about*.

2. 그 요구(수요), 천연 개쓰를 향한 *for*, 주 연료로서 *as*, 세계 전역에,는 상당히 증가해왔다 지난 10년에 걸쳐 *over*/10년 동안 *during*, *for*/10년에 *in*.

demand for something 무언가를 향한 요구(수요) *China's demand for crude oil and refined petroleum products has greatly grown over the past decade.* 중국의 수요, 원유와 정제된 석유 제품들을 향한,는 성장해왔다 상당히 많이 지난 10년에 걸쳐.

3. 끓여라(삶아라) 계란들을 낮은 온도에서 *at*, 15분 동안 *for*, 그들이 익을 때 까지.

4. 그는 그 사람이다, 책임 있는, 그 사건에 *for*.

responsible for something 책임(원인)이 있다 무언가에 *A diet high in fat and sugar is definitely responsible for many types of heart disease.* 식단, 많이 들어 있는, 지방과 설탕이,은 분명히 책임(원인)이 있다 많은 종류들에, 심장 질환의.

5. 그 메쎄지는 아니었다 나를 위한 것이 *for*. 이것은 상관을 위한 *for*, 것이었다

6. 모든 사람이 가지고 왔다 음식(하나)을, 나눌(나눴다), 다른 모든이와 *with*, 소풍에서 *at*, 공원에서 *in*.

'공원에서'라는 의미로 in 대신에 at/on 을 사용하기도 하지만 in 이 가장 일반적입니다.

이제 한글 해석을 보고 영어로 말해 볼 차례입니다.

Figurative Expressions (Sayings, Proverbs & Colloquial expressions)

be (stuck) between a rock and a hard place to have to make a choice between two unpleasant things

직역은 '있다/끼었다 바위와 딱딱한 곳 사이에' 입니다. 바위나 딱딱한 곳이나 둘 다, 앉아 있기에는 엉덩이가 좀 아픕니다. 그런데, 그 사이에 끼어있는 형국입니다. 우리말에 '이러지도 못하고 저러지도 못하고' 또는 사자성어 '진퇴양난' 과 유사합니다.

• *I am stuck between a rock and a hard place. I want to go to the party but I don't really want to meet my ex there.*

• *The Reserve Bank is between a rock and a hard place at the moment. They want to lower the interest rate but that will make consumer prices go up.*

• *나는 이러지도 저러지도 못하고 있다. 나는 가고 싶다 그 파티에. 그러나 나는 정말 원하지 않는다 만나기를 나의* **전 애인**을 *거기서.*

• *중앙 은행은 있다 진퇴양난의 상황에 현재에. 그들은 원한다 내리기를 이자율을, 그러나 이것은 만들 것이다 소비자 물가들이 올라가게.*

Konglish 히프/힙

hip/힙/을 아직도 많은 영한 사전들이 '엉덩이' 로 뜻을 표기하고 있습니다. 이것은 엄청난 오해의 소지가 있습니다. 우리말에서 '엉덩이' 하면, 일반적으로, 사람이 앉을 때 닿는 양쪽 볼기짝 부분을 의미합니다. 하지만 영어에서 hip 은 '골반/골반 뼈' 를 의미합니다. '엉덩이' 의 뜻을 가진 단어들 중에 bottom/버텀/이 가장 일반적이고, butt/벝/이 그 다음으로 자주 사용됩니다. 엉덩이를 의미하는 또 다른 단어 중 buttock/버턱/있는데, 이 단어는 볼기짝 하나만을 의미함으로, 양쪽을 다 의미하려면 복수형 buttocks 라고 써야합니다. 복잡해서인지 bottom 과 butt 에 비해서 사용 빈도가 낮은 편입니다. 여하간 bottom 의 기본 뜻은 '아래 부분' 입니다. 여기서 확장된 표현으로, bottom line (바닥 선, 즉 물러설 수 없는 중요한 부분/사항)도 자주 사용되는 표현입니다.

• *The old lady **fell** and broke her hip.*

• *I fell on my bottom on the ice.*

• *(On a slide) Just sit on your bottom/butt and slide down!*

• *You will see the page number at the bottom right.*

• *Can you hold the bottom of the ladder for me please?*

• *The **bottom line** is that we need more customers in order to stay in business.*

She is standing with her hands on her hips.

• *그 나이 든 여성은 **넘어졌고** 부러뜨렸다 그녀의 골반(뼈)을.*

• *나는 넘어졌다 나의 엉덩이로, 얼음 위에서. (엉덩방아)*

• *(미끄럼틀에서) 단지 앉아라 당신의 엉덩이로 그리고 미끄러져 내려와라!*

• *당신은 볼 것이다 페이지 번호를, 아래 오른쪽에서.*

• *당신은 잡아 줄 수 있나요 아래 부분을, 사다리의, 나를 위하여?*

• *중요한 점은 that (이하)이다. 우리는 필요하다 더 많은 고객들을, 남기 위해서는 사업에. (망하지 않기 위해)*

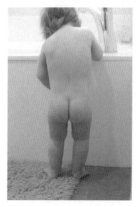

Look at the baby's cute little bottom/butt!

Conjunctions

1. It's not fair _____ I do all the work _____ you are having fun with them.

2. I don't understand _____ many newly arrived Koreans expect other Koreans to help them, simply _____ they are the same nationality.

3. _____ (it is) explained in the contract, you must pay the rent by the end of each month.

4. She doesn't know _____ she can handle the problem **by herself**.

Prepositions

1. I arrived _____ the cinema just before the movie started.

2. Note: Uniforms are not included _____ the **school fees**.

3. I started to play the drum when I was _____ primary school.

4. Some children work better _____ **pairs**, while some do not.

5. She looked _____ me _____ **horror** when the trees swung violently _____ the wind.

6. Becky felt _____ a fish out _____ water _____ the party because she didn't know anyone there.

Conjunctions

1. 이것(that 이하)은 공정하지 않다, 내가 한다는 것이 that, 모든 일을, 당신이 가지는 와중에 while/때에 when, 재미를 그들과 (그들과 즐기는 와중에).

2. 나는 이해하지 않는다(못한다) 왜 why, 많은 새로 도착한 한국인들이 기대하는지, 다른 한국인들이 도와 줄 것이라고 그들을, 단지 그들이 같은 국적이기 **때문에** because.

> 해외 유학이나 이민이 많아진 요즘, 대부분의 먼저 정착하신 교민들이, 한국에서 새로 이민오신 분들에게 한국 사람 이라는 이유만으로 일부러 다가가 친절을 베풀지는 않습니다. 어떤 계기로 인해 자연스럽게 만나 친해져서 도움을 주는 경우라면 몰라도, 단지 동포이라는 이유만으로 친절을 베푸는 사람은 주의 하셔야 합니다.

3. 설명되어 있듯이 as, 계약서에, 당신은 반드시 내야 합니다 방세를, 말까지, 각 달의.

4. 그녀는 모른다, 어떻게 그녀가 다루어야 할지 how/그녀가 다룰 수 있을지 없을지 if, whether/다룰 수 있다는 것을 that, 그 문제를 **혼자서**.

Prepositions

1. 나는 도착했다 극장에 at, 직전에 영화가 시작하기.

2. 주의: uniform들은 포함되어 있지 않습니다 **학비들에** in.

3. 나는 시작했다 연주하기를 드럼을, 내가 있을 때 초등학교에 in, at.

4. 어떤 어린이들은 공부한다 더 잘, **짝지어서** in, 반면에 다른 애들은 그렇지 않다.

5. 그녀는 보았다 나를 at, **공포에 질려서** in, 그 나무들이 흔들렸을 때 격렬히, 바람에 in/바람 때문에 because of, due to.

6. 벡키는 느꼈다 물고기처럼 like (어색하게), 물 밖의 of, 파티에서 at. 그녀가 알지 못했기 때문에 아무도, 그곳에서. Ex 70

이제 한글 해석을 보고 영어로 말해 볼 차례입니다.

Figurative Expressions (Sayings, Proverbs & Colloquial expressions)

from scratch to begin something not using anything that existed or was prepared before

직역은 '긁적임으로부터' 입니다. scratch 는 동사로 '긁는다, 할퀴다', 명사로는 '흠집' 입니다. from scratch 는 '긁적이는 작은 움직임으로부터', 즉, '기존의 어떤 것도 이용하지 않고, 완전히 새롭게 시작하는' 이라는 표현입니다.

- *He built the business up from scratch.*
- *We're not going to use any existing design. We are going to start from scratch.*

- *그는 세웠다 그의 사업을 바닥부터. (자수성가 했다)*
- *우리는 사용하지 않을 예정이다 어떤 현존하는 디자인/설계를. 우리는 시작할 것이다 완전히 새롭게.*

Konglish   글래머

'저 여자 글래머야!' 라는 식으로 이야기할 때 그 의미는 '체격은 약간 있으나, 가슴이 크고 늘씬한 매력적인 여자' 정도가 되지요. (정의하느라 참 애먹었습니다. ^^;) 여하간, 결정적인 것은 glamour/글레머/ 혹은 형용사형 glamorous/글레머러쓰/에는 '체구와 가슴이 큰 미녀' 라는 의미는 전혀 없습니다. 이런 의미를 가진 형용사는 voluptuous /볼럽추어쓰/인데, 다소 저속하게 들릴 수도 있는 단어입니다. 우리말 속어에 '쭉쭉빵빵'처럼. 여하간, glamorous 는 '매력 있는 + 매료되는 + 아름다운 + 부티나는 + 성공적인' 을 합친 의미입니다. 줄여서 표현해보면 '성공적이고 부에서 오는 매력/아름다움' 입니다. (이것도 생각만큼 그리 간단하지 않네요.) 예문을 보시고 단어의 느낌을 받는 것이 최선일 듯합니다.

- *Beverly Hills is one of the most glamorous neighborhoods in L.A.*
- *Kim is a glamorous actress. She looks so attractive.*
- *The actor, George Cloony, is a symbol of glamour and elegance.*
- *Hey Jay! Have you met the **girl** who has just started to work in the marketing division? She is voluptuous!*

- *비버리 힐쓰는 하나이다, 가장 부티나고 멋있는 동네들 중의, 엘레이에서.*
- *킴은 매력 + 성공 + 부티나는 여배우이다. 그녀는 보인다 매우 매력적으로.*

킴이 누구인지는 독자 여러분의 상상에 맡깁니다. ^^;

- *배우, 조지 클루니는 상징이다, 매력 + 성공 + 부와 고상함의.*
- *이봐 제이! 자네 만나봤나 그 **젊은 여자**를, 그녀는 막 시작했다 일하기를 영업부에서? 그녀는 쭉쭉빵빵하다!*

Conjunctions

1. *You'd better quit smoking _____ it damages your health seriously.*
2. *Wear your seat belt _____ you may get fined.*
3. *I don't know _____ Joan, a mother of two, has had an affair with her boss until recently.*
4. *Some women say _____ they will not marry a man _____ he is rich.*

Prepositions

1. Why are you so **curious** _____ what I'm doing? It's private, meaning (that) you don't need to know.

2. I've really put my foot _____ my mouth this time. I didn't know (that) she was John's ex.

3. I was surrounded _____ a group _____ young people when I got beaten up.

4. I will get an interpreter _____ you, so you can explain what happened _____ your **mother tongue.**

5. The future _____ the peace talks is _____ **doubt** _____ the recent violence _____ Gaza.

6. (First aid _____ burns) Flush the burnt area _____ cool water _____ _____ **least** 3 _____ 5 minutes.

Conjunctions

1. 당신은 낫겠다 멈추는 편이 흡연을, 이것이 손상시키기 때문에 because, since/손상시키므로 as/손상시키기 전에 before, 당신의 건강을 심각하게.

> or 가 답이 되기 위해서는 will 과 함께, or it will damage your health seriously 가 되어야 합니다.

2. 입어라 당신의 좌석(안전) 띠를, 당신은 벌금을 부과 당할 수도 있기 때문에 because, since/있으므로 as/그렇게 하지 않으면 or, 당신은 벌금을 부과 당할 수도 있다.

3. 나는 모른다, 조엔, 엄마, 둘(아이)의,이, 왜 why, 바람을 피워 왔는지/어떻게 (어떤 방법으로) how, 바람을 피워 왔는지, 그녀의 상관과 최근까지.

4. 몇 몇 여자들은 말한다, 그들은 결혼하지 않을 것이라고 that, 남자를, 그가 부자가 아니라면 unless/부자라면 if/부자일 지라도 although, though.

Prepositions

1. 왜 당신은 그리 궁금해(호기심) 하나, 내가 하고 있는 것에 대하여 about? 이것은 사적이다, 의미한다, 당신은 필요가 없다고, 알.

2. 나는 정말 넣었다 나의 발을 나의 입안에 in (큰 말실수를 했다) 이번에. 나는 몰랐다, 그녀가 존의 전 여자친구였 다는 것을. EX 71

3. 나는 둘러 쌓였다, 한 무리에 의하여 by, 젊은이들의 of, 내가 두들겨 맞았을 때.

4. 나는 얻어 주겠다 통역사를 당신을 위하여 for, 그래서 당신은 설명할 수 있다, 무슨 일이 일어났었는지를, 당신의 **모국어로** in.

> '어떤 언어로' 라고 할 때 사용되는 전치사는 in + 언어 입니다. *I don't know how to say this in English.* 나는 모르 겠다, 어떻게 말할지 이것을 영어로.

5. 미래, 평화 회담의 of,는 있다 **의심 안에** in (돌아가는 꼬락서니가 영 시원치 않다), 최근의 폭력(사태)때문에 *because of, due to*, 가자 (중동의 지명)에서 in.

> be in doubt 의 직역은 '있다 의심에' 입니다. '어떤 상황의 미래가 불투명하다' 라는 표현입니다. *After another injury, Park's baseball career is in doubt.* 또 하나의 부상 후, 박의 야구 이력(직업)은 앞으로 전망이 불투명하다. *The future of the compnay has been in doubt since the last recenssion.* 미래, 그 회사의,는 확실치 않아왔다, 지난 불경기 이래로. '회담' 의 talks 는 항상 복수형입니다.

6. (응급 처치, 화상들을 위한 for) 부어라 탄 부분을 시원한 물로 with, 동안 for, 적어도 at, 3 에서 to, 5 분들.

> *It will take 7 to 8 hours/7 – 8 hours to get there.* 걸릴 것이다 일곱에서 여덟 시간들이, 도착하는데 그곳에.

이제 한글 해석을 보고 영어로 말해 볼 차례입니다.

Figurative Expressions (Sayings, Proverbs & Colloquial expressions)

scratch the surface to deal with only a very small part of a subject or problem

scratch 에 대한 표현이 또 나왔습니다. 직역은 '긁는다 표면을' 입니다. 어떤 일을 처리함에 있어서 문제의 본질로 들어가지 못한 상황으로, 막, 그 문제의 '작은(기초적인) 부분을 다루기 시작했다/이제 겨우 시작했다' 라는 표현으로 보통 현재 완료 시제로 사용합니다.

- *We don't know how serious the problem is. We've only scratched the surface.*

- *'How much have you done?' 'Oh, not much! I've only scratched the surface.'*

- *우리는 모른다, 얼마나 심각한지 그 문제가. 우리는 겨우 다루기 시작했다 그 문제를.*

- *'얼마나 많이 당신은 했습니까?' '오, 그리 많지 않습니다! 나는 이제 겨우 시작했습니다.*

Konglish   비전

'비전이 있네 없네' 하면서 한국에서는 vision/비전/을 종종 '전망, 희망' 의 의미로 생각합니다. vision 에 그런 의미는 없습니다. vision 의 첫 번째 의미는 '시력' 입니다. 다른 단어로는 eye sight/아이 싸잍/. 또 다른 의미는 '일 따위가 어떤 식으로 진행되어져야 한다는 밑 그림(의견 +시각+계획)' 입니다. '전망' 또는 '희망' 의 의미로는 명사 hope 를 사용하시는 것이 바른 선택입니다.

- *Sophie suffered temporary loss of vision after being struck on the head.*

- *Until Helen was eighteen, she had 20-20 vision, but now she has to wear glasses.*

- *John has turned 90. His vision has begun to fail.*

- *We need a leader with vision for the future and strong principles.*

- *There is no hope for promotion at the company.*

- *There are many poor people who live their lives without any hope for the future.*

- *쏘피는 겪었다 일시적인 상실을, 시력의, 부딪친 이후에, 머리에(를).*

- *헬렌이 18세 까지는, 그녀는 가지고 있었다 twenty twenty 시력을. 그러나, 지금 그녀는 써야 한다 안경을.*

- *존은 되었다 아흔이. 그의 시력은 시작했다 **나빠지기**.*

- *우리는 필요하다 지도자가, 밑 그림(계획)을 가진, 미래를 위한, 그리고 강력한 원칙들을 가진.*

- *없다 희망이 승진을 위한, 그 회사에서는.*

- *있다 많은 가난한 사람들이, 그들은 산다 그들의 삶들을, 어떤 희망도 없이, 미래를 위한.*

Conjunctions

1. I don't understand _____ the president is behaving _____ he is a king.

2. Sarah has been dating Tom _____ she met him at a party 3 years ago.

3. He is rather disappointed _____ the new baby is another girl.

4. Unfortunately, you have to keep appearing in court _____ the problem is resolved.

Prepositions

1. 'Would you like to try this cheese cake?' 'Sorry! I can't eat. I'm _____ a diet.'

2. We **broke up** because we had nothing _____ common.

*3. I will **help** you _____ your work. _____ **return**, you should buy me a beer. **Got it?***

*4. I was relieved that I could see a light _____ **the distance**.*

*5. Milk is **rich** _____ calcium/Milk is a good source _____ calcium.*

*6. He was found **guilty** _____ corruption.*

Conjunctions

1. 나는 이해하지 못하겠다, 왜 why, 대통령이 행동하는지, 그가 왕인 것처럼 like.

2. 쎄라는 사귀어 오고 있다 톰을, 그녀가 만난 이래로 since, 그를, 파티에서 3년들 전에.

3. 그는 다소 실망 했다 (실망한 상태), 새로운 아기가 또 여자 아이라는 것에 that/여자 아이였기 때문에 because, since/여자 아이였으므로 as.

감정 형용사 that subj + verb 감정 형용사를 느끼다, that 이하 해서. 거의 모든 감정 형용사를 이 구조를 활용하여 사용할 수 있습니다. *I got shocked that South Korea has the world highest suicide rate.* 나는 충격받았다, 한국이 가지고 있어서, 세계 최고의 자살율을. *I am happy that my son has become the school captain.* 나는 행복하다 나의 아들이 전교회장이 되서. *I am so sad that you have to leave tomorrow.* 나는 매우 슬프다, 당신이 떠나야 해서 내일. *My mom got really angry that my father drank too much last night.* 나의 엄마는 정말 화났다, 나의 아버지가 술을 마셔서 너무 많이 어젯밤. *I was really annoyed that they didn't turn up on time.* 나는 정말 짜증이 났었다, 그들이 나타나지 않아서 제 시간에.

4. 운 없게도(안 됐지만), 당신은 계속해서 나타나야 한다 법정에, 그 문제가 해결될 때까지 until.

Prepositions

1. '당신은 먹어 보겠습니까 이 치즈 케잌을?' '미안합니다! 나는 먹을 수 없습니다. 나는 있습니다 다이얼(살 빼기) 중에 on.'

subj + be + on a diet 몸매 관리를 위해 식사량을 조절하여 살을 빼다. *My sister has been on a diet since the New Year.* 나의 여동생/누나는 살 빼기를 해오고 있다, 새해 이래로.

*2. 우리는 **헤어졌다**, 우리가 가지지 않았기 때문에 아무것도, **공통적인** in.*

have something in common 가지다 공통적인 것을 *Sally has a lot in common with her boyfriend.* 쎌리는 가지고 있다 많은 비슷한 점을, 그녀의 남자 친구와.

*3. 나는 돕겠다 당신을 당신의 일과 with. (당신의 일을 돕겠다) **보답으로** in, 당신은 사야한다 나에게 한(잔) 맥주를. **알았지?***

*4. 나는 안도 되었다, 내가 볼 수 있어서 불빛을 **멀리서** in.*

또, '감정 형용사 that subj + verb 구조' 였습니다. '무엇인가가 멀리에 있다' 라고 할 때 항상 in **the** distance 입니다. 관사 the 에 주의하세요.

*5. 우유는 **풍부하다** 캘씨움에 in (칼슘이 많다)/우유는 좋은 원천이다, 캘씨움**의** of.*

be rich in something 풍부하다 something 에 (something 을 많이 가지고 있다) *Orange is rich in vitamin C.* 오렌지는 많이 가지고 있다 *vitamin C를.* 2002년에 ESL 교사로서 Brisbane 에서 교생 실습을 할 때, 무심코 '칼슘' 이라고 했다가, 호주인 감독 선생님에게 무지하게 잔소리를 들었던 기억이 납니다. 4주 동안의 실습이었는데, 힘들었던 기억이 새록새록 하네요. ^^;

*6. 그는 발견되었다 **유죄**로 부정부패의 of.*

guilty of 범죄 유죄이다 *The jury found her guilty of the murder of her husband.* 배심단은 발견했다(밝혔다) 그녀가 유죄라고, 살인의, 그녀 남편의.

이제 한글 해석을 보고 영어로 말해 볼 차례입니다.

Figurative Expressions (Sayings, Proverbs & Colloquial expressions)

be second to none to be the best

직역은 '두 번째이다, 아무것도 아닌 것에' 정도 입니다. 도무지 무슨 소리인지 알 수가 없습니다. 두 번째는 두 번째인데 그 다음에 첫 번째가 없는 경우입니다. 첫 번째가 없으니 결국 '최고' 라는 의미입니다. 왜 이리 복잡하게 쓰냐고요? 우리말 표현 중에 '둘째가라면 서럽다' 정도라고 생각하시면 됩니다.

• *The public health care system in Australia is second to none.*

• *The quality of the university is second to none.*

• *공공 건강 관리 체계(의료 체계), 호주에서(의),는 최고이다.*

• *질, 그 대학의,은 둘째 가라면 서럽다.*

Konglish   컨디션

condition/컨디션/, 참 많이 쓰는 단어입니다. 어떤 때는 한국어인 듯 싶을 정도로 우리에게 친숙한 단어입니다. 사람의 '몸 상태' 와 '사물의 상태' 의 좋고 나쁨을 표현합니다. '어떠한 상태에 있다' 라고 해서 **주어 + be 동사 + in (a) condition** 의 형태로 많이 사용합니다. 예문을 통하여 여러 용법들을 살펴 보겠습니다.

• *The car has been well maintained and is in good/excellent condition.*

• *The house was in a terrible condition, so I decided not to buy it.*

• *Diane is in a critical but stable condition in West Hospital after suffering severe burns.*

• *그 차는 잘 관리/유지 되어왔다, 그리고 있다 좋은/훌륭한 상태에.*

• *그 집은 있었다 아주 형편없는 상태에. 그래서 나는 결정했다 사지 않기로 그것을.*

• *다이안은 있다 위중하나 안정된 상태에, 서부 병원에서, 겪은 이후에 심한 화상들을.*

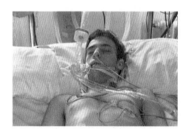

The patient is in critical condition in hospital.

Conjunctions

1. _____ I want is to live away from my parents _____ I become 20.

2. Leo and Jess married _____ they loved each other so much _____ their parents did not like each other.

3. She got married to a man _____ she loved, _____ she is not so happy at the moment _____ her husband isn't making much money these days.

4. I'm neither a communist _____ a socialist. I'm just saying _____ the government should do more to help poor old pensioners, _____ boys and girls _____ are in the position of supporting their families.

Prepositions

1. I don't know why you're so concerned – it isn't your problem _____ all.

2. I *swear* _____ God. I didn't do it _____ purpose! It was an accident.

3. The sign _____ the store fell off _____ the strong wind.

4. I'd like to discuss the matter face _____ face.

5. You can't **compare** your situation _____ mine. They have nothing _____ common.

6. _____ first, Diane was very shy and hardly spoke, but she is rather talkative now.

Conjunctions

1. 내가 원하는 것은 what, 사는 것이다 떨어져서 나의 부모님들로부터, 내가 될 때 when/되면 once, 스무살이.

2. 리오와 제쓰는 결혼했다, 그들이 사랑했기 때문에 because, since/했으므로 as, 서로를 매우, 그들의 부모님들이 좋아하지 않았음에도 although, though 서로를/그러나 but, 그들의 부모님들은 좋아하지 않았다 서로를.

3. 그녀는 되었다 결혼하게 남자에게, 그를(who), 그녀는 사랑했다, 그러나 but, 그녀는 그리 행복하지 않다 지금, 그녀의 남편이 벌지 못하고 있기 때문에 because, since/있으므로 as, 많은 돈을 요즘.

4. 나는 아니다, 공산주의자도, 사회주의자도 nor. 나는 단지 말하고 있다, 정부가 해야 한다고 that, 더 많은 것을, (그래서) 도와야 한다고, 가난한 노년의 연금 수령자들을, 그리고 and, 소년들과 소녀들을, 그들은 who, 있다 위치에, 부양하는, 그들의 가족들을.

Prepositions

1. 나는 모르겠다, 왜 당신이 그리 신경쓰는지 – 이것은 아니다 당신의 문제가 결국 *after*/전혀 *at*.

> after all (모든 것 이후에) 결국에는 *Bill Clinton was one of the most powerful men in the world, but after all he was only a human.* 빌 클린턴은 하나였다, 가장 영향력 있는 남자들의, 세상에서, 그러나, 결국에는 그도 단지 한 인간이었을 뿐이다.

2. 나는 맹세한다 신에게 to/신 앞에 before. 나는 하지 않았다 그것을 **고의로** on! 그것은 사고였다. Ex 77

> on purpose 고의로 *I'm sure (that) you did that on purpose.* 나는 확신한다, 당신이 했다고 그것을 고의로.

3. 간판, 그 상점의 of/그 상점에 붙어있는 on, 떨어졌다 강한 바람에 in/바람 때문에 because of, due to.

4. 나는 상의 하고 싶다 그 문제를, **양자간 얼굴을 맞대고** to. (만나서)

> face to face 양자간에 얼굴을 맞대고 (직접 대면하여) *The two leaders finally agreed to talk about the problem face-to-face.* 그 두 정상들은 마침네 동의했다 이야기하기로, 그 문제에 관하여, 직접 얼굴을 보면서.

5. 당신 비교할 수 없다 당신의 상황을 나의 것과 with/나의 것에 to. 그들은 가지고 있지 않다 아무것도 **공통적인** in

> compare something with/to something 비교하다 목적어를 with/to 이하와 *Compare that with/to this one.* 비교하세요 그것을 이것과.

6. 처음에(는) at, 다이엔은 매우 수줍었고 거의 말하지 않았다. 그러나 그녀는 꽤 말이 많다 지금은.

> shy 와 shame 완전하게 다른 의미를 가지고 있습니다. 한국말로 해석하면 둘 다 '부끄러움' 으로 해석이 되지만, 그 '부끄러움' 에도 종류가 있습니다. shy 는 주로 형용사로 사용되어 '수줍음을 타는' 이고, shame 은 주로 명사로 '도덕적으로 잘못된 행동 후에 오는 죄책감 또는 아쉬움' 입니다. *Becky, don't be so shy!* 벡키, 너무 수줍어하지 마라! *It's a shame that you have to leave so early.* 이것(that 이하)은 아쉽다, 당신이 떠나야 해서 그렇게 일찍. *Shame on you Pat! I thought (that) you were my friend!* 부끄러운줄 알아라 팻! 나는 생각했다, 네가 내 친구였다고. (친구로서 어떻게 그럴 수 있나?)

이제 한글 해석을 보고 영어로 말해 볼 차례입니다.

Figurative Expressions (Sayings, Proverbs & Colloquial expressions)

on second thought used to say that someone has changed his/her mind about something

직역은 '두 번째 생각(에)' 입니다. 첫 번째 생각이 아니라 두 번째 생각을 말할 때, 즉, 마음이 바뀌어 새로운 생각을 말하기 직전에 쓰는 말로, 우리말에 '다시 생각해 보니…..'정도의 의미를 가지고 있습니다. Bruce Willis 주연의 Die hard 2 에서, 비행기에서 주인공의 아내가 와인 한잔 하겠냐는 승무원의 권유에, 처음에는 마시지 않겠다 했다가 착륙시간이 지연된다는 방송을 접하자 마음을 바꾸는 장면(28:09)에 등장하는 대사입니다.

- *'Would you like to have some wine?' 'No, thanks. Oh! On second thought, I will have some thanks.'*
- *I'll call her tomorrow. No, on second thought, I'll call her now.*
- *I will have the blue one. On second thought, I will have the green one.*

- '당신은 원하십니까 마시기를 약간의 와인을?' '아니오, 고맙지만. 오! 다시 생각해보니. 저 마시겠습니다 약간을 고맙습니다.'
- 나는 전화 하겠다 그녀를 내일. 아니, 다시 생각해보니, 나는 전화 하겠다 그녀를 지금.
- 나는 가지겠다 파란색의 것을. 다시 생각해보니, 나는 가질란다 녹색의 것을.

Konglish   유머 (감각이 있다)

보통 '유머 감각이 있다' 또는 '뛰어나다' 라는 식으로 많이 말 합니다. 일단 /유머/가 아니라 /휴머/가 정확한 발음입니다. 명사형으로 a sense of humor 나 형용사로 humorous /휴머러쓰/를 사용하여 표현합니다.

- *He is so funny. He has a great sense of humor.*
- *He is so humorous. I've never met such a humorous person in all my life.*

- 그는 매우 웃기다. 그는 가지고 있다 엄청난 감각을, 휴머의.
- 그는 정말 재미있다. 나는 만난적이 없다 그렇게 재미난 사람을, 내 모든 인생에서.

Conjunctions

1. *I'm afraid _____ we don't have enough money for groceries.*

2. *I warned Kyle _____ it will take longer _____ he is expecting.*

3. *Speaking fluent English is useful these days _____ you go.*

4. *I'm sure _____ you will ask her to come back _____ you realize _____ you were **wrong** about her. Then, it will be too late.*

Prepositions

1. *The house **belongs** _____ my grandfather.*

2. *'I'm not **interested** _____ you anymore,' he said, and he **dumped** me.*

3. *I will take **revenge** _____ him **whatever happens**.*

4. *Love is the most common theme _____ his songs.*

5. *The company has been _____ **business** _____ over 50 years.*

6. *The Korean economy has slowed down, but, _____ **contrast**, the Japanese economy is booming.*

Conjunctions

1. 나는 두렵다(걱정된다), 우리가 가지고 있지 않은지 that, 충분한 돈을 식료품을 위한.

감정 형용사 that subj + verb 감정 형용사를 느끼다, that 이하 해서. 거의 모든 감정 형용사를 이 구조를 활용하여 사용할 수 있습니다. *I am sorry that you've lost your wallet. 나는 유감스럽다, 네가 잊어버려서 당신의 지갑을. I am so frustrated that my neighbour makes too much noise at night. 나는 정말 환장하겠다, 나의 이웃이 만든다 너무 많은 소음을 밤에. David has been depressed that he has failed job interviews several times. 데이빗은 우울해 왔다, 그가 실패해와서, 입사 면접들을 여러번들. I'm bored that there is nothing to do. 나는 지루함을 느낀다, 없어서 아무것도 할 것이. My sister is nervous that she has the university entrance exam tomorrow. 나의 언니는 긴장한 상태다, 그녀가 가지고 있어서, 대학 입학 시험을 내일. My mom is worried that my sister is still single although she is 40. 나의 엄마는 걱정한다, 나의 여동생이 여전히 독신이라서, 그녀가 마흔임에도.*

2. 나는 경고했다 카일에게, 이것을 걸릴 것이라고 that, 더 오래, 그가 기대하고 있는 것보다 than.

warn sb that subj + verb 경고하다 누군가에게 that 이하를 *I've already warned him that there will be so many people in the city center today. 나는 이미 경고 했다 그에게, 있을 것이라고, 매우 많은 사람들이 시내에 오늘.*

3. 말하는 것, 유창한 영어를,은 유용하다 요즘에는, 어느 곳을 wherever, 당신이 가든지.

*4. 나는 확신한다, 당신이 요구할 것이라고 (that), 그녀에게 돌아오라고, 당신이 깨닫게 될 때 when/일단 깨닫게 되면 once, 당신이 **오해**했다고 (that), 그녀에 관하여. 그땐, 이것은 너무 늦을 것이다.*

Prepositions

1. 그 집은 속해있다(소유이다) 나의 할아버지에게 to.

belong to somebody/something 속하다 사람/어떤 것에 *I don't belong to you, so don't tell me what to do. 나는 속하지 않는다 당신에게 (당신 소유가 아니다), 그러니 말하지 마라 나에게 무엇을 하라고. He belongs to the Democratic Party. 그는 속해있다(소속이다), 민주당에.*

*2. '나 관심 없어 너에게 in, 더 이상' 이라고 그는 말했고 그는 **찼다**(연애관계를 일방적으로 끝냄) 나를.*

be interested in something/somebody 관심 있다 st/sb 에 *All she's interested in is money and clothes. 모든 것, 그녀가 관심있는,은 돈과 옷들이다. Let me know if you're interested. 알려줘 내게, 당신이 관심있으면.*

*3. 나는 복수할 것이다 그에게 on. **무슨 일이 있어도**.*

have/take revenge (on someone) 복수하다 누군가에게 *The boy had revenge on his teachers by setting fire to the school. 그 소년은 복수했다 그의 선생님들에게, 놓음으로써 불을(방화), 학교에.*

4. 사랑은 가장 흔한 주제이다 그의 노래들의 of/그의 노래들을 위하여 for.

*5. 그 회사는 **운영**되어 in, 오고 있다, 50년들 넘게 동안 for. Ex 186*

*6. 한국 경제는 둔화되었다, 그러나 **대조적으로** in, by, 일본 경제는 호황이다.*

in/by contrast 반면에 *The value of the US Dollar fell significantly, but, in/by contrast, that of the Japanese Yen soared. 가치, 미국 달러의,는 떨어졌다 상당히, 그러나, 대조적으로, 그것(가치), 일본 엔화의,은 치솟았다.*

이제 한글 해석을 보고 영어로 말해 볼 차례입니다.

Figurative Expressions (Sayings, Proverbs & Colloquial expressions)

rain check to say that something will be done in the future but not now

직역은 '비 수표' 입니다. 야외에서 진행되는 운동 경기나 야외 콘썰 따위가 비로 연기되었을 때, 환불을 해주는 대신에, 다음 번에 관람할 수 있도록 '표' 를 나누어 주던 것이 어원입니다. 요즘은 '지금 말고 나중에 하자' 라는 의미와 '상점에서 할인 판매중인 물건이 품절이 되었을 경우, 나중에 물건이 확보되었을 때에 할인 가격으로 살 수 있게 하는 제도'를 의미합니다. 호주의 경우 2000년 정도까지는 rain check 제도가 활발했는데, 그 이후 rain check 제도가 사라져가더니만 요즘은 거의 사라졌습니다. 그래서 no rain check 이나 while stocks last 라는 문구가 상품 광고지에 자주 등장합니다.

• We would love to visit your house, but we are really busy this Saturday. Could we take a rain check?

• He asked me to go to the movies with him on the weekend, but I took a rain check. I have things to do urgently on the weekend.

• 30% off all winter clothes, This week only, While stocks last. No rain checks.

• 우리는 정말 원한다 방문하기를 당신의 집을, 그러나 우리는 정말 바쁘다 이번 토요일. 우리가 가도 될까요 나중에?

• 그는 요구했다, 나에게 가자고 극장에, 그와, 주말에, 그러나 나는 나중에 가자고 했다. 나는 가지고 있다 일들을, 해야하는, 급히, 주말에.

• 30 퍼센트 할인, 모든 겨울 의류, 이번 주만, 재고들이 지속하는 동안. 레인첵 없음.

집으로 배달되는 상품 광고지에 등장하는 전형적인 문구입니다.

Konglish　　　　센스

흔히 '아무개는 sense 가 있니 없니' 이런 식으로 말합니다. 일단 발음부터 살펴보면 /센스/가 아니라 /쎈쓰/이고, '사리 분별력이 있는' 이라는 의미로는 형용사형 sensible/쎈써블/을 사용합니다. 명사 sense 는 '감각' 정도의 의미입니다.

• She seems very sensible/a very sensible person. (reasonable, practical, and showing good judgment)

• I like Pat. He has a great sense of humour.

• It was dark and she completely lost her sense of direction.

• 그녀는 인듯하다 매우 사리분별이 확실한/매우 사리분별력 있는 사람. (상식적, 실용적, 그리고 보여주는, 좋은 판단력을)

• 나는 좋아한다 팥을, 그는 가지고 있다 훌륭한 감각을, 휴머의. (그는 유머 감각이 뛰어나다)

• 어두웠고 그녀는 완전히 잃어버렸다 그의 감각을, 방향의. (방향 감각을)

Conjunctions

1. She was much more attractive _____ I thought.

2. I am really happy _____ you passed the test.

3. Pickle cabbages in salted water overnight. Wash _____ drain them next morning. Then, mix the cabbages with the prepared seasonings.

4. _____ I hear people saying _____ they expect to master English in 3 months, it drives me crazy.

Prepositions

1. We were talking _____ a low voice so other people couldn't hear what we were saying.

*2. **To be honest**, I'm not _____ **a position** to advise you what to do.*

3. The whole town is still _____ a state _____ shock _____ the brutal murder.

*4. Have the victim lie **still** _____ his or her back _____ the feet higher _____ the head.*

*5. Arrange these photos _____ the correct/right **order**, will you?*

*6. Most Korean people want more job opportunities and a lower inflation rate. _____ **short**, they want a healthier economy.*

Conjunctions

1. 그녀는 훨씬 더 매력적이었다, 내가 생각했던 것보다 than.

2. 나는 정말 행복하다, 당신이 통과한 것에 that/통과했기 때문에 because, since/통과했으므로 as, 시험을.

감정 형용사 that subj + verb 구조가 또 나왔습니다. 문제를 풀면서 이 구조가 눈에 보였다면 아래 반복된 설명을 무시하시고 다음으로 넘어가세요. 그 구조가 눈에 띄지 않았다면 한 번 더 보시고요.^^; **감정 형용사 that subj + verb** 감정 형용사를 느끼다, that 이하 해서. 거의 모든 감정 형용사를 이 구조를 활용하여 사용할 수 있습니다. *I got surprised that things are so expensive these days.* 나는 놀랐다, 이것 저것들이 많이 비싸서, 요즘. *I am delighted that you've passed the test.* 나는 행복하다, 당신이 통과해서 그 시험을 *I am grateful that my family is happy and healthy.* 나는 감사한다, 나의 가족이 행복하고 건강해서. *My teacher got upset that nobody did the homework.* 나의 선생님은 화났다, 아무도 하지 않아서, 그 숙제를.

3. 절여라 배추들을 소금물에 밤새 씻고, and, 물을 빼라 그들을 다음날 아침. 그리고, 섞어라 그 배추들을 준비된 양념들과.

4. 내가 들을 때 when/들을 때마다 whenever, 사람들을, 말하는, 그들은 기대한다고 that, 숙달하기 영어를 3개월 들 만에, 이것은 만든다 나를 미치게. Ex 121

Prepositions

1. 우리는 말하고 있었다 낮은 목소리로 in, 그래서 다른 사람들은 들을 수 없었다, 우리가 말하고 있던 것을.

*2. **솔직히**, 나는 있지 않다 **위치에** in, 조언할, 당신에게 무엇을 하라고.*

명사 position 은 '물리적인 위치/자세' 말고도, 추상적 의미의 위치, 즉 '상황(situation)' 의 의미도 가지고 있습니다. situation 과 마찬가지로 in 과 함께 사용합니다. *Please lie in a comfortable position.*누우세요 편한 자세로. *I'm not sure what I would do if I were in her position/situation.* 나는 확실치 않다, 무엇을 내가 할지, 내가 만약 있다면 그녀의 상황에. *You're putting me in rather a difficult position.* 당신은 놓고(내몰고) 있다 나를 꽤 어려운 상황으로. (입장 곤란하게)

3. 그 전체 마을(마을 전체)은 있다 여전히 상태에 in, 충격의 of, 그 잔인한 살인(사건) 때문에 because of, due to/이후로 after.

*4: 시켜라/만들어라 피해자를 눕도록 **움직이지 않게**, 그나 그녀의 등을 바닥에 대고 on, 발은 더 높게 하고 with, 머리보다 than.*

still 은 형용사로 '움직이지 않는' 이라는 의미입니다. 그래서 정지된 그림을 담는 사진기를 still camera 라고 하지요.

*5. 정리해라 이 사진들을, 바른 **순서로** in, 그렇게 해 줄래?*

*6. 대부분의 한국 사람들은 원한다 더 많은 직업 기회들을 그리고 더 낮은 물가 상승률을. **간단하게 말해서** in. 그들은 원한다 더 건강한 경제를.*

이제 한글 해석을 보고 영어로 말해 볼 차례입니다.

Figurative Expressions (Sayings, Proverbs & Colloquial expressions)

to be in good/bad/poor shape in good, bad etc condition/health

직역은 '있다 좋은/나쁜/형편없는 모양에' 입니다. shape 은 우리말에 '모양새' 또는 '꼬라지' 정도의 느낌으로 '상태나 건강 따위가 좋고 나쁨' 을 말하는데 종종 사용됩니다. shape 은 condition 으로 대체할 수 있습니다. 152회 Konglish 참고하세요.

• *Considering its age, it's in **pretty** good shape.*

• *The economy is in worse shape now than it was last year.*

• *What happened? You are in bad shape.*

• *고려하면 이것의 나이를 (나이에 비해), 이것은 있다 **꽤** 좋은 상태에.*

• *경제는 있다 더 좋지 않은 상태에 지금, 이것이 있었던 것 보다 작년. (작년보다 안 좋다)*

• *무엇이 일어났나 (무슨 일이야)? 너 몰골이 말이 아니다.*

The dog is in bad shape.

Konglish   무드

한국어에서 mood/무드/의 의미는 상당히 긍정적입니다. 왠지 romantic 한 분위기가 상상이 됩니다. 여하간 영어에서는 그런 '사랑스러운' 느낌은 거의 없다고 보시면 됩니다. 그냥 '기분' 정도로 이해하셔야 합니다. 그래서, 좋은 기분, 나쁜 기분에 상관없이 두루 쓰입니다. **주어 + be + in a mood** 구조로 가장 흔하게 사용되나, mood 뒤에 to verb 나 for something 이 오면 a 대신에 the 를 사용해서 the mood to verb 나 the mood for something 이 되어야 합니다.

• *The boss is in a good/bad mood this morning!*

• *Go away! I'm not in the mood to talk/for a joke.*

• *Mood swings are a symptom of a mental disorder in which one changes mood extremely rapidly.*

• *사장님 있다 좋은 기분에(기분 좋다)/나쁜 기분에(기분 나쁘다) 오늘 아침!*

• *저리 가! 나 기분 아니야, 말할/농담을 위한(할).*

• *mood swings 은, 한 증상이다, 정신적 질병의, 그 안에서, 한 사람은 바꾼다 기분을 극단적으로 빠르게.*

Conjunctions

*1. _____ it was difficult, he **went on with** his life _____ everything was normal.*

2. She was surprised _____ the cost of living was so high in Australia.

3. I wonder _____ school you went to. Was it a private (school) _____ a public (school)?

4. Australia's tourism and exporting industries will suffer a lot due to the higher Australian dollar _____ the importing industries will benefit from it.

Prepositions

1. What would you do if you were _____ my position?

2. Sorry! She can't go out. She is still _____ pain.

3. 'Is John home yet?' 'No, I think (that) he is still _____ work.'

4. _____ part, the higher fuel price is the reason _____ inflation.

5. *Compare* the price (that) you got _____ other prices. Then make a decision.

6. You should consume _____ least 170 mg _____ vitamin K daily.

Conjunctions

1. 이것이 어려웠음에도 *although, though*, 그는 **지속했**다 그의 삶을, 모든 것이 정상이었던 것처럼 *like*.

2. 그녀는 놀랐다, 비용, 생활의,이(생활비가) 매우 높았던 것에 *that*, 호주에서.

> 많은 감정형용사 뒤에 that + 주어 + 동사를 사용하여 that 이하 해서 형용사 하다 라는 식으로 사용합니다. *I'm angry/happy/excited/disappointed/disgusted/relieved etc that you met her again.* 나는 화났다/행복하다/기쁘다/실망스럽다/구역질 난다/안도 된다 etc, 당신이 만나서 그녀를 다시.

3. 나는 궁금하다, 어느 학교를 *what, which*, 당신이 다녔는지. 그것은 사립(학교)였습니까 아니면 *or*, 공립(학교)?

4. 호주의 관광과 수출 산업들은 고생할 것이다 많이, 더 높은 호주 달러때문에, 그러나 *but*/반면에 *while, whereas*, 수입 산업들은 득을 볼 것이다 그것(호주 달러 강세)으로부터/득을 볼지라도 *although, though*, 그것으로부터.

Prepositions

1. 무엇을 당신은 하겠습니까, 당신이 있다면 **내 입장에** *in*.

> 복습 들어 갑니다. 명사 position 은 '물리적인 위치/자세' 말고도, 추상적 의미의 위치, 즉 '상황(situation)' 의 의미도 가지고 있습니다. situation 과 마찬가지로 in 과 함께 사용합니다. *Please lie in a comfortable position.* 누우세요 편한 자세로. *I'm not sure what I would do if I were in her position/situation.* 나는 확실치 않다, 무엇을 내가 할지, 내가 만약 있다면 그녀의 상황에. *You're putting me in rather a difficult position.* 당신은 놓고(내몰고) 있다 나를 꽤 어려운 상황으로. (입장 난처하게)

2. 미안합니다! 그녀는 나갈 수 없습니다. 그녀는 있습니다 여전히 **고통에** *in*. (고통을 겪고 있다/아프다)

3. '있습니까 존이 집에 아직?' (집에 왔나요?) '아니오, 난 생각합니다, 그는 있다고 여전히 **직장에** *at*.'

4. **부분적으로** *in*, 더 높은 연료비가 이유이다 물가 상승에 *for*.

> in part 는 '부분적으로' 라는 부사구로 partly 로 바꾸어 쓸 수 있습니다. *The failure of the party was partly due to his lack of leadership.* 실패, 그 정당의,는 부분적으로, 그의 부족 때문이다, 지도력의.

5. 비교하라 그 가격을, 당신은 얻은, 다른 가격들과 *with*/다른 가격들에 *to*. 그리고 만들어라 결정을 (결정해라).

6. 당신은 섭취해야 한다 **적어도** *at*, 170 밀리그램쓰의 *of*, 바이타민 케이를, 매일.

Figurative Expressions (Sayings, Proverbs & Colloquial expressions)

twist one's arm to persuade someone to do something that they do not want to do

뭐 글자 그대로 '비틀다 누군가의 팔을' 입니다. 영화에서 보면, 주인공이 누군가의 팔을 비틀며, 어떤 정보 따위를 요구하면, 팔이 비틀어진 사람은 '알았어, 알았어, 알았으니까 이것 좀 놓고 얘기해' 라는 식으로 반응합니다. 즉, '누군가에게 하기 싫은 일을 강요 또는 설득하다' 라는 표현입니다.

- *Alex might help us with the job if you twist his arm.*
- *I will twist Jade's arm. Then she will agree to go with us.*
- *The police officer twisted the suspect's arm behind his back and handcuffed him.*

- *알렉쓰는 도와줄지도 모른다 우리를 그 일로, 당신이 좀 압력을 행사하면 그에게.*
- *내가 한 번 설득(+ 강요)하겠다 제인을. 그럼, 그녀는 동의할 것이다, 가기로 우리와.*
- *그 경찰관이 비틀었다 용의자의 팔을 그의 등 뒤로, 그리고 수갑을 채웠다 그를. (말 그대로 팔을 비틀었다는)*

Konglish   컴플렉스

'컴플렉쓰' 라 하면 한국인들이 가장 먼저 떠올리는 의미는 '열등감' 입니다. 몇 안 되는 제대로 된 의미를 가지고 있는 표현입니다. 보통 **주어** + have a complex about something 의 구조로 표현합니다. 그 밖에도 어떠한 건물들이 모여있는 것(단지)을 말하기도 합니다. 어원 com-(together) 을 연상하시면 단어를 기억하는데 도움이 됩니다. 예로, 서울 지하철 2호선에 잠실 종합 운동장의 영어 표기가 sports complex 입니다. 여러 운동 시설들이 모여 있는 장소이니까요. 그리고 형용사로는 '복잡한, 얽키고 설켜있는' 입니다. 이 경우 반대어는 simple 입니다.

- *I used to have a complex about my **looks** when I was a teenager.*
- *The city has one of the best leisure complexes in the country.*
- *The formula is rather complex.*
- *Seoul's subway system is one of the most complex public transport systems in the world, but once you **get used to** it, you'll find it very well organized and convenient.*

- *나는 가지곤 했다 열등감을 나의 **외모**에 관하여, 내가 10대 였을 때에.*

명사 look 이 '외모'라는 의미로 사용될 때는 만드시 복수형 looks 가 되어야 합니다. 주의 하세요.

- *그 도시는 가지고 있다 하나를, 최고의 레저 단지들의, 그 나라에서.*
- *그 공식은 다소 복잡하다.*
- *서울의 지하철 체계는 하나이다, 가장 복잡한 대중 교통 체계들의, 세계에서, 그러나, 일단 당신이 **익숙해지면** 이것에, 당신은 발견할 것이다, 이것이 매우 잘 조직되어 있고 편리하다고.*

Conjunctions

1. *I am worried _____ I won't be able to find any place to stay.*

2. *I haven't decided _____ I'll stay here until next month _____ just leave next week.*

3. *Visit Han's English School, _____ you can get genuine advice on efficient ways of studying English.*

4. *Many people believe _____ the US invaded Iraq for its oil.*

Prepositions

*1. Australia's exports **are** largely **based** _____ primary industry and the export _____ natural resources.*

*2. Most fast foods are **high** _____ fat and calories, but **low** _____ fiber.*

3. About 5000 students took part _____ the protest.

4. _____ my opinion, you're the person who made the mistake.

*5. Osteoporosis affects many women **late** _____ life.*

*6. The current economic situation is **unique** _____ Korea.*

Conjunctions

1. 나는 걱정된다, 나는 찾지 못할 것 같다 that, 어느 장소를 머무를.

또 감정 형용사 + that 주어 + 동사 구조입니다. *I'm worried/afraid that we cannot get there in time.* 나는 걱정된다 우리가 도착하지 못할 것 같다고 그곳에 제 시간에. 본문은 주거가 불안한 호주의 많은 working holiday visa 소지자들의 상황을 담아봤습니다.

2. 나는 결정하지 않았다, 내가 머물 것인지 whether, if, 이곳에 다음 달까지, 아니면 or, 그냥 떠날 것인지 다음 주(에).

3. 방문해라 한쓰 영어 학원을, 그곳에서 where, 당신은 얻을 수 있다 진짜 조언을, 효율적인 방법들에 관한, 공부하는 영어를,의.

4. 많은 사람들은 믿는다, 미국이 침공했다고 that, 이락을 이것의 원유를 위하여(이유).

Prepositions

*1. 호주의 수출들은 많이 **기초하고 있다**, 1차 산업에 on, 그리고 수출, 자연 자원들의 of.*

명사 base 는 '바닥, 기초, 근거' 입니다. **주어 be based in 지명/장소** 는 '본거지를 두고 있다' 는 말이고, **주어 be based on something** 은 '~에 기초한다/근거를 두고 있다' 라는 말입니다. *The company is based in Singapore.* 그 회사는 본거지를 두고 있다 씽가포에/그 회사의 본사는 있다 씽가포에. *The research is based on extensive experiments and surveys.* 그 연구는 기초하고 있다 광범위한 연구들과 설문 조사들에.

2. 대부분의 빨리 나오는 음식들은 높다, 지방과 열량들에(가) in. 그러나 낮다 섬유질에(은) in.

함량의 높고 낮음은 예문과 같이 **be high/low in 성분** 으로 표현합니다. *Carrots are rich in vitamins, antioxidants, dietary fiber and minerals, and can be consumed as raw, juiced or cooked.* 당근들은 많이 가지고 있다, 바이타민들, 산화 방지제들, 식이 섬유, 그리고 무기물들, 그리고 섭취될 수 있다, 날로, 즙내어, 아니면, 익혀서.

*3. 약 **five thousand** 학생들이 참여했다 그 시위에 in.*

take part in something 참여하다 something 에 *Around 200 people took part in the experiment.* 약 **two thousand** 사람들이 참여했다 그 실험에.

*4. **나의 의견에는** in, 당신이 그 사람이다, 그는 만들었다 그 실수를. (당신이 실수를 한 사람이다).*

*5. 골다공증/오스티오포로씨쓰/는 영향을 미친다 많은 여성들을, **나중에 삶에 (나이 먹고서)** in.*

6. 현재의 경제 상황은 독특하다 한국에 to. (한국에만 있는 현상이다)

'~에만 있는 독특한 경우/상황' 이라고 표현할 때 **주어 be unique to something** 라고 합니다. *Drug problems are not unique to the U.S.* 마약 문제들이 유일한 것만은 아니다, 미국에. (미국에만 국한 되는 것은 아니다)

이제 한글 해석을 보고 영어로 말해 볼 차례입니다.

Figurative Expressions (Sayings, Proverbs & Colloquial expressions)

feel/look like shit to feel or look very ill, or not to look as neat and clean as someone should be

직역은 '느낀다/보인다 똥처럼' 입니다. 똥의 모양을 아름답게 여기는 사람은 적어도 필자 주위에는 없습니다. 대부분의 사람들에게는 똥은 축 늘어져 별로 보고 싶지 않은 모양을 하고 있습니다. 똥처럼 느낀다/보인다는 말은 누군가의 몰골이 말이 아닌 경우를 묘사하는데, 아프거나, 매우 피곤해 보이거나, 매우 지저분해 보일 때 사용합니다. 앞선 표현 feel like hell (92회)과 비슷합니다. 주의 하셔야할 점은 이 표현의 어감이 그리 좋지 않다는 것입니다. 우리말에 'X 같다' 에 해당되는 표현으로, 영어권에서도 어린이들과 여성들은 잘 사용하지 않는 편이고, 입이 걸걸한 남자들이 informal 상황에서 주로 사용하는 표현입니다. 영화 같은데서 많이 사용되는 표현이지만, 사용에 각별한 주의를 요합니다.

- *I feel like shit! I drank too much last night! I still got a hangover.*
- *'Hey Sam! You look like shit! What happened to you?' 'I broke my nose during the football match on the weekend.'*

- *나 정말 죽겠다! 나는 마셨다 너무 많이 지난 밤(에). 나는 아직도 가지고 있다 숙취를.*
- *'이보게 쌤! 자네 꼬라지가 말이 아니군! 무슨 일이 일어났나 자네에게?' '저 부러뜨렸습니다 제 코를 축구 경기 중에 주말에.*

Konglish　　　　　슬럼프

흔히 운동 선수가 침체기를 겪고 있을 때 'slump/슬럼프/에 빠졌다' 고 합니다. 물론 이런 뜻도 있습니다. 특히 미국식 영어로. 하지만 slump 의 가장 기본적인 뜻은 fall 입니다. 동사로서는 '쿵 하고 떨어지다/주저 앉다' 또는 확장된 의미로 '(수량 따위가) 감소 하다' 라는 뜻으로 사용됩니다. 명사로는 '감소' 이기도 합니다.

- *Michael staggered and slumped onto the sofa.*
- *One of their major concerns is the slump in housing prices.*
- *Sales slumped by 25% last year.*
- *The New York Yankees have been in a slump for the last two weeks.*

- *마이클은 비틀거리며 걸었고 주저 앉았다/쓰러졌다 sofa 로.*
- *하나, 그들의 주된 걱정들의,는 감소이다 주택 가격들에.*
- *판매는 감소했다 25%만큼 작년(에).*
- *뉴욕 얀키쓰는 있어 왔다 침체기에, 지난 2주 동안.*

Conjunctions

1. My son's school is new, _____ my daughter's school is fairly old.

2. _____ I exchange Korean Won for Australian Dollars, the Australian Dollar is very expensive.

3. My boss asked me _____ I can join a business trip to the States next week.

4. _____ you study English in a more efficient way, I am sure _____ you will improve a lot.

Prepositions

1. I stayed *up* all _____ the night.

2. I usually *leave* _____ work _____ 7:30.

3. There is no reason _____ you to get *angry* _____ me.

4. There must be something *wrong* _____ this computer. I can't *connect* _____ the Internet.

5. You shouldn't believe everything (that) you read _____ the newspaper.

6. Australia and New Zealand are *famous* _____ their pristine natural environments.

Conjunctions

1. 나의 아들의 학교는 새롭다(새 학교) 그러나 *but*/반면에 *while, whereas*, 나의 딸의 학교는 꽤 오래되었다.

2. 내가 바꿀 때마다 *whenever*, 한국 원을, 호주 달러들로, 호주 달러는 매우 비싸다.

3. 나의 상관은 물었다, 나에게 내가 합류할 수 있는지 *if, whether*, 출장을 미국으로 다음 주(에).

4. 당신이 공부한다면 *if*/공부할 때 *when*/일단 공부하면 *once*/공부하기 때문에 *because, since*/공부하므로 *as*, 영어를, 더 효과적인 방법으로, 나는 확신하다, 당신은 향상할 것이라고 *that*, 많이.

Prepositions

1. 나는 머물렀다(있었다) **잠 안자고** 밤새도록 *through*.

> all through the night 은 all night 으로도 바꿔쓸 수 있습니다.

2. 나는 보통 떠난다 직장을 향해 *for*, 일곱 시 삼십 분에 *at*/전에 *before*/후에 *after*.

> leave 장소/사람 은 그 장소를 떠난다는 것이고, leave for 장소 는 그 장소를 향해 떠난다는 말입니다. *Julia left Wayne last year.* 줄리아는 떠났다(헤어졌다) 웨인을 작년(에). *I usually leave work at 5:30.* 나는 보통 떠난다 직장을(퇴근한다) 다섯시 반에. *Tony is leaving for Toyko tomorrow.* 토니는 떠난다 토교로 내일.

3. 없다 이유가 당신이 *for*, 화가 날, 나에게 *at, with*.

> 여기서 for 는 to get angry 의 행위자를 표시합니다. 아래 예문을 참고하세요. *It is difficult to pass the test.* → *It is difficult **for you** to pass the test. It is better to go there alone.* → *It is better **for her** to go there alone. It wasn't right to blame Daniel for the accident.* → *It wasn't right **for them** to blame Daniel for the accident.*

4. 분명히 있다 무엇인가 잘못된, 이 컴퓨터와(에) *with*. 나는 연결할 수 없다 인터넷에 *to*.

> wrong with something/someone 뭔가 이상하다/잘못된 것 같다 라는 말입니다. *There is something wrong with my car. It sounds strange.* 있다, 뭔가 잘못된 것이, 내 차와. 이것은 들린다 이상하게. (이상한 소리가 난다) *What's wrong with you? Tell me what you want!* 뭐가 잘못되어 있나 너에게? (도대체 뭐가 문제인데?) 말해봐 나에게 네가 원하는 것을! 전기나 전화의 연결을 의미할 때는 connect st to st 이지만, '연관짓다' 라는 추상적인 의미로 사용할 때는 connect st with st 입니다. *There is little evidence to connect him with the murder.* 없다 약간의 증거도, 연관짓는, 그를 그 살인(사건)과.

5. 당신은 믿어서는 안 된다 모든 것을, 당신이 읽는, 신문에서 *in*.

6. 호주와 뉴질랜드는 유명하다 그들의 청정한 자연 환경으로 *for*.

> 형용사 famous 에 for 가 함께 오는 경우, for 의 기본적인 의미는 '이유'입니다. *France is famous for its wine.* France 는 유명하다, 이것의 포도주로. *'Jenny is quite famous.' 'For what?'* '제니는 유명해.' '무슨 이유로?'

이제 한글 해석을 보고 영어로 말해 볼 차례입니다.

Figurative Expressions (Sayings, Proverbs & Colloquial expressions)

out of sight, out of mind to say that people soon stop thinking about other people if they do not see them often

sight 는 '시력' 또는 '보는 것' 이고, mind 는 '마음' 이죠. 비교적 잘 알려진 표현으로 '안 보면, 마음도 멀어진다' 즉, '사람들 사이에 자주 만나지 않으면 마음도 떠난다' 라는 표현입니다.

• It's been a long time since you met your brother in the States. You'd better visit him soon because 'out of sight, out of mind'.

• 'My girlfriend dumped me only because I came to Australia. It's not fair'. 'Hey mate! Out of sight, out of mind!'

• 오래 되었다, 당신이 만난 이래로 당신의 오빠/형/남동생 을 미국에 (있는). 당신은 낫겠다 방문하는 것이 그를 조만간에, 안 보면 마음도 떠나기 때문에.

• '나의 여자 친구는 차버렸다 나를, 단지 내가 왔기 때문에 호주로. 이것은 공정하지 않다' (말이 안 된다). '이보게 친구, 자주 보지 않으면 마음도 멀어지는 거라네!.'

Konglish   히스테리

'노처녀 히스테리' 라는 말에서 얼마나 그 단어의 의미가 느껴지는가는 개인에 따라 다르겠지만, 일단, '히스테리' 라는 영어 단어는 없습니다. 히스테리는 hysteria/히스테리아/에서 온 말로, 본문에서처럼 '병적 증세 – 급격한 감정 변화(갑자기 웃고, 걱정하고, 긴장하고, 화나고, 소리지르고)를 의미합니다. 형용사형은 hysterical 이고, 뜻은 'hysteria 가 있어서 감정 조절을 못하고 위의 증세들을 보이는' 입니다.

• My sister/brother often gets hysterical. I think (that) it's because she/he is getting old without a boyfriend/girlfriend.

• My sister, Janet often becomes hysterical and begins screaming. I think (that) she needs to go and see a doctor.

• Hysteria is a medical condition which upsets someone's emotions and makes them suddenly feel very nervous, excited, anxious etc.

• 나의 누이/형은 종종 된다 히스테리컬하게. 내가 생각하기에, 이것은 그녀/그가 나이 먹고 있기 때문이다, 남자 친구/여자 친구 없이.

• 나의 누이, 자넷은 종종 된다 히스테리컬하게 그리고 시작한다 비명 지르기를. 나는 생각한다, 그녀는 필요하다고, 가서 만나 볼, 의사를.

• 히스테리아는 의학적 상태이다, 그것은 망친다 어떤이의 감정들을, 그리고 만든다 그들이 갑자기 느끼게 매우 긴장되고, 흥분되고, 근심되게 등등.

Conjunctions

1. His home is in Deajeon, _____ he moved last year.

2. She is crazy! She takes her dog _____ she goes, even to restaurants.

3. _____ computer you choose, they all have a wireless network function.

4. On Valentine's Day I received a parcel _____ contained various types of chocolate, _____ I don't really know _____ sent it

Prepositions

1. Please wait. I'll be _____ you _____ a minute.

2. How many people **vote**d _____ the current president?

3. _____ *my view*, the price _____ gold/crude oil will drop/rise further.

4. Only a few spiders are **dangerous** _____ humans.

5. Weekly rents _____ houses vary _____ $400 _____ $700, **depend**ing _____ the location and condition _____ the house.

6. Many car accidents **result** _____ drivers' **lack** _____ concentration.

Conjunctions

1. 그의 집은 있다 대전에, 그곳으로 *where*, 그는 이사 했다 작년(에).

2. 그녀는 제 정신이 아니다! 그녀는 데리고 간다 그녀의 개를, 어디를 그녀가 가든지 *wherever*, 심지어 식당들에도.

3. 어떤 컴퓨터를 당신이 선택하든지 *whichever, whatever*, 그들은 모두 가지고 있습니다 무선 네트웍 기능을.

4. 발렌타인쓰 날에, 나는 받았다 소포를 그것은 *which, that*, 가지고 있었다 다양한 종류들의 초콜렛을 , 그러나 *but*, 나는 정말 모르겠다, 누가 *who*, 보냈는지 이것을.

Prepositions

1. 기다려 주세요. 나는 있을 것입니다 당신과 *with*, 1분 만에 *in*. (잠시 후에 오겠습니다)

2. 얼마나 많은 사람들이 투표 했는가 현재의 대통령을 위하여 *for*?

투표(vote)를 할 때는 어떤 정당이나 후보에 찬성(for, in favour of)하기도 하고, 반대(against)하기도 합니다. *I voted for/in favour of the One Nation candidate in the last election.* 나는 투표했다 한나라당 후보에 찬성하여, 지난 선거에서. *Many people voted against the ruling party in the last election.* 많은 사람들이 투표했다 여당에 반대하여, 지난 선거에서. *I voted for the Labour candidate in the last election.* 나는 투표했다 노동당 후보에 찬성하여, 지난 선거에서.

3. 내 견해(생각)에는 *in*, 가격, 금/원유의 *of*,은 떨어질/오를 것이다 더.

명사 view 의 가장 기본이 되는 의미는 '시야' 입니다. 여기서 '경치' 라는 의미와 '시각(견해)' 라는 의미도 생겼습니다. 비슷한 말로는 **in my opinion** 이 있습니다. *In my opinion, they are all the same.* 내 견해로는, 그들은 모두 똑같다.

4. 단지 몇 몇의 거미들만이 위험하다 인간들에게 *to*.

dangerous to st/sb 위험하다 st/sb 에게 *Many building materials are dangerous to people.* 많은 건축 자재들은 위험하다 사람들에게.

5. 주당 방세들, 단독 주택들을 위한 *for*,은 다양하다 200 달러쓰에서 *from* 700달러쓰 까지 *to*, 위치와 상태에 따라 *on*, 그 집의 *of*.

depend 는 on 없이 단독으로도 자주 사용됩니다. 의미는 '상황에 따라서 달라질 수 있다/상황을 봐야 한다' 입니다. *'How long are you staying?' 'I don't know; it depends.'* '얼마나 오래 당신은 머뭅니까?' '난 모른다; 이것은 상황에 따라서 달라질 수 있기에.'

6. 많은 자동차 사고들은 결과된다(온다) 운전자의 부족으로부터 *from*, 집중의 *of*.

동사 result 는 '기인한다' 라는 의미로 거의 뒤에 from st 이 따라옵니다. 많이 알려진 result in (결과를 낳다/유발하다)은 phrasal verb 로 뒤에 목적어(st)가 옵니다. *Drivers' lack of concentration result in many car accidents.* 운전자들의 부족, 집중의,은 유발한다 많은 자동차 사고들을. *The accident resulted in the death of two passengers.* 그 사고는 가져왔다 죽음을, 둘 승객들의.

이제 한글 해석을 보고 영어로 말해 볼 차례입니다.

Figurative Expressions (Sayings, Proverbs & Colloquial expressions)

bend the rules to do something or to allow someone to do something which is not normally allowed, usually in order to help someone

직역은 '구부리다/휘다 규칙들을' 입니다. 원래 규칙들은 좀 뻣뻣하고 대쪽같이 잘 지켜져야 규칙으로서의 의미가 있습니다. 그러나, 무리가 되지 않는 범위에서, 융통성(살짝 구부림)이 필요할 때도 있습니다. 결국 '융통성을 발휘하다' 라는 표현이지만, 한국 문화의 하나인 '좋은 것이 좋은 것' 처럼 불법적인 융통성을 의미하지는 않습니다. '누군가를 도와주기 위하여 편의를 약간 봐주다' 라는 표현입니다.

• *You should pay today, but we can bend the rules this time only. Pay by next week.*

• *'Can't you bend the rules a bit please?' 'Sorry! We must **stick to the rules**.'*

• 당신은 지불해야 한다 오늘, 그러나 우리는 약간의 융통성을 발휘할 수 있다 이번에만. 지불해라 다음 주까지.

• '융통성을 발휘해 주실 수 없나요 좀?' '미안합니다. 우리는 반드시 **붙어야(지켜야)합니다 규칙들에**.'

Konglish   핸디캡

'핸디캡이 있다' 하면 보통 '약점이 좀 있다' 정도의 의미입니다. 하지만, 단어 handicap/핸디캡/의 정확한 의미는 '장애' 입니다. 육체나 정신적 장애를 말합니다. 그런데, 문제가 하나 있습니다. 이 단어의 느낌이 별로 좋지 않다는 것입니다. 우리가 예전에 '불구'라는 말을 썼지만 지금은 '장애' 라는 단어를 사용하는 것처럼, 영어에서도 장애를 이야기할 때 handicap(불구) 대신에 disable(장애)을 사용합니다. 물론 dis + able 을 직역하면 '할 수 없는, 불구' 라는 의미를 가지고 있지만, disable 이 현대 영어에서 보편적으로 사용되는 중립적인 단어입니다. 결론은 handicap 이라는 단어는 요즘엔 볼 일도 별로 없고 써서도 안 되는 단어입니다. 여하간, '약점' 은 영어로 weakness 입니다.

• *A special school for mentally handicapped/disabled children will open next year.*

• *All shopping centers should be equipped with disabled parking facilities and toilets.*

• *My mom is a teacher who works with children with learning disabilities.*

• *Being introverted/extroverted is her weakness in this business.*

• 특수 학교, 정신적 장애를 가진 아이들을 위한,가 열 것이다 내년(에).
(학교가 생긴다)

• 모든 쇼핑 쎈터들은 갖추어져야 한다, 장애인 주차 시설들과 화장실들로.

• 나의 엄마는 교사이다, 그녀는 일한다 어린이들과, 학습 장애들과(을 가진).

• 내성적인 것/외향적인 것이 그녀의 약점이다 이 일에서.

It's a disabled parking sign.

Conjunctions

1. I know _____ you're talking about, _____ I know him **by name** only.

2. I wouldn't buy an expensive **high end** computer only to use the Internet _____ I were you.

3. He has started to realize _____ he made a terrible mistake _____ the problem got out of control.

4. You'd better soak peeled potatoes in water _____ you boil them. That way, they won't **break apart** _____ they are boiling.

Prepositions

1. Don't worry! I will wait _____ the train _____ you. It will come soon.

*2. The former director **contribute**d _____ the company significantly _____ many ways.*

3. Any alcoholic drinks cannot be sold _____ people _____ 18 _____ law _____ Australia.

*4. His mother took time _____ work so she could **stay** home _____ her sick son.*

*5. Everyone _____ the class is expected to **participate** actively _____ the project.*

*6. Vegetable prices have **gone** _____ the roof recently. It's **ridiculous**.*

Conjunctions

*1. 나는 안다, 누구 who,에 관하여, 당신이 이야기를 하고 있는지, 그러나 but, 나는 안다 그를 **이름으로만**. Ex 132*

*2. 나는 사지 않을 것이다 비싼 **높은 사양**의 컴퓨터를, 단지 쓰려고 인터넷을, 내가 당신이라면 if.*

3. 그는 시작했다 깨닫기를, 그가 만들었다고 that, 끔찍한 실수를, 문제가 되었을 때 when/된 후에 after/되기 전에 before, 통제 불능이.

*4. 당신은 낫겠다 푹 적시는 것이, 껍질을 벗긴 감자들을 물 안에, 당신이 삶기 전에 before, 그들을. 그 방법으로, 그들(감자들)은 **부서지지** 않을 것이다, 그들이 끓을 때 when/끓는 동안에 while.*

Prepositions

1. 걱정 마라! 나는 기다릴 것이다 열차를 for, 당신과 with, 이것은 올 것이다 금방.

2. 전임 책임자는 공헌했다 그 회사에 to, 중대하게, 여러 방면들로 in.

> contribute to st 은 'st 에 공헌하다' 라는 긍정적 의미인데, '좋지 않은 것에 공헌하다' 즉,' 그 좋지 않은 상태에 보탬이 되다/원인이 된다' 라는 부정적 의미로도 사용합니다. *Smoking contributes significantly to heart disease and lung cancer.* 흡연은 보태준다 상당히, 심장병과 폐암에. (심장병과 폐암에 상당하게 영향을 준다).

*3. 어떤 알코올이 들어간 음료들도 판매되어질 수 없다, 사람들에게 to/사람들에 의하여 by, 18세 이하의 under, **법으로** by, 호주에서.*

> '법으로' 는 by law 이지만, '불법' 은 against law 입니다. *Selling cigarettes to minors is against law in many countries.* 판매하는 것, 담배들을, 미성년자들에게,은 불법이다, 많은 나라들에서.

4. 그의 엄마는 떼어냈다 시간을 직장으로부터(시간을 냈다) off, 그래서 그녀는 머물 수 있었다 집에, 그녀의 아픈 아들과 with.

> for, by, next to, beside 따위들도 의미상으로는 답이 될 수 있지만, stay 뒤에 사람이 나오면 항상 with 입니다. *Please don't go. Stay with me!* 제발 가지 마세요. 머물러요(있어줘요), 나와!

5. 모든 사람, 그 반에 in, 은 기대된다 참여하도록 적극적으로 그 기획에 in.

> '참여하다' 뒤에 '~ 에' 라는 말을 넣으려면 in something 입니다. 비슷한 표현으로 take part in something 이 있습니다. Warming Up 에서 설명을 드렸듯이, 동사에 in 이 붙은 것이 아니라, 그 뒤에 명사를 넣을 때 함께 오는 것이 전치사가 in 입니다. 어떤 동사 뒤에는 특정 전치사가 사용된다 해서 항상 그 전치사를 동사와 함께 사용해야 하는 것은 아닙니다. 기억나셨기를 바랍니다. 이 말은 in 없이 동사 단독으로, *I'm not participating/taking part!* 나는 참여 안 해! 라고 사용해도 무방하다는 말씀.

*6. 야채 가격들이 정말 많이 올랐다(치솟았다) through, 최근에. 이것은 **말도 안 된다.** Ex 146*

이제 한글 해석을 보고 영어로 말해 볼 차례입니다.

Figurative Expressions (Sayings, Proverbs & Colloquial expressions)

not give a shit/a damn (what, whether, about something/somebody) not to care at all about something or someone

직역은 '주지 않는다 똥 한 조각도/제기랄 한 조각도' 입니다. 똥이든지 제기랄(?)이든지 아주 하찮은 것들입니다. 어떤 것에 이런 하찮은 것 조차 주지 않는, 즉 '전혀 신경을 쓰지 않는다' 라는 의미입니다. 주의 할 점은 shit 의 경우에는 우리말에 'X 까는 소리 하네' 정도의 다소 상스러운 표현입니다. 주로 화를 내면서 쓰는 표현으로 여성들과 어린이들은 damn 을 사용하시는 편이 무난하겠습니다.^^;

- *I don't give a shit/damn what you think! I will do it anyway.*

- *She doesn't give a damn/shit about prices. She always buys expensive stuff.*

- *나는 전혀 신경쓰지 않는다, 무엇을 당신이 생각하든! 나는 할 것이다 그것을 어쨌거나.*

- *그녀는 전혀 신경쓰지 않는다 가격들에는. 그녀는 항상 산다 비싼 것을.*

Konglish 　　　　뉴앙스

nuance/뉴안쓰/는 한국에서 '목소리에서의 미묘한 느낌' 정도의 의미로 사용됩니다. 하지만 nuance 는 그런 목소리에서의 차이만을 말하는 것이 아니라 좀 더 포괄적인 개념의 '미묘한 차이' 를 말합니다. 영어에서 그리 자주 쓰이는 단어는 아닙니다. 여하간, 우리가 이야기하는 '목소리에서의 전달되는 느낌' 은 tone/토운/으로 표현하는 것이 적절한데요, tone 은 '어조', '논조', '색조' 를 의미합니다.

- *He was aware of every nuance in her voice.*

- *'You must be Georgia,' she said **in a** friendly **tone**.*

- *I could feel urgency **in his tone**.*

- *She doesn't like me. I can sense it from the tone of her voice.*

- *The tone of the report on STDs among teenagers was highly critical.*

- *Different tones of green have been used on the wall.*

- *그는 알고 있었다 모든 미묘한 차이을 그녀 목소리에.*

- *'너 틀림없다 조쟈' 임이(너 조쟈 맞지?)', 그녀는 말했다 친근한 어조로.*

- *나는 느낄 수(감지할 수) 있었다 급박함을 그의 어조에서.*

- *그녀는 좋아하지 않는다 나를. 나는 느낄 수 있다 그것을, 어조로부터, 그녀 목소리의.*

- *어조/논조, 그 보고서의, 성병(sexually transmitted disease)들에 관한, 10대들 사이에,는 매우 비판적이었다.*

- *다른 색조들, 녹색의,이 사용되었다 그 벽에.*

Conjunctions

*1. _____ he was injured **in the first half**, he continued to play **in the second half**.*

*2. Michael divorced his wife _____ she **had an affair** with his boss.*

3. I don't give a damn _____ you marry but _____ you marry, don't have a child.

4. I'm sick of people saying _____ they know everything about Australia/the States/Canada/the U.K after living there for only a couple of years.

Prepositions

*1. Could you please give me some **advice** _____ buying a second-hand car?*

*2. She is perfectly **capable** _____ looking after the house while we are away.*

*3. She always looks like she's _____ **drugs**.*

*4. I'd like to see the new computer system _____ **action** now.*

*5. The police searched for the **missing** child _____ three months _____ **vain**.*

*6. You must **replace** the worn out tire _____ a new one soon.*

Conjunctions

*1. 그가 부상 되었음에도 although, though, **전반전에**, 그는 계속해서 경기했다 **후반전에**.*

*2. 마이클은 이혼했다 그의 아내를, 그녀가 **바람을 피웠기 때문에** because, since/피웠으므로 as/피운후에 after/피우기 전에 before, 그의 상관과.*

3. 나는 전혀 신경 쓰지 않는다, 누구를 who/누군든지를 whoever/언제 when/할지 안 할지 if, whether, 네가 결혼할지, 그러나, 누구를 당신이 결혼하든지 whoever/언제 결혼하든지 whenever/결혼한다면 if, 가지지 마라 아이는.

4. 나는 지겹다 사람들이, 말하는, 그들이 안다고 that, 모든 것을 호주/미국/캐나다/영국에 관한, 산 이후에 그곳에, 단지 몇 년들 동안.

like 가 답이 되려면 saying 대신에, 목적어를 받지 않는 talking 이 와야 합니다.

'**말하다**' say, tell, talk, speak 간단 정리

say 는 대부분 바로 뒤에 목적어(st), 또는 that 주어+동사 가 옵니다. 의미는 '정보 및 문구(글자 그대로) 전달' 입니다.

He said, 'Open the door'.   Joe said hello to her.   She said that she was born in the US.

tell 은 주로 바로 뒤에 사람을 목적어로 받습니다. 의미는 '정보 전달' 입니다.

Don't tell me what to do.   She told me that she was born in Canada.   He told me about the accident.

talk/speak(formal) 자동사로 바로 뒤에 목적어를 받지 않습니다. 바로 뒤에 to sb 나 about st 또는 like 주어+동사 등이 나옵니다. 의미는 '말하는 행위 자체' 입니다.

'I'm not talking to you. I'm talking to her.'   I don't want to talk about it anymore.   May I speak to Jason Windsor please?

Prepositions

1. 당신은 줄 수 있습니까 저에게 약간의 조언을, 사는 것에 관한 about, on, 중고차를?

2. 그녀는 완전하게 능력이 된다, 돌보는 것을 of, 그 집을, 우리가 있는 동안에 멀리 떨어져. (우리가 없는 동안에)

*3. 그녀는 항상 보인다, 그녀가 있는 것처럼 **약물들에** on. (약물을 한 것처럼)*

*4. 나는 보고 싶다 그 새로운 컴퓨터 씨스템을, **작동하는** in, 지금. (씨쓰템이 작동 하는 것을)*

*5. 경찰은 수색했다 그 실종된 아이를 3 개월들 동안 for, **소득 없이** in. (노력해서 찾아 봤지만 별 허사였다)*

in vain 의 기본적인 의미는 '헛 되다' 입니다. *His death must not be in vain.* 그의 죽음이 헛 되어서는 절대 안 된다.

6. 당신은 반드시 교체해야 한다 그 닳은 타여를, 새로운 것과 with, 곧.

기본적인 구조는 replace st/sb with st/sb 입니다. 사람을 교체할 때도 사용합니다. *The president replaced his chief advisor with Jamie Walter.* 대통령은 교체했다 그의 선임 조언자를, 제이미 월터로.

이제 한글 해석을 보고 영어로 말해 볼 차례입니다.

Figurative Expressions (Sayings, Proverbs & Colloquial expressions)

make one's blood boil to make someone extremely angry

직역은 '만든다 누군가의 피를 끓게' 입니다. '피가 끓을 정도로 누군가를 화나게 하다' 라는 표현으로 우리말에 '속이 부글 부글 끓는다' 와 비슷합니다. 동,서양을 막론하고 화가 나면 열이 나는 것은 매 한가지 인가 봅니다.

• *Shut up! You're making my blood boil.*

• *My boss often makes my blood boil by saying something nasty. I really want to quit, but I can't.*

• *The way they treat those people really makes my blood boil.*

• *입 닥쳐라! 당신은 만들고 있다 나를 매우 화나게.*

• *나의 상사가 종종 만든다 나를 열 받게, 말함으로써 무언가 기분 나쁘게 하는 것을. 나는 정말 원한다 관두기를 그러나 나는 할 수 없다.*

• *그 방법, 그들이 다루는 그 사람들을,은 정말 나를 화나게 한다.*

Konglish　　　　　　　미스타 박!, 미스 킴!

발음은 /미스터/, /미쓰/라고 하면 됩니다. 하지만, 의미에 심각한 문제가 있을 수 있습니다. 보통 한국 직장에서 '김만득 씨', '박순자 씨' 라고 부르면 '동등' 의 느낌이, '미스터 김', '미쓰 박' 하고 부르면 '하대' 의 느낌이 있습니다. 그러나 영어권에서는 Mr, Miss, Mrs 등은 매우 정중한 표현으로 간주됩니다. 그래서 학교에서 학생들이 선생님들을 호칭할 때는 반드시 Mr, Miss (결혼한 여 선생님도 포함)를 사용합니다. 한국에서 외국인이 '미스터, 미쓰 누구' 라고 부르면 기분 나빠 하시기보다는 좋아하셔야 합니다.

참고로 영어의 단어들 중 성차별적인 단어들이 꽤 있습니다. 요즘에는 많이 고쳐져서 줄기는 했지만 여전히 mankind 가 남,녀를 포괄한 '인류'를 의미한다 든지 하는 단어는 아직도 남아 있습니다. 그 중 가장 여성들에게 가장 성차별적인 단어가 Miss 와 Mrs 입니다. 여기서 질문하나 해 봅니다. 왜 남자는 결혼 여부에 관계없이 Mr 를 사용하는데 여성은 결혼 여부에 따라 두 가지 단어가 따로 쓰일까요? 이것은 두 단어, Miss 와 Mrs 가, 남자가 '성관계 상대를 고를 때에, 결혼한 여자와 성관계를 맺어 문제가 되는 것을 방지하는 표식으로 사용되기 때문입니다. 그리고 남자는 결혼 여부에 상관없이 다른 이성과 성관계를 해도 되고, 여자는 그러면 안 된다는 일종의 남성우월적인 발상에서 만들어진 단어들입니다. 그래서 새로운 단어 Ms /미즈/가 사용되기도 합니다만, 아직 Miss 와 Mrs 를 대체할 정도로 널리 사용되고 있지는 않습니다.

• *Mr. Smith is the **head teacher**. You'd better see him about the matter.*

• *Excuse me, miss! You've dropped your wallet.*

• *She's finally found **Mr. Right**. Now she is in sheer bliss.*

• *미스터 스미쓰가 **주임** 교사이다. 당신은 낫겠다 보는 것이 그를 그 문제에 관해.*

• *저기요 아가씨! 당신 떨궜습니다 당신의 지갑을.*

여기서 miss 는 이름을 모르는 젊은 여자에게 쓰는 '아가씨' 정도의 표현이고. Excuse me 의 기본적인 기능은 상대방의 주의를 끄는 것에 있습니다. 그래서 우리말로 '실례합니다' 또는 '저기요!' 라는 표현이 됩니다.

• *그녀는 마침내 발견했다 이상형을. 지금 그녀는 있다 엄청난 완벽한 행복에.*

Mr. Right은 형용사 right 의 '알맞은', '적당한' 에서 나온 '이상형' 이라는 재미있는 표현입니다.

Conjunctions

1. Mr. Park _____ belongs to a baseball team in the USA, is one of the most successful sport **stars** of Korea.

2. You can boil _____ steam different vegetables at the same time using this pot.

3. He is old, _____ not as good _____ he used to be, _____ he is still a valuable player for the team.

4. She said _____ she would contact me _____ she neither wrote _____ phoned.

Prepositions

1. I'm very **proud** _____ you! Well done!

2. You should **keep an eye** _____ him.

3. Only two people are allowed to be _____ the room _____ *any given time*.

4. The pain is easing because I'm _____ painkillers _____ *the moment*.

5. The party was arranged _____ *short notice*.

6. She humiliated me _____ *public* _____ *the past*.

Conjunctions

1. 미스터 팍, 그는 who, 속해있다 야구 선수단에 미국에서,은 하나이다, 가장 성공적인 운동 **유명 인사**들의, 한국의.

2. 당신은 삶고 and, 찔 수 있다, 다른 야채들을 동시에, 사용하여 이 냄비를.

3. 그는 늙었고 and, 그리 능숙하지 않다, 그가 그랬던 것만큼 as, 그러나 but, 그는 여전히 소중한 선수이다 선수단을 위하여.

4. 그녀는 말했다, 그녀가 연락할 것이라고 that, 나를, 그러나 but, 그녀는 편지 쓰지도 않았고 nor, 전화도 하지 않았다.

neither 와 nor 가 이번에는 둘 다 동사 앞에서 부정을 했습니다.

Prepositions

1. 나는 매우 자랑스럽다 당신에 of! 잘 했다!

2. 당신은 유지해야 한다 눈 하나를 그에게 on. (당신은 잘 지켜봐야 한다 그를) Ex 183

3. 단지 두 사람만이 허가된다 있도록, 그 방안에 in, 어떤 주어진 시간에 at. (어떤 허락된 시간이라에)

4. 그 통증은 쉬워지고 있다 (완화되고 있다), 내가 있기 때문에 진통제들에 on, 지금 at.

be on **약품** 은 지금 그 약품을 복용중/상태라는 말입니다. *The patient is on sedatives.* 그 환자는 지금 진정제들을 복용한 상태이다.

5. 그 파티는 준비(일정 + 계획)되었다 짧은 공지로 on, at. (파티가 시작된다는 것을 얼마 전에 알렸다)

명사 notice 는 '알림'입니다. 그래서 '알림판'이 noticeboard 입니다. *All the details of the meeting are up on the noticeboard in the common room.* 모든 세부사항들, 그 회의의,은 있다, 걸려져, 게시판 위에, 휴게실에. *Please check the noticeboard regularly to see whether there are any changes to the schedule.* 확인하세요 게시판을 정기적으로, 보세요, 있는지, 어떤 변화들이, 그 일정에.

6. 그녀는 망신시켰다 나를, 사람들이 많은 곳에서 in, 과거에 in.

public 은 명사로 '대중' 입니다. in 과 함께 '많은 사람들 앞에서/보는데서' 라는 말입니다. *Most people feel nervous about speaking in public.* 대부분의 사람들은 느낀다 긴장되게, 말하는 것에 대하여, 대중들 앞에서. *She has not appeared in public since the announcement of her divorce.* 그녀는 나타나지 않아왔다 대중들 앞에, 발표 이래로, 그녀의 이혼의.

이제 한글 해석을 보고 영어로 말해 볼 차례입니다.

Figurative Expressions (Sayings, Proverbs & Colloquial expressions)

in the blink of an eye during a very short period of time

이 표현은 직역이고 뭐고 말 그대로, '깜빡 안에, 눈 하나의' 로 우리말에 '순식간에' 라는 '눈 깜짝할 사이에' 와 같은 표현입니다.

- *The accident happened in the blink of an eye. I couldn't do anything.*
- *There was a huge 'boom' and in the blink of an eye the buildings caught fire.*
- *At the party, Jessie kissed me in the blink of an eye.*

- *그 사고는 발생했다 눈 하나 깜짝할 사이에. 나는 할 수 없었다 아무 것도.*
- *있었다 엄청난 '뻥 하는 소리' 가 그리고 순식간에 그 건물들은 잡았다 불을. (붙었다 불이)*
- *파티에서 제씨가 키쓰했다 나를, 눈 하나 깜짝할 사이에.*

Konglish   미씨

missy 의 어원은 miss + y(이름 따위 뒤에 붙어서 그 이름을 친근하게 만들어주는 말)인듯 합니다. 한국에서는 '미혼처럼 보이는 기혼 여성' 을 호칭하는 말인데요, 여하간 이런 단어는 영어에 없습니다. 굳이 표현을 하자면 본문처럼 하시면 됩니다.

- *Are you saying (that) Rachel is married? I cannot believe it. She still looks very young.*
- *My mom, aged 45, always dresses like she is still in her 20's/like she is single.*

- *당신은 말하고 있나, 레이첼이 기혼이라고? 나는 믿을 수 없다 그것을(그녀가 결혼했다는). 그녀는 여전히 보인다 매우 젊게.*
- *나의 엄마, 마흔 다섯 살,는 항상 입는다, 마치 그녀가 있는 것처럼 여전히 그녀의 20대에/마치 그녀가 미혼인 것처럼.*

Conjunctions

1. *I don't understand _____ the president wouldn't listen to _____ people are saying.*

2. *_____ it says on the receipt, we can't give you a refund on the product.*

3. *You will be shocked _____ you know _____ stupid his decision was.*

4. *She left her hometown for a big city _____ her husband was in prison.*

Prepositions

1. *Boss! I urgently need a few days _____ work. My wife is sick.*

2. *Elderly people are usually more sensitive _____ cold.*

3. *According _____ a survey, more _____ half _____ Australian teenagers experience sex _____ the age _____ 18.*

4. *My wife's plane arrived _____ schedule.*

5. *I think (that) you're too hard _____ your children.*

6. *There were three police cars and a helicopter _____ pursuit.*

Conjunctions

1. 나는 이해하지 않는다(못하겠다), 왜 *why*, 대통령이 들으려 하지 않는지, 사람들이 말하고 있는 것을 *what*.

2. 이것(환불 규정)이 말하듯이 *as*, 영수증에, 우리는 줄 수 없습니다 당신에게 환불을, 그 제품에는.

3. 당신은 충격 받을 것이다, 당신이 알 때 *when*, 얼마나 *how*, 멍청했는지 그의 결정이.

if 를 써서 자연스러운 영어가 되려면, 가정법의 형태를 사용해야 합니다. *You would be shocked if you knew ~.*

4. 그녀는 떠났다 그녀의 고향을, 큰 도시를 향해, 그녀의 남편이 있었기 때문에 *because*, *since*/있었으므로 *as*/ 있었을 때 *when*/있는 동안에 *while*/있었음에도 *although*, *though*, 감옥에.

Prepositions

1. 사장님! 저는 급히 필요합니다 몇 일을, 직장에서 분리되어 *off*. (몇 일 빼주세요) 나의 아내가 아픕니다.

2. **노인들(나이드신 분들)**은 보통 더 **민감하다** 감기에 *to*. (더 쉽게 걸린다)

be sensitive to/about something 민감하게 반응하다/민감해지다 something 에 *Don't you think (that) you are too sensitive about your appearance?* 당신은 생각하지 않나, 당신이 너무 민감하다고 당신의 외모에? *My skin is sensitive to dry weather.* 나의 피부는 민감하다(탈 난다) 건조한 날씨에. *Emily is very sensitive to any jokes about her.* 에밀리는 매우 민감하게 반응한다, 어떤 농담들에 그녀에 관한.

3. 따르면 한 설문조사에 *to*, 반 이상 *than*, 호주 십대들의 *of*,은 경험한다 성 관계를, 나이 전에 *before*/까지 *by*/ 나이 후에 *after*, 18세의 *of*.

at 도 문법적으로 가능하기는 하나 문맥상 비현실적입니다. 왜냐하면, 그 50%의 십대들, 즉 그 엄청나게 많은 청소년들이 18세가 되기를 기다렸다가, 그 일년 동안에 성관계를 맺었다는 이야기가 되니까요.

4. 내 아내의 비행기는 도착했다 **일정에 맞게 (예정대로)** *on*/일정보다 나중에 *behind*.

'일정보다 먼저' 는 ahead of schedule 입니다. *Don't worry! Everything is right on schedule.* 걱정 마라! 모든 것이 있다 바로(정확하게) 일정대로. *We'd better hurry up! We're behind schedule.* 우리는 낫겠다 서두르는 편이! 우리는 있다 일정에 처져. *She is taking some time off because things are ahead of schedule.* 그녀는 취하고 있다 약간의 시간을 분리하여 (좀 쉬고 있다), 일들이 있기 때문에 일정에 앞서.

5. 나는 생각한다, 당신은 너무 **엄하다**고 당신의 아이들에게 *on*. Ex 88

형용사 hard 는 '딱딱한', '어려운' 등의 뜻을 기본으로 하고 있으나, on 과 함께 사람에 쓰일 때는 '까다롭게', '딱딱하게' 또는 '엄격하게 대하다' 입니다. *Don't be so hard on him. It's only his first week here.* 너무 까다롭게 굴지 마라, 그에게. 이것은 단지 그의 첫 주이다 이곳에서.

6. 있었다 세 대의 경찰차들과 하나의 헬리콥터가, **추격중**인 *in*.

in pursuit '추적중' 이라는 말로, 다르게 표현하면 *Three police cars and a helicopter were chasing (the suspect)* 입니다.

이제 한글 해석을 보고 영어로 말해 볼 차례입니다.

Figurative Expressions (Sayings, Proverbs & Colloquial expressions)

be in the same boat to be in the same unpleasant situation as someone else

직역은 '있다 같은 배에' 입니다. 누군가와 배 안에 함께 타고 있는 경우, 그 배가 침몰하게 되면 대부분의 경우 그 배에 있던 사람들은 비슷한 운명에 처하게 마련입니다. 우리말에 '우리는 한 배를 탄 운명이다' 라는 말처럼, '별로 좋지 않은 상황/처지에 함께 놓여 있다' 라는 표현입니다.

- *We're in the same boat, so there's no use complaining.*
- *We shouldn't blame each other anymore because we are all in the same boat.*
- *We're all in the same boat, but we can get through it if we work together.*

- *우리는 있다 같은 처지에, 그러니 없다 필요가 불평할.*
- *우리는 탓해서는 안 된다 서로를 더 이상, 우리는 있기 때문에 모두 같은 처지에.*
- *우리는 있다 모두 같은 상황에, 그러나 우리는 헤쳐 나갈 수 있다 이것을, 우리가 일 한다면 함께.*

Konglish   올드 미스

결혼하지 않은 '미혼 여성' 또는 '노처녀'를 가리켜 old-miss/올드미쓰/라 하는데, 이 역시 영어에는 사용되지 않는 표현입니다. spinster/스핀스터/라는 구닥다리 단어가 있지만, 요즘에는 혼자 사는 여성들이 많이 있고 그것이 자연스럽다 보니 spinster 라는 단어는 요즘에는 거의 사용되지 않습니다. 한국도 독신 여성들이 많이 늘어나고 있는 추세이니, 어감이 좀 부정적인 '노처녀' 라는 단어가 자주 사용되지 않을 날이 조만간 올 듯 합니다. '올드 미쓰' 는 본문과 같이 표현합니다.

- *She is old enough to marry but she is still single.*
- *James **is about to** turn 40, but he still prefers being single.*

- *그녀는 나이를 먹었다 충분히 결혼할 정도로, 그러나 그녀는 여전히 미혼이다.*
- *제임쓰는 **막** 되려 **한다** 마흔이, 그러나 그는 여전히 선호한다 독신을.*

> **be about to + verb** 막 verb 하려 하다 *(on the phone) 'What's up, Jess?' 'Hi, Jason! I'm about to go out for shopping.'* (전화상에서) '뭔 일 있어, 제쓰?' '안녕, 제이슨! 나는 막 나가려는 참이다 쇼핑을 위해.' *I got a phone call from my mom when I was about to call her.* 나는 얻었다 전화 통화를 엄마로부터, 내가 막 전화하려 했을 때 그녀를.

Conjunctions

1. The lift/elevator wasn't working, _____ we had to walk up the stairs to the 5th floor.

2. _____ you are asking me to do is beyond my ability, _____ moreover, it's illegal.

3. Honey, do you remember the name of the hotel _____ we spent/had our honeymoon?

4. The two countries signed the free trade agreement, _____ is expected to boost trade between the two nations by 200 billion US dollars a year.

Prepositions

*1. Were you **successful** _____ persuading Jessica to change her mind?*

*2. The law requires equal treatment _____ all, **regardless** _____ race, religion, or sex.*

*3. No preservatives or other additives are **added** _____ any food (that) we sell.*

*4. Sex **crimes** _____ underage girls have increased a lot, **compared** _____ the last decade.*

5. Thomas Edison was regarded _____ an eccentric _____ many people when he was young.

6. Education expenses have gone up _____ the new government policy _____ higher education.

Conjunctions

1. 승강기는 작동하지 않는 중이었다, 그래서 so, 우리는 걸어야 했다 계단들 위로, 5층으로.

2. 당신이 요구하고 있는 것 what, 나에게 하라고,은 있다 나의 능력을 벗어나. 그리고 and, 더욱이, 이것은 불법이다.

3. 자기야, 당신은 기억해, 그 이름을, 그 호텔의, 그곳에서 where, 우리가 보냈다/가졌다 우리의 신혼 여행을?

4. 그 두 나라들은 서명했다 그 자유 무역 협정을, 그것은 which, 기대된다, 증가시킬 것으로, 무역을, 두 나라들 사이에, two hundred billion US dollars 만큼 년에.

영어에서 comma (,) that 은 틀린 문법입니다.

Prepositions

1. 당신은 성공적이었나 설득하는데 in, 제씨카가 바꾸는 것, 그녀의 마음을?

'~에 성공적이다' 할 때 사용되는 전치사는 in 입니다. in 이 전치사이니 당연히 뒤에는 명사형, ~ing 이나 st 이 옵니다. *Lee has been very successful in the music business/in politics.* 리는 매우 성공적이어 왔다, 음악 사업에서/정치에서. *They have been very successful in marketing their new mobile phones to young people.* 그들은 매우 성공적이어 왔다, 판매하는 데에, 그들의 새로운 휴대 전화기들을, 젊은이들에게.

*2. 법은 요구한다 동등한 대우를, 모두(모든 사람)를 위하여 for, **개의치 않고** 인종, 종교나 성별에 of.*

regardless of st st 에 개의치 않는다 라는 말입니다. *I'm sure (that) Jason will do what he wants, regardless of what I said.* 나는 확신한다, 제이슨은 할 것이라고 그가 원하는 것을, 내가 말한 것에 개의치 않고.

3. 방부제들이나 다른 첨가물들이 더해지지 않았다 어떤 음식에도 to, 우리가 판매하는.

add something to something 다행스럽게도, '~에 무엇을 더 하다' 라고 할 때, 한국어에서 처럼 전치사 to 를 사용합니다. *Please add my name to the list.* 더 해 주세요 나의 이름을 그 목록에. *Add some sugar to the dough.* 첨가해라 약간의 설탕을 그 반죽(빵을 만드는 된 반죽)에.

4. 성 범죄들, 미성년 여아들에 대한 against,은 증가해 왔다 많이, 비교하여 지난 10년에 to/ 10년과 with.

compare something with/to something 비교하다 st with/to 이하와 *Compare that with/to this one.* 비교하세요 그것을 이것과.

5. 토마쓰 에디슨은 여겨졌다 괴짜로서 as, 많은 사람들에 의하여 by, 그가 젊었을 때.

6. 교육 비용들이 올랐다, 정부의 새로운 정부 정책 하에서 under/정책 때문에 because of, due to/정책으로 with, 고등교육에 관한 on.

'정책으로' 라는 with 는 under 나 because of, due to 만큼 자연스럽지는 않으나 그래도 사용 가능합니다. '~ 에 관한 정책' 이라고 할 때 나오는 전치사는 항상 on 입니다. *I personally think that the national policy on drugs is very unrealistic.* 나는 개인적으로 생각한다, 그 국가적 정책, 마약들에 관한,은 매우 비현실적이라고.

이제 한글 해석을 보고 영어로 말해 볼 차례입니다.

Figurative Expressions (Sayings, Proverbs & Colloquial expressions)

over my dead body to say that something will never happen

직역은 '나의 죽은 몸 위로' 입니다. 어떤 일이 발생하는데 나의 시체 위로, 즉 '내가 죽어야 그런 일이 일어난다' 라는, 우리말에 '죽어도 안돼!' 또는 '내 눈에 흙이 들어가기 전에는 안 된다' 와 같은 표현입니다. **주어 + 긍정 동사 + over my dead body** 또는 그냥 **over my dead body** 로 표현합니다.

- *He will join our holiday over my dead body.*
- *'Dad! I will marry him whatever happens!' 'Over my dead body!'*
- *'Honey, can I buy this leather handbag please?' 'You've got more than 10 handbags already; you'll buy another one over my dead body!'*

- *그는 합류할 것이다 우리의 휴가를, 나의 죽은 몸 위로. (그는 죽어도 합류 못한다)*
- *'아빠! 나는 결혼할 것입니다 그를(와), 무슨 일이 있어도!' '내 눈에 흙이 들어가기 전에는 안 된다!'*
- *' 자기야! 내가 사도 될까요 이 가죽 손가방을?' '당신은 가지고 있다 10 개가 넘는 손가방들을 이미.' '당신은 살 것이다 하나 더, 내 눈에 흙이 들어가면!'*

Konglish   호스트/호스티스/마담

host/호슽/, hostess/호스티쓰/, madam/매덤/, 모두 한국에 들어 와서 alcohol/알코홀/에 많이 쩌들어 버린 단어들이 되었습니다. 남자 접대부, 여자 접대부, 술집 주인 정도의 의미로 각각 사용됩니다. 물론 미국식 영어에서 hostess 가 '술집 여자 접대부' 라는 의미가 있기는 합니다. 하지만 대부분의 영어권 사람들은 위의 세 단어를 들으면 가장 먼저 떠오르는 의미는 술집에 연관된 것이 아닙니다. host 는 동사로서 '주최하다', '주관하다', 명사로서는 누군가의 집에서 파티를 할 때, 그 집 '남자 주인' 이나 TV show 따위에서 '남자 사회자' 를 의미하고, hostess 는 같은 의미의 여자를 의미합니다. (현대 영어에서는 남,녀 구분없이 host 를 사용하는 경우도 다반사 입니다) 그래서 하숙집 주인댁 가족을 host family 라고 합니다. madam/ma'am/매덤, 맴/ 의 용례는 예문을 통하여 살펴보겠습니다.

- *James was the host of the party.*
- *Amy made her debut on TV as a game show hostess/host.*
- *The host city for the 2000 Olympic Games was Sydney, Australia.*
- *Madam or Ma'am (AmE) is used to address a woman in a polite way, especially in a place like a shop. Also 'Dear Madam' is used at the beginning of a business letter to a woman, when you do not know her name.*

He is a TV quiz show host.

- *제임쓰가 주인(주최자)이었다 그 파티의.*
- *에이미는 데뷔했다 TV에, 게임 쇼우 여자 진행자로서.*
- *주최 도시, 2000년 올림픽 경기를 위한,는 씯니였다, 호주.*
- *'매덤' 또는 '맴' (미국식 영어)은 사용되어 호칭한다 한 여성을, 예의 바른 방법으로, 특히 장소에서, 상점 같은. 또한 '디어 매덤' 은 사용된다 시작에, 업무상 편지의, 한 여성에게(보내는), 당신이 모를 때 그녀의 이름을.*

Conjunctions

1. I can't help you anymore _____ you pay me.

2. _____ you go in Korea, you will find friendly people around.

3. _____ he suddenly retired from politics last year, he has been with his family most of the time.

4._____ it has been over 30 degrees, my husband has never turned on the air conditioning _____ he wants to reduce the power bill.

Prepositions

1. _____ the late 1990's, I traveled _____ Europe.

*2. The new policy will not **have** much **effect** _____ the economy.*

*3. Please **pay attention** _____ the details.*

*4. _____ a computer **connect**ed _____ the Internet, we cannot run the business.*

*5. _____ **last**, I was able to find out where he has been.*

*6. You're the person **responsible** _____ the **mess**. You shouldn't blame others.*

Conjunctions

1. 나는 도울 수 없다 당신을 더 이상, 당신이 돈을 지불하지 않는다면 unless, 나에게.

although 나 though 가 답이 위해서는, you're going to pay me 또는 you've been paying me 가 되어야 자연스러운 문장이 됩니다.

2. 어떤 곳을 wherever, 당신이 가더라도 한국에서, 당신은 발견할 것입니다 친근한 사람들을, 주위에서.

3. 그가 갑자기 퇴직한 이래로 since, 정치로부터 작년(에), 그는 있어왔다 그의 가족과, 대부분의 시간.

4. 기온이 넘어왔을지라도 although, though, 30 도들을, 나의 남편은 절대 켜지 않아 왔다 에어컨디셔닝을, 그가 원하기 때문에 because, since/원하므로 as, 감소하기를 전기 요금을.

Prepositions

1. 90년대 후반에 in, 나는 갔다/다녔다 유럽으로 to/다녔다 유럽 여기 저기를 around/유럽에서 in/유럽을 방방 곡곡 throughout/유럽을 관통하여 through/유럽을 가로질러서 across.

90년대 초반에 in early 90s, 90년대 중반에 in mid 90s

2. 그 새로운 정책은 가지지 못할 것이다 많은 영향을, 경제에 on.

'~에 영향을 가진다' 라고 할 때 전치사는 항상 on 입니다. 비슷한 단어 impact 의 경우도 마찬가지. *His parents' divorce had a big effect on him.* 그의 부모들의 이혼은 가졌다 큰 영향을, 그에게. *Climate change will definitley have a major impact on the environment.* 기후 변화는 분명히 가질 것이다 큰 영향(충격)을, 환경에.

3. 기울이세요 주의를, 세부 사항들에 to.

4. 컴퓨터 없이는 without, 연결된 인터넷으로 to, 우리는 운영할 수 없다 그 사업을.

*5. **마침내** at, 나는 있었다 알아낼 수, 어디에 그가 있어 왔는지.*

*6. 당신이 그 사람이다, 책임 있는 그 **엉망 진창 문제**에 for (이유). 당신은 비난해서는 안 된다 다른 사람들을.*

이제 한글 해석을 보고 영어로 말해 볼 차례입니다.

Figurative Expressions (Sayings, Proverbs & Colloquial expressions)

I wasn't born yesterday to tell someone that the speaker is not stupid enough to believe them when they are trying to deceive the speaker OR to say that someone has enough experience to handle a situation

직역은 '나는 태어나지 않았다 어제' 입니다. 어제 태어났다면, 경험이 없어 세상 물정 아무것도 모르는 아이에 불과합니다. 누군가가 당신을 속이려고 할 때 '누구를 세 살 먹은 어린애로 아나' 라는 의미로, '나 그리 어리숙하지 않다' 또는 어떤 일을 다루는데 있어 '충분한 경험이 있다' 라는 표현입니다.

- *(At a car dealership) 'This car is a very good car and it's also very cheap. You should buy it now before it's too late.' 'Hey, Mr. Salesman! I wasn't born yesterday. This car is not cheap at all.'*
- *(At a real estate agency) 'The house is located in a very good area and you won't be able to buy a house in the area at this price.' 'Hey! I wasn't born yesterday. I know the area very well. It's not a very good area at all.'*
- *'Hey, Monica, can you handle the problem/her?' 'Don't you worry! Leave it all to me. I wasn't born yesterday.'*

- *(자동차 판매상에서) '이 차는 매우 좋은 차이고 이것은 또한 매우 쌉니다. 당신은 사야합니다 이것을 지금, 이것이 너무 늦기 전에.' '이보세요, 판매원 양반! 누구를 세 살 먹은 어린애로 보나요? 이차는 싸지 않습니다 전혀.'*
- *(부동산 중개소에서) '그 집은 위치되어 있습니다 매우 좋은 지역에, 그리고 당신은 살 수 없을 겁니다 집을 그 지역에 이 가격에.' '이보세요! 저 그리 어리숙하지 않습니다. 나는 압니다 그 지역을 매우 잘. 이것(지역)은 아닙니다 그리 좋은 지역이 전혀.*
- *'이보게 모니카, 당신은 다룰 수 있습니까 그 문제를/그녀를?' '당신 걱정 마세요. 두세요 이것을 모두, 저에게(맡겨 주세요 모두를 나에게). 저는 충분한 경험이 있습니다.'*

Konglish 오피스 레이디

office lady 는 영어권에서는 거의 사용되지 않는 일본에서 만들어진 신조어 입니다. '사무실 아가씨' 정도의 의미인데, 한국과 일본에서 사무 업무를 하는 여성 직장인을 가리키는 말입니다. 일본에서는 줄여서 OL 이라고도 합니다. 적절한 영어식 표현은 office worker 입니다.

- *Michelle is an office worker at IBM.*
- *She used to work as a secretary at Samsung.*

- *미쉘은 사무직 직원이다 IBM에서.*
- *그녀는 일하곤 했다 비서로서, 쌤썽에서.*

She is an office worker, working in front of a computer all day.

Conjunctions

1. You should go __________ see him __________ you can __________ he is leaving for Canada soon.

2. She won the beauty contest/pageant in 2010. She did better __________ (she was) expected.

3. Beijing, __________ the 2008 Olympic Games were held, is one of the oldest cities in Asia.

4. They will not go back to work __________ the employer agrees to increase the pay rate __________ improve the working conditions.

Prepositions

1. While it's hard to leave a cosy bed to exercise _____ midwinter, it's the best time to **work out**.

2. To join the photo club, you must own a camera _____ manual settings.

3. I'm calling you _____ **regard** _____ the ad (which) I read _____ the paper.

4. _____ **fact**, red meat can be low _____ fat if it's **lean**.

5. We have no **alternative** _____ our system _____ the moment. We must **stick to** it.

6. We should **take advantage** _____ renewable energy, **such** _____ solar power.

Conjunctions

1. 당신은 가서 and, 봐야 한다 그를, 당신이 할 수 있을 때 when/때 라면 언제든지 whenever/할 수 있다면 if/그가 떠나기 때문에 because, since/ 떠나므로 as, 캐나다를 향해 조만간.

2. 그녀는 수상했다 미녀 대회를 2010년에. 그녀는 더 잘했다, 기대되었던 것보다 than.

3. 베이징, 그곳에서 where, 2008년 올림픽 경기들이 열렸다,은 하나이다, 가장 오래된 도시들의, 동양에서.

4. 그들은 돌아가지 않을 것이다 직장으로, 고용주가 동의하지 않는 한 unless/동의 할 때 까지는 until, 증가시키기로, 임금률을. 그리고 and, 향상시키기를 근로 조건들을.

Prepositions

1. 이것(to 이하)이 힘든 반면에, 떠나는 것, 아늑한 침대를 (그리고) 운동하는 것이, 한 겨울에 in, 이것(겨울)이 가장 좋은 시간이다, **몸을 만드**는데.

2. 가입하기 위하여, 사진 동호회를, 당신은 반드시 소유해야 합니다 캐머라를, 수동 설정들이 달린 with.

영어로 '~ 하기 위하여' 라는 의미를 to 부정사로 나타내는 방법은 두 가지가 있습니다. 하나는 in order to + verb 를 사용하는 것이고, 또 하나는 그냥 to + verb 의 형태를 사용합니다. to 부정사의 목적적 용법이니 하는 그런 것을 설명하려는 것이 아니라, to + verb 를 사용하여 '~하기 위하여' 라고 할 때는, 열에 아홉 문장 이상은 to verb 가 문두에 위치합니다. 아래 두 예문을 비교해 보세요.

To get there in time, I left earlier than usual. 도착하기 위하여 그곳에 제 시간에, 나는 떠났다 더 일찍 보통보다.

I left earlier than usual to get there in time. 나는 떠났다 더 일찍 보통보다, (그래서) 도착했다 그곳에 제 시간에.

두 예문이 분명히 다른 의미를 가지고 있습니다. 설명이 너무 길어질 수 있으니 결론만 말씀드립니다. 현대 영어에서 to + verb 사용해서 '~하기 위하여' 라는 의미를 표현하려면, to + verb 를 문장 맨 앞에 사용하세요.

3. 나는 전화하고 있습니다 당신을(에게) **관여하여** in, 광고에 to, (그 광고를) 내가 읽었다 신문에서 in.

영화 Mrs Doubtfire 31분 경에 나오는 대사로, 신문 광고를 전화상으로 문의 할 때 가장 일반적이고 정중하게 사용할 수 있는 표현입니다.

4. 사실상 in, 붉은 고기(쇠고기, 양고기 등)는 낮을 수 있다, 지방에(지방 함량이) in, 이것이 **기름기가 없**으면.

5. 우리는 가지고 있지 않다 **대체할 것**을 우리의 씨스템에 to, 현재에 at. 우리는 **고수해**(phrasal verb)야 한다 이것을.

6. 우리는 **잇점을 취해야** 한다, 재생할 수 있는 에너지를 of, **예를 들어** as, 태양 전력.

이제 한글 해석을 보고 영어로 말해 볼 차례입니다.

Figurative Expressions (Sayings, Proverbs & Colloquial expressions)

born leader/teacher/musician etc someone who has a strong natural ability to do their job

born 이 형용사로 사용되어 말 그대로 '태어날 때부터 지도자/선생님/음악가 등등' 이라는 뜻입니다. 우리말에 '타고난' 이라는 말과 비슷한 의미로 직업 따위에 '천부적인 재능/기질을 지닌' 이라는 의미입니다.

- *Mr. Han is always full of energy when he teaches. I think (that) he is a born teacher.*
- *Seunghwan Lee sings really well and enjoys what he does so much. He is a born musician.*
- *Jason is a born cook. He looks very happy when he cooks, and the food is always extraordinary.*
- 한 선생님은 항상 꽉 차있다 열정으로, 그가 가르칠 때. 나는 생각한다, 그는 타고난 선생님이라고.

저의 학생에게 종종 듣는 말입니다.^^;

- 이승환은 노래한다 정말 잘 그리고 즐긴다, 그가 하는 것을 매우. 그는 천부적인 음악가이다.
- 제이슨은 타고난 요리사이다(체질이다). 그는 보인다 매우 행복하게, 그가 요리할 때, 그리고 그 음식은 항상 비범하다.

Konglish   샐러리맨

salary/쎌러리/(월급/연봉)와 man 합쳐져서 만들어진, 일본이 원산지인 신조어 입니다. salary 는 '월급' 의 개념이고 wage 과 pay 는 '임금' 과 '급여' 의 개념입니다. 보통 영어권에서 급여는 보통 매 2주마다 지급됩니다. 그래서 salary 보다 wage 가 일반적으로 사용됩니다. 하지만 일본이나 우리나라에서는 보통 달마다 급여를 받으니 salary 가 더 적절한 단어 선택이라서 salaryman 이라는 단어가 생긴 듯합니다. salaryman 의 의미는 보통 '정장을 하고 사무실에서 일을 하는 남성' 입니다. 영어에서는 남,녀 구분 없이 white collar worker 라고 합니다. '기술자' 는 blue collar worker 입니다.

- *He is a white collar worker at a trading company.*
- *He is a blue collar worker at a car parts manufacturing company.*
- *White collar crime* *should be dealt with much more seriously.*
- *The word 'white collar worker' has originated from the collars of typical white business shirts worn by people working in an office. Similarly, the word 'blue collar worker' has originated from the collars of typical blue work clothes worn by* ***trades people***.
- 그는 사무직 노동자이다, 무역 회사에서.
- 그는 기술직 노동자이다, 자동차 부품들 제조하는 회사에서.
- *사무직 직원의 범죄*(사기, 횡령 따위)는 다루어 저야 한다 훨씬 더 심각하게.
- 단어, '화잍 컬러 노동자' 는 기원되었다 옷깃(목 부분)들로부터, 전형적인 흰 업무용 셭들의, (그것들은) 입어진다 사람들에 의하여, (그들은) 일 한다 사무실에서. 비슷하게, 단어 '블루 컬러 노동자' 는 기원되었다 옷깃들로부터, 전형적인 파란 작업복들의, (그것들은) 입어진다 *기술자들*에 의하여.

He is in a typical suit with a tie.

He is wearing typical work clothes, overalls.

Conjunctions

1. Many people now regret _____ they voted for the current president.

2. Property prices in Seoul are insanely high, _____ they are much lower in other smaller cities in Korea.

3. _____ criticizes the North Korean government will be arrested in North Korea.

4. They admitted _____ they made a terrible mistake _____ everything was revealed by the media.

Prepositions

1. Jeff looks so cool _____ his **uniform** .

2. A pair _____ sunglasses is **a must** _____ a sunny summer day _____ Australia.

3. I hope (that) you start your morning _____ a healthy breakfast.

4. Emma **placed an order** _____ 200 copies.

5. _____ **present**, we have no **evidence** _____ life _____ other planets.

6. **According** _____ a survey, more _____ half _____ Koreans wish (that) they'd taken a different path professionally.

Conjunctions

1. 많은 사람들은 지금 후회한다, 그들이 투표했다는 것을 *that*, 현재의 대통령을 위하여.

2. 부동산 가격들, 서울에,은 제 정신이 아닐 정도로 높다, 반면에 *while, whereas*/그러나 *but*, 그들은 훨씬 더 낮다, 다른 더 작은 도시들에서는 한국에.

3. 누구든지 *whoever*, 비판한다 북한 정부를,는 체포될 것이다 북한에서는.

4. 그들은 인정했다 그들이 만들었다고 *that*, 끔찍한 실수를, 모든 것이 밝혀진 이후에 *after*/이전에 *before*/졌을 때 *when*, 매체에 의하여.

> '밝혀졌기 때문에 because, since' 또는 '밝혀졌으므로 as' 가 답이 되기위해서는 문맥상 They had no choice but to admit (그들은 선택의 여지가 없었다, 받아들이는 것 외에는) ~ 또는, They had to admit ~ 가 되어야 자연스러운 문장이 됩니다.

Prepositions

1. 젶은 보인다 매우 멋지게 그의 제복 안에서 *in*.

> in + 옷 은 '어떤 옷을 입고 있는' 이라는 의미입니다. *Jessica looks very attractive in her jeans/shorts/skirt/short skirt/mini skirt/swim suit/bikini etc.* 제씨카는 보인다 매우 매력적으로 그녀의 청바지/반바지/치마/짧은 치마/많이 짧은 치마/수영복/비키니를 입고서.

2. 한 벌의 *of*, 썬글라쓰쓰는 **필수적인 것**이다 화창한 여름 날에 *on*, 호주에서 *in*.

3. 나는 바란다, 당신이 시작하기를 당신의 아침을, 몸에 좋은 아침 식사와 함께 *with*.

4. 에마는 **두었다(했다) 주문을**, 200 복사본들을 위한 *for*.

5. 현재로는 *at*, 우리는 가지고 있지 않다 증거를, 생명체의 *of*/생명체를 위한 *for*, 다른 행성들에 *on*.

6. **따르면**, 한 조사에 *to*, 반 이상 *than*, 의 *of* , 한국인들은, 기원한다, 그들이 취했기를 다른 길을 직업적으로. (직업에 있어서 다른 분야를 선택했기를)

이제 한글 해석을 보고 영어로 말해 볼 차례입니다.

Figurative Expressions (Sayings, Proverbs & Colloquial expressions)

look on the bright side to see good points in a bad situation

직역은 '봐라 밝은 면을' 입니다. '어려운 상황이나 안 좋은 것/일(어두운 면)에도 긍정적인 면(밝은 면)이 있으니 좋게 생각하라' 라는 표현입니다. Ex 27 에 every cloud has a silver lining 과 비슷한 표현 입니다.

• *Look on the bright side. Not having a holiday means (that) you will save money!*

• *I know (that) your brand new car was completely wrecked in the accident, but you should look on the bright side; you've escaped with only minor injuries.*

• *좋게 생각해. 가지지 않는 것, 휴가를(휴가 못 가는 것),은 의미한다, 당신이 아낄 것이라고 돈을!*

• *나는 안다, 당신의 새 차가 완전히 박살 났다는 것을 그 사고에서. 그러나 당신은 긍정적으로 생각해야 한다; 당신은 탈출했기에, 단지 작은 부상들과. (작은 부상만을 입고 사고에서 빠져나왔다)*

Konglish   마마 보이

엄마가 모든 것을 알아서 결정해주고 보호해주는, 엄마 치마 폭에서 벗어나지 못하는 남자 아이 또는 성인 남자를 보통 한국에서는 '마마보이' 라고 합니다. 의미는 같으나 표현 자체가 약간 부정확 합니다. 정확한 표현은 mama's boy 입니다. 연관된 표현으로 papa's girl/daddy's little girl 도 있으나 mama's boy 처럼 부정적인 표현이라기 보다 '아빠의 사랑을 듬뿍 받는 여자 아이나 여성' 을 말합니다.

• *Tom always asks his mom what to do, what to buy and how to do things. He is such a mama's boy!*

• *Although he is over 30, he's still a mama's boy! You shouldn't marry him.*

• *Stop being a mama's boy. You are not a kid anymore.*

• *Joan is still a papa's girl/daddy's little girl although she is married.*

• *톰은 항상 묻는다 그의 엄마에게, 무엇을 할지, 무엇을 사야 하는지 그리고 어떻게 해야 할지 일들을. 그는 정말 마마쓰 보이이다!*

• *그가 넘었지만 서른이, 그는 여전히 마마쓰 보이이다! 너는 결혼해서는 안 된다 그를.*

• *그만 해라 마마쓰 보이인 것을. 너는 아니다 어린애가 더 이상.*

• *조앤은 여전히 아빠의 사랑스러운 소녀이다, 그녀가 결혼했지만.*

She is a papa's girl/daddy's little girl.

Conjunctions

1. *Keep the engine running _____ it's warmed up.*

2. *_____ I see him, he is drinking or smoking. That worries me a lot.*

3. He won the gold medal in the Men's 200m freestyle _____ the silver in the Men's 400m freestyle relay.

4. The current government doesn't give a damn about the people in the middle _____ lower classes _____ they do their best to reduce taxes for the rich.

Prepositions

1. There are a few mistakes _____ your essay. You'd better correct them _____ handing in.

2. Louise is very big _____ a woman. She is 185cm tall and weighs over 80 kg.

3. 'He is considering going back to Korea _____ the end _____ this year.' 'That's too soon! What _____?'

4. Can I have it back as soon as you've finished _____ it?

5. The Consumer Price Index rose over 10% _____ the new government.

6. Sorry, I can't help you. I don't have any control _____ the department anymore.

Conjunctions

1. 유지해라 엔진이 작동하게 (계속해서 엔진을 돌려라), 이것이 예열될 때까지 *until*/예열된 상태이지만 *although, though*.

2. 내가 볼 때마다 *whenever* 그를, 그는 술을 마시고 있거나 흡연하고 있다. 그것은 걱정시킨다 나를 많이.

3. 그는 이겼다 금메달을 남자의 200미터쓰 자유형에서, 그리고 *and*/그러나 *but*, 은메달을 남자의 400미터쓰 자유형 릴레이에서.

4. 현 정부는 전혀 신경 쓰지 않는다 사람들에게, 중간(중산)과 *and* 하층들에(있는), 반면에 *while, whereas*/그러나 *but*, 그들은 한다 그들의 최선을, (그래서) 줄인다 세금들을, 부자들을 위하여.

Prepositions

1. 있습니다 약간의 실수들이 당신의 논술형 과제에 *in*. 당신은 낫겠습니다 고치는 것이 그들을, 제출하기 전에 *before*.

2. 루이쓰는 매우 크다 여자인 것을 **감안하면** *for*. 그녀는 185 쎈티미터쓰 크고, 무게가 나간다 80 킬로그램쓰 이상.

> 전치사 for 는 종종 명사 앞에서 '명사 임을 감안하면' 이라는 의미입니다. 매우 유용하므로 본인에게 해당되는 문장을 꼭 만들어 보세요. *Jenny looks young for her age.* 제니는 보인다 젊게, 그녀의 나이를 감안하면. *It's cold for March.* 이것은 춥다, 3월임을 감안하면. *For a student, you're spending too much money.* 학생치고는, 너는 쓰고 있다 너무 많은 돈을.

3. '그는 고려 중이다 돌아가는 것을, 한국으로, 말에 *at*/전에 *before*/까지는 *by*, 올해의 *of*.' '그것은 너무 이르다! 뭘 위해서 *for*?'

4. 제가 돌려 가질 수 있죠 그것을, 당신이 끝내자마자 그것과 *with*?

5. 소비자 가격 지수는 상승했다 10% 이상, 새 정부 하에서 *under*.

6. 미안합니다, 나는 도울 수 없습니다 당신을. 나는 가지고 있지 않습니다 어떤 통제(권한)를, 그 부서에 관하여 *over* /그 부서의 *of*, 더 이상.

> '~에 통제를 가지고 있다'고 할 때, '에' 에 해당하는 전치사는 거의 항상 of 나 over 입니다. *Students are encouraged to take control of/over their own learning, rather than just relying on the teacher.* 학생들은 장려되어진다, 가지도록 통제(조절)을, 그들의 자신의 학습의/에, 단지 의존하기 보다는, 선생님에.

이제 한글 해석을 보고 영어로 말해 볼 차례입니다.

Figurative Expressions (Sayings, Proverbs & Colloquial expressions)

mind one's own business to say not to be so interested in what other people are doing

mind 는 동사로 '신경 쓰다' 입니다. 그래서 '별 신경 안 써, 괜찮아' 라는 의미로 I don't mind 라고 합니다. 여하간, 표현의 직역은 '신경 써라 누군가 자신의 일을' 입니다. 몰라도 되는 남의 일에 관심을 두는 누군가에게 '당신 일이나 신경 쓰세요!' 라는 약간 짜증 섞인 표현입니다.

• *'Where were you last night? I called you several times! Were you with Gary?' 'You don't need to know where I was or who I was with. Mind your own business!'*

• *'What are you going to do with that money?' 'Mind your own business! I will use it for something useful.'*

• *'어디에 있었어 너 어제 밤(에)? 내가 전화했어 너를 여러 번! 있었어 너 게리와?' '너 필요 없잖아 알아야 할, 어디에 내가 있었는지 아니면 누구와 내가 있었는지. 네 일이나 신경 써라!'*

• *'무엇을 당신을 하기로 했습니까 그 돈으로?' '남의 일에 신경 쓰지 마세요. 나는 쓸 것입니다 그것을 무엇인가를 위하여, 유용한.'*

Konglish   아마츄어

발음이 부정확한 경우로 정확한 발음은 amateur/애머터/ 또는 /애머쳐/입니다. 명사로 '어떤 것을 직업적으로 하는 것이 아니고, 좋아서 하는 사람' 을 말합니다. 명사 professional 이 반대말입니다. 또 다른 의미로는 '어떤 것에 능숙하지 않은 서툰 사람' 이라는 뜻도 있습니다.

• *Although he is an amateur, he sings really well.*

• *Mr. Han is a member of a local amateur baseball club, the Blue Tigers, in Brisbane.*

• *He is still an amateur at flirting with girls although he has been in a **relationship** several times.*

• *그는 비록 애머쳐이지만, 그는 노래한다 정말 잘.*

• *미스터 한은 회원이다, 지역 애머쳐 야구회의, 블루 타이거쓰, 브리즈번에서.*

• *그는 여전히 서툰 사람이다 꼬시는데 여자들을, 그가 있어왔지만 **연예 관계**에, 여러 번.*

Conjunctions

1. That's the girl _____ sister won the swimming championship in Melbourne in 2013.

2. _____ you like it or not, it is absolutely impossible to master English in a year.

3. Many people think _____ the current government is one of the most corrupt goverments in the nation's history. It even employs people with criminal records.

4. I don't really understand _____ there are still many people _____ support the party.

Prepositions

*1. I **thank** the local people _____ being so supportive.*

2. I hope (that) I can spend a week or two _____ my wife _____ a resort _____ an exotic island sometime soon.

*3. The father _____ the kidnapped child was _____ **tears** when he was interviewed.*

4. _____ the serious head injury, he has been _____ *life support*.

5. The price _____ the house will be cut _____ *half* _____ a year.

6. Eventually, they had to **borrow** a huge sum _____ *money* _____ a bank to purchase their new house.

Conjunctions

1. 쟤가 그 여자애야, 그의 *whose*, 여동생은 이겼어 수영 선수권 대회를 멜번에서 2013년에.

2. 당신이 좋아하든지 이것을 아니든지 (상관없이) *whether*, 이것(to 이하)은 절대로 불가능하다, 정복하는 것, 영어를 1년 만에.

3. 많은 사람들은 생각한다, 현 정부는 하나라고 *that*, 가장 부패한 정부들의, 국가의 역사에서. 이것(현 정부)는 심지어 고용한다 사람들을, 범죄 경력들이 딸린.

> '어떤 나라의 역사에서/역사상' 라고 표현하려면 in Korean/American history 또는 in the history of Korea/Japan/China 로 표현합니다. '세계 역사에서' 는 in world history 또는 그냥 in history 라고 합니다.

4. 나는 정말로 이해하지 않는다(못한다), 왜 *why*, 있는지 여전히 많은 사람들이, 그들은 *who*, 지지한다 그 정당을.

Prepositions

1. 나는 감사합니다 지역 사람들을(에게), 매우 지지해준 것에(이유) *for*.

> thank 나 sorry 뒤에 오는 for (대해)의 기본적인 의미는 '이유' 입니다. *Thank you for your help. Thank you for the present. Thank you for dinner. Thank you for coming to the party. Thank you for repairing my car. Sorry for the trouble. Sorry for what I did to you. Sorry for being late. Sorry for the noise. Sorry for the misunderstanding.*

2. 나는 바란다, 내가 보낼 수 있기를 일 주일이나 이 주일을 나의 아내와 *with*/아내 없이 *without*, 리좃에서 *at*, 이국적인 섬 위에 *on*. 언젠가 곧.

> 어떤 아내인가에 따라서는 *without* 도 충분히 가능하겠습니다. ^^;

3. 아버지, 그 납치된 어린이의 *of*,는 **눈물들을 흘리고 있었다** *in*, 그가 interview 받았을 때.

> in tears 는 '눈물을 흘리며' 라는 표현입니다. *She came home in tears.* 그녀는 왔다 집으로, 눈물을 흘리며. *Sarah is in tears all day; she has broken up with her boyfriend.* 쎄라는 울고 있다 하루 종일; 그녀는 헤어졌다 그녀의 남자 친구와.

4. 그 심각한 머리 부상 이래로 *since*/때문에 *because of, due to*, 그는 있어왔다 **생명을 연장시키는 의료 장치에** *on*.

> somebody be on life support 는 중상을 입은 사람이, '의료 장비에 의하여 생명을 유지해가고 있다' 라는 말입니다. *He has been brain dead on life support for more than a year.* 그는 뇌사(상태)여왔다, 의료 장비에 의존하여, 1년 이상 동안.

5. 가격, 그 집의 *of*,은 잘라질(감소) 것이다, **반으로** *in*, 1년 만에 *in*/1년 안에 *within*/1년 후에 *after*.

> '반으로' 또는 '두 쪽으로' 는 in half 또는 in two 입니다. *Cut the apple in half/in two.* 잘라라, 그 사과를, 반으로. *The car was splited in half/in two by the impact.* 그 차는 쪼개졌다 반으로, 그 충격에 의하여. *Cut the cake into 4 pieces/8 pieaces.* 잘라라 케익을 4쪽들로/8쪽들로.

6. 결과적으로, 그들은 빌려야 했다 엄청난 금액의 *of*, 돈을, 은행으로부터 *from*, (그리고/그래서) 구입했다 그들의 새 주택을.

> 우리말에서는 '은행에서 빌리다' 라는 식으로 말하기에 웬지 at 도 답이 될 것도 같지만, 항상 '어디/누군가로부터 빌린다' 하여 from 만이 답입니다. *You are only allowed to borrow ten books at a time from the library.* 당신은 단지 허락된다, 빌리도록, 10 권의 책들을, 한 번에, 도서관으로부터.

이제 한글 해석을 보고 영어로 말해 볼 차례입니다.

Figurative Expressions (Sayings, Proverbs & Colloquial expressions)

business is business to say that profit is the most important thing to consider

직역은 '사업은 사업이다' 입니다. 사업의 가장 기본적인 목표는 수익 창출입니다. 그래서 어떤 일을 진행하는데 있어, '수익이나 업무적인 면이 다른 사적인 관계나 감정 따위들보다 우선 되어야 한다' 라는 표현입니다.

• *Leo may be a friend but business is business and he's not the best person for the job.*

• *You've got to pay me back $500 by this weekend. Business is business.*

• *Business is business. If Tim can't produce the work on time, we'll have to find someone else.*

• *리오는 친구일지는 모르나 사업은 사업이다, 그리고 그는 아니다 최선의 사람이 그 일을 위한.*

• *당신은 갚아야 합니다 나에게 five hundred dollars 를 이번 주말까지. 공과 사는 구분해야 한다.*

• *공,사는 확실하게 하자. 만약 팀이 생산해내지 못한다면 그 일을 제 시간에, 우리는 찾아야 할 것이다 다른 사람을.*

Konglish   프로

pro/프로/는 professional/프로페셔널/의 준말입니다. 두 단어 다 형용사로는 '프로(직업적)의', 그리고 명사로는 '직업적으로, 즉 돈을 벌 목적으로 어떤 활동을 하는 사람' 을 말합니다.

• *'She sings beautifully!' 'Don't you know (that) Melissa is a pro/professional?'*

• *My friend Greg is a professional golfer.*

• *'Wow! These pictures look great! Who took them?' 'My brother – he is a professional photographer.'*

• *'그녀는 노래한다 끝내주게!' '당신은 모르나 멜리사는 프로인 것을?'*

• *내 친구 그렉은 직업적인 golf 선수이다.*

• *'와우! 이 사진들은 보인다 끝내주게! 누가 찍었나 그것들을?' '내 형/오빠/남동생이 – 그는 직업적인 사진가이다.'*

Jean Reno performed as a professional hit man in his hit movie 'The Professional'.

Conjunctions

1. _____ most people are against it, the government is trying to control the country's media.

2. _____ we reached our destination, Cairns, we started feeling very tired _____ hungry.

3. _____ (it was) predicted by many economists, the country's economy has worsened under the new government.

4. You must put on the safety gear _____ you go into the workshop.

Prepositions

1. I wonder what's **wrong**_____ my car. It won't **start**.

2. I'm _____ **favor/favour** _____ **replac**ing the old computer system _____ a new one.

3. Cut the boiled eggs _____ **half** and place them _____ a plate.

4. The weather bureau **warn**ed _____ strong winds and heavy rain.

5. Ann's clothes were completely **cover**ed _____ paint _____ finishing the work.

6. _____ **addition** _____ his movie work, he is well known _____ an active environmentalist.

Conjunctions

1. 대부분의 사람들이 그것에 반대함에도 *although, though,* 정부는 시도하고 있다 통제하는 것을, 나라의 매체(언론)을.

2. 우리가 도착했(다다랐)을 때 *when*/전에 *before*/후에 *after*/도착함과 동시에 *as,* 우리의 목적지를, 케언즈, 우리는 시작했다 느끼기를 매우 지치고 *and,* 배고프게.

3. 예측 되었듯이 *as,* 많은 경제인(경제 전문가)들에 의하여, 그 나라의 경제는 악화되었다 새 정부하에서.

현대 영어에서 괄호 안의 it was 대부분 생략합니다.

4. 당신은 반드시 입어야(착용해야) 합니다 안전 장구를, 당신이 들어가기 전에 *before*/때 *when*/때마다 *whenever*/들어가면서 *as*/간다면 *if*/일단 들어가면 *once,* 작업장 안으로.

Prepositions

1. 나는 궁금하다, 무엇이 잘못되어 있는지 나의 차와 *with.* 이것은 **시동**이 안 걸린다.

2. 나는 **찬성이다** *in,* 교체하는데 *of,* 그 오래된 컴퓨터 씨스템을 새 것으로 *with.*

Everybody except Andy **was in favour of** *the proposal.* 모든이, 앤디만 빼고,는 찬성했다 그 제안에.

3. 잘라라 삶아진 계란들을 **반으로** *in,* 그리고 두어라 그들을 접시에 *on.*

4. 기상청은 경고 했다 강한 바람들과 무거운 비(폭우)에 관하여 *of.*

'~에 관하여 경고하다' 라는 말은 동사 warn 에 about 이나 of 를 사용합니다. 주의 하셔야 할 점은, '앞으로 닥칠 그 어떤 것에 경고(주의)를 주는 경우는 warn of st, 지금 현재의 상황에 대하여 경고(주의)를 주는 경우는 warn about st 입니다. *We were warned of the risks involved.* 우리는 경고를 받았다, 연관된 위험들에 대해. (앞으로 발생할 수 있는 위험들에 관해) *I was warned about speeding by a police officer.* 나는 경고 받았다 과속에 관해, 경찰관에 의하여 (경고를 받았을 때 과속을 하고 있었음)

5. 앤의 옷들은 완전히 덥혀져 있었다 페인트로 *with, in,* 끝낸 후에 *after*/전에 *before,* 그 일을.

6. **추가하여** *in,* 그의 영화 일에 *to,* 그는 잘 알려져 있다 활발한 환경주의자로서 *as.*

이제 한글 해석을 보고 영어로 말해 볼 차례입니다.

Figurative Expressions (Sayings, Proverbs & Colloquial expressions)

chicken someone who is not at all brave: coward

뭐 직역이고 뭐고 말 그대로 그냥 '닭' 입니다. 시골에서, 닭을 잡기 위해 닭을 쫓아 본 경험이 있으신 분들은 아시겠지만, 주인이 매일 먹이를 줘도, 사람이 가면 어른이나 애나 상관없이 무서워서 무조건 줄행랑을 치는 녀석들이 닭입니다. 그래서 '닭 대가리' 라는 말이 나왔는지도 모르겠습니다. 주인도 못 알아 봐서. ^^; 여하간, chicken 은 '겁이 많은 사람', 즉 '겁쟁이' 라는 뜻입니다.

• *Come on! Don't be such a chicken! You can do it.*

• *Tim used to be a chicken when he was young, but now he is the bravest person (who) I know.*

• *제발! 되지 마라 그런 겁쟁이가! 너는 할 수 있다 그것을.*

• *팀은 겁쟁이이곤 했다 그가 어렸을 때, 그러나 지금 그는 가장 용감한 사람이다, 내가 아는.*

A little girl is chasing a chicken.

Konglish   폼이 난다

명사 form(형태, 모양)에서 나온 말인데 거의 한국어화 되어버렸습니다. 그런데 정작 form 에는 우리가 말하는 '폼 나는데!' 라는 의미는 전혀 없습니다. 그냥 본문에서처럼 '보인다 멋지게' 정도로 표현하시면 됩니다.

• *You look great!*

• *Vitamin C can be taken in capsule or tablet form.*

• *People are bombarded with information in the form of TV advertising.*

• *Jonnie cares too much about his appearance. I don't understand why.*

• *당신 보인다 매우 멋지게!*

• *바이타민 씨는 복용될 수 있다 캡슐이나 정제의 형태로.*

• *사람들은 포화를 받는다 정보로, 형태로, TV 광고의. (사람들은 TV 광고 형태로 된 정보의 홍수 속에 산다)*

• *조니는 신경 쓴다 너무 많이 그의 외모에 관하여. 나는 이해할 수 없다 왜인지.*

Conjunctions

1. She was raped _____ she was 10 _____ now she works as a counselor for sex crime victims.

2. She didn't receive/get any compensation for the accident _____ it was her fault.

3. An opportunity is not something to wait for _____ something to create.

*4. There is no **evidence** _____ Amy is the person _____ forged the signature.*

Prepositions

*1. We've **run out** _____ milk. Can you buy some _____ **the way** home?*

2. Katie! Can you please cut the cake _____ quarters?

*3. Dispose of your expired credit card _____ **cut**ting it **up**.*

*4. You will be **notified** _____ any **change**s _____ the immigration laws.*

*5. He tested **positive/negative** _____ human growth hormone(steroids)/HIV.*

6. Tension has intensified _____ the two countries _____ the recent bombing.

Conjunctions

1. 그녀는 강간 당했다, 그녀가 열 살이었을 때 when, 그러나 but/그리고 and, 지금 그녀는 일한다 카운쓸러 (상담자)로서 성범죄 피해자들을 위하여.

2. 그녀는 받지 못했다 어떤 보상도, 그 사고로 인한, 이것이 그녀의 잘못이었기 때문에 because, since/이므로 as.

3. 기회란 아니다 무언가가, 기다리는(기다려야 하는), 그러나 but, 무엇이다 만드는(만들어야 하는).

4. 없다 증거가, 에이미가 그 사람이라는 who, 위조했다 그 서명을.

> evidence that subject + verb   that 주어 + 동사 라는 증거 *We do not have any evidence that he is the killer.* 우리는 가지고 있지 않다 어떤 증거도, 그가 살인자라는. *The goverment hasn't got any hard evidence that North Korea is behind the recent attack.* 정부는 가지고 있지 않다 어떤 확증도, 북한이 있다는, 최근 공격의 배후에.

Prepositions

1. 우리는 다 썼다(떨어졌다) of, 우유를. 당신은 살 수 있나(사 줘라) 약간(우유)을 오는/가는 길에 on, 집으로?

> 숙어 run out 은 '다 쓰다/떨어지다' 입니다. 뒤에 목적어가 오는 경우 of st 입니다. *We bought coffee last week but we ran out already.* 우리는 샀다 coffee 를 지난 주 그러나 우리 다 먹었다 벌써. *People say that fossil fuels is going to run out in the near future.* 사람들은 말한다, 화석 연료들이 고갈할 것이라고 가까운 미래에. *Damn! We've run out of fuel.* 제기랄! 우리 다 썼다 연료를. (헉! 휘발유 다 떨어졌다)

2. 케이티! 당신 잘라 주실 수 있겠어요 그 케익을 4 등분으로 into? (형태변화)

*3. 처분해라 당신의 유효기간이 지난 신용 카드를, **잘게 잘라** 버림으로써 by, 그것을.*

4. 당신은 알게 되어질(들을) 것입니다 어떤 변화들에 관하여 about, of, 이민법들에 in.

> '~에 변화' 에서 '에' 는 in 입니다. *There have been significant changes in gender roles in many developed countries over the last couple of decades.* 있어 왔다, 상당한 변화들이, 성별 역할들에, 많은 선진국들에서, 지난 몇 십년들에 걸쳐.

5. 그는 검사했는데 (결과가) 양성/음성이다, 인체 성장 호몬(스테로이드들)/후천성 면역 결핍증에 for.

> 동사 test '주어가 의학적 실험을 거치다' 라는 의미로, 형용사 positive/negative 와 함께, 그 실험 결과가 '양성/음성' 임을 나타냅니다. **주어 + test positive/negative for 질병/약물** 의 구조를 가지고 있습니다.

6. 긴장은 심화했다 두 나라들 사이에 between, 최근의 폭탄 공격 때문에 because of, due to/이래로 since.

이제 한글 해석을 보고 영어로 말해 볼 차례입니다.

Figurative Expressions (Sayings, Proverbs & Colloquial expressions)

take a/any chance to do something risky

chance /챈쓰/는 '기회' 말고도 '확률' 의 뜻도 가지고 있습니다. 확률은 확실함을 의미하지 않습니다. 직역은 '가지다/취하다 확률을' 인데, 확실하지 않은 확률을 취하니 '위험을 감수하다/모험을 하다' 라는 표현이 됩니다.

• After losing $50,000 on my last business venture, I'm not taking any chances this time.

• Luckily I was able to buy the ticket to Seoul this time but I'm not going to take a chance next time.

• We must take a chance. We have no other choice anyway.

• 잃은 후에 fifty thousand dollars 를 나의 지난 사업 모험(모험적 사업)에, 나는 하지 않는다 어떤 모험들을 이번에는.

• 운 좋게도, 나는 살 수 있었다 표를, 서울로(가는) 이번에는, 그러나 나는 않을 것이다 모험을 다음 번에는.

• 우리는 감수해야 한다 위험을. 우리는 가지고 있지 않다 다른 선택을 어쨌든.

Konglish   매너

manner 는 단수와 복수가 뜻이 매우 달라지는 경우입니다. 단수로 그냥 manner 는 '방법, 절차' 정도의 의미이고, 예절을 의미 할 때는 반드시 복수 형태 manners/매너쓰/를 사용해야 합니다.

• It's bad manners to talk with your mouth full. (= talk and eat at the same time)

• John just got up and left without saying goodbye. Some people **have no manners**.

• Good heavens! Child, **where are your manners?**

• The matter should be submitted to the committee **in** the usual manner.

• The issue will be resolved **in** a manner that is fair to both sides.

• 이것(to 이하)은 나쁜 예절이다, 말하는 것, 당신의 입이 꽉 찬 채로. (말하고 먹는 것 동시에)

• 존은 그냥 일어나서 떠났다, 말 없이 안녕이라. 어떤 사람들은 가지고 있지 않다 예의를.

• 세상에! 꼬맹아, 어디에 있냐 너의 예절은? (싸가지는 어데다 팔아 먹었냐?)

• 그 문제는 제출 되어야 한다 위원회로, 통상적인 방법으로.

• 그 문제는 해결될 것이다, 절차로(절차를 따라), 그것은 공정하다 양쪽들에.

Even a cat is talking about manners.

Conjunctions

1. I'd like to speak English _____ you do.

2. 'Do you know _____ he became so rich?' 'He won 3 million dollars in a lottery last year.'

3. I would not waste time memorizing sentences, _____ I were you. Instead, I will just practice making sentences using various conjunctions and prepositions.

4. I don't support the **claim** _____ the immersion approach to learning a second language is the most effective way.

Prepositions

1. Sorry! I'm not _____ the mood to talk now. Can I see you _____ the afternoon?

2. 'I got this car _____ free'. '_____ free? _____ who?' '_____ my uncle.'

3. You can **prevent** your house _____ being robbed _____ having the latest security system installed.

4. A man _____ the flu virus was **admitt**ed _____ hospital last night.

5. He was seriously injured _____ the attack, but he is _____ (a) stable **condition** _____ hospital now.

6. There has been a 30% **increase** _____ the number _____ people visiting Korea this year, compared _____ last year.

Conjunctions

1. 나는 말하고 싶다 영어를, 당신이 하는 것 처럼 *like*.

2. '당신은 아느냐 어떻게 *how*, 그가 되었는지 그리 부유하게?' '그는 이겼다 three 밀리언 달러쓸, 복권에서, 지난 해.'

3. 나는 낭비하지 않을 것이다 시간을, 암기하는데 문장들을, 내가 당신이라면 *if*. 대신에, 나는 단지 연습할 것이다, 만드는 것을 문장들을, 사용하여 다양한 접속사들과 전치사들을.

4. 나는 지지하지 않는다 그 주장을, 몰입(접근)방법, 배우는 것으로 제 2 언어를,이 가장 효과적인 방법이다 *that*.

claim that subj + verb 주장, that 이하 라는 *The company made a claim that all their products are preservative and additive free.* 그 회사는 주장했다, 모든 그들의 제품들은 방부제와 첨가물이 들어있지 않다고.

외국어를 학습하는 방법에 있어서, immersion approach 라는 방법이 있습니다. 소위 몰입교육이라고 하는데, 이 방법은 나이가 아주 어렸을 때만, 적용할 수 있는 방법입니다. 그것도 여러가지 학습 조건들이 갖추어져야만 성공적일 수 있습니다. 나이에 상관 없는 영어 몰입교육은 절대 성공적일 수 없습니다. 이미 전 세계 언어학계에서 증명된 사실입니다.

Prepositions

1. 미안합니다! 나는 있지 않습니다 기분에 *in*, 말할 지금. 제가 볼 수 있습니까 당신을 오후에 *in*?

2. '나는 얻었다 이 차를 공짜로 *for*.' '공짜로 *for*? 누구로부터 *from*?' '나의 삼촌으로부터 *from* '

3. 당신은 막을 수 있습니다, 당신의 집이 강도질 당하는 것으로부터 *from*, 시킴으로써 *by*, 최신 방범 체계가 설치되게.

prevent sb/st 막다 목적어(sb/st)을 *we must prevent bullying at our school.* 우리는 반드시 막아야 한다 왕따/괴롭힘을 우리의 학교에서. *To prevent injuries you should always warm up before exercising.* 막기 위하여 부상들을, 당신은 항상 준비 운동 해야한다, 운동하기 전에. prevent sb/st (from) doing st 막다 목적어(sb/st)가 ing 하는 것을. 이 경우 from을 생략할 수도 있습니다. *His leg injury prevented him (from) playing in the game.* 그의 다리 부상은 막았다 그가 뛰는 것을 그 경기에. *Several security officers prevented people (from) entering the building.* 여럿의 경비원들이 막았다 사람들이 들어가는 것을 그 건물을.

4. 한 남자, 그 독감 바이러쓸 가진 *with*, 받아 들여(입원)졌다 병원으로 *to*, 지난 밤.

5. 그는 심각하게 부상 당했다 그 공격에서 *in*, 그러나 그는 있다 안정된 상태에 *in*, 병원에서 *in*, 지금.

6. 있어 왔다 30 percent 증가가, 숫자에서 *in*, 사람들의 *of*, (그들은) 방문한다 한국을 올 해. 비교해서 작년에 *to*/작년과 *with*. '어디에 증가' 라고 할 때 '에' 는 무조건 in 입니다. 반대인 decrease 도 마찬가지 입니다. *There has been a significant increase in the crime rate.* 있어 왔다 엄청난 증가가 범죄율에. *There has been an increase/decrese in the number of female smokers.* 있어 왔다 증가/감소가 숫자에, 여성 흡연자들의.

이제 한글 해석을 보고 영어로 말해 볼 차례입니다.

Figurative Expressions (Sayings, Proverbs & Colloquial expressions)

tied to one's mother's/wife's apron strings for a man to be controlled by his mother or wife too easily

직역은 '묶여 있다 누군가의 엄마 또는 아내의 앞치마 끈에' 입니다. 모든 앞치마에는 묶는 끈이 있습니다. 그 끈에 묶여 있으니 어디를 마음대로 가지도 못하고, 아내나 어머니가 움직일 때 마다 휘둘립니다. '어머니 말이면 꼼짝 못하는 남자' 나 '공처가' 를 의미합니다. 서양이나 동양이나 아내나 어머니에게 휘둘리는 아들이나 남편들이 애처롭게 여겨지는 것은 매 한가지인가 봅니다.

• James is completely tied to his wife's apron strings. He cannot make any decision on his own without asking his wife's opinion.

• Edward is a mama's boy! He is still tied to his mom's apron strings although he is 35.

• 제임쓰는 완전히 공처가이다. 그는 만들지 못한다 어떤 결정도 그 스스로 묻지 않고는 아내의 의견을.

• 엗웓은 마마쓰 보이다. 그는 여전히 그의 엄마의 치마폭에 있다, 그가 비록 서른 다섯이지만.

The boy is tied to his mother's apron strings.

Konglish   미팅

한국에서 '미팅' 은 보통 처음 만나는 젊은 남,녀들이 같이 밥도 먹고 술도 마시고, 때로는 연인 관계로 발전하는 그런 만남을 말합니다. 물론 영어에서 그런 뜻은 전~혀 없습니다. 영어에서 명사로 meeting 은 '회의' 입니다. 별 다른 뜻 없습니다. 여하간 남,녀가 소개로 만나는 경우는 blind date 라고 합니다.

• We are going to have a fun time with girls from another school on the weekend. Would you like to join us?

• Young agreed to go on a **blind date** with my girlfriend's friend.

• We're **having a meeting** next week to discuss the matter.

• Over 150 people **attended the meeting** about/on Global Warming.

• Mr. Kim **is in a meeting** at the moment.

• The minister has **called an emergency meeting**.

• 우리는 가질 것이다 재미난 시간을 여자 애들과, 다른 학교로부터, 주말에. 너 합류할래 우리를? (같이 갈래?)

• 영은 동의했다 가기로 소개팅에, 나의 여자 친구의 친구와.

• 우리는 **가진다 회의를** 다음 주(에), 의논할 것이다 그 문제를.

• one hundred fifty 넘는 사람들이 **참석했다** 그 회의를, 지구 온난화에 관한.

• 미스터 킴은 있다 **회의 중에** 지금.

• 장관은 **소집했다** 긴급 회의를.

They are having a meeting.

Conjunctions

1. He neither tries to find a job _____ studies. He is hopeless.

2. _____ you reject the offer, there won't be any more.

3. (A wife's warning to her husband) Stop smoking _____ I will start to smoke too.

4. There have been a lot of changes in high school curriculums _____ I graduated 20 years ago.

Prepositions

1. He had to make a decision _____ *the spot* _____ whether to join the club or not.

2. A firefighter *died* _____ the deadly virus last week.

3. There is no need to worry. We are well *ahead* _____ *schedule*.

4. 'Where is he?' 'He is _____ the beach. He is busy watching *girls* _____ *bikinis*.'

5. Look _____ the bright side. Nobody's life is perfect.

6. The accident happened _____ *the blink* _____ *an eye*. I couldn't do anything.

Conjunctions

1. 그는 노력하지 않는다 찾으려 직업을, 그리고 공부하지도 *nor*, 않는다. 그는 가망 없다. (구제 불능이다)

neither 와 nor 가 둘 다 동사 앞에 위치했습니다.

2. 만약 당신이 거절하면 *if*, 그 제안을, 없을 것이다 더 이상 (의 제안이).

3. (아내의 경고 그녀의 남편에게) 멈춰라 흡연을 그렇지 않으면 *or*, 나는 시작할 것이다 흡연을 역시.

before 가 답이 되려면 before I start to smoke 가 되어야 합니다.

4. 있어 왔다 많은 변화들이 고등 학교 교과 과정들에, 내가 졸업한 이래로 *since*, 20년들 전에.

Prepositions

1. 그는 만들어야(내려야) 했다 결정을, **그 자리에서 (즉석에서)** *on*, 가입할지 그 모임을 안 할지에 관하여 *about*, *on*.

2. 한 소방관이 사망했다 치명적인 바이러쓰로 *with*, *of*/로부터 *from*/때문에 *because of, due to*, 지난 주.

3. 없다 필요가 걱정할. 우리는 있다 매우 앞서서 일정에 *of*.

일정에 맞게 on schedule, 일정보다 늦게 behind schedule.

4. '어디에 있나 그는?' '그는 있다 해변에 *on*. 그는 바쁘다, 보는데 젊은 여자들을 비키니들 안의(입은) *in*.

busy verb-ing verb 한다고 바쁘다 *I'm busy making kimchi.* 난 바쁘다 김치 만든다고. *I'm busy doing my homework.* 난 바쁘다 숙제 한다고. *She is busy making up.* 그녀는 바쁘다 화장한다고. *My mom is busy preparing for dinner.* 나의 엄마는 바쁘다 준비한다고 저녁을 위해. *My dad is busy making money.* 나의 아버지는 바쁘다, 돈 번다고.

5. 봐라 밝은 면을 *on*, (긍정적으로 생각해라). 누구의 삶도 완벽하지 않다. Ex 167

6. 그 사고는 발생했다 눈 하나 깜짝할 사이에 *in ~ of*, 나는 할 수 없었다 아무것도. Ex 162

이제 한글 해석을 보고 영어로 말해 볼 차례입니다.

Figurative Expressions (Sayings, Proverbs & Colloquial expressions)

a slap in the face an action intended to insult or upset someone

/슬랩/은 '싸대기' 라는 뜻입니다. '싸대기, 얼굴에' 가 직역인데, 얼굴에 귀 싸대기를 맞는 것처럼 누군가를 매우 화나게 하거나 어이 없게 만드는 행동 즉 '모욕' 이라는 표현입니다.

- *She considered it a real slap in the face when she found out that she wasn't included in the committee.*
- *The decision to close the community hall was a slap in the face for those people who have worked hard for it.*

- 그녀는 여겼다 이것(that 이하)을 진짜 모욕으로, 그녀가 발견했을 때, 그녀가 포함되지 않았다는 것을 그 위원회에.

동사 find 와 find out 의 차이를 아십니까? 기억나시려나, 한 번 다뤘는데... 주로 물리적인 것(물건 따위)을 찾을 때는 find, 추상적인 사실을 알아낼 때는 대개 find out 을 씁니다. *I lost my key a few weeks ago but I found it yesterday.* 나는 잃어버렸다 나의 열쇠를 몇 주들 전에 그러나 찾았다 이것을 어제. *'I wonder how much the ticket costs.' 'No worries! I will find it out for you.'* '나는 궁금하다 얼마나 그 표가 가격이 나가는지.' '걱정마! 내가 그걸 알아봐 줄게 너를 위해.'

- 그 결정, 닫기로 한 그 마을 회관,은 모욕이었다 그 사람들에게, 그들은 일해왔다 열심히 그것(마을 회관)을 위하여.

Konglish   부킹

'부킹' 은 한국에서 night club/나잍 클럽/에서의 '즉석 만남' 을 의미하는 단어가 된지 오래입니다. 동사로 book 은 '예약 하다' 이고 그 동명사형이 booking 입니다. '파트너 구하기' 의 의미는 영어에는 전혀 없습니다.

- *(At a night club) Waiter! Would you please ask the ladies over there to join us?*
- *(At a motel reception) I **made a booking for** a double room last week.*
- *I'm calling to **confirm my booking** for the flight to Paris.*
- *If you cancel your booking, there will be a small charge.*
- *The flight is fully booked. (= no more seats are available).*
- *To get tickets, you have to book **in advance**.*

People are having fun, dancing at/in a night club.

- (나잍 클럽에서) 웨이터! 당신 요구해 주시겠습니까 아가씨들에게 저쪽에, 합치라고 우리를? (합석하자고)
- (모텔 접수에서) 나는 **만들었(했)습니다 예약을** 2인실을 **위해**, 지난 주.
- 나는 전화해서 **확인합니다 나의 예약을**, 항공편을 위한, 패리쓰으로.
- 당신이 취소한다면 당신의 예약을, 있을 것입니다 약간의 비용이.
- 그 항공편은 이미 완전하게 예약되어 있다. (더 이상의 좌석이 없다)
- 구하기 위해서는 표들을, 당신은 예약해야 합니다. *미리.*

영어로 '~ 하기 위하여' 라는 의미를 to 부정사로 나타내는 방법은 두 가지가 있습니다. 하나는 본문처럼 in order to + verb 를 사용하는 것이고, 또 하나는 그냥 to + verb 의 형태를 사용합니다. 현대 영어에서 to + verb 사용해서 '~하기 위하여' 라는 의미를 표현하려면 to + verb 를 문장 맨 앞에 사용하세요. 기억이 가물 가물 하시면 Ex 67 이나 Ex 165 를 참고하세요.

Conjunctions

1. _____ Jerry is your friend, you should admit _____ he isn't a suitable business partner.

2. I can't believe _____ he was involved in the murder of his wife.

3. You want to be debt free? Then, the simple advice is _____ you shouldn't spend more _____ you make.

4. He expanded his business beyond his financial capability, _____ made his business go bankrupt in the end.

Prepositions

1. I am really **angry** _____ my boss, but what can I do?

2. We worked _____ **pairs** _____ the project _____ 2013.

3. _____ Australia, **drink driving** is a criminal offence.

4. A 25-year-old man **was charged** _____ hit-and-run driving and manslaughter.

5. The book is **aimed** _____ those who want to speak English _____ various situations.

6. The report claimed that more than 60% _____ lung cancer patients were smokers _____ **the past**.

Conjunctions

1. 비록 제리가 너의 친구이지만 although, though, 너는 인정해야 한다, 그가 아니라고 적절한 사업 동업자는 that.

2. 나는 믿을 수 없다, 그가 연루되었다는 것을 that, 살인에, 그의 아내의.

3. 당신은 원하나 빚 없기를? 그러면, 그 단순한 조언은, 당신은 써서는 안 된다 이다 that, 더, 당신이 만드는(버는) 것 보다 than.

4. 그는 확장했다 그의 사업을 그의 재정적 능력을 초과하여, 그것이 which, 만들었다 그의 회사를 파산하게 결국에.

Prepositions

1. 나는 정말 화가 났다 나의 상관에 at/상관과 with, 그러나 무엇을 할 수 있나 내가? (내가 어쩌겠나)

2. 우리는 일했다 짝지어서 in, 그 기획을 위하여 for, 2013년에 in/까지 until/전에 before/후에 after.

3. 호주에서는 in, **음주 운전**은 형사 범죄이다.

4. 25세의 남자가 **혐의부과 되었다** 뺑소니와 과실 치사로 with.

5. 그 책은 목표로 하고 있다 사람들에 at, 그들은 원한다 말하기를 영어를, 다양한 상황들에서 in.

> 동사 aim 이 '어떤이에게 촛점을 맞춘' 의 의미로 사용되는 경우는 항상 at 을 사용합니다. *This program is aimed at viewers aged 15 and over.* 이 프로그램은 촛점이 맞춰져 있다 시청자들에, 15세와 그 이상.

6. 그 보고서는 주장했다, 60% 이상(초과), 폐암 환자들의 of,이 흡연자들이었다 **과거에** in.

이제 한글 해석을 보고 영어로 말해 볼 차례입니다.

Figurative Expressions (Sayings, Proverbs & Colloquial expressions)

there's no smoke without fire/where there is smoke, there is fire to say that there is usually some truth behind every rumor

직역은 '없다 연기는 불 없이는/장소에 있는 연기가(연기가 있는 곳에), 있다 불이' 입니다. 어느 문화권에서 먼저 유래된 속담인지는 모르나 우리말 속담에 '아니 땐 굴뚝에 연기나랴!' 라는 속담과 거의 일치하는 표현입니다. 의미는 '어떤 소문에는 반드시 이유가 있고, 그 소문이 어느 정도는 사실이다' 입니다.

• *I have heard rumors/rumours (that) they are more than just good friends, and I think (that) they are in love. After all, there's no smoke without fire.*

• *People say (that) something fishy is going on at the company and I believe it; where there is smoke, there is fire.*

• 난 들었다 소문들을, 그들이 단지 좋은 친구들 이상이라는, 그리고 나는 생각한다, 그들은 있다 사랑에 빠져. 결국은, 아니 땐 굴뚝에 연기 나지 않는다.

• 사람들은 말한다, 무엇인가 수상쩍은 일이 진행되고 있다고 회사에, 그리고 나는 믿는다 그것을; 아닌 땐 굴뚝에 연기 나지 않는다.

Konglish   데이트

잘 아시다시피 명사로 date/데잍/은 '날짜' 라는 의미가 있고, 연애 할 때 말하는 '데이트' 가 있습니다. date 는 명사로는 '연애, 연애 상대', 동사로는 '데이트 하다, 연애 하다' 로 사용됩니다. 또한, **주어** + go out with somebody 는 '연애 하다' 의 의미로, 동사 date 보다 훨씬 보편적으로 사용됩니다. 영화나 드라마에서 아주 흔하게 들을 수 있는 표현입니다.

• *What's the date today?*

• *The date on the letter is the 22nd of July, 2011.*

• *Please write your name, address, and date of birth on the form.*

• *Have you set the **wedding** date yet?*

• *I've got a date with Andrea tomorrow evening.*

• *I think (that) you're feeling like a teenager going out on a first date.*

• *Rosy is my **date** at the party.*

• *Is James still dating Sarah?*

• *Anna used to go out with my brother.*

• *They've been **going out** for two years now.*

They are in love.

• 몇 일입니까 오늘?

• 날짜, 그 편지에,는 이다 22일 7월의 2011년.

• 쓰세요 당신의 이름, 주소, 그리고 생일을 그 양식에.

• 당신은 정했나 **결혼식** 날짜를 아직?

'결혼식' 이라해서 wedding ceremony 라고 하지 않습니다. 그냥 wedding 입니다. yet 은 긍정문에도 사용됩니다.

• 나는 가지고 있다 데잍을, 안드리어와 내일 저녁.

• 나는 생각한다, 당신이 느끼고 있다고 십대처럼 (설레고 있다고), 나가는 첫 데잍에.

- 로지가 나의 **연인**(데일 상대자)이다, 그 파티에서.
- 제임쓰가 여전히 사귀나 쎄라를?
- 아나는 사귀곤 했다 나의 오빠/형/남동생과.
- 그들은 사귀어 오고 있다 2년들 동안 지금.

Conjunctions

1. I like girls _____ wear make-up _____ looks natural.

2. _____ the government has been doing these days is driving me crazy.

3. The protest will continue _____ the president announces his resignation.

4. I'm sure _____ the company will go bankrupt _____ it does something about its union.

Prepositions

1. We need a couple _____ screws to keep the frame _____ **position**.

2. I'm very **disappointed** _____ your work. I want you to resubmit it _____ next Friday.

3. He is **addicted** _____ that computer game. He plays it **day and night**.

4. Even _____ western countries, showing some **respect** _____ teachers is **natural**.

5. **First** _____ **all**, you must abandon the idea that you can be **fluent** _____ English _____ a year.

6. He was **sentenced** _____ 3 years _____ prison, being **guilty** _____ corruption.

Conjunctions

1. 나는 좋아한다 여자들을, 그들은 who, 입는다 화장을, 그것은 which, that,은 보인다 자연스럽게.

2. 정부가 해오고 있는 것 what, 요즘에,은 몰고 있다 나를 미치게. (돌게 만든다) Ex 121

3. 시위는 계속 될 것이다, 대통령이 공표할 때까지 until, 그의 사임을.

4. 나는 확신한다, 그 회사는 파산할 것이라고 that, 이것이 하지 않는 한 unless, 무엇인가를, 이것의 노조에 관하여.

Prepositions

1. 우리는 필요하다 몇 개의 of, 나사들이, (그래서) 고정(유지) 할 수 있다 그 액자를 제 자리에 in.

2. 나는 매우 실망했다 너의 일(작업)에 with, at, about, in. 나는 원한다, 당신이 다시 제출하기를 그것을 다음주 금요일까지 by/금요일에 on/금요일 전에 before.

3. 그는 중독되어 있다 그 컴퓨터 게임에 to. 그는 논다(한다) 그것을 **낮 밤으로**.

한국어로는 밤 낮으로, 영어로는 낮 밤으로, 재밌습니다. ^^;

4. 심지어 서양 나라들에서도 in, 보이는 것 약간의 존중을 선생님들에게 to/선생님들을 향하여 towards/ 선생님들을 위하여 for, 은 **당연하다**.

5. **우선** of, 당신은 반드시 포기해야 한다 그 생각을, 당신이 유창해질 수 있다는, 영어에 in, 일년 만에 in/일년 안에 within.

6. 그는 선고 받았다 3년들로 to, 감옥에서 in, (그는) 유죄였다, 부정 부패의 of.

이제 한글 해석을 보고 영어로 말해 볼 차례입니다.

Figurative Expressions (Sayings, Proverbs & Colloquial expressions)

give somebody/something the green light to allow a project, plan etc to begin

직역은 '준다 누군가/어떤 것에게 녹색 등을' 입니다. 교통 신호등에 녹색은 '통행/운행' 을 의미합니다. '허가' 를 의미하는 녹색등을 준다는 말은 '어떤 계획이나 사업 따위를 허락하다' 라는 의미입니다.

- *The local government has given the property developers the green light.*
- *The US military was given the green light to invade Iraq and Afghanistan after the 9.11 attack.*
- *Stem cell research using human embryos has been given the green light in some countries.*

- 그 지역 정부는 주었다 부동산 개발업자들에게 허가를.
- 미국 군은 허가 되었다, 침략하는 것을/허가 되어 침략했다 이락과 앞가니스탄을, 9.11 공격 이후에.
- 줄기 세포 연구, 사용하는 사람의 배반(보통 8주 까지의 태아)을,는 허가 되었다, 몇 몇 나라들에서.

Konglish   더치페이

Netherlands/네덜랜즈/ 사람들을 Dutch/더치/라 부릅니다. Dutch pay 보다는 Dutch treat/트릿/(대접)나 Going Dutch 로 더 많이 표현되는데, 이것은 영국인들이, 각자 돈을 지불하는 Dutch 인들의 관습을, 다른 사람에게 후하지(generous) 못하고 이기적이라고 비하하여 많든 말입니다. 그런데 그렇게 비하하여 부르던 Dutch 인들의 관습이 지금은 영어권 국가 어디를 가도 흔히 볼 수 있고, 당연하게 여겨지고 있습니다. 다만 남,녀가 date을 할 경우에 드는 비용은 영어권 국가들에서도 남자가 지불하는 경우가 종종 있습니다. 다만 주의해야 할 것은, 영어권에서 남,녀가 date 시에, 남성이 모든 date 비용(식사, 술, 교통비 등)을 내고, 여자가 그것을 허락한다는 것은 '오늘 밤을 같이 보낼 수 있다' 라는 암묵적 동의인 경우가 대부분입니다.

- *I will pay for dinner and you pay for drinks.*
- *Going Dutch or Dutch treat is often considered (to be) a stingy thing to do in Korea. So, it is not difficult to see that the person of the highest social standing, such as a boss or an older person pays for the total bill.*
- *Going Dutch or Dutch treat is not an expression used widely in Western countries since paying for one's own meal is a very common and natural practice there.*

- 내가 내겠다 저녁을 위해, 그리고 당신은 지불해라 음료들을 위해.
- *Going Dutch* 나 *Dutch treat* 은 종종 여겨진다 구두쇠 짓으로 한국에서. 그래서, 이것(to 이하)은 어렵지 않다, 보는 것, 사람, 가장 높은 사회적 위치의, 예를 들어 상관이나 나이 많은 사람,이 내는 것, 총 비용을 위해.
- *Going Dutch* 나 *Dutch treat* 는 표현이 아니다, 쓰이는 넓게, 서양 나라들에서, 지불하는 것, 개인 자신의 식사를 위하여,은 매우 흔하고 자연스러운 관습이기 때문에 그곳에서.

Conjunctions

1. (Asking directions at a T- junction) Excuse me! Do you know _____ way is to the beach?

2. (Giving directions at the above T- junction) _____ way you choose, it will lead you to the beach.

3. I'm sure _____ you cannot complete the work by next week _____ you do.

4. _____ he retired from politics 3 years ago, he still has much influence on the party.

Prepositions

1. *Some individuals pursue their new careers **regardless** _____ their age.*

2. *She has been **separated** _____ her husband _____ 3 years _____ now.*

3. ***According** _____ a report, every household _____ Korea has almost three mobile phones _____ average.*

4. *I will be away _____ **a while**. Don't even call me unless it's extremely urgent.*

5. *Her first **reaction** _____ the news was to cry.*

6. *I've offered to clean the house _____ **exchange** _____ a week's accommodation.*

Conjunctions

1. *(묻는다 방향들을 T자 모양의 삼거리에서) 실례합니다! 당신은 압니까, 어떤 which, 길이 바닷가로 인지?*

2. *(준다 방향들은 위의 T자 모양의 삼거리에서) 어떤 whichever 길을, 당신이 선택하든지, 이것은 이끌 것입니다 당신을 바닷가로.*

3. *나는 확신한다, 당신이 마칠 수 없다고 that, 그 일을 다음주까지, 무엇을 당신이 하든지 whatever.*

4. *그가 은퇴했을지라도 although, though, 정치로부터 3년들 전에, 그는 여전히 가지고 있다 많은 영향을, 그 당에.*

Prepositions

1. *몇 몇 개인들은 추구한다 그들의 새로운 직업/경력들을 그들의 나이에 **상관없이** of.*

> regardless of st st 에 개의치 않는다 라는 말입니다. *I'm sure (that) Jason will do what he wants, regardless of what I said.* 나는 확신한다, 제이슨은 할 것이라고, 그가 원하는 것을, 내가 말했던 것에 개의치 않고.

2. *그녀는 **별거**해왔다 그녀의 남편으로부터 from, 3년들 동안 for, 지금까지 by.*

> *First, separate the eggs (= divide the white part from the yellow part).* 먼저 분리해라 계란들을. *Brian and Amy separated a year ago.* 브라이언과 에이미는 별거했다 1년 전에. *Oil and water tend to separate.* 기름과 물은 경향이 있다 분리되는. *Separate boys from girls.* 분리해라, 남자애들을 여자애들로부터. *Separate him from her.* 떼어내라 그를, 그녀로부터.

3. ***따르면** 한 보고에 to, 모든 가구, 한국에서 in,는 가지고 있다 거의 three 휴대 전화기들을 **평균적으로** on.*

4. *나는 있을 것이다 멀리 떨어져서(어디론가 떠나있을 것이다) 잠시 동안 for. 전화도 하지 마라 나에게, 이것이 심하게 급한 일이 아닌 이상.*

5. *그녀의 첫 번째 반응, 그 소식들에 to,는 우는 것이었다.*

> *How did she react when you told her the news?* 어떻게 그녀는 반응했나, 네가 이야기 했을 때 그녀에게 그 소식들을? *How did your parents react when you told them you were going to marry Tim?* 어떻게 당신의 부모들은 반응했나, 네가 이야기 했을 때 그들에게, 네가 결혼한다고 팀을? *People reacted to the president speech differently.* 사람들은 반응했다 대통령의 연설에, 다르게. *What was Chris's reaction when you told him that you got pregnant?* 무엇이었나, 크리쓰의 반응은, 네가 이야기 했을 때 그에게, 네가 했다고 임신을? *People reacted angrily to the government's decision about the matter.* 사람들은 반응했다 화를 내며, 정부의 결정에, 그 문제에 관한.

6. *나는 제안했다 청소하기로 그 집을, **교환 조건으로** in, 일주일 숙박을 위한 for.*

> *Gary fixed my computer in exchange for dinner.* 게리는 고쳤다 나의 컴퓨터를, 저녁 식사를 대접하는 조건으로. *I borrowed my friend's car in exchange for filling it up.* 나는 빌렸다 내 친구의 차를, 연료를 가득 채워준다는 조건으로.

이제 한글 해석을 보고 영어로 말해 볼 차례입니다.

Figurative Expressions (Sayings, Proverbs & Colloquial expressions)

be on the right/wrong track to be doing something correctly or incorrectly

직역은 '있다 맞는/잘못된 길 위에' 입니다. 모든 track(길, 열차 선로)은 어떤 목적지로 향합니다. 그래서 '사람이나 어떤 것이 맞는 또는 잘못된 길에 있다' 라는 것은 어떤 일을 진행함에 있어 그 '일이 잘/잘못 진행되고 있다' 라는 표현입니다.

• Are you sure (that) we are on the right track for the project?

• Tax cuts for the rich and slashing welfare expenses will put the economy on the wrong track.

• If you suspect that my son was involved in the incident, you are on the wrong track.

• We've had the initial test results and it looks like we're on the right track.

• 당신은 확신하는가, 우리가 제대로 하고 있다고 그 기획을 위하여?

• 세금 감면들, 부자들을 위한, 그리고 잘라내는(줄이는) 것,
복지 비용들을,은 둘 것이다 경제를 안 좋은 방향으로.

• 당신이 의심한다면, 내 아들이 연루되었다고 그 사건에,
당신은 잘못 생각하고 있는 것이다.

• 우리는 가졌다 초기 실험 결과들을, 그리고 이것은 보인다,
우리가 제대로 진행하고 있는 것처럼.

The beetle is on the wrong track.

Konglish   스킨십

굳이 의미를 분석해 보자면 '살/피부 맞 닿기' 정도 입니다. 한국에서는 남,녀간의 신체 접촉, 포옹, 뽀뽀, 손잡는 것, 어깨 걸치는 것 등을 말합니다. 하지만 skin + ship 은 영어에 없는 단어입니다. 한국과 일본에만 존재하는 영어라고나 할까요? 사전에 등재가 되기까지는 아직은 먼 듯합니다. 굳이 적당한 표현을 구하자면 physical touching 정도입니다.

• In Korea and Japan, a new word, 'skinship', mainly means physical touching between men and women.

• She loves the gentle touch of her boyfriend.

• I hate him. He always tries to touch every woman (who) he thinks attractive. I think (that) he is some kind of pervert.

• 한국과 일본에서, 새로운 단어, 스킨십은 주로 의미한다 육체적 접촉을 남자와 여자 사이에.

• 그녀는 매우 좋아한다 부드러운 접촉을, 그녀의 남자 친구의.

• 나는 싫어한다 그를. 그는 항상 시도한다 만지려고 모든 여자를, (그녀를) 그가 생각하기에 매력적이라고. 나는 생각한다, 그는 어떤 종류의 변태라고.

Conjunctions

1. Do you know _____ some celebrities with much money and fame kill themselves?

2. It seems _____ she died _____ she was sleeping due to a **drug overdose**.

3. I'm sure _____ anyone in the situation would have done the same thing.

4. I don't think _____ you are the person _____ can help her.

Prepositions

1. She is very **anxious** _____ her exam.

2. The statistics **are based** _____ a population survey.

3. My wife's been **sick** _____ flu _____ over two weeks now.

4. My teacher was very **angry** _____ my attitude _____ the classroom

5. The manufacturer said (that) the drug will be _____ **the market** _____ May.

6. South Korea is one _____ the world's most wired societies, _____ nearly all households **connect**ed _____ the Internet.

Conjunctions

1. 당신은 아느냐 몇 몇 유명인들 (연예인과 유명 운동 선수들), 많은 돈과 유명세를 가진, 이 죽인다는 것을 *that*/왜 죽이는지 *why*/어떻게(방법) 죽이는지 *how*, 그들 자신들을?

2. 이것(*that* 이하)은 인듯하다, 그녀가 죽은 듯 *that*, 그녀가 잠자고 있던 동안에 *while*, **약물 과다 복용** 때문에.

It seems that subj + verb '뭐시기가 뭐 인듯해' 라는 말을 하고 할 때 사용하는 가장 쉬운 구조입니다. *It seems that he is gay.* 그가 게이인 것 같다. *It seems that they're not ready yet.* 그들이 준비가 되지 않은 것 같다, 아직. *It seems that Roger has been living in Korea for a long time.* 로저가 살아오고 있는 것 같다, 한국에, 오랜 시간 동안.

3. 나는 확신한다, 누구든지, 그 상황에서, 했을 것이다 *that*, 똑 같은 것을(똑같이).

4. 나는 생각하지 않는다, 당신이 그 사람이라고 (*that*), 그는 *who*, 도울 수 있다 그녀를.

Prepositions

1. 그녀는 매우 근심(염려)하고 있다 그녀의 시험에 관하여 *about*.

2. 그 통계들은 바탕을 하고 있다, 한 인구 조사에 *on*.

The new organization will be based in Seoul. 그 새로운 단체는 본거지를 둘 것이다 서울에. *The economy of the country is based on farming.* 경제, 그 나라의,는 기초를 두고 있다, 농업에.

3. 나의 아내는 아파왔다 독감으로 *with*, 2주들 이상 동안 *for*, 지금.

4. 나의 선생님은 매우 화가 났었다 나의 태도에 *at*/태도로 *with*/태도에 관하여 *about*, *over*, 교실에서 *in*.

5. 그 제조자는 말했다, 그 약이 있을 것이라고 **시장에** *on* (판매될 것이라고) 오월에 *in*/전에 *before*/후에 *after*/까지는 *by*/즈음에 *around*.

It's one of the cheapest notebook computers on the market. 이것은 하나이다, 가장 싼 놑북 컴퓨터들의, 유통되는. *The house was on the market for $690,000.* 그 집은 나왔었다 *six hundred ninety thousand dollars*에 매물로. *There are thousands of different books for studying English on the market.* 있다 엄청나게 많은 다른 책들이, 영어 공부를 위한, 시중에 유통되고.

6. 남한은 하나이다, 세계에서 가장 연결된(인터넽 회선) 사회들 중의 *of*, 거의 모든 가구들이 연결되어 있는 *with* (정보추가), 인터넽에 *to*.

Figurative Expressions (Sayings, Proverbs & Colloquial expressions)

word for word in exactly the same words

직역은 '단어를 위한 단어' 입니다. 어떤 상황을 설명할 때, 한 자도 빼먹지 말고 '들은 그대로' 또는 '글자 그대로' 라는 표현입니다.

- *Tell me word for word, what he said to you before he died.*
- *His speech was printed word for word in newspapers the next day.*

- *말해 달라 나에게 또박 또박, 그가 말한 것을, 당신에게, 그가 죽기 전에.*
- *그의 연설은 인쇄되었다 토시 하나 빼지 않고 글자 그대로, 신문들에 그 다음 날(에).*

Konglish　　　　　　　프로포즈

한국에서는 propose/프로포즈/하면 '청혼' 이 가장 먼저 떠오릅니다. 하지만 영어에서는 '제안하다' 라는 타동사가 가장 먼저입니다. '청혼하다' 로 쓰일 때는 반드시 propose + to somebody 의 구조가 되어야 합니다.

- *The UN Secretary General **proposed that** the UN should set up an emergency centre in the conflict area, Gaza.*
- *The resolution was proposed by the chairman of the National Business Committee.*
- *I propose that we discuss the matter at the next meeting.*
- *Steve **proposed to me** only six months after we met.*

- *UN 사무 총장은 제안했다, UN이 설립해야 한다고 긴급(구호)소를, 그 충돌 지역, 가자에*

proposed that subject + verb that 이하를 제안하다.

- *그 해결책은 제안 되었다 의장에 의해, 전국 경제 위원회의.*
- *나는 제안한다, 우리가 의논하자고 그 문제를 다음 회의에서.*
- *스팁는 **청혼했다 나에게**, 단지 6개월들 이후에, 우리가 만난지.*

He is proposing to her on a beach.

Conjunctions

1. Make sure _____ the power is switched off first _____ you plug it in.

2. I'm happy _____ you're happy _____ I am sad _____ you're sad.

3. You will never be free from feelings of guilt _____ you are going to run away.

*4. _____ a problem **comes up**, the government is always busy making excuses rather than doing something about it.*

Prepositions

1. 'You look _____ hell. What happened _____ you?' 'I drank too much last night and I have a terrible hangover now.

2. John! May I talk _____ you, strictly _____ *the record*?

3. Long life milk is heated _____ 135 degrees. Then it is quickly cooled.

4. *Fresh* milk must be stored_____ 4 degrees or below.

5. The wine was almost pink _____ *colour*.

6. The stock market was _____ total *chaos* yesterday, and many individual investors lost huge sums _____ money.

Conjunctions

1. 확실히 해라, 전기가 꺼져있는 것을 *that*, 먼저, 당신이 그것을 (전원에) 꽂기 전에 *before*.

2. 나는 행복하다, 당신이 행복할 때 *when*/행복할 때마다 *whenever*/행복하면 *if*/행복하기 때문에 *because, since/*행복하므로 *as*, 그리고 *and*/그러나 *but*, 나는 슬프다 당신이 슬플 때 *when*/슬플 때마다 *whenever*/슬프면 *if*/슬프기 때문에 *because, since/*슬프므로 *as*.

3. 당신은 결코 자유롭지 못할 것이다 느낌들로부터, 죄의(죄책감들로부터), 당신이 도망갈 지라도 *although, though/*도망갈 것이라면 *if*.

4. 문제가 **생길** 때마다 *whenever*/생길 때 *when*, 정부는 항상 바쁘다, 만들어 내는데에 핑계들을, 하기 보다는 무언가를 그것(문제)에 관해.

be busy verb-ing 바쁘다 동사한다고 , *I'm busy doing my homework.* 나는 바쁘다 내 숙제한다고, *My wife is busy cooking.* 아내는 바쁘다 요리한다고, *They are busy getting ready for the meeting.* 그들은 바쁘다 준비한다고, 그 회의를 위해.

Prepositions

1. '너 보인다 지옥처럼 *like*,(몰골이 말이 아니다). 무엇(무슨 일)이 일어났다 당신에게 *to*?' '나는 마셨다 너무 많이 지난 밤(에) 그리고 나는 가지고 있다 끔찍한 숙취를 지금. Ex 92

2. 존! 내가 이야기 해도 됩니까 당신에게 *to*/당신과 *with*, 철저하게 **공식적으로 기록에 남기지 않고** *off*?

off the record 는 '기록에서 분리'를 의미하므로, '기록으로 남기지 않는' 을 의미합니다. 예를 들어, 공식적인 기자 회견에서 발표되는 내용은 거의 다 문서화(공식 기록화) 할 수 있습니다. 하지만, 기자 회견 전,후에 개인적 친분이 있는 기자에게 'Jim, can I talk to you off the record?' 라고 말하는 것은, '공식 기록을 남기지 않는 조건으로 이야기 좀 할 수 있나' 라는 표현입니다.

3. 오랜 수명 우유(장기 보관 가능한 우유)는 가열된다 135도들로 *to*. 그리고 빠르게 식혀진다.

4. **생** 우유는 반드시 보관되어야 한다 4도들에서 *at*, 아니면 아래에서.

형용사 fresh 는 '신선한' 이라는 의미도 있지만, '생' 이라는 의미도 있습니다. 즉, dried (말린), cooked(조리된), frozen(얼린), pickled (절인), steamed (찐), canned (깡통에 들은) 등등의 형용사의 반대어 입니다.

5. 그 와인은 거의 분홍색이었다 색깔이 *in*.

6. 주식 시장은 있었다 완전한 혼돈(상태)에 *in*, 어제, 그리고 많은 개인 투자자들은 잃었다 엄청난 양들의 *of*, 돈을.

이제 한글 해석을 보고 영어로 말해 볼 차례입니다.

Figurative Expressions (Sayings, Proverbs & Colloquial expressions)

in one's shoes in someone else's situation, especially a bad one

직역은 '누군가의 신발들 안에' 입니다. '신발들' 은 어떤 상황이나 상태를 비유한 말이고, 대부분의 신발들에서는 좀 좋지 않은 냄새가 나기 마련입니다. 아무리 예쁜 여자 또는 멋진 남자가 신고 있는 신발이라도 말이죠.^^; '누군가의 좋지 않은 상황에 있다' 또는 '그 상황을 경험하다' 라는 표현입니다.

- *I'm sure that anyone in his shoes would have done the same thing.*
- *Put yourself in their shoes. Then you will realize/realise how bad the problem is.*
- *You will never know **what it feels like** unless you put yourself in my shoes.*

- 나는 확신한다, 누구든지, 그의 상황에 처해 있었다면, 했을 것이다, 똑같은 것을(똑같이).
- 넣어 봐라 당신 자신을 그들의 상황에. 그러면, 당신은 알게 될 것이다, 얼마나 나쁜지 그 문제가.
- 당신은 절대 알 수 없을 것이다, **이것이 어떻게 느껴지는지**, 당신이 두지 않는 한 당신 자신을 나의 상황에.

Konglish   이미지

image/이미지/의 가장 근본적인 뜻은 상(像)입니다. 첫 번째 뜻은 '눈에 보여지는 형상' 을 말하고, 두 번째 뜻은 '대중에게 보여지는 시각 + 의견' 입니다. 발음과 뜻이 변형이 되지 않고 정확하게 사용되고 있는 몇 안 되는 콩글리시 단어 입니다.

- *The image is not very clear. Take another shot.*
- *He's got no visual image of her. He only remembers her name.*
- *The images on a computer screen are made up of thousands of tiny dots.*
- *I like her new image – it's a lot more dignified.*
- *He wears glasses only for the 'intellectual' image.*
- *The banking industry is working hard on improving its image.*
- *The party is doing its best to improve its image with female voters.*
- *The latest scandal has severely damaged his image as an honest politician.*

- 이미지가 그리 선명하지 않다. 찍어라 하나 더 장.
- 그는 가지고 있지 않다 시각적 이미지를, 그녀의. 그는 단지 기억한다 그녀의 이름을.
- 이미지들, 컴퓨터 스크린 위,은 만들어 진다 수 천 개의 작은 점들로.
- 나는 좋아한다 그녀의 새로운 이미지를 – 이것은 훨씬 더 품위 있다.
- 그는 쓴다 안경을, 단지 '지적인' 이미지를 위하여.
- 금융 산업은 일하고 있다 열심히, 향상시키는데에 이것의 이미지를.
- 그 정당은 최선을 다해서 향상시키고 있다 이것의 이미지를 여성 투표자들과(에게).
- 그 최근의 불미스러운 사건은 심각하게 손상시켰다 그의 이미지를, 정직한 정치인으로서(의).

Conjunctions

1. Leave it _____ it is! I will **take care** of everything.

2. I miss the South Island of New Zealand, _____ I lived for a year in the mid-90's.

3. My father wants me to go to university _____ I like it or not.

4. Many schools in Korea encourage academic achievement, _____ they don't give a damn/shit about rewarding good behaviour.

Prepositions

1. The alarm went off _____ around 8 pm, and went on _____ around 30 minutes until firefighters arrived.

2. 'Do you go _____ work _____ bus or _____ train?' 'Neither! I go _____ work _____ foot.'

3. I'm a big **fan** _____ ABBA. I've got all the albums.

4. Don't judge a book _____ its cover. Ricky is the smartest student _____ the class.

5. Long life milk is great _____ a stand by if you **run out** _____ fresh milk.

6. Many frozen veggies are just as nutritious, or _____ some **cases** even more nutritious _____ fresh ones.

Conjunctions

1. 두어라 그것을, 그것이 있는 듯이 *as*, (건드리지 말고 그냥 놔 둬라)! 내가 **처리하겠다** 모든 것을.

> Leave it as it is 는 식사 초대를 받은 손님이, 식사 후에 식탁 치우는 것을 도우려는 손님에게 '그냥 두세요' 라는 표현에서부터, '절대 건드리지 말고 그대로 둬' 라는 표현으로까지 두루 사용됩니다.

2. 나는 그리워 한다 남섬을, 뉴질랜드의, 그곳에서 *where*, 나는 살았다 1년 동안 90년대 중반에.

> 90년대 초반에 in the early-90s, 후반에 in the late-90s

3. 나의 아버지는 원한다 내가 가기를 대학에, 내가 좋아하든지 그것을 아니든지 상관없이 *whether*.

4. 많은 학교들, 한국에,은 장려한다 학문적 성취를, 그러나 *but*/반면에 *while*, *whereas*, 그들은 전혀 신경쓰지 않는다 상 주는(격려하는) 것에 관해, 좋은 행동을. Ex 160

Prepositions

1. 그 경보가 울렸다 오후 8시 쯤에 *at*, 그리고 지속되었다 약 30분 동안 *for*, 소방관들이 도착했을 때까지.

> '경보가 울리다' 는 alarm go off 로 표현합니다. go 는 '어떤 상태가 되다' 라는 의미이고, off 는 '알람의 종에 붙어 있던 작은 쇠망치가 분리된다' 라는 의미입니다. 분리를 시작으로 반복적으로 그 종을 때리죠.

2. '당신은 갑니까 직장에 *to*, 버스로 *by*, 아니면 열차로 *by*?' '둘 다 아닙니다! 나는 갑니다 직장에 *to*, 걸어서 *on*.'

3. 나는 큰(열성) *fan* 이다 아바의 *of*. 나는 가지고 있다 모든 음반들을.

4. 판단하지 마라 겉모습 만으로 *by*. 리키는 가장 명석한 학생이다 학급에서 *in*. Ex 104

5. 긴 생명 우유(장기 보존 우유)는 좋다 예비로서 *as*, 당신이 **떨어지면** 생 우유가 *of*.

6. 많은 냉동 야채들은 영양가 있다, 아니면, 몇몇의 **경우들**에는 *in*, 심지어 더 영양가가 있다 생 것들보다 *than*.

> 형용사 fresh 는 '신선한' 이라는 의미도 있지만, '생' 이라는 의미도 있습니다. 즉, dried (말린), cooked(조리된), frozen(얼린), pickled (절인), steamed (찐), canned (깡통에 들은) 등등의 형용사의 반대어 입니다.

이제 한글 해석을 보고 영어로 말해 볼 차례입니다.

Figurative Expressions (Sayings, Proverbs & Colloquial expressions)

bark up the wrong tree to ask the wrong person or to make the wrong assumption

직역은 '짖는다 엉뚱한 나무 위로' 입니다. 예를 들어, 개가 닭을 쫓다가 닭이 나무 위로 도망가거나 하면 개는 나무를 기어오르지 못하니 그 나무 위를 향해 짖습니다. 그런데, 개가 닭이 어느 나무로 올라갔는지 몰라서 엉뚱한 나무에 대고 짖는 형국입니다. '엉뚱한 사람에게 묻다' 또는 '잘못된 가정을 하다' 라는 표현입니다.

• *I didn't do it. If you think (that) I'm the one, you're barking up the wrong tree.*

• *You're barking up the wrong tree if you think (that) Sam can help you.*

• *You're barking up the wrong tree. Rachel doesn't love you. She just loves your money and your car.*

• 나는 하지 않았다 그것을. 당신이 생각한다면, 내가 그 사람이라고, 당신은 엉뚱한 곳에 와서 짖는 격이다.

• 당신은 엉뚱한 생각을 하고 있다, 당신이 생각한다면, 쌤이 도와줄 수 있을 것이라고 당신을.

• 당신은 잘못 생각하고 있다. 레이첼은 사랑하지 않는다 당신을. 그녀는 단지 사랑한다 당신의 돈과 당신의 자동차를.

The dog is barking up the wrong tree.

Konglish   스캔들

한국에서 '스캔들'이라 하면 대개 '남,녀간의 부적절한 관계' 만을 의미합니다. 하지만, 영어에서는 유명인들의 스캔들은 부적절한 남,녀 관계뿐만 아니라, 기타 다른 '불미스럽고 부도덕한 행위' 도 포함합니다.

• *Bill Clinton, the former U.S president, was involved in a sex scandal with a lady, Monica Lewinsky, and it ruined his reputation.*

• *The scandal over the secret financial deal forced the corporation's president to resign in disgrace.*

• *Most women's magazines only seem interested in gossip and scandal.*

• 빌 클린턴, 전 미국 대통령은 연루되었다 *sex scandal* 에 한 아가씨와, 모니카 루인스키, 그리고 그것은 망쳤다 그의 명성을.

• 그 도덕적으로 불미스러운 일, 비밀스런 재정적인 거래에 관한,은 (강요)만들었다 그 기업의 회장이 사임하도록 **불명예스럽게**.

• 대부분의 여성 잡지들은 오로지 관심이 있는 듯하다, 잡담과 부도덕한 일에.

Conjunctions

1. This chili is much hotter _____ anyone can imagine.

2. She decided to marry him _____ she is not certain _____ she made a right decision (or not).

3. The reason _____ you can't marry is not _____ you are not handsome. It's _____ you're not rich.

4. You will see the positive effect of this medicine only _____ you've taken it for 2 weeks at least.

Prepositions

1. I'm planning to return _____ work (= start a job again after a long period of time) when my children are a little older.

2. You'd better drive _____ *low gear* _____ downhill roads.

3. The government must refuse to **negotiate** _____ terrorists.

4. You must slow down _____ foggy or dusty road **conditions**.

5. Minor cuts and scrapes usually stop bleeding _____ **their own**.

6. Fresh veggies can take weeks or even months to reach the dinner table and some vitamins are gradually lost _____ time.

Conjunctions

1. 이 고추는 훨씬 맵다, 어느 누가 상상할 수 있는 것보다 *than*.

2. 그녀는 결정했다 결혼하기로 그를, 그러나 *but* 그녀는 확신하지 않는다/확신하지 않을지라도 *although, though,* 그녀가 만들었는지 *if, whether,* 올바른 결정을.

3. 그 이유, 당신이 결혼할 수 없는 *why,* 는 아니다, 당신이 잘 생기지 않았기 때문에 *because.* 이것은 당신이 부자가 아니기 때문이다 *because.*

since 는 위와 같이 매우 짧은 구어체에서 좀 어색합니다.

4. 당신은 볼 것입니다 긍정적인 효과를, 이 약의, 당신이 복용한 이후에만 *after,* 이것을 2주들 동안 적어도.

Prepositions

1. 나는 계획하고 있다 돌아가기를 직장으로 *to.* (시작하다 직업을 다시, 오랜 기간의 시간 후에) 나의 아이들이 조금 더 나이 먹었을 때.

2. 당신은 낫겠다 운전하는 것이 저단 기어로 *in,* 내리막 길들에서 *on.*

3. 정부는 반드시 거절해야 한다 협상하기를 테러리슽들과 *with.*

4. 당신은 감속해야 한다 안개가 끼었거나 먼지 나는 도로 조건들에서 *in/*하에서 *under.*

5. 심각하지 않은 자상들(베인 상처)과 까진 상처들은 보통 멈춘다 출혈을 그들 스스로 *on.*

I've been living on my own since my paprents died a few years ago. 나는 살아오고 있다 나 혼자서, 나의 부모들이 죽은 이후로, 몇 년 전에. Did you make this all on your own? 당신이 만들었나 이것을 모두 당신 혼자서? Will you be OK here on your own? 너 괜찮겠어 이곳에서 혼자?

6. 생 야채들은 걸릴 수 있다 몇 주들이나 아니면 심지어 몇 달들을, (그래서) 다다른다 저녁 식사 식탁을, 그리고 몇 몇 바이타민들은 차차 없어진다, **시간에 걸쳐서** *over.*

over time 은 오랜 시간이 지나면서 차츰 이라는 말입니다. *Language changes over time.* 언어는 변화한다 시간이 지나면서. *His image has changed over time.* 그녀의 이미지는 바뀌어 왔다 시간이 지나면서.

이제 한글 해석을 보고 영어로 말해 볼 차례입니다.

Figurative Expressions (Sayings, Proverbs & Colloquial expressions)

beauty is/lies in the eyes of the beholder to say that each person has different opinions about who or what is beautiful

직역은 '아름다움은 있다 눈들 안에, 보는 사람의' 입니다. '아름다움에 관한 기준은 사람에 따라 다르다' 라는 속담으로 우리말에 '제 눈에 안경' 과 비슷합니다.

• *Personally, I can't understand why she finds him attractive, but people do say that beauty is in the eyes of the beholder.*

• *Everyone thinks (that) Amy is not for James. However, James thinks (that) Amy is perfect for him. I guess (that) beauty lies in the eyes of the beholder.*

• *개인적으로, 나는 이해할 수 없다, 왜 그녀가 발견하는지 그를 매력적이라고, 그러나 사람들은 말한다 '제 눈에 안경' 이라고.*

• *모든 사람들은 생각한다, 에이미는 아니라고 제임스를 위한. 그러나, 제임스는 생각한다, 에이미는 완벽하다고 그를 위해. 내가 짐작한다, 아름다움의 기준은 틀리다고 사람들마다.*

Konglish　　　　키로/킬로

키로? 킬로? 일단 /키로/라는 발음은 잘못된 발음입니다. 영어에서 /ㅣ/발음은 /r/과 달리 **자음+모음+자음** 구조에서 마지막 자음으로서 발음이 됩니다. 예를 들어, car 의 발음은 /카/이지만, 대한항공 KAL 의 발음은 /ㅣ/때문에 의해 /칼/입니다. 마찬가지로 arrive 는 /어라이브/이지만 alive 는 /얼라이브/입니다. 그래서 /키로/는 자음+모음의 구조가 대부분인 일본식 발음으로, 정확한 발음은 /킬로/입니다. 또 하나 주의 하실 점은 구어체 영어에서 kilo 는 두 가지 발음이 있습니다. /킬로/와 /케이/. /킬로/는 무게를 의미하고 /케이/는 거리나 속도를 말할 때 사용됩니다. 정식표현에서 킬로미터 뒤의 복수형 발음, kilometers/킬로미터쓰/, 에 유의하시길 바랍니다.

• *'How fast were you going?' '70km/hour.'*

• *'How far is Armidale from here?' 'Around 500km.'*

• *Damn! This suitcase is too heavy. It weighs 20 kg.*

• *Can I have 2 kg of prawns please?*

• *'얼마나 빨리 당신은 가고 있었습니까?' '시속 seventy 킬로미터쓰/케이쓰/(로)'*

• *'얼마나 멉니까 아미데일이 이곳으로부터?' '약 five hundred 킬로미터쓰/케이쓰.'*

• *젠장! 이 여행용 가방은 너무 무겁네. 이것은 무게가 나간다 twenty 킬로그램쓰/킬로쓰.*

• *내가 가질 수 (살 수) 있습니까 two 킬로그램쓰/킬로쓰의 새우들을?*

Conjunctions

1. She will not see you again _____ you apologise to her.

2. He is a very unfortunate man. He lost his wife in a fire last year _____ his son in a hit-and-run accident this year.

3. He has been spending money recently _____ there is no tomorrow.

4. Doctors say _____ quitting smoking is the biggest thing _____ people can do for their health.

Prepositions

*1. She doesn't envy you. She is just **jealous** _____ you.*

*2. I **swear** _____ god. I did not sleep _____ her.*

3. Sorry! I couldn't take your call. I was _____ the shower.

4. I don't know anything _____ the plan. Everything has been done _____ closed doors.

5. When you drive _____ snow, leave plenty _____ room _____ your car and the car _____ you.

6. The former president _____ the United States, George W. Bush, said that US troops invaded Iraq and Afghanistan _____ the name _____ fighting _____ terrorism but I'm not sure _____ that.

Conjunctions

1. 그녀는 보지 않을 것이다 당신을 다시, 당신이 사과하지 않는다면 unless/사과할 때까지 until, 그녀에게.

although 나 though 가 답이 되려면, ~ you're going to apologise to her 가 되어야 자연스러운 표현이 됩니다.

2. 그는 매우 운이 없는 남자다. 그는 잃었다 그의 아내를 화재에서 지난 해, 그리고 and, 그의 아들을 치고 도망치는(뺑소니) 사고에서 올 해.

3. 그는 써 오고 있는 중이다 돈을 최근에, 없는 것처럼 like, 내일이. (내일이 없는 듯이 흥청 망청)

4. 의사들은 말한다 멈추는 것, 흡연을,이 가장 큰 것이라고 that, 사람들이 할 수 있는 (which, that), 그들의 건강을 위하여.

Prepositions

1. 그녀는 부러워하지 않는다 당신을. 그녀는 단지 질투한다 당신에게 of.

My wife gets jealous whenever I look at any woman she thinks attractive. 나의 아내는 질투한다, 내가 볼 때마다 어떤 여자라도, 그녀가 생각하기에 매력적인. *I just pretended to like Cindy to make Nora jealous.* 나는 단지 척 했다, 좋아하는 씬디를, (그래서) 만들었다 노라를 질투나게. *Why are you so jealous of his success?* 왜 너는 그리 질투를 느끼나 그의 성공에?

2. 나는 맹세한다 신에게 to/신 앞에 before. 나는 자지 않았다 그녀와 with.

'누군가와 잠을 잔다' 는 말은 우리말에서처럼 두 가지 의미를 가지고 있습니다. 하나는 그냥 '잠을 자는 것', 또 다른 하나는 '누군가와 육체적 관계를 가지는 것' 입니다. *I can't sleep with my husband. He snores all night.* 나는 잘 수 없다 나의 남편과. 그는 코 곤다 밤새. *I slept with Rose last night.* 나는 잤다 로즈와 지난 밤. *You slept with him, didn't you?* 너 잤지 그와, 그렇지 않니?

3. 미안합니다! 나는 받을 수 없었습니다 당신의 전화를. 나는 있었습니다, 샤워실에(샤워 중에) in.

4. 나는 모른다 아무것도 그 계획에 관하여 about. 모든 것은 되어 왔다 닫힌 문들 뒤에서(비공개적으로) behind.

Ex 51

5. 당신이 운전할 때, 눈 위에서 on, 남겨라 넉넉한 of, 공간을, 당신의 차와 그 차 사이에 between, 당신 앞의 in front of.

6. 전직 대통령, 미국의 of, 조지 더블유 부시는 말했다, 미국 군대들은 침공했다고 이락과 아프가니스탄을, 이름으로 in, 싸움의 of, 테러리즘에 대항하는 against. 그러나, 나는 확실하지 않다 그것에 관하여 about. (그 말에 의심이 좀 간다)

이제 한글 해석을 보고 영어로 말해 볼 차례입니다.

Figurative Expressions (Sayings, Proverbs & Colloquial expressions)

go too far, carry/take something too far to do something to a point beyond what is normal or acceptable

직역은 '간다 너무 멀리' 또는 '가지고 간다 무엇을 너무 멀리' 입니다. 어떤 일을 함에 있어 '좀 심하게 하다' 라는 표현입니다. 우리말 콩글리시 표현에 'over 한다' 와 비슷합니다.

- *She got really upset because the joke about her went too far.*
- *Don't take it too far! It's just a joke.*
- *The article carried the criticism of the president too far.*
- *I think (that) you went too far. She is just 19 years old.*

- *그녀는 되었다 정말 화나게, 농담, 그녀에 관한,이 너무 심했기 때문에.*
- *너무 심각하게 여기지 마라. 이것은 단지 농담이다.*
- *그 기사는 너무 심하게 비판했다 대통령을.*
- *나는 생각한다, 너는 너무 했다고. 그녀는 단지 열 아홉 살이다.*

Konglish   미리, 센치

앞선 kilo 와 마찬가지로 발음이 문제인 경우입니다. millimeters 는 /미리미터/가 아니고 /밀리미터쓰/로 발음해야 합니다. centimeters 의 발음은 /쎈티미터쓰/입니다.

- *'How tall are you?' 'I'm about 180cm tall.'*
- *The table is 90cm high, 180cm long and 60cm wide.*
- *There are 100mm in 10cm.*

- *'얼마나 키 큰가 당신은?' '나는 대략 one hundred eighty 쎈티미터쓰 키 크다.'*
- *그 탁자는 ninety 쎈티미터쓰 높고(높이), one hundred eighty 쎈티미터쓰 길며(길이), sixty 쎈티미터쓰 넓다(너비).*
- *있다, one hundred 밀리미터쓰가 ten 쎈티미터스 안에.*

Conjunctions

1. _____ he doesn't seem to spend much time studying, he always gets good results in exams.

2. _____ he gets what he wants, he will no longer be on your side.

3. My mother-in-law is very **nice** to me, _____ my sister's mother-in-law is like a witch.

4. Have you been to the new bar _____ opened last month? You should **stop by** sometime. Guys there are so cool.

Prepositions

1. He was arrested and **charged** _____ the rape and murder _____ a teenage girl.

2. _____ **brief**, Deborah wants to divorce her husband.

3. Many people **are** still **opposed** _____ the use _____ nuclear power.

4. Can you promise me that you will not leave her _____ any **circumstances**?

5. Parts _____ the country had power cuts yesterday _____ the storm. However, power *came back on* a couple _____ hours later.

6. I wasn't _____ my house when the fire started. When I got back home _____ work, I found that the house was _____ *fire*.

Conjunctions

1. 그가 보내지 않는 듯 함에도 although, though, *많은 시간을, 공부하는데, 그는 항상 얻는다 좋은 결과들(성적)을 시험들에서.*

spend + time + 동사ing 시간을 보내서 동사ing 한다. *I usually spend 2 hours studying English a day.* 나는 대개 보낸다 두 시간들을, 공부한다 영어를 하루에. *I spent more than a week putting the new wallpaper.* 나는 보냈다 일주일 이상을, 붙였다 새로운 벽지를.

2. 그가 일단 얻는다면 once/*얻을 때* when/*만약 얻는다면* if, *그가 원하는 것을, 그는 있지 않을 것이다 더 이상 당신 쪽(편)에. (더 이상 당신 편이 아니다)*

3. 나의 장모/시어머니는 매우 **친절/착하다** *나에게, 그러나* but/*반면에* while, whereas, *나의 여동생/누나의 시어머니는 마귀 할멈 같다.*

4. 당신은 가봤는가 그 새로운 술집에, 그것은 which, that, *열었다 지난 달(에)? 당신은* **들러야** *한다 언제가. 남자들, 그곳에,은 정말 내준다. (물 좋다)*

Prepositions

1. 그는 체포되었고, 혐의 부과 되었다 강간과 살인으로 with, *한 십대 소녀의* of.

be charged with 범죄 *He was charged with attempted murder.* 그는 혐의부과 되었다 살인 미수로. *She was charged with insurance fraud.* 그녀는 혐의 부과 되었다 보험 사기로. *A 35-year-old man was charged with kidnapping an 8-year-old girl.* 서른 다섯 살 남자가 혐의부과 되었다, 유괴로, 8살 여자애를. *Two men were charged with armed robbery.* 두 남자가 혐의 부과 되었다 무장 강도질로. *The former employee of the company was charged with stealing more than a million dollars from her company.* 전 직원, 그 회사의,는 혐의 부과 되었다 훔친 혐의로, a million 달러쓰 이상을, 그녀의 회사로부터.

2. 간단히 (말하면) in, *데보라는 원한다 이혼하기를 그녀의 남편을.*

명사 briefing 은 필요한 '정보를 전달하는 간단한 회의 정도'를 말합니다. 형용사 brief 는 '짧은' 이라는 의미이고. 본문에서는 명사 brief 와 in 이 함께 사용되어 '간단하게(말하면)' 이라는 표현입니다. 비슷한 말은, in short 입니다. *In short, the project costs too much.* 간단히 말해서, 그 기획은 비용이 든다 너무 많이. *In short, the article says that more money should be spent on health and education.* 간단히 말해서, 그 기사는 말한다, 더 많은 돈이 사용되어야 한다고 건강과 교육에.

3. 많은 사람들은 여전히 **반대한다** *사용에* to, *핵 전력(핵 발전)의* of.

Many people are opposed to the death penalty. 많은 사람들은 반대한다 사형 제도에. *Personally, I'm opposed to abortion.* 개인적으로, 나는 반대한다 낙태에.

4. 당신은 약속할 수 있습니까 나를(에게), 당신이 떠나지 않겠다고 그녀를 어떤 여건들 하에서도 under/*안에서도* in?

5. 부분(지역)들, 그 나라의 of,*이 가졌다 정전들을 어제, 폭풍우 동안에* during/*이후에* after/*때문에* because of, due to. *그러나, 전기는* **돌아와 켜졌다** *몇 시간들* of, *나중에.*

6. 나는 있지 않았다 나의 집에 at/*집안에* in, *그 화재가 시작되었을 때. 내가 돌아왔을 때 집에, 직장에서* from, *나는 발견했다, 집이 있었다고 불에(불 붙어)* on.

이제 한글 해석을 보고 영어로 말해 볼 차례입니다.

Figurative Expressions (Sayings, Proverbs & Colloquial expressions)

act your age to tell someone to behave in a more mature way, suitable for their age

직역은 '행동하라 당신의 나이를' 입니다. '나이에 맞게 성숙하게 행동하라' 라는 의미로, 우리말에 '나이값 좀 해라' 입니다. Act his/her/their age 라는 식으로 쓰지 않고, 상대방에게 말하는 일종의 명령어로서 항상 Act your age 입니다.

- *You're really stupid! Grow up and act your age!*
- *Come on! You're old enough to know what is right and what is wrong! Act your age!*
- *Cindy! Act your age! You can't keep dressing like a teenage girl. You will be 50 next year!*

- *너 정말 멍청하다. 성숙해라 그리고 나이 값 좀 해라!*
- *제발! 당신은 나이 먹었다 충분히, 안다 무엇이 옳고 무엇이 잘못인지를! 나이 값 좀 해라!*
- *씬디! 나이 값 좀 해라! 너는 계속해서 입을 수 없다 10 대 소녀처럼. 당신 될 것이다 쉰이 내년(에)!*

Konglish   프로 (%)

백분율, percent (%)는, /퍼센트/가 맞는 발음입니다. 앞서 설명했듯이 pro 는 흔히 이야기하는 '어떤 일 따위를 직업적으로 하는 사람', 예를 들어 프로 운동 선수 등을 말하는 명사입니다. 그리고, 100% 는 completely(전적으로)의 비슷한 말로도 사용됩니다.

- *There has been around 20% increase in house prices.*
- *Only around 60 percent (%) of the population voted in the presidential election.*
- *The bank charges interest at 16% on personal loans.*
- *I agree with you a hundred percent.*

- *있어 왔다 약 twenty percent 증가가 주택 가격들에.*
- *단지 약 sixty percent 의 인구만이 투표했다 대통령 선거에서.*
- *그 은행은 부과한다 이자를 sixteen percent 로, 개인 대출들에.*
- *나는 동의한다 당신과, 전적으로.*

Conjunctions

*1. My friend Joe will keep asking Sarah to **go out with** him _____ she says 'Yes'.*

2. This is _____ we first kissed. Remember?

3. She becomes hysterical _____ her husband comes up with a story about his ex-girlfriend.

4. _____ I broke up with Jack, I went abroad to study _____ he joined the Army.

Prepositions

1. It was the 27th _____ July when I met her _____ the first time.

2. The house was struck _____ lightning and it caught fire.

3. Suddenly there was one great crash _____ thunder, but it didn't thunder anymore afterwards.

4. All employers _____ foreign workers should treat their workers _____ respect.

*5. Many people who **invest**ed their life savings _____ the share market have lost most _____ their money _____ the government's actions.*

*6. If you are **allergic** _____ milk, you'd better **switch** _____ soy drinks.*

Conjunctions

*1. 내 친구, 조는 계속해서 요구할 것이다 쎄라에게 **사귀자고** 그와, 그녀가 말할 때까지 until, 예쓰를.*

2. 이것은 장소이다 where, (이곳에서) 우리가 처음으로 입맞춤 했다. 기억해?

3. 그녀는 된다 신경질적으로, 그녀의 남편이 꺼낼 때 when/꺼낼 때마다 whenever, 이야기를, 그의 전 여자 친구에 관한.

4. 내가 헤어진 후에 after/헤어졌기 때문에 because, since/헤어졌음으로 as, 잭과, 나는 갔다 해외로, 공부했다, 그리고 and, 그는 합류했다 육군을.

Prepositions

1. 이것은 27일이었다, 칠월의 of, 그때 내가 만났다 그녀를 처음으로 for.

> *It has rained this morning for the first time since we moved here. 비가 왔다 오늘 아침, 처음으로, 우리가 이사 온 이래로 이곳에.*

2. 그 집은 맞았다 번개에 의하여 by, 그리고 이것은 잡았다 불을 (불이 났다).

3. 갑자기, 있었다 하나의 엄청난 충돌(꽈꽝)이, 천둥의 of, 그러나 이것은 천둥 치지 않았다 더 이상 이후에.

4. 모든 고용주들, 외국인 노동자들의 of,는 대우해야 한다 그들의 노동자들을, 존엄을 가지고 with.

> 동사이나 명사인 respect 의 의미는 '존경'이 아니라 '존중'입니다. 수평적 인간 관계에서 오는 존중이라는 말씀!. *You must treat every student at school with respect. Then, they will respect you.* 당신은 대해야 한다 모든 학생을 학교에, 존엄을 가지고. 그러면, 그들은 존중(존경)할 것이다 당신을. *Treat your partner with respect if you want him/her to respect you.* 대해라 당신의 상대자(배우자, 동료, 여자 친구/남자 친구)를 존엄으로, 당신이 원한다면, 그나 그녀가 존중하기를 당신을.

5. 많은 사람들, 그들은 투자했다 그들의 평생 저금들을, 주식 시장에 in,은 잃었다 대부분의 of, 그들 돈을, 정부의 행동들(정책) 하에서 under/정부의 행동들(정책) 때문에 because of, due to.

> '~ 에 투자 하다' 라고 할 때, invest $/시간/노력 in something 입니다. *Some people make a fortune by investing in the property market.* 어떤 사람들은 횡재한다 투자함으로, 부동산 시장에. *Do not invest all the money in the stock market. You might lose them all.* 투자하지 마라 모든 돈을 주식 시장에. 너는 잃을지도 모른다 모두를. *Invest as much time as possible in your work if you want a fine result.* 투자해라 많은 시간을, 가능한한, 당신의 작업에, 당신이 원한다면 좋은 결과를.

6. 당신이 앨러직하다면 우유에 to, 당신은 낫겠다 바꾸는 편이 두유로 to.

> *Some people are allergic to peanuts.* 어떤 사람들은 앨러직하다 땅콩들에. *My daughter was allergic to eggs when she was a baby, but she's ok now.* 나의 딸은 앨러직 했었다 계란들에, 그녀가 아기였을 때, 그러나 그녀는 괜찮다 지금. *Stop switching channels and settle on one channel.* 멈춰라, 바꾸는 것을, 채널들을, 그리고 정착해라 한 채널에! *Wayne worked as a teacher before switching to writing.* 웨인은 일했다 교사로, 바꾸기 전에 글 쓰는 일(작가)로.

이제 한글 해석을 보고 영어로 말해 볼 차례입니다.

Figurative Expressions (Sayings, Proverbs & Colloquial expressions)

keep an eye on something/somebody to watch or look after someone or something

직역은 '유지하다 눈 하나를 무엇/누군가에' 입니다. 두 개의 눈 중 하나를 무엇/누군가에 계속해서 주시하다, 즉, '감시하다/돌보다' 라는 표현입니다. 재미난 가족 영화 Baby's Day Out (1994)의 17분 25초 경에, 악당 두목이 졸개에게 '애기 잘 보고 있어' 라는 의미로 나오는 대사입니다.

- *(About a baby) Keep an eye on him, will you? I will go out and get some food.*
- *Honey! Keep an eye on this pan. Make sure (that) it doesn't boil over.*

- *(아기에 관하여) 잘 보고 있어라 그를, 그렇게 할거지 당신? 나는 나가서 얻겠다(사겠다) 약간의 먹거리를.*
- *자기야! 잘 봐줘 이 냄비를. 확실히 해, 이것이 끓어 넘치지 않게.*

Konglish   스펙

spec 은 specification /스페시fi케이션/의 준말로 의미는 '사양', '설계 세부 사항' 입니다. 실제로 영어에서도 줄여서 spec 이라고 합니다. 하지만 많은 젊은이들, 특히 네티즌들 사이에서 spec 이 '개인의 이력' 이라는 의미로 사용되고 있지만 spec 은 사람의 경우에는 사용하지 않습니다. 이런 경우는 qualification/퀄리fi케이션/(자격)이 적절한 표현입니다. specification 과 qualification 둘 다 주로 복수형으로 사용됩니다.

- *All tires/tyres (which) we sell **meet** the National Safety specifications.*
- *According to the specifications of that computer, it should be able to run your software.*
- *I think (that) Sophie has got the right qualifications for the position.*
- *All applicants must have ESL qualifications and teaching experience.*
- *Sorry! You're not qualified for the job.*

- *모든 타이어들, 우리가 판매하는,은 **충족한다** 국가적 안전 세부 사항들을.*
- *사양들에 따르면, 그 컴퓨터의, 이것(컴퓨터)은 돌릴 수 있다 당신의 software 를.*
- *나는 생각한다, Sophie 는 가지고 있다고 올바른 자격들을 그 직위를 위하여.*
- *모든 지원자들은 반드시 가지고 있어야 한다 ESL(English as a Second Language) 자격들과 교수 경험을.*
- *미안합니다! 당신은 자격이 갖추어지지 않았습니다 그 직업을 위해.*

Specifications: Ferrari 512TR	
Length:	14ft 8in (4470mm)
Width:	6ft 6in (1981mm)
Height:	3ft 8in (1118mm)
Wheelbase:	8ft 4in (2540mm)
Track:	front 5ft (1524mm), rear 5ft 5in (1651mm)
Unladen weight:	3321lb (1506kg)
Engine:	Mid-located V12 with twin overhead camshafts per bank, 82×78mm, 4942cc. Compression ratio, 9.2:1. Max power, 390bhp at 6300rpm. Max torque, 365lb/ft at 4500rpm.
Transmission:	Five-speed manual
Drive:	Rear
Suspension (front):	Independent, coil springs and wishbones
Suspension (rear):	Independent, coil springs and wishbones
Top speed:	175mph (282km/h)
0-60mph (96km/h):	5.6seconds
Production (Testarossa):	7183

Specifications for a car

Conjunctions

1. *I was dumped by my girlfriend _____ I dumped her. I was too late.*

2. *I can't decide _____ girl I'd like to go out with. They are both pretty.*

3. _____ *she fell in love with, I will kill him.*

4. *Break up with her _____ you will regret it, for sure.*

Prepositions

1. (Over the phone) Hello. I have a **problem** _____ my credit card.

2. (From an answering machine) Sorry, I'm not available _____ the moment. Please leave a message. I will **get back** _____ you as soon as (it is) possible.

3. If you take antibiotics every time you feel sick, you might have an infection that will be **resistant** _____ antibiotics sometime later.

4. He was taken _____ hospital soon after the accident, **thanks** _____ an ambulance which was driving past.

5. Take a few photos _____ the accident scene before you **remove** your vehicle _____ the scene. Then, you call your insurance company.

6. A firefighter was killed _____ a house fire last night. He saved two children _____ the burning house before he went back in _____ more. However, he didn't make it.

Conjunctions

1. 나는 던져 졌다(차였다) 나의 여자 친구에 의하여, 내가 차기 전에 *before*, 그녀를. 내가 너무 늦었다.

2. 나는 결정할 수 없다 어떤 *which*, 여자와 내가 원하는지 사귀기를. 그들은 둘 다 예쁘다.

3. 누구든지 간에, *whoever*, 그녀가 빠진 사랑에 함께 (그녀가 사랑에 빠진 사람이 누구든지 간에), 나는 죽일 것이다 그를.

4. *헤어져라* 그녀와, 그렇지 않으면 *or*, 당신은 후회할 것이다 그것을. 확실히.

before 가 답이 되려면 will 이 빠진 before you regret it 가 되어야 합니다.

Prepositions

1. (전화상으로) 안녕하세요! 저는 가지고 있습니다 문제를 나의 신용 카드와 *with*. (문제가 있다 신용 카드에)

I have a few problems with my car/my assignment/my computer/my wife/my boss.

2. (자동 응답기로부터) 미안합니다, 저는 없습니다, 지금 *at*. 남기세요 메쎄지를. 나는 **답신하겠습니다** 당신에게 *to*, 빨리 (이것이)가능한 한.

자동 응답기에 가장 많이 녹음이 되는 대답입니다.

3. 당신이 복용한다면 항생제들을, 매번 당신이 느낄 때마다 아프게, 당신은 가질지도 모릅니다 감염을, 그것은 저항할(내성이 생길) 것입니다 항생제들에 *to*, 언젠가 나중에.

'~에 저항한다' 할 때 be resistant to st/sb 입니다. *It is said that many goverment officials are resistant to change.* 이것(that 이하)은 말해진다, 많은 정부 관료들은 저항한다고 변화에 (변화하려 하지 않는다).

4. 그는 데려가 졌다 병원으로 *to*, 사고 바로 직후, 감사하게도 구급차에 *to*, 그것은 지나고 있었다.

Thanks to the Internet, you can do all your Christmas shopping from home. 인터넷 덕에, 당신은 할 수 있다 당신의 모든 크리쓰마쓰 쇼핑을 집에서부터. *I'm doing ok, thanks to you.* 나는 하고 있습니다 괜찮게 (괜찮습니다), 당신 덕분에.

5. 찍어라 몇 몇 사진들을, 그 사고 현장의 *of*, 당신이 치우기 전에 당신의 차량을, 그 현장으로부터 *from*. 그리고, 당신은 전화해라 당신의 보험 회사를.

6. 한 명의 소방관이 죽어졌다 주택 화재에서 *in*, 지난 밤. 그는 구했다 두 명의 어린이들을, 그 불타는 집으로부터 *from*, 그가 다시 들어가기 전에 더 많이(더 많은 사람들)를 위하여 *for*. 그러나, 그는 **해내지** 못했다 (자신의 목숨을 살리지 못했다).

이제 한글 해석을 보고 영어로 말해 볼 차례입니다.

Figurative Expressions (Sayings, Proverbs & Colloquial expressions)

actions speak louder than words to say that people are judged by what they do, rather than by what they say

직역은 '행동들은 말한다 더 크게, 단어들보다' 입니다. '말로 백날 떠들어 봤자 소용없고, 행동으로 보여줘야 한다' 라는 말입니다. 말보다 실천이 더 중요하다라는 표현으로, 사자성어로 언행일치(言行一致)와 비슷한 맥락의 표현입니다.

- *Stop talking John! I've heard enough. Do something, rather than just talking about it. Actions speak louder than words!*

- *The president has made all sorts of promises, but he should remember that actions speak louder than words.*

- *그만 이야기해라 존! 나 들었다 충분히. 해라 무엇인가를, 단지 떠들기 보다는 그것에 관해. 행동들이 우선되어야 한다 말들보다!*

- *대통령은 만들었다 모든 종류들의 약속들을, 그러나 그는 기억해야 한다, 실천이 더 중요하다고 말들보다.*

Konglish   스케일

scale /스케일/은 한마디로 '규모' 입니다. 하지만 '그 남자는 스케일이 크다' 라는 식으로 사람을 꾸미는 말로는 사용되지 않습니다. 그런 식의 표현은 somebody does something in a big way 로 표현합니다. scale 은 또한 지도의 '축척' 또는 '저울' 을 말하기도 합니다.

- *There has been housing development on a massive scale since 2010.*

- *The US launched a full scale military invasion of Iraq twice, in 1999 and 2003.*

- *The scale of the problem was huge and it was **beyond control**.*

- *My friend's wife, a nutritionist, loves her new kitchen scale/scales. She always weighs **things** on it/them when she cooks.*

- *The map is drawn **to** a scale of one cm **to** one km.*

- *The model is designed **to** a scale of 1:20000.*

- *James is a person always doing things in a big way and he is bold as well.*

- *있어 왔다 주택 개발이 엄청난 규모로, 2010년 이래로.*

- *미국은 시작했다 전면적인 규모의 군사 공격을 이락의, 두 번, 1999년과 2003년에.*

- *규모, 그 문제의,는 엄청났고 이것은 **통제 불가능** 상태였다.*

- *내 친구의 아내, 영양학자,는 정말 좋아한다 그녀의 새로운 주방 저울을. 그녀는 항상 무게를 단다 **이것 저것들을** 이것 위에, 그녀가 요리할 때.*

- *그 지도는 그려져 있다 축척으로, one centimeter **대** one kilometer.*

- *그 모형은 제작된다 축척으로, 1대 twenty thousand 의.*

- *제임쓰는 한 사람이다, 항상 한다 이것 저것들을 (통)크게, 그리고 그는 대담하다 또한.*

She is standing on a bathroom scale, weighing herself.

Conjunctions

1. He is neither tall _____ handsome. However, his family is really wealthy. That's _____ she married him.

2. You think _____ everything is OK only _____ she is pretty? Oh dear! That's really sad!

3. _____ you say, she will not trust you anymore.

4. You must check out _____ he's got a well paid job _____ what sort of car _____ he drives.

Prepositions

1. James was arrested _____ drink driving; he was 3 times _____ the limit.

2. The woman (who) he fell in love _____ left him after he lost his job.

3. Wow! It's been a long time. We went _____ the same school. Remember?

4. Everything is _____ the right track. Actually, we are ahead _____ schedule.

5. Her illness was far more serious than we thought _____ first.

6. According _____ a survey, people _____ the upper and middle socio-economic classes are more likely to marry late, whereas people _____ the low socio-economic classes are more likely to marry young.

Conjunctions

1. 그는 키 크지도 않고 nor, 잘 생기지도 않았다. 그러나, 그의 가족은 정말 부자이다. 그것이 이유이다 why, 그녀가 결혼한 그를.

2. 당신은 생각하나, 모든 것이 괜찮다고 that, 단지 그녀가 예쁘기 때문에 because? 오 맙소사! 그것은 정말 슬프다! (슬픈 현실이다)

only because 라고는 해도 only since 나 only as 라고는 하지 않습니다.

3. 무엇을 당신이 말하더라도 whatever, 그녀는 믿지(신용) 않을 것이다 당신을 더 이상.

4. 당신은 반드시 확인해야 한다, 그가 가지고 있는지 if, whether, 돈 많이 받는 직업을, 그리고 and, 어떤 종류의 자동차를 (that, which), 그가 운전하는지.

Prepositions

1. 제임쓰는 체포되었다 음주 운전으로 for(이유)/때문에 because of, due to; 그는 3배, 제한 초과였다 over.

2. 그 여자, 그가 사랑에 빠진, 함께 with,는 떠났다 그를, 그가 잃은 후에 그의 직업을.

3. 와! 이것이 되어 왔다 오랜 시간이 (오랜 만이다). 우리는 갔다(다녔다) 같은 학교로(에) to. 기억하나?

4. 모든 것이 있다 바른 길에 on (잘 되어가고 있다). 실제로, 우리는 있다 일정 앞에 of. Ex 176

5. 그녀의 질병은 훨씬 심각했다, 우리가 생각했던 것 보다 처음에 at.

At first, Grace was shy and hardly spoke. 처음에는, 그레이스는 수줍었고, 거의 말하지 않았다. I thought at first that you were Japanese. 나는 생각했다 처음에, 당신이 일본인이었다고.

6. 따르면 to, 한 조사에, 사람들, 상류와 중류의 사회-경제적 계층들로부터 from/계층들에(있는) in, 은 대개 결혼한다 늦게, 반면에 사람들, 하위 사회-경제적 계층들로부터 from/계층에(있는) in, 대개, 결혼한다 젊어서.

일반적으로 영어권에서 '일찍 결혼한다' 함은 보통 10대 후반이나 20대 초반을 의미합니다.

이제 한글 해석을 보고 영어로 말해 볼 차례입니다.

Figurative Expressions (Sayings, Proverbs & Colloquial expressions)

tighten one's belt to try to spend less money than one used to

직역은 '조이다 누군가의 허리띠를' 입니다. 보통, 과식을 하게 되면 배가 불러서, 허리띠를 풀어 놓는 것이 편안합니다. 반대로 허리띠를 꽉 졸라매면 그리 많이 먹지 않아도 포만감을 느낄 수 있고, 실제로 적게 먹게 됩니다. 음식을 돈에 비유한 표현으로, '돈을 아껴쓰다' 라는 표현입니다. 우리말에도 똑같은 표현이 있는 것으로 보아 어원이 같은 듯 합니다.

- *You'd better tighten your belt or you will be in big trouble.*
- *With prices sky-rocketing, it's time to tighten our belts.*

- 너 낫겠다 돈 좀 아껴쓰는 편이. 그렇게 하지 않으면 너는 있을 것이다 큰 문제에 (곤경에 빠질 것이다).
- 가격들(물가들)이 하늘로 치솟는 상황에서, 시간이다 절약할, 돈을. (허리띠를 졸라매야할 때이다)

sky rocket 은 동사로 '어떤 수치가 급격하게 상승한다' 라는 표현으로 하늘로 로켓이 솟는 모양을 빗대었습니다.

He is tightening his belt.

Konglish   이벤트

일단 발음에 주의 하셔야 합니다. b 가 아니라 v 로 시작하니까요. 한국에서 event 하면 '특별 행사' 가 먼저 떠오릅니다. 물론 그런 '특별 행사' 의 뜻도 있지만 기본적인 의미는 그냥 '사건', '일' 정도입니다. '특별한 행사' 의 의미만으로 해석하면 event 가 제대로 해석이 되지 않는 경우가 많습니다.

- *Leaving home was a major event in his life.*
- *The swimming championship is one of the major sporting events of the year in this city.*
- *My son Sean is an event organizer/manager. He has organized the city's recent conference.*
- *The 2008 Beijing Olympic Games were the biggest international event in China's history.*
- *Kevin left a letter for his son to read **in the event of** his death.*

- 떠나는 것, 집을,은 주요한 사건이었다, 그의 인생에.
- 그 수영 대회는 하나이다, 주된 운동 행사들의, 올해의, 이 도시에서.
- 내 아들 쎤은, 행사 조직자/운영자이다. 그는 조직했다 도시의 최근 학술 회의를.
- 2008 베이징 올림픽 경기들은 가장 큰 국제적인 행사였다 중국의 역사에서.
- 케빈은 남겼다 편지를 그의 아들이 읽으라고, 경우에, 그의 죽음의 (그가 죽게 되는 **경우에**).

Conjunctions

*1. You should try to improve your professional competence _____ you spend so much time **taking care of** your appearance.*

2. _____ she found out _____ he had been going out with other girls, she realized _____ she had just been a toy for him to play with.

3. Have you met the guy _____ started working in the human resource department this week? He is so sexy.

4. I've finally found my dream girl _____ view on/about marriage is not just about money.

Prepositions

1. I don't understand what you're saying. Tell me word _____ word what he said to you.

2. She was **as cool** _____ **a cucumber** even after she was dumped _____ her boyfriend.

3. Can you please call me again sometime this afternoon? I'm really **busy** _____ an assignment _____ **the moment**.

4. He escaped _____ minor injuries even though his car was totally wrecked _____ the accident.

5. All swimmers must apply sunscreen _____ UV rays _____ going _____ the pool.

6. _____ the first time _____ human history, Dr. Hwang successfully cloned a dog.

Conjunctions

1. 당신은 노력해야 한다, 향상시키는 것을, 당신의 직업적 능력을, 당신이 보내기 전에 *before*, 많은 시간을, **신경쓰**는데, 당신의 외모를.

2. 그녀가 알아차렸을 때 *when*/후에 *after*/때문에 *because, since*/알아차림과 동시에 *as*, 그가 사귀어 왔다는 것을 *(that)*, 다른 여자들과, 그녀는 깨달았다, 그녀가 단지 장난감이어 왔다는 것을 *(that)*, 그가 가지고 논.

3. 당신은 만나보았나 그 남자를, 그는 *who*, 시작했다 일을, 인력(인력 관리)부에서 이번 주? 그는 정말 성적 매력이 있다.

4. 나는 마침내 찾았다 나의 꿈에 그리던 아가씨를, 그의 *whose*, 견해, 결혼에 관한,는 아니다 단지 돈에 관한.

동사 find 와 find out 의 차이를 아십니까? 아직도 가물 가물 하시면 Ex 173 의 해설을 참고하세요.

Prepositions

1. 나는 이해하지 않는다(못하겠다), 무엇을 당신이 말하고 있는지. 말해라 나에게 또박 *for*, 또박, 그가 말한 것을 당신에게. Ex 177

2. 그녀는 침착했다 오이만큼 *as*, (매우 침착했다), 심지어 그녀가 차인 후에도, 그녀의 남자 친구에 의하여 *by*.

음식으로서 오이는 찬 성질을 가지고 있습니다. 뜨거운 피를 가진 사람이 '오이만큼 차갑다' 는 것은 '매우 침착했다' 라는 뜻입니다.

3. 당신은 전화 할 수 있습니까 나를 다시, 언젠가 이 번(오늘) 오후(에)? 나는 정말 바쁩니다, 과제로 *with*/과제 때문에 *because of*, 현재에 *at*.

4. 그는 빠져 나왔다 심각하지 않은 부상들과 *with*, (작은 부상만을 입고 모면하다), 그의 차가 완전히 폐차되었음에도 그 사고에서 *in*.

5. 모든 수영자들은 반드시 적용(발라야)해야 한다 썬스크린을, 자외선들에 대항하여 *against*, 들어가기 전에 *before*, 수영장으로 *in, into*.

6. 처음으로 *for*, 인간 역사에서 *in*, 황박사는 성공적으로 복제했다 개를.

이제 한글 해석을 보고 영어로 말해 볼 차례입니다.

Figurative Expressions (Sayings, Proverbs & Colloquial expressions)

be back in business to be working or operating in a normal way again

The company has been in business for over 30 years 의 의미는 '그 회사는 있어왔다 운영되어 30년들 이상 동안' 입니다. 그래서 something + be + in business 는 그 무언가가 '운영되고 있다' 정도로 해석됩니다. 여기서, back in business 는 '한 동안 정상적으로 운용/운영이 되지 않아오다 다시 정상적인 활동/운용을 하다' 라는 표현이 됩니다.

- *The band is back in business after a long break.*
- *We'll be back in business once we get the new computer system.*

- *그 밴드는 다시 활동을 시작했다, 오랜 휴식 후에.*
- *우리는 다시 일 할 수 있다, 일단 우리가 가지면 새로운 컴퓨터 씨스템을.*

Konglish   백

'너 빽으로 들어왔지?' '그 놈 원래는 구속감인데 빽으로 나왔데' 라는 식으로 '빽'은 한국에서는 두루 두루 쓰이는 단어입니다. 실력만으로 승부가 되지 않는 공정하지 못한 우리 사회의 슬픈 현실이 반영되어 있는 단어입니다. 여하간, background /백그라운드/의 줄임 표현인데, 영어에서는 가족의 배경, 교육, 경력 등을 포괄하는 말입니다. 중요한 것은 '빽' 은 부정적인 느낌을 가지고 있지만, background 는 그런 부정적인 느낌으로만 사용되는 것이 아니고, 여러 긍정적인 상황에서도 많이 사용됩니다. 그 외에, '어떤 사건 따위의 배경' 이나 '사진이나 그림의 뒷 배경' 을 말하기도 합니다.

- *Students with a background in chemistry will probably find the course easier.*
- *They told me everything about the child's family background.*
- *He got out of being imprisoned, using his powerful family background.*
- *She works here only because she is the boss's niece.*
- *Without knowing the background to the case, we can't come up with the reason for the murder.*
- *In the background of the photo you can see my old classmates from high school.*

- *학생들, 경력을 가진, 화학에,은 아마도(확률 85% 이상) 발견할 것이다 그 과정이 더 쉽다고.*

> 부사 probably 와 maybe 는 대부분의 영한 사전에서 둘 다 '아마도' 로 해석합니다. 하지만 뜻에는 많은 차이가 있습니다. probably 는 약 85% ~ 90% 의 확률을 가진 '아마도' 이고 maybe 는 확률이 50%입니다. 가능성(확률)을 나타내는 문법 동사 may 도 마찬가지로 50%의 확률을 이야기 할 때 사용합니다. 다음 예문을 참고하세요. *He is probably Korean.* 그가 한국 사람인 것 같다. *Maybe he is Korean/He may be Korean.* 그가 한국 사람인지도 모른다. *I think (that) I will probably be late.* 나는 생각한다, 내가 늦을 것 같다고. (거의 늦는다고 봐야함) *I think (that) I may be late.* 나는 생각한다, 내가 늦을 지도 모른다고. (확률 반반)

- *그들은 말했다 나에게 모든 것을, 그 아이의 가정 환경에 관하여.*
- *그는 **모면했다** 구속을, 이용하여 그의 힘있는 가족 배경을.*
- *그녀는 일한다 이곳에서, 단지 그녀는 사장의 조카이기 때문에.*
- *모르고서는 그 배경을, 그 사건에, 우리는 떠올릴 수 없다 그 이유를, 살인에(이유).*
- *뒷 배경에서, 그 사진의, 당신은 볼 수 있다 나의 오랜 학우들을, 고등학교로부터(의).*

Conjunctions

1. No one knows exactly _____ corrupt the high government officials are. We can only guess.

2. I would have given him a life sentence for raping the little girl, _____ I had been the judge.

3. Neither Jason _____ Nick is employed at the moment.

4. There are many young people _____ have given up finding a job.

Prepositions

1. I *limit* myself _____ two cups _____ coffee _____ day.

2. The test shows **signs** _____ developing cancer.

3. Mr. Han studied linguistics and second language education _____ the University _____ New England, Australia.

4. _____ Korea, men tend to pay _____ everything when _____ a date _____ most **cases**.

5. I try to wake up _____ about the same time even _____ weekends.

6. A study _____ the National Sleep Foundation found that **lack** _____ sleep is one _____ the main causes _____ car accidents.

Conjunctions

1. 아무도 모른다 정확하게 얼마나 how, 부패했는지, 고위 정부 관료들이. 우리는 단지 짐작할 수 있을 뿐이다.

2. 나는 주었을 것이다 그에게 종신형을, 강간한 이유로, 그 작은 소녀를, 내가 그 판사였다면 if.

3. 제이슨도, 닉도 nor, 고용되어 있지 않다, 현재에.

4. 있다 많은 젊은이들이, 그들은 who, 포기했다 찾는 것을, 직업을.

Prepositions

1. 나는 제한한다 내 자신을, 두 컵들로 to, coffee 의 of, 하루에 per.

2. 그 검사는 보여준다 징후들을, 진행(발병)시키는 암의 of.

3. 미스터 한(한선생님)은 공부했다 언어학과 제 2 언어(외국어) 교육학을, 대학에서 at, 뉴잉글랜드의 of, 호주.

4. 한국에서 in, 남자들이 경향이 있다, 지불하는, 모든 것을 위해 for, 데잍할 때 on, 대부분의 경우들에 in.

5. 나는 노력한다 일어나도록, 대략 비슷한(같은) 시간에 at, 심지어 주말들에도 at, on/주말들 동안에도 during.

about 은 전치사가 아니라 '대략' 이라는, 생략 가능한 adverb 입니다.

6. 연구, 전국 수면 재단에 의한 by,는 발견했다, 부족, 잠의 of,이 하나라고, 주된 원인들의 of, 자동차 사고들의 of.

It is said that lack of concentration is the main reason for learning difficulties. 이것은 말해진다, 부족, 집중력의,이 주된 이유라고, 학습 장애들에 대한.

이제 한글 해석을 보고 영어로 말해 볼 차례입니다.

Figurative Expressions (Sayings, Proverbs & Colloquial expressions)

dig one's own grave to do something stupid that will cause serious problems for oneself later

직역은 '파다 누군가 자신의 무덤을' 입니다. 우리말에도 거의 같은 표현이 있죠? '제 무덤을 판다', 즉, '자기 자신에게 해가 될 일을 하다' 라는 표현입니다.

- *Do you know what you're doing now? You are digging your own grave.*
- *If you humiliate your boss like that, you are just digging your own grave.*
- *Bruce dug his own grave when he signed the document, knowing (that) it was not genuine.*

- 당신은 아는가, 무엇을 당신이 하고 있는지 지금? 당신은 하고 있다 당신 자신에게 해가 될 일을.
- 당신이 망신을 주면 당신의 상관을 그렇게, 당신은 단지 파고 있는 격이다 당신의 무덤을.
- 부르쓰는 팠다 스스로의 무덤을. 그가 서명했을 때 그 서류를, 알고서 그것이 진짜가 아니라는 것을.

Konglish   베일을 벗다.

veil/베일/은 그림에서 보듯이 '면사포' 입니다. 물론 종류는 가지 가지죠. 중동에서 여인들의 얼굴을 가리기 위한 검정색 '천', 조각상 따위를 발표하기 전 씌워놓는 '천'도 veil 이라고 합니다. veil 이 동사로는 '천으로 가리다' 인데, 베일을 벗어야 하니까 반대의 뜻을 가진 동사 unveil(사실 따위가 드러나다/알려지다)도 있습니다. 영어에서 unveil 이 훨씬 자주 사용됩니다.

- *The woman was veiled from head to foot.*
- *The details of the development plan will be unveiled soon.*
- *The club has unveiled plans to build a new stadium.*

- 그 여자는 천으로 가려져 있었다 머리부터 발까지.
- 세부 사항들, 그 개발 계획의,은 드러날(알려질) 것이다 조만간.
- 그 (운동)클럽은 드러냈다 계획들을, 짓는다는, 새로운 경기장을.

The bride is wearing a beautiful wedding veil.   *She is covered by a black veil.*   *They unveiled a statue.*

Conjunctions

1. I'm surprised _____ Ann didn't get the job.

2. It has been very difficult to find a decent job in Korea _____ the economy suffered massively in 1997.

*3. There was no way for him to **pay back** that much money _____ he killed himself, leaving a wife and two children behind.*

4. He will try everything – persuasion, bribery and threats – _____ he gets _____ he wants.

Prepositions

*1. A nurse took the old lady's arm and **led** her _____ a chair.*

*2. I think (that) you're too **tough** _____ your children. They are still very young.*

*3. She is trying to **focus** her mind _____ her work although it is not **that** easy.*

4. Janet's been _____ a lot _____ stress since her mother got sick.

5. Park has set a new world record _____ the men's 400m free style swimming.

*6. If you **micro-sleep** while driving a car _____ 95km/hour, you could **drift** _____ another lane _____ two seconds. _____ four seconds, you could be _____ the road.*

Conjunctions

1. 나는 놀랐다(현재 놀란 상태), 앤이 얻지 못한 것을 that, 그 직업을.

감정 형용사 that subj + verb 구조입니다. 기억이 가물 가물 하시면 Ex 154 를 참고하세요.

2. 이것(to 이하)은 매우 어려워 왔다, 찾는 것, 어느정도 수준되는 직업을 한국에서, 경제가 고난을 겪은 이래로 since, 겪었기 때문에 because/겪었으므로 as, 엄청나게 1997년에.

*3. 없었다 방법이 그가 **값을** 그렇게 많은 돈을, 그래서 so, 그는 죽였다 그 자신을, 남겼다 그의 아내와 두 아이들을 뒤에.*

4. 그는 시도할 것이다 모든 것을 – 회유(설득), 뇌물(공여) 그리고 협박들 – 그가 얻을 때까지 until, 그가 원하는 것을 what.

Prepositions

1. 간호사가 취했다(들었다/잡았다) 그 할머니의 팔을, 그리고 이끌었다 그녀를 의자로 to.

2. 나는 생각한다, 당신은 너무 엄하다고 당신의 아이들에 on. 그들은 여전히 매우 어리다.

I think (that) the boss is too tough on his employees. 나는 생각한다, 사장님이 너무 엄하다고 그의 직원들에게.

*3. 그녀는 노력하고 있다 집중하려, 그녀의 마음을, 그녀의 일에 on, 이것이 **그리** 쉽지 않지만.*

You'd better focus more on what you're doing. 당신은 낫겠다 집중하는 편이 더, 당신이 하고 있는 것에.

4. 자넷은 있어왔다 많은 스트레쓰하에 under ~ of, 그녀의 어머니가 아프게 된 이래로.

5. 팍은 세웠다 새로운 세계 기록을, 남자의 four hundred 미터쓰 자유형 수영에서 in.

set a record in st 세우다 기록을 ~에서 Usain Bolt set a new world record in the men's 100m sprint in 2009. Usain Bolt 는 세웠다 새로운 세계 기록을 남자의 100 미터쓰 단거리에서 2009년에. have a record for st 가지고 있다 기록을 ~위한. She holds the world record for the women's figure skating. 그녀는 보유하고 있다 세계 기록을, 여자 figure skating 을 위한.

*6. 당신이 **깜빡 졸면**, 운전 중에 차를, 시속 95 킬로미터쓰로 at, 당신은 (둥둥) 떠갈 수도 있다 다른 차선으로 into, 2초들 만에 in. 4초들 만에 in, 당신은 있을 수 있다, 도로와 분리되어 (도로를 떠난다) off.*

이제 한글 해석을 보고 영어로 말해 볼 차례입니다.

Figurative Expressions (Sayings, Proverbs & Colloquial expressions)

teach someone a lesson to punish someone so that they will not do bad things again

직역은 '가르치다 누군가에게 교훈'을 입니다. lesson 은 '수업' 이라는 뜻 말고, '교훈' 이라는 의미로도 사용됩니다. '누군가가 잘못된 행동을 했을때, 재발하지 않도록 벌을 주다' 라는 표현으로, 한마디로 '뽄떼를 보여주다' 라는 말입니다.

• Next time Gale is late, let's go without her. That will teach her a lesson.

• The boy was so rude and totally *spoiled*. I will teach him a lesson if I see him again.

• 다음 번 게일이 늦으면, 가자 그녀 없이. 그것이 고치게 할 것이다 그녀의 행동을.

• 그 남자애는 너무 무례했고(싸가지가 없었다) 완전히 **부모가 잘못 가르쳐 망친**(아이)였다. 나는 뽄떼를 보여주겠다 그에게, 내가 본다면 그를 다시.

Konglish   아이템

item/아이템/은 '항목' 또는 '품목' 이라는 뜻입니다. 한국에서는 게임의 품목 따위를 이야기 할 때부터 여기 저기 두루 쓰입니다만 영어에서는 단지 '항목, 품목' 이외의 의미로는 그리 넓게 사용되지 않습니다. 예문을 통하여 어떤 식으로 사용되는지 자세히 보겠습니다.

• These items are not for sale.

• Sale items cannot be refunded or exchanged.

• (At a supermarket) These checkouts are for customers with eight items or less.

• Luxury items, such as jewelry and perfumes, will be taxed.

• He opened the cardboard box and took out each item.

• A comfortable, adjustable chair is the single most important item for the health of a computer user.

• 이 품목들은 아닙니다 판매용이.

• 할인 품목들은 환불되거나 교환될 수 없습니다.

• (수퍼마켙에서) 이 계산대들은 고객들을 위한 것입니다, 가진, 여덟 품목들이나 더 적게.

• 고가(사치) 품목들, 예를 들어, 보석류와 향수들은 과세 될 것이다.

• 그는 열었다 그 종이 상자를, 그리고 꺼냈다 각각의 품목을.

• 편안하고 조절 가능한 의자는 하나의 가장 중요한 품목이다, 건강을 위하여, 컴퓨터 사용자의.

Conjunctions

1. 'Do you know _____ I am?' 'I don't know _____ you are, _____ you must wait for your turn _____ you are!'

2. I'm absolutely sure _____ she will be fine _____ she goes, **thanks to** her outgoing and hard working nature.

3. I don't understand _____ some people think _____ money is the most important thing in life.

4. The operation took longer _____ the doctors expected. However, it was successful.

Prepositions

1. 'Where and when are you going _____ *holiday*?' 'I am going _____ Thailand _____ June.'

2. I will be away _____ *a holiday* _____ the 10th _____ June. So don't call me unless it's an emergency.

3. I'd better see you _____ the holiday regarding the matter.

4. I met my first love _____ the hotel _____ my holiday _____ Thailand. She was _____ a beautiful red dress.

5. 'Where have you been?' 'I've just come back _____ a holiday _____ Thailand.

6. I had a holiday _____ my life _____ an exotic island _____ Thailand _____ my wife/husband/family/girlfriend/boyfriend.

Conjunctions

1. '당신은 아는가 누구인지 who, 내가?' '나는 모른다 누구인지 who, 당신이, 그러나 but, 당신은 반드시 기다려야 한다 당신의 차례를, 당신이 누구든지 간에 whoever!'

2. 나는 절대적으로 확신한다 (that), 그녀가 괜찮을 것이라고, 어디를 그녀가 가든지 wherever, 그녀의 외향적이고 근면한 기질 덕분에.

3. 나는 이해하지 않는다(못한다), 왜 어떤 사람들은 생각하는지 why, 돈이 가장 중요한 것이라고 that, 인생에서.

4. 수술은 걸렸다 더 길게, 의사들이 예상했던 것보다 than. 그러나, 이것은 성공적이었다.

Prepositions

1. '어디로 그리고 언제 당신은 가는가 휴가를 on?' '나는 간다 태국으로 to, 유월에 in.'

> for 가 답이 되려면 a holiday 가 되어야 합니다.

2. 나는 있을 것이다 떨어져 휴가를 위해 for, 10일부터 from, 유월의 of. 그러니, 전화하지 마라 나에게, 이것이 응급 상황이 아닌 한.

> be on holiday 휴가 중이다 *'May I see Mr.Richard please?' 'Sorry, he is on holiday now.'* 제가 볼 수 있습니까 미스터 리챤을? '미안합니다, 그는 지금 휴가 중입니다.'

3. 나는 낫겠다 보는 것이 당신을, 휴가 전에 before/후에 after/휴가 기간 중에 during, 그 문제에 관련해.

4. 나는 만났다 나의 첫 사랑을 호텔에서 at/안에서 in/근처에서 near/앞에서 in front of/뒤에서 behind, 나의 휴가 중 during, 태국에서 in. 그녀는 (입고) 있었다 아름다운 빨간 드레쓰에 in.

5. '어디 당신은 다녀왔나?' '나는 막 돌아왔다, 휴가로부터 from, 태국에 in.'

6. 나는 가졌다, 휴가를, 나의 인생의(정말 끝내주는) of, 이국적인 섬에서 on, 태국의 of/태국에 in, 나의 아내/남편/가족/여자 친구/남자 친구와 with/없이 without.

What a beautiful island!

이제 한글 해석을 보고 영어로 말해 볼 차례입니다.

Figurative Expressions (Sayings, Proverbs & Colloquial expressions)

get/have cold feet to suddenly become too frightened to do something planned

직역은 '가지다 추운 발들을' 입니다. 발이 얼어버리면 발걸음이 무거워지기 마련입니다. '예정된 어떤 일을 하기 직전에 갑자기 겁을 덜컥 먹다' 라는 표현입니다.

• You're not getting cold feet **about** marrying him, are you?

• I'm worried (that) she may be getting cold feet **about** our trip to Africa.

• Sometimes **organ donors** get cold feet, just before the operation.

• 너 아니지, 겁먹는 것, 결혼하는 것에 관해 그를, 그런 거야 너?

• 나는 걱정된다, 그녀가 겁먹고 있는 것이 아닐까, 우리의 가는 것에 관해 Africa 로.

• 때때로, *장기 기증자*들은 겁을 덜컥 먹는다, 수술 바로 전에.

Konglish   타이트

tight/타잍/은 한국에서는 보통 '스케줄이 타이트하다' 즉, '일정이 빡빡하다' 라는 정도의 의미로 사용됩니다. 기본적인 뜻은 '꽉 끼는, 꽉 끼게' 또는 '빡빡한, 빡빡하게' 라는 의미로, 여기 저기 참 두루 두루 사용되는 형용사 및 부사입니다. 예문을 보시고 느낌을 팍팍 받으시길.

• My shoes were so tight that I could hardly walk.

• The red dress (which) I was given for my birthday last week is pretty, but it's a bit tight around the waist.

• You can **undo** your top button on your shirt if your shirt collar's too tight.

• The parking spaces at my apartment block are too tight/narrow.

• She tied the rope tight/tightly around the post.

• Fix the screws very tight/tightly into the wall.

• You should close the lid tight/tightly so air cannot get in.

• Security at the conference was extremely tight, with more than 1,000 fully armed police officers on duty.

• My schedule is very tight right now, but I'll try to fit you in.

• Sorry, I don't have money to lend you. Things are really tight right now.

• Money has been really tight because our car broke down twice last month.

• The game was very tight/close until the end.

• 나의 신발들은 너무 꽉 끼었다 그래서 나는 거의 걷지 못했다. (걷는 것이 너무 힘이 들었다)

• 그 빨간 드레쓰, (그것이) 나에게 주어졌다, 내 생일을 위해, 지난 주,는 예쁘다 그러나 이것은 조금 빡빡하다 허리 주위로.

• 당신은 **풀** 수 있다 당신의 윗 단추를 당신 셮에, 만약 당신 셮의 컬러가 너무 빡빡하다면.

• 주차 공간들, 나의 아팥먼트 건물에,은 너무 비좁다.

• 그녀는 묶었다 그 밧줄을 꽉, 그 기둥을 둘러.

• 고정 시켜라 나사들을 매우 꽉, 벽 속으로.

• 당신은 닫아야 한다 뚜껑을 꽉, 그래서 공기가 들어 갈 수 없다.

• 보안, 회담에,은 극단적으로 꽉(철저)했다, 천 명 이상의 완전 무장한 경찰관들로, 근무 중인.

• 내 일정은 매우 꽉 찼다 지금 당장, 그러나 나는 노력해 보겠다, 끼워 넣도록 당신을.

She is wearing tight pants/jeans.

- 미안합니다, 나는 가지고 있지 않다 돈을, 빌려줄 너에게. 것들(여러 모로)이 정말 빡빡하다(여유가 없다) 바로 지금.
- 돈(예산)이 정말로 빡빡해왔다(여유가 없다), 우리의 차가 고장났기 때문에, 두 번 지난 달.
- 그 경기는 매우 비등했다 마지막까지.

Conjunctions

1. _____ she has grown up without a mother, she is happy _____ cheerful.

2. I checked the text messages on my girlfriend's mobile phone _____ I found out _____ she has been *going out with*.

3. _____ you are trying to do now is bribery, _____ is illegal.

4. His parents are worried about _____ their son can adapt to his new school quickly.

Prepositions

1. He has been arrested _____ the police _____ illegal online gambling.

2. _____ Korea, the **National Military Service** is compulsory _____ most men _____ 18 and over.

3. However, sons _____ some corrupt politicians and some celebrities are **exempt**_____ service.

4. The actress is well **known** _____ her charity work.

5. It is said that more _____ 2000 left handed people _____ the world die each year directly _____ a result _____ using products designed _____ right handed people.

6. They say (that) they are just good friends, but I think (that) they are _____ love. There's no smoke _____ fire.

Conjunctions

1. 그녀가 성장해왔지만 *although, though*, 어머니 없이, 그녀는 행복하고 *and*, 쾌활하다.

2. 나는 확인했다 문자 메쎄지들을, 나의 여자 친구 휴대 전화에, 그리고 *and*, 나는 알아냈다, 누구와 *who*, 그녀가 *사귀*어 왔는지.

3. 당신이 하고자 하는 것 *what*, 지금,은 뇌물 공여이다, 그것은 *which*, 불법이다.

4. 그의 부모들은 걱정한다, 그들의 아들이 적응할 수 있을지 어떨지에 관하여 *whether*/어떻게 적응할지 *how*, 그의 새로운 학교에 빨리.

about if 라고는 하지 않습니다. 그렇게 하지 않는 이유요? 특별한 이유는 없는데, 그냥 그렇게 쓰지 않습니다. ^^;

Prepositions

1. 그는 체포되었다, 경찰에 의해 *by*, 불법 온라인 도박으로 *for* (이유).

2. 한국에서 *in*, **국방 의무**는 의무적이다, 대부분의 남자들을 위해 *for*, 18세의 *of*, 그리고 그 이상.

3. 그러나, 아들들, 몇 몇 부패한 정치인들의 *of*, 그리고 몇 몇 유명인(연예인)들은, 면제된다, 국방 의무로부터 *from*.

4. 그 여배우는 잘 알려져 있다 그녀의 자선 일로 *for* (이유).

5. 이것(that 이하)은 말해진다, *two thousand* 이상의 *than*, 왼손 잡이 사람들, 전 세계의 *around*, 이 죽는다고 매년, 직접적 결과로서 *as*, 사용하는 것의 *of*, 제품들을 (그것들은) 설계되어 있다, 오른손 잡이 사람들을 위해 *for*.

6. 그들은 말한다, 그들은 단지 좋은 친구들이라고, 그러나 나는 생각한다, 그들은 있다 사랑 안에 *in*. 아니 땐 굴뚝에 연기 안 난다 *without*. Ex 174

이제 한글 해석을 보고 영어로 말해 볼 차례입니다.

Figurative Expressions (Sayings, Proverbs & Colloquial expressions)

be in the driving/driver's seat to be the person who is in control of a situation

말하기 보다는 자주 들을만한 표현입니다. 직역은 '있다 운전석에' 입니다. 운전석에 앉아 있는 운전자가 자동차가 어디로 가는지 결정하듯, '어떤 상황을 책임과 권한을 가지고 실질적으로 이끌어 가는', 즉 '주도하다' 라는 뜻입니다.

• *Owen led the meeting but his boss, Michael was the one in the driving seat.*

• *Dean is not the person for the driver's seat. We need to find someone else.*

• *오웬은 이끌었다 그 회의를 그러나, 그의 상관, 마이클이 그 사람이었다, 실질적 권한이 있는.*

• *딘은 아니다 그 사람이, 주도해 갈. 우리는 필요하다, 찾는 것이, 다른 누군가를.*

Konglish   컨셉

concept/컨셉/은 한국어로 명확하게 정의하기 참 어려운 단어입니다. '개념', '관념', '생각' 정도가 가장 무난한 해석이 되겠고, 영어에서는 idea 가 가장 근접한 의미를 가진 단어입니다.

• *The idea of a soul is a religious concept.*

• *It's difficult to **grasp** the concept of human cloning.*

• *These days many young people think that staying virgin until getting married is an old fashioned concept.*

• *The concept of free health care for everyone may be too ideal, but in Australia, every patient hospitalized, including maternity patients, is covered 100% by Medicare.*

• *개념, 영혼의,은 종교적인 개념이다.*

• *이것(to 이하)은 어렵다, **완전히 이해하는 것**, 개념을, 인간 복제의.*

• *요즘에는 많은 젊은 사람들은 생각한다, 남는 것 숫처녀/숫총각으로, 결혼할 때까지,은 낡은 개념이라고.*

• *개념, 무료 의료 치료의, 모든 사람들을 위하여,은 아마도 너무 이상적일지도 모른다. 하지만, 호주에서는 모든 환자, (그들은) 입원 된다, 포함하여 임산부 환자들을,는 커버된다 one hundred percent, 의료 보험에 의하여.*

Conjunctions

1. Find the first aid kit _____ I call the emergency department.

2. _____ I mentioned earlier, there have been a lot of changes in Korean society recently.

3. _____ you want to know _____ she/he likes you or not, ask her/him to have lunch or dinner with you.

4. You shouldn't complain about politics _____ you didn't vote in the last election.

Prepositions

1. It is almost impossible to sneeze _____ your eyes open.

2. Don't judge a book _____ its cover! My car haven't had a breakdown _____ the last 10 years.

3. You will find that there is no place _____ home when you live alone away _____ your parents.

4. I need your help right now. It's a matter _____ life and death.

5. Dad! You can't go on living _____ the past. Every girl wears miniskirts these days.

6. Will you please keep an eye _____ my house while I'm _____ vacation?

Conjunctions

1. 찾아라 구급 상자를, 내가 전화하는 동안 while, 응급 부서를.

A typical first aid kit consists of some emergency medicines, medical equipment and bandages.

2. 내가 언급했듯이 as, 일찍이, 있어왔다 많은 변화들이 한국 사회에 최근.

3. 당신이 원한다면 if/원할 때 when, 알기를, 그녀/그가 당신을 좋아하는지 아닌지 whether, if, 요구해라, 그녀/그에게 먹자고 점심이나 저녁을 당신과.

4. 당신은 불평해서는 안 된다 정치에 관해, 당신이 투표하지 않았다면 if/않았기 때문에 because, since/ 않았으므로 as, 지난 선거에서.

Prepositions

1. 이것(to 이하)은 거의 불가능하다, 재채기하는 것, 당신의 눈들을 뜬 채로 with. (정보추가)

2. 판단하지 마라 겉모습만으로 by. 나의 차는 가지지 않아왔다 고장을 지난 10년 동안 for/10년에 걸쳐서 over. Ex 104

3. 당신은 발견할 것이다, (자기)집이 제일 좋은 곳이라는 like, 당신이 살 때 홀로, 떨어져서 당신의 부모들로부터 from. Ex 101

4. 나는 필요하다 당신의 도움이 바로 지금. 이것은 문제이다, 생사가 달린, of. Ex 112

5. 아빠! 당신은 계속 할 수 없어요 사는 것을, 구식으로 in. 모든 여자애가 입어요 짧은 치마들을 요즘. Ex 116

6. 잘 지켜봐 주세요 나의 집을 on, 내가 있는 동안, 휴가 중에 on? Ex 183

이제 한글 해석을 보고 영어로 말해 볼 차례입니다.

Figurative Expressions (Sayings, Proverbs & Colloquial expressions)

like father like son to say that a boy behaves like his father, especially when the behavior is bad

직역은 '아빠 같고 아들 같고' 입니다. 아버지와 아들 사이의 행동의 유사함을 나타내는 표현으로 우리말에 '그 애비에 그 자식' 과 유사합니다. 한자 성어로는 '부전자전' 입니다. 영어에서도 다소 부정적인 느낌을 담고 있습니다.

- *Like father like son! Jason's son Peter has died from alcohol abuse.*
- *Like father like son! Your father never studied when he was at school either!*

- *그 애비에 그 자식이군! 제이슨의 아들, 피터는 죽었다 술 과용으로부터.*
- *부전자전이라더니! 너의 애비는 절대 공부하지 않았다, 그가 있을 때 학교에(학교 다닐 때) 또한!*

Konglish   이슈

issue/잇쓔/는 한국에서 '화재' 라는 의미로 사용되는데 좀 부정확한 면이 있습니다. 바른 의미는 '쟁점', '논쟁' 입니다. 또는 잡지 따위에서 '2월호', '5월호' 라고 할 때의 '호' 를 의미하기도 합니다.

- *Drinking, especially among teenagers, is a highly controversial issue in most countries.*
- *The economy is not the issue. The real problem is public morality.*
- *The key issue is whether casual employees should get paid the same wage for the same work as permanent employees.*
- *You will find the article in the January issue of 'Newsweek'.*

- *음주, 특히 10대들 사이에서,는 매우 논란이 되는 쟁점이다, 대부분의 나라들에서.*
- *경제는 아니다 쟁점이. 진짜 문제는 공공 도덕성이다.*
- *중요한 쟁점은 '비 정규직 피고용인들이 지급받아야 하는지' 이다, 같은 급여를, 같은 일에 대해, 정규직 피고용인들 만큼.*
- *당신은 발견할 것이다 그 기사를 1월호에서, 뉴스윅의.*

Conjunctions

1. Many Korean parents still think _____ being admitted to a prestigious university guarantees their children's future, _____ the reality is not like that anymore.

2. No one knows exactly _____ he became so rich, _____ most people guess _____ he got rich by investing in the property market.

3. The relationship between Korea and Japan has worsened _____ some right wing Japanese politicians claimed _____ the islands belong to Japan.

4. _____ the government is trying to do now is to reduce direct taxes for the rich _____ to increase indirect taxes for the poor.

Prepositions

1. They weren't very friendly _____ us. They didn't even say hello.

2. People who have a religion should remember the saying 'Actions speak louder _____ words'.

3. Everybody was **listen**ing _____ Tommy's stories _____ *silence*.

4. Don't be **afraid** _____ making mistakes. It is not such a bad thing **as long as** you learn _____ your mistakes.

5. _____ *theory*, everyone has to pay the new tax, but I wonder what it will be like _____ *reality*.

6. _____ *practice*, women receive lower wages _____ their male colleagues.

Conjunctions

1. 많은 한국 부모들은 여전히 생각한다, 입학되는 것, 명성 있는 대학에, 이 보증한다고 that*, 그들 자녀들의 미래를. 그러나* but*, 현실은 그렇지 않다, 더 이상.*

2. 아무도 모른다 정확하게, 어떻게 how*, 그가 되었는지 그렇게 부자가, 그러나* but*, 대부분의 사람들은 추측한다, 그가 부자가 되었다고* that*, 투자함으로써, 부동산 시장에.*

3. 관계, 한국과 일본 사이의,는 악화 되었다, 몇 몇 우익 일본 정치인들이 주장한 이래로 since/때문에 because*, since/했으므로* as*, 그 섬들이 속한다고(소유)* that*, 일본에.*

4. 정부가 시도하고 있는 것, 하려고 what*, 지금,은 감소시키는 것이다 직접 세금들을, 부자들을 위한, 그러나* but*, 증가시키는 것이다, 간접 세금들을, 가난한 사람들을 위한.*

the + adjective 가 '형용사 한 사람들' 이 된다는 문법을 배우신 적이 있으실 겁니다. 그러나 주의 하셔야 할 것은 이 공식을 남발하여 '형용사 한 사람들' 이라는 말을 마구 마구 만들어서 쓰지는 않습니다. 이 공식대로 사용하는 경우의 대표적인 예들이 the rich, the poor, the young, the eldery, the unemployed, the homeless 정도입니다. 주로 formal 문체에서 사용되며, 대부분의 경우에는 adjective + people 의 구조가 선호됩니다. *young people, eldery people, rich people, poor people, homeless people etc* 여하간, '빈익빈 부익부' 라는 말을 영어로 *The rich get richer, the poor get poorer* 라고 합니다.

Prepositions

1. 그들은 그리 친근하지 않았다 우리에게 to*. 그들은 심지어 말하지도 않았다, '안녕'을. (인사도 안 했다)*

2. 사람들, 그들은 가지고 있다 종교를,은 기억해야 한다 그 속담, '행동들이 말한다 더 크게 말들 보다 than*' 을. (말보다 행동/실천이 더 중요하다)* Ex 184

3. 모든 이가 경청*하고 있었다 토미의 이야기들에* to*, 조용히* in*.*

4. 두려워하지 마라, 만드는(하는) 것을 of*, 실수들을. 이것은 그리 나쁜 것이 아니다, 당신이 배우는* 한*, 당신의 실수들로부터* from*.*

as long as 주어 + 동사 (주어 + 동사 하는 한) 첫 번째 as 는 부사이므로 해석을 하지 마시고, 두 번째 as 가 접속사임을 명심하세요. 그러니 as 뒤에 바로 주어와 동사가 나올 수 있습니다. *I will go to the party as long as you drive me back home.* 나는 가겠다 파티에, 당신이 태워주는 한 나를 집으로. *Sarah doesn't care who her future husband will be as long as he is rich.* 쎄라는 신경쓰지 않는다 누가 그녀의 미래의 남편이 될지, 그가 부자인한.

5. 이론적으로 in*, 모든 사람은 내야 한다 그 새로운 세금을, 그러나, 나는 궁금하다, 무엇과 같이 이것이 될 것인지(이것이 어떻게 될 것 같은지), 현실에서* in*.*

In theory, anybody can participate in politics, but *in reality*, it is not that easy. 이론적으로는, 누구든지 참여할 수 있다 정치에, 그러나, 현실에서는, 이것(누구나 정치 참여)이 그리 쉽지 않다.

6. (그래서는 안 되는데) 실질적으로 in*, 여자들은 받는다 더 낮은 임금들을, 그들의 남성 동료들보다* than*.*

in practice 에는 현실에서 발생하는 안타까움이 묻어 있는 '실제에서는/실제로는' 이라는 의미입니다. *Teenagers are not allowed to drink in bars, but in practice they often do.* 십대들은 허락되지 않는다, 술 마시도록, 술집들에서, 그러나, (그래서는 안 되는데) 실제로는, 그들은 종종 그런다(마신다). *The law seemed like a good idea in theory, but in practice it was ineffective.* 그 법은 듯 했다, 매우 좋은 생각 같은, 이론적으로는, 그러나, (그래서는 안 되는데) 실제로는, 이것은 효과가 없었다.

이제 한글 해석을 보고 영어로 말해 볼 차례입니다.

Figurative Expressions (Sayings, Proverbs & Colloquial expressions)

be cut out for st/cut out to be st to have the qualities required for a particular job or activity

구조를 살펴보면 be 동사 + cut (과거 분사형), 즉 '수동'의 구조를 가지고 있습니다. 직역을 해보면 '잘려졌다, for + 명사를 위하여', 혹은 '잘려져서, to be + 명사가 되었다' 입니다. 지금도 옷이나 구두를 맞추려면 그 사람에 맞게 가죽이나 옷감을 잘 잘라내야 합니다. 어떤 일이나 직업 따위를 이야기할 때, 그 일/직업에 잘 맞춰진, 즉 '자질이 있다' 라는 표현입니다.

• *I don't think (that) Dave is cut out for acting.*

• *Are you sure (that) you're really cut out to be a teacher?*

• *He is cut out to be a performer; he is handsome and outgoing, and he has a beautiful voice.*

• *나는 생각하지 않는다, 데입가 자질이 있다고, 연기에.*

• *당신은 확신하는가, 당신이 정말 자질이 있다고, 교사가 되기에?*

• *그는 자질이 있는 연기자/가수이다; 그는 잘 생겼고, 외향적이고, 그리고 그는 가지고 있다 아름다운 목소리를.*

Konglish   싸인

한국에서 sign/싸인/은 크게 두 가지 의미로 사용됩니다. '서명' 과 '유명인의 기념 서명'. 영어에서는 일반적인 서명은 signature/씩너처/(명사)나 sign/싸인/(동사)를 사용하고, 유명인의 기념 서명은 autograph/오토그랍/입니다. sign 은 또한 명사로 '징후', '표시', '간판', '표식' 의 의미로도 쓰입니다. 일상적으로 워낙 많이 사용되는 문장들이라서 이번에는 예문이 좀 많습니다.

• *Can I have your autograph please?*

• *Park is a player who always signs autographs for his fans.*

• *Please **put** your signature here.*

• *Someone's **forged** my signature (= made an illegal copy of my name to deceive people) on this letter.*

• *You forgot to sign the check/cheque.*

• *Over a hundred people have signed the petition.*

• *I will sign the contract/document tomorrow after I've heard from my lawyer/solicitor.*

• *High/Low blood pressure is a warning sign of an heart problem.*

• *There were no signs of forced entry into the house.*

• *The economy is beginning to show signs of recovery/slowing down.*

• *There are signs that the situation is improving.*

• *We'd better smoke somewhere else. There is a no smoking sign here.*

• *A neon sign is flashing on and off in the window.*

• *(During a driving lesson) There is a stop sign. You must stop there before crossing the intersection.*

• *제가 가질 수 있습니까 당신의 autograph 를? (싸인 좀 해주세요!)*

• *박은 선수이다, 그는 항상 싸인 해준다 autograph 들을, 그의 fan 들을 위하여.*

• *__두세요__(하세요) 당신의 서명을 이곳에.*

• *누군가가 **위조했다** 나의 서명을, 이 편지에.*

• *당신은 잊었습니다 서명하는 것을, 이 수표를.*

• *백 명이 넘는 사람들이 서명했다 그 청원서를.*

• *나는 서명할 것이다 그 계약서/서류를 내일, 내가 들은 후에 나의 변호사로부터.*

- 고/저혈압은 경고의 표시(징후)이다, 심장 문제의.
- 없다 표시들(흔적들), 강제로 들어간 것의, 집안으로, 이.

> 경찰이 강도나 절도 사건 수사 시에 종종 나오는 상황입니다.

- 경제는 시작했다 보이기를, 징후들을, 회복/침체(둔화)의.
- 있다 징후들이, 상황이 좋아지고 있다는.

- 우리는 낫겠다 담배 피우는 것이 어디 다른 곳에서. 있다 금연 표식이 이곳에.
- 니온 간판이 번쩍이고 있다, 켜졌다가 꺼졌다가 창 안에서.
- (운전 교습 중에) 있습니다, 정지 표시가. 당신은 반드시 멈춰야 합니다 저곳에서, 건너기 전에 교차로를.

Conjunctions

1. He is the kind of person _____ always blames someone else for his own faults.

2. J. Kim, a singer, has been doing a lot of charity work _____ he is not rich at all.

3. The fact _____ I am a healthy Korean man sometimes makes me sad _____ that means _____ I have to join the Army.

4. Some people want to be a teacher only _____ they know _____ they can get a decent salary, _____ _____ the job is relatively secure.

Prepositions

1. Don't get any *closer* _____ me! I will call the police.

2. My older son is _____ the Army and the younger one _____ the Navy.

3. What's the relationship _____ you and them?

4. It cannot be considered a **developed country** _____ a proper **social welfare system**.

5. She **is obsessed** _____ her looks. She must know that **beauty is only skin deep**.

6. Tina **bump**ed her foot _____ the chair and broke her toe nail.

Conjunctions

1. 그는 그런 종류의 사람이다, 그는 *who*, 항상 탓한다 다른 사람을, 그 자신의 잘못들로.

2. 제이, 킴, 가수,은 해오고 있다 많은 자선 일을, 그가 부자가 아닐지라도 *although, though*, 전혀.

3. 사실, 내가 건강한 한국 남자라는 *that*,이 때때로 만든다 나를 슬프게, 그것은 의미하기 때문에 *because, since*/하므로 *as*, 내가 합류해야 한다는 것을 *that*, 육군(군대)을.

4. 어떤 사람들은 원한다, 되기를 교사가, 단지 그들이 알기때문에 *because*, 그들이 받을 수 있다는 것을 *that*, 괜찮은 (수준의) 월급을, 그리고 *and*, 그 직업이 상대적으로 안정적이라는 것을 *that*.

> only since 나 only as 라고는 말하지 않습니다.

Prepositions

1. 되지 마라 더 가깝게 (오지 마라 더 이상 가까이), 나에게 *to*! 나는 부르겠다 경찰을.

2. 나의 나이 더 많은(큰) 아들은 있다 육군에 *in*, 그리고 그 나이 더 젊은(작은) 사람(아들)은, 해군에 *in*.

3. 무엇입니까 관계가 당신과 그들 사이에 *between*?

4. 이것(나라)는 여겨질 수 없다, **선진국**이라고, 적절한 **사회 보장 제도** 없이는 *without*.

5. 그녀는 집착한다 그녀의 외모에 *with*/외모에 관해 *about*. 그녀는 반드시 알아야 한다, **아름다움은 단지 피부의 두께 깊이**라는 것을. (겉으로 보여지는 아름다움은 단지 가죽일 뿐이라는: 내면의 아름다움이 더 중요하다)

> '외모' 는 항상 복수형인 looks 입니다.

6. 티나는 부딪혔다 그녀의 발을, 그 의자에 *against*/의자 표면에 *on*, 그리고, 부쉈다 그녀의 엄지 발가락 발톱을.

> bump 목적어 on st / bump into st *I bumped my arm on the table.*   The room was dark, and I bumped into the door.

이제 한글 해석을 보고 영어로 말해 볼 차례입니다.

Figurative Expressions (Sayings, Proverbs & Colloquial expressions)

not see eye to eye with somebody to always disagree with someone

직역은 '눈을 마주치지 않는다, 누군가와' 입니다. 우리 문화권에서는 '어떤 사람이 싫어서 눈조차 마주치지 않는' 정도의 의미로 해석할 수 있겠지만, 영어권에서는 '눈 한 번 마주치지 않을 정도로 서로 일치하는 것이 없다' 즉 '항상 의견을 달리한다' 라는 의미입니다.

• *Kim has never seen eye to eye with her daughter-in-law since her son got injured in a car accident last year.*

• *The opposition party has never seen eye to eye with the ruling party about the social welfare and* **health care** *systems.*

• *킴은 의견 충돌해 왔다, 그녀의 며느리와, 그녀의 아들이 부상당한 이래로, 교통 사고에서, 작년.*

• *야당은 의견을 달리해 왔다 여당과, 사회 복지와 **건강 관리(의료)** 체계들에 관하여.*

Konglish   피알

PR 은 public relation(대중과의 관계)의 준말입니다. 의미는 '어떤 단체나 기관이 대중의 호응(승인)을 얻기 위하여 그 단체나 기관의 업무를 알리는 행위', 즉 간단히 말하면 '홍보' 입니다. 사실 영어권에서 그리 흔히 접하는 단어는 아닙니다. 중요한 것은 '자기 피알 시대' 라는 말처럼 '개인의 홍보' 라는 개념으로는 사용되지 않습니다. 개인의 홍보는 동사 promote/프로몯/을 사용합니다.

• *The company needs good PR to change its corporate image.*

• *In today's modern society, often you need to promote yourself.*

• *In Korea, the expression 'PR', often means 'the way to improve an individual's image'. However, in English, it mainly means 'the work of informing the public what an organization does and getting approval from the public'.*

• *그 회사는 필요하다 좋은 홍보가, (그래서) 바꿀 필요가 있다 이것의 기업 이미지를.*

• *오늘날의 현대 사회에서, 종종 당신은 필요하다 홍보할, 당신 자신을.*

• *한국에서, 표현 PR 은 종종 의미한다, 방법을, 향상시키는, 한 개인의 이미지를'. 그러나, 영어에서, 그것은 주로 의미한다 '일, 알리는 것의, 대중에게, 무엇을 한 단체가 하는지, 그리고 얻는 것, 승인을, 대중으로부터.*

Conjunctions

1. My sister thinks _____ she can't marry simply _____ she is over 40, _____ she has decided to stay single.

2. My sister has been on a diet _____ she was dumped by her boyfriend. She thinks _____ she was dumped _____ she is fat, _____ I don't think _____ she is fat. She is just chubby.

3. Did you study at university in order to work as a public servant _____ job is just issuing documents _____ stamping them?

4. You must consider _____ you'd like to study _____ you consider _____ university you'd like to go to.

Prepositions

1. I had to join the queue _____ the ticket.

2. All eyes focused _____ her when she burst into tears.

3. Many people are sensitive _____ cow's milk. It often causes diarrhea/diarrhoea.

4. My two year old daughter **was admitted** _____ hospital _____ pneumonia.

5. She was **released** _____ hospital _____ January 16 _____ a week _____ doctor's supervision.

6. Before he died, Patrick Swayze was deeply touched _____ the flood _____ support _____ fans all _____ the world.

Conjunctions

1. 나의 여동생/누나는 생각한다, 그녀가 결혼할 수 없다고 that, 단지 그녀가 마흔이 넘었기 때문에 because, 그래서 so, 그녀는 결정했다, 남기로, 독신으로.

> simply since 나 simply as 라고는 잘 말하지 않습니다.

2. 나의 여동생/누나는 해오고 있다 살 빼기를, 그녀가 차인 이래로 since/차였기 때문에 because, 그녀의 남자 친구에 의하여. 그녀는 생각한다, 그녀가 차였다고 that, 그녀가 뚱뚱하기 때문에 because, 그러나 but, 나는 생각하지 않는다, 그녀가 뚱뚱하다고 that. 그녀는 단지 통통하다.

> because 의 formal 표현인 since, as 는 본문의 내용상(매우 구어체/일상적) 적절하지 않습니다.

3. 너는 공부했나, 대학에서, 일하기 위하여, 공무원으로서, 그의 whose, 직업은, 단지 발행하는 것이다, 서류들을 그리고 and, 도장 찍는 것이다 그들(서류들)을?

4. 당신은 반드시 고려해야 한다, 무엇을 what 당신이 공부하고 싶은지, 당신이 고려하기 전에 before, 어떤 which, 대학을 당신이 가고 싶은지.

Prepositions

1. 나는 합류해야 했다, 그 줄을, 표를 위하여 for.

2. 모든 눈들은 집중했다 그녀에게 on, 그녀가 **터뜨렸을** 때, **울음들**을.

> burst into 는 '갑자기 into 이하를 하다' 라는 phrasal verb 입니다. *Claire burst into laughter.* 클레어는 갑자기 웃었다.

3. 많은 사람들이 민감하다, 소의 우유에 to. 이것은 종종 일으킨다 설사를.

4. 나의 두 살 먹은 딸은 받아들여(입원) 졌다, 병원으로 to, 폐렴으로 with/폐렴 때문에 because of, due to.

> 동사 admit 의 기본 의미는 '받아 들이다/인정하다'입니다. 주로 수동태로 '입원하다' 라는 의미로도 사용합니다. *When was she admitted?* 언제 그녀가 입원되었나? *She was admitted to hospital earlier this week after collapsing at home.* 그녀는 입원되었다 병원에, 초에 이번 주, 쓰러진 후에 집에서.

5. 그녀는 놓아졌다(퇴원) 병원으로부터 from, 1월 16일에 on, 일주일 후에 after, 의사의 감독하에 under.

> 동사 release 의 가장 기본적인 의미는 '놓아주다' 입니다. 여기서, 영화나 음반, 서적 따위가 '출시되다, 또는, '퇴원하다' 라는 의미가 나왔습니다. *The birds were eventually released into the wild.* 새들은 마침내 놓아졌다 자연으로. *The new edition of the dictionary is going to be released early next year.* 그 새로운 판, 그 사전의,은 나올 것이다, 초에 내년. *All the hostages were released after weeks of intense negotiations.* 모든 인질들이 풀려났다, 몇 주들의 집중적인 협상들 후에.

6. 그가 죽기 전에, 팻릭 스웨이지는 깊이 감명(감사의 마음)받았다, 물결(홍수)에 의해 by, 성원의 of, fan 들로부터 from, **전 세계 곳곳의** over, around.

> flood 는 물론 '홍수' 입니다. 우리말에도 그렇듯이, '많은 양' 을 비유하기도 합니다. *The flood of refugees have been crossing the border since the war broke out.* 엄청난 수의 난민들이 건너오고 있는 중이다 국경을, 그 전쟁이 발발한 이래로.

이제 한글 해석을 보고 영어로 말해 볼 차례입니다.

Figurative Expressions (Sayings, Proverbs & Colloquial expressions)

let sleeping dogs lie to deliberately avoid mentioning a subject which is likely to cause trouble

직역은 '두어라 잠자는 개들을 누워있게' 입니다. 개나 사람이나 잘 자고 있는데 깨우면 기분이 좋을 리가 없습니다. '잠자는 개들' 이란 '민감하고 문제가 될 소지가 있는 어떤 사안이나 주제' 를 의미합니다. '논란이나 문제가 될 수 있는 사안에 대하여 언급하는 것을 피하다' 라는 표현입니다. 우리말에 '긁어 부스럼 만들지 마라' 와 비슷합니다.

- *Ben! Let sleeping dogs lie! There is no need to upset her again by mentioning what happened last year.*
- *You should have let sleeping dogs lie. Jenny was really offended.*

- *벤! 긁어 부스럼 만들지 마라. 필요 없다, 화나게 할, 그녀를 다시, 언급함으로써, 무슨 일이 일어났는지 작년(에).*
- *너는 그냥 잠자코 있었어야 했다. 제니는 정말 마음 상했었다.*

Konglish   디자인

design/디자인/하면 가장 먼저 생각나는 것은 어떤 상품 따위의 '외관(겉모습)'입니다. 물론 '외관' 이라는 의미도 있지만 design 의 가장 기본적인 의미는 '설계' 또는 '설계하다' 입니다.

- *I work for the design team at the company.*
- *Some changes have been made to the computer's basic design.*
- *Wood flooring is available in a wide range of designs.*
- *This room is designed as a meeting room, with sound-proof material installed.*

- *나는 일한다 design(외관 + 설계) 팀을 위하여, 그 회사에서.*
- *약간의 변화들이 만들어져 왔다 컴퓨터의 기본적인 설계에.*
- *나무 바닥은 구비되어 있습니다 다양한 범위의 디자인들로.*
- *이 방은 설계되어 있다 회의실로서, 방음 물질로 설치된.*

Sydney Opera House was designed by Danish architect, Jørn Utzon in 1973.

Conjunctions

1. _____ she can speak Korean _____ English fluently, she volunteered to do the interpreting work.

2. She is a single mom _____ she has a smile on her face all the time _____ her children are very cheerful.

3. I hate those celebrities _____ are so self-centered, acting _____ they are princes or princesses.

4. It is neither about money _____ about work. It is about integrity.

Prepositions

1. Rather _____ driving around, looking _____ somewhere to park, why don't you take a bus _____ town?

*2. What do you think (that) the **secret** _____ her success is?*

*3. The **motive** _____ killing his ex-girlfriend was jealousy.*

*4. I think (that) too many young people **waste** their precious time _____ their 20s, having meaningless relationships _____ the other sex.*

*5. Do not **react** _____ everything he's saying. It will only give him the excuse to abuse you more.*

*6. Stop **dream**ing _____ marrying a prince riding a white horse. It will never happen _____ you.*

Conjunctions

1. 그녀가 말할 수 있으므로 as/때문에 because, since, 한국어와 and, 영어를 유창하게, 그녀는 자원해서 했다 그 통역 일을.

2. 그녀는 남편 없이 애를 키운다, 그러나 but, 그녀는 가지고 있다 미소를 그녀의 얼굴에 항상, 그리고 and/그래서 so, 그녀의 아이들은 매우 쾌활하다/그녀의 아이들이 매우 쾌활하기 때문에 because, since/쾌활하므로 as.

3. 나는 싫어한다 그런 유명인들을, 그들은 who, 매우 자기 중심적이다, 행동한다, 그들이 왕자들이나 공주들인 것처럼 like.

4. 이것은 아니다 돈에 관한(것도), 일에 관한 것도 nor. 이것은 양심에 관한 것이다.

Prepositions

1. 운전하기 보다는 than, 여기 저기, 찾아서 for, 어딘가를 주차할, 당신은 타는 것이 어때 버쓰를 시내로 to, into?

2. 무엇이라, 당신은 생각하는가, 그 비밀, 그녀 성공의 of/성공에 to, 이?

3. 동기, 죽일 for (이유), 그의 전 여자 친구를,는 질투였다.

4. 나는 생각한다, 너무 많은 젊은이들이 낭비한다고 그들의 소중한 시간을, 그들의 20 대에 in, 가지는데 의미없는 관계들을, 다른 성별과 with.

> waste + 시간 + 동사 ~ing 시간을 낭비하다, 동사~ing 하는데 *You're wasting too much time surfing the Internet.* 당신은 낭비한다 너무 많은 시간을, 둘러보는데 인터넷을. spend + 시간 + 동사~ing 시간을 보내서, 동사~ing 하다 *I spent half of a day making Kimchi.* 나는 보냈다 반나절을 (그래서) 만들었다 김치를. *She spent 3 days decorating her room.* 그녀는 보냈다 3일들을 (그래서) 꾸몄다 그녀의 방을. *He spent 6 months preparing for the project.* 그는 보냈다 6개월들을 (그래서) 준비했다 그 기획을. *My wife hardly spends time making up.* 나의 아내는 거의 보내지 않는다 시간을, 화장하는데.

5. 반응하지 마라 모든 것에 to, 그가 말하는. 이것은 단지 줄 것이다 그에게 핑계를, 괴롭힐 당신을 더.

6. 멈춰라 꿈꾸기를, 결혼하는 것에 관한 about, of, 왕자를, (그는) 타고 있다 백마를. 이것은 절대 일어나지 않는다 당신에게 to.

이제 한글 해석을 보고 영어로 말해 볼 차례입니다.

Figurative Expressions (Sayings, Proverbs & Colloquial expressions)

be in the spotlight to get a lot of attention in newspapers, on television etc

spotlight 은 spot + light, 즉 '어떤 한 지점(spot) 비추는 등' 입니다. 흔한 예로, 무대 위의 주인공만을 동그랗게 비추는 그런 등을 말합니다. 물론 그런 조명을 받고 있는 경우를 someone is in the spotlight 이라고 말하기도 하지만, 추상적인 개념으로 '많은 관심을 받는다' 혹은 '많은 이목을 끈다' 입니다. 우리말에 '집중 조명을 받는다' 와 비슷한 표현입니다.

- He is not the kind of person who enjoys being in the spotlight.
- Since the scandal, Woods has always been in the spotlight whatever he does.

- 그는 아니다, 그런 류의 사람이, 그는 즐긴다 관심의 대상이 되는 것을.
- 그 불미스러운 사건 이래로, 우즈는 되어 오고 있다 항상 관심의 대상이, 무엇을 그가 하든지.

Konglish   런칭

일단 발음이 심하게 잘못된 경우입니다. /런칭/은 '점심' 먹는 것이랑 관계가 있는 말이고 launch/로운치/라고 발음해야 합니다. launch 의 가장 기본적인 의미는 start 입니다. 신상품 따위를 '출시하다' 라는 뜻도 있고, 더 나아가 missile/미쓸/(미사일)이나 satellite/쎄틀라잍/(인공위성)등을 '발사하다' 라는 의미로도 사용됩니다. 같은 의미의 명사로도 사용됩니다.

- The leukemia foundation has launched a campaign to raise a million dollars.
- **The press** has launched a vicious attack on the president.
- Toyota hopes to launch a new people-mover in October.
- North Korea launched a missile over Japanese territory and into the nearby sea in 1998.
- The launch of a nuclear weapon is not an option for the country.

- 백혈병 재단은 시작했다 캠페인을, (그래서) 모금한다 a million dollars 를.
- **언론**은 시작했다 거친(사악한) 공격을 대통령에.
- 토요타는 기대한다 출시하기를, 새로운 사람들
옮기는 것(보통 6-12 인승 승합차)를 10월에.
- 북한은 발사했다 미쓸을 일본의 영토 위로 그리고 근해로
1998년에. (일본 영토를 넘어, 근처 바다로 들어갔다)
- 발사, 핵무기의,는 아니다 선택이, 그 나라를 위한.

The spaceship is being launched by NASA.

Conjunctions

1. She had two miscarriages _____ she had her first child.

2. Let's just wait. Everything will be fine _____ the boss arrives.

3. Women _____ wear miniskirts shouldn't criticize men _____ enjoy watching their pretty legs.

4. _____ it's not easy, try to find _____ you really want to do. The effort itself will make you a better human being.

Prepositions

1. 'I passed the driving test yesterday!' 'Good _____ you!'

*2. More _____ 300 people **took part** _____ the experiment.*

*3. _____ Australia, when you are _____ **an emergency**, the number (that, which) you need to dial is 000 (triple zero).*

*4. 'I don't have **faith** _____ Philip anymore. We are over.' 'Come on Bianca! You should forgive him. I'm sure (that) anyone _____ his shoes would have done the same thing.*

*5. How can you **turn** your **back** _____ your own mother?*

*6. Someone has to **wash the dishes** _____ every meal. All _____ us will have to do it _____ turn.*

Conjunctions

1. 그녀는 가졌다 두 번의 유산(출산의 실패)들을, 그녀가 가졌기 전에 before/가진 후에 after, 그녀의 첫 아이를.

2. 우리 그냥 기다리자. 모든 것은 잘 될 것이다, 일단 사장님이 도착하면 once/도착할 때 when.

문맥상 사장님이 오고 있는 상황이기 때문에 if 는 적절한 답이 아닙니다.

3. 여자들, 그들은 입는다, 미니 스컬들을,은 비난하지 말아야 한다, 남자들을, 그들은 who, 즐긴다 보는 것을, 그들의 예쁜 다리들을.

4. 비록 이것(찾는 것)이 쉽지는 않더라도 although, though, 노력해서 찾아라, 당신이 정말 하기 원하는 것을 what, 그 노력 자체가 만들 것이다 당신을, 더 나은 사람으로.

Prepositions

1. '나는 통과했다 운전 시험을 어제!' '좋네요 당신을 위해 for!'

2. 삼백 이상의 than, 사람들이 참여 했다 그 실험에 in.

*3. 호주에서 in, 당신이 있을 때 **위급 상황**에 in, 그 숫자, 당신이 걸어야 하는,는 공공공(triple zero)이다.*

'비상시에' 는 be in an emergency 입니다. *The staff need to know what to do in an emergency.* 직원들은 필요하다 알, 무엇을 할 지, 비상 상황에. *You'd better have some money (that) you can use in an emergency.* 당신은 낫겠다 가지는 것이 약간의 돈을, (그것을) 당신은 쓸 수 있다 비상시에.

4. '나는 가지고 있지 않다 믿음을 Philip에 in 더 이상. 우리는 끝이다.' '제발 비안카! 너는 용서해야 한다 그를. 나는 확신한다, 누구든지, 그의 상황에서는 in, 했을 것이다, 똑같은 것을(똑같이). Ex 178

5. 어떻게 당신이 돌릴 수 있나 당신의 등을, 너 자신의 엄마에 on?

turn someone's back on somebody 돕기를 거부하다, 배신하다. *You should not turn your back on your brother. He made **what you are now**.* 너는 돌려서는 안 된다 너의 등을 너의 형에. 그는 만들었다 **현재의 너를**.

*6. 누군가는 **해야 한다 설거지**를, 매 식사 후에 after. 우리 모두 of, 해야 할 것이다 그것을, **교대로** in.*

밥 먹기 전에 설거지를 하는 특이한 경우에는 before 나 for 도 가능합니다. ^^; *The boss shook their hands in turn.* 사장님은 악수 했다 그들의 손들을 차례로.

이제 한글 해석을 보고 영어로 말해 볼 차례입니다.

Figurative Expressions (Sayings, Proverbs & Colloquial expressions)

know someone by sight to know a person's face only (not know them well)

sight/싸잍/은 명사로 '시력', '눈에 보이는 것', '모습' 입니다. 그래서, 직역을 해보면 '안다 누군가를 모습으로' 라는 표현입니다. 누군가를 알기는 아는데 겉 모습만 몇 번 본, 즉, 이름이나 다른 사항들은 잘 모르고 '얼굴만 안다' 라는 표현입니다.

- *I know her by sight, but I don't think (that) I've ever spoken to her.*
- *I only know him by sight. I have only seen him a couple of times at the cafeteria.*

- 나는 몇 번 보기만 했다 그녀를, 그러나, 나는 생각하지 않는다, 내가 여태껏 말해본 적이 있다고 그녀에게.
- 나는 단지 안다 그를 얼굴만. 나는 단지 봤다 그를 몇 번, 구내 식당에서.

동사 see, look, watch 는 전부 '보다' 입니다. 그런데, 구체적 의미는 전부 틀립니다. see 는 '그냥 눈으로 보는/ 보여지는 경우' 를 말하고, look 은 '일부러 어떤 것을 보는 것' 입니다. watch 는 '좀 더 자세하게 들여다 보는 것' 입니다. 결론적으로 오른쪽으로 갈 수록 (see>look>watch) 좀 더 자세하게 보는 겪 입니다. 예문을 통하여 '감'을 잡으시기를 바랍니다. *I saw Tim in the library.* 나는 봤다 팀을 도서관 안에서. (우연히 눈에 띄임) *You can see the lighthouse from here.* 당신은 볼 수 있다 등대를 이곳으로부터. *Look at me, mommy!* 보세요 나를, 엄마! (일부러 봐야 하는 경우) *Everybody turned to look at Christine as she entered the room.* 모든 사람이 (몸을) 돌려서 봤다 크리스틴을, 그녀가 들어오면서 그 방을. *Hannah has been watching movies all day.* 헤나는 보아오고 있는 중이다 영화들을 종일. (영화는 자세하게 들여다 봐야 이해가 됩니다. ^^;) *Watch the man closely. He looks suspicious.* 감시해라 저 남자를. 그는 보인다 수상쩍게.

Konglish   써머타임

한국에서는 '일광 절약제' 라는 의미로 summer time 을 떠올립니다. 하지만 영어에서 summer time 은 '여름날의 시간' 이나 '여름철' 이라는 의미로도 자주 사용되어, 의미가 애매모호한 경우가 많습니다. '일광 절약제' 의 가장 일반적인 표현은 daylight saving time 이나 daylight saving 입니다.

- *Many Australians like daylight saving because they can spend more time playing sports after work.*
- *Queensland is the only state in Australia without daylight saving.*
- *Most Koreans **are not in favor of** daylight saving time because it does not suit the life styles of most Koreans.*
- *Summer (time) in Christchurch, NZ is **beautiful** due to its cool temperature and pristine beaches.*

- 많은 호주인들은 좋아한다 일광 절약제를, 그들은 보낼 수 있기 때문에 더 많은 시간을, 운동하는데 일과 후에.
- 퀸쓰랜드는 유일한 주이다 호주에서, 일광 절약제가 없는.
- 대부분의 한국인들은 **찬성하지 않는다** 일광 절약제를, 그것은 맞지 않기 때문에 생활 방식들을, 대다수 한국인들의.
- 여름(철), 크라이슽처치에서, 뉴질랜드,은 **정말 좋다**, 이것의 시원한 기온과 청정한 바닷가들 때문에.

Conjunctions

1. _____ you do, please do not ask me for money. You already owe me more than $10,000.

2. I think _____ old people deserve to be treated _____ a little bit more respect.

3. The former president is a good example of _____ an immoral person shouldn't be a leader of a country.

4. The Korean police are trying to **crack down** on the sex industry, _____ those prostitutes _____ have lost their jobs are now working secretly.

Prepositions

1. I didn't do it. If you think (that) I'm the one, you're barking _____ the wrong tree.

2. The public have lost **faith** _____ the government.

3. Everybody stared _____ him _____ **disbelief** when he slapped his wife _____ the face.

4. Most ladies aren't **attracted** _____ a naïve man.

5. Many women tend to enjoy the passive role _____ a date. Thus, instead _____ asking her opinions _____ everything, set a schedule _____ the day and just follow it. That's my advice _____ you.

6. Before I read the novel, I only had a vague **idea** _____ the sex slave incident _____ the Japanese occupation _____ the Korean peninsular, and I didn't realize the seriousness _____ the problem.

Conjunctions

1. 당신이 무엇을 하든지 whatever, 요구하지 마라 나에게 돈을. 당신은 이미 빚지고 있다 나에게 ten thousand 달러쓰 이상을.

2. 나는 생각한다, 나이든 사람들은, 자격이 있다고, 대접받을, 좀 더한 존중으로 with.

동사 deserve 는 좋은 일의 경우에는 '자격(가치)이 있다', 좋지 않은 일의 경우에는 '당해도 싸다' 정도로 해석이 됩니다. 예문을 참고하시고 감을 잡으시기를 바랍니다. You have worked hard for the test and you passed it. Congratulations! You deserve it. 당신은 공부해 왔다 열심히 그 시험을 위해서, 그리고 당신은 통과했다 그것을. 축하한다! 당신은 충분한 자격이 있다. You deserve a holiday. You have worked really hard. 당신은 자격이 됩니다 휴가를 가질. 당신은 일해왔습니다, 정말 열심히. What have I done to deserve this? 내가 뭘 했길래, 내가 이런 대우/취급을 받아야 해? You're shit! You don't deserve her. 너 똥 같은 놈아! 너는 자격이 없다, 그녀를 (차지할).

3. 전직 대통령은 좋은 예이다, 왜 why, 부도덕한 사람이 되어서는 안 되는지의, 지도자가, 한 나라의.

4. 한국 경찰은 노력하고 있다, **엄정히 대처(단속)**하려고 성 매매 산업에, 그러나 but/그래서 so, 그 매춘부들, 그들은 who, 잃었다 그들의 직업들을,은 지금 일하고 있다 비밀리에.

Prepositions

1. 나는 하지 않았다 그것을. 당신이 생각한다면, 내가 그 사람이라고, 당신은 엉뚱한 곳에 와서 짖는 격이다 up. (잘못 판단하고 있는 것이다). Ex 179

2. 대중은 잃었다 믿음/신뢰를, 정부에 in.

3. 모든 사람이 응시했다 그를 at, 믿기지 않듯이 in, 그가 때렸을 때(싸대기) 그의 아내를, 얼굴에 in, on.

4. 대부분의 여성들은 끌리지(매료되지) 않는다, 순진한 남자에게 to.

5. 많은 여성들은 경향이 있다, 즐기는, 수동적인 역할을, 데일에서 on. 그러므로, 물어보는 대신에 of, 그녀의 의견들을, 모든 것에 관해 about, 정해라 일정을 그 날을 위해 for, 그리고 단지 따라라 그것을(일정). 그것이 나의 충고이다 너에게 to.

6. 내가 읽기 전에 그 소설을, 나는 단지 가지고 있었다 어렴풋한 생각을, 성 노예 사건에 of/관하여 about, 일본 점령 동안에 during, 한반도의 of, 그리고, 나는 깨닫지 못했었다 심각성을, 그 문제의 of.

이제 한글 해석을 보고 영어로 말해 볼 차례입니다.

Figurative Expressions (Sayings, Proverbs & Colloquial expressions)

meet/talk to somebody face to face to be together in front of each other

'만난다/말한다 누군가를 얼굴 대 얼굴로' 라는 직역에서 짐작할 수 있듯이 '누군가를 직접 대면/상면하다/만나서' 라는 표현입니다.

- *Let's talk face to face!*
- *I've never met her face to face. We've only talked over the phone.*
- *I don't want to discuss it over the phone. It's a serious matter. I think (that) I have to talk with him face to face.*

- *이야기하자 만나서!*
- *나는 만나본 적이 없다 그녀를, 직접 얼굴을 맞대고. 우리는 단지 이야기해 보았을 뿐이다, 전화상으로.*
- *나는 원하지 않는다 상의하기를 이것을, 전화상으로. 이것은 심각한 문제이다. 나는 생각한다, 나는 이야기해야 한다고 그와, 만나서.*

Konglish   신드롬

syndrome/씬드롬/의 기본적인 의미는 '복합 증후군' 입니다. 여러 가지 증상이 동시에 나타나는 질병을 총칭하는 단어입니다. 그 다음 의미는 '어떠한 집단적 행동 성향 또는 특징' 을 의미합니다. 유행에 민감하고 집단주의적 사고 방식이 강한 한국에서 많이 사용되는데, 좀 남용된다는 느낌이 있습니다. 누가 인기가 많거나 하면 syndrome 을 갖다 붙이는 경향이 있는데, 그냥 very popular 정도로 표현해주는 것이 적절하겠습니다.

- *The average **life expectancy** of a child with Down's syndrome is around 55 years these days.*
- *In Korea, the so-called 'pretty boys syndrome' prevailed in the past, especially among young ladies. However, these days the so-called 'bad boys syndrome' is more prevalent.*
- *The UK born singer, Amy Burton, is very popular with/among teenagers and people in their 20s.*

- *평균 **수명**, 아이의, 다운 증후군을 가진,은 약 55세들이다, 요즘에는.*
- *한국에서, 소위 말하는 '예쁜 사내들 씬드롬' 은 만연했다 과거에, 특히 젊은 여성들 사이에. 그러나 요즘에는 소위 말하는 '나쁜 사내들 씬드롬'이 더 흔하다.*
- *영국 태생 가수, 에이미 버튼,은 매우 인기있다, 청소년들과 사람들, 20대의, 사이에서.*

The boy has Down's syndrome.

Conjunctions

1. *I'm sure _____ _____ does the job will do better than him.*

2. *Only musicians with exceptional competence will last, _____ others will not.*

3. *It is easy to see _____ **the rich** get richer _____ **the poor** get poorer in countries like the States _____ Korea.*

4. *He was a conman, **seducing** many ladies by saying _____ he was a wealthy business man with U.S citizenship.*

Prepositions

1. Wow! Look _____ that! There are so many balloons _____ *the sky*.

2. When people are _____ *love*, they think that their partner is as sweet _____ chocolate.

3. A new generation _____ mobile phones will be available _____ *the market* _____ July.

4. Almost all animals, including humans, are **afraid** _____ death, _____ instinct (instinctively).

5. Playing the guitar and the harmonica _____ *the same time* can be learned _____ *practice*.

6. Personally, I can't understand why she finds him attractive, but they do say that beauty is _____ the eyes _____ the beholder.

Conjunctions

1. 나는 확신한다, *that* 이하를, 누가 하든지 *whoever*, 그 일을, 할 것이다 더 잘, 그 보다.

2. 음악인들만, 특출난 능력을 가진,이 지속 할 것이다, 그러나 *but/*반면에 *while, whereas*, 다른 이들은 아니다. (그렇지 못할 것이다)

3. 이것(*that* 이하)은 쉽다, 보는 것이, **부자들**은 되고 *that*, 더 부유하게, 그리고 *and*, **가난한 사람들**은 되고, 더 가난하게, 나라들에서, 미국과 *and* 한국 같은.

4. 그는 사기꾼이었다, **성적으로 유혹**했다 많은 여성들을, 말함으로써, 그가 부유한 사업가였다고 *that*, 미국 국적을 가진.

Prepositions

1. 와우! 봐라, 저것을 *at*! 있다 매우 많은 풍선들이, 하늘에 *in*.

> There were so many stars in the sky. It was beautiful. 있었다 정말 많은 별들이 하늘에. 이것은 아름다웠다.

2. 사람들이 있을 때 사랑에 *in*, 그들은 생각한다, 그들 상대가 달콤(사랑스럽)하다고 초콜렛만큼 *as*.

3. 새로운 세대, 휴대 전화기들의 *of*,가 나올 것이다, 시장에 *on*, 칠월에 *in/*칠월까지 *by/*전에 *before/*후에 *after/*부터 *from*.

> **be on the market** 시중에 매물로 나오다/시판되다. *It's one of the cheapest smartphones on the market.* 이것은 하나이다, 가장 싼 스맡폰들의, 유통되는. *A new car from BMW is on the market for $79,000.* 새로운 차, BMW로부터는 시판된다 *seventy nine thousand dollars* 에. *There are various drugs for the sympton on the market.* 있다 다양한 약들이 그 증세를 위한, 시중에.

4. 거의 모든 동물들이, 사람들을 포함하여, 두려워한다, 죽음을 *of*, 본능에 의해 (본능적으로) *by*.

5. 연주하는 것, 기타와 하모니카를, 동시에 *at*,은 배워질 수 있다, 연습으로 *with/*연습에 의하여 *by*.

> *Cooking/Driving will become easier with practice.* 요리/운전은 더 쉬워질 것이다 연습으로.

6. 개인적으로, 나는 이해할 수 없다, 왜 그녀가 발견하는지 그를 매력적이라고, 그러나 사람들은 말한다 아름다움은 있다고 눈들에 *in*, 보는 사람의 *of* (제 눈에 안경)이라고. Ex 180

이제 한글 해석을 보고 영어로 말해 볼 차례입니다.

Figurative Expressions (Sayings, Proverbs & Colloquial expressions)

green young and lacking experience

green 은 당연히 '녹색의' 라는 형용사입니다. 하지만, 또 다른 의미로 푸르른 새싹을 비유하여 '어리고 경험이 풍부하지 않은' 입니다. 우리말에 '신참', '신출내기', '애송이' 또는 '새파랗게 젊은 녀석이 ~~~' 라고 하는 표현과 비슷합니다.

• *Don't expect too much from him. He is still green in this field.*

• *I was pretty green at the time. I had to learn every bit of the work.*

• *기대하지 마라 너무 많이, 그로부터. 그는 여전히 신참이다, 이 분야에서.*

• *나는 매우 경험 부족이었고 어렸다, 그 시절에. 나는 배워야 했다 모든 부분을, 그 일의.*

Konglish   싸이코

psycho/싸이코/는 psychopath/싸이코패쓰/의 준말입니다. 반 의학 용어로, 뜻은 '정신 병자' 혹은 쉽게 '미친 놈/년' 쯤 되는 말이죠. 그럼 여기서 생기는 궁금증? 영어권 사람들이 '그 놈 미친놈이야/싸이코야' 라는 식으로 말할 때, psycho 나 psychopath 를 쓸 수 있을까요? 정답은 '있다' 입니다. 하지만 이때는 주로 짧은 표현 psycho 를 씁니다.

• *He is a psycho.*

• *The police described the serial killer as a psychopath.*

• *The **prominent** psychologist, Dr Green, said that Jerry is a dangerous psychopath who might kill again.*

• *A main **character** in the movie, 'Silence of the Lambs', is Dr Hannibal Lector, who displays all the **characteristics** of a psychopath.*

• *걔 완전히 똘아이야.*

• *경찰은 묘사했다 그 연쇄 살인범을, 정신 이상자로서.*

• ***저명한** 심리 학자, 박사 그린은 말했다, 제리는 위험한 정신 질환자라고, 그는 죽일지도 모른다 다시.*

• *하나의 주 **등장 인물**, 그 영화, '침묵, 양들의,에서',은 박사 한니발 렉터이다, 그는 보여준다(보인다) 모든 **성향들/특질들**을, 정신 질환자의.*

Anthony Hopkins' role was a psychopath in the movie, Silence of the Lambs.

Conjunctions

1. *You only have two choices. You either marry him _____ you leave him.*

2. *The stress _____ employees get from their co-workers or bosses is much more serious _____ many people think.*

3. *_____ something bad happens, the government blames the former president. It's ridiculous.*

4. *They will keep harassing you _____ you agree to sign the document.*

Prepositions

1. He is the publisher/author _____ the book.

2. Stop talking, John! I've heard enough. Do something, rather _____ just talking _____ it. Actions speak louder _____ words mate!

3. The people who were sitting _____ the backseat _____ the car were unharmed _____ the accident.

4. The government has no long-term **strategy**_____ improving the country's education system.

5. Analyses _____ the DNA has revealed that Jade is the biological mother _____ Sam.

6. I explained everything _____ **detail** _____ the letter _____ my lawyer.

Conjunctions

1. 당신은 단지 가지고 있다 두 가지 선택들을. 당신은 결혼하거나 or, 당신이 떠나거나 그를.

either 와 or 가 둘 다 동사 앞에서 수식했습니다.

2. 스트레스, (그것을 that, which) 피고용인들이 얻는다, 그들의 동료들이나 상사들로부터,는 훨씬 더 심각하다, 많은 사람들이 생각하는 것보다 than.

3. 무엇인가 좋지 않은 일이 발생할 때 when/때마다 whenever, 정부는 탓한다 전임 대통령을. 이것은 어이없다.

4. 그들은 계속해서 괴롭힐 것이다, 당신을, 당신이 동의할 때까지 until/동의하지 않는다면 unless/동의 한다면 if, 서명하기를 그 서류를.

'동의하더라도' 라는 의미로 although, though 를 사용하기 위해서는, They will keep harassing you although/though you are going to agree to sign the document 가 되어야 자연스럽습니다.

Prepositions

1. 그는 출간인/작가이다, 그 책의 of.

2. 그만 이야기해라 존! 나 들었다 충분히. 해라 무엇인가를, 단지 떠들기 보다는 than, 그것에 관해 about, 행동이 우선되어야 한다 말보다 than, 친구여! Ex 184

3. 그 사람들, 그들은 앉아 있었다, 뒤 좌석에 in, 그 차의 of,은 다치지 않았다, 그 사고에서 in.

4. 정부는 가지고 있지 않다 장기간의 전략을, 향상시키기 위한 for, 국가의 교육 체계를.

The government's strategy for economic reforms massively failed. 정부의 전략, 경제 개혁들을 위한,은 크게 실패했다.

5. 분석들, 그 DNA의 of, 은, 드러냈다, 제인가 생모라고, 쌤의 of.

Further analysis of the data is required. 더 분석, 그 자료들의,이 필요하다. (분석이 더 필요하다).

6. 나는 설명했다 모든 것을, 자세히 in, 편지에 in, 나의 변호사로 (보내는) to.

There's no need to copy this down. Everything is explained **in detail** in the booklet. 없다 필요가, 베낄 이것을. 모든 것은 설명되어 있다 자세하게, 그 소책자에. Please desribe the procedure **in more detail**. 묘사해 주세요, 그 절차를 좀 더 자세히.

이제 한글 해석을 보고 영어로 말해 볼 차례입니다.

Figurative Expressions (Sayings, Proverbs & Colloquial expressions)

full of life to have a lot of energy and be very active: lively

직역은 '삶이 꽉 찬' 정도입니다. 직역으로만은 숨은 뜻을 추측하는 것이 쉽지 않지만, '활기/활력 넘친다' 라는, 영어에서는 매우 흔하게 사용되는 표현입니다. 한 단어로 lively 입니다.

• Lucy is a happy child, always full of life.

• Kate was always full of life, but not anymore. She has become a completely different person since she lost her son in the accident. I really feel sorry for her.

• 루씨는 행복한 아이이다, 언제나 활기찬.

• 케일은 항상 활력이 넘쳤었다, 그러나, 아니다 더 이상. 그녀는 되었다 완전히 다른 사람이. 그녀가 잃은 이래로 그녀의 아들을 그 사고에서, 나는 정말 유감이다 그녀를 위해.

Konglish   데모 = 시위?

우리 나라에서 '데모' 하면 당연히 군중들의 '시위' 가 가장 먼저 떠오르는 것은, 역사적으로 봤을 때 당연한 일인지도 모르겠습니다. demonstrate/데몬스트레잍/의 가장 기본적은 의미는 '증명해 보이다' 입니다. 그래서 실험의 결과를 증명해 보일 때도 쓰고, 사람들의 마음을 증명해 보이기 위해 '시위하다' 라는 의미로도 사용됩니다. 비슷한 의미로 '시범' 이라는 의미도 있습니다. 명사형은 demonstration 입니다. 줄여서 쓰는 demo/데모/는 음악이나 computer software 들의 '시작(試作)' 이나 trial product (견본품)이라는 뜻입니다.

• The study demonstrated the link between poverty and malnutrition.

• Click here to download a demo of the new version of our personal finance software.

• A cookery demonstration is held at the community centre (on) every Wednesday.

• During the trial, supporters demonstrated against the new legislation outside the courtroom.

• In Seoul, thousands of people poured out onto the streets, demonstrating against the government policy on importing beef from the US.

• The streets were full of peaceful demonstrators with candles. The demonstration never turned violent even when the police tried to disperse the people with force.

• 그 연구는 증명했다 연관을, 가난과 영양 실조 사이의.

• 클릭해라 이곳을, (그래서) 내려 받아라 견본품을, 그 새로운 버전의, 우리의 개인 회계 software 의.

• 요리 시범이 개최된다 마을 회관에서, 매 수요일(에).

• 재판 동안, 지지자들은 시위했다 새로운 법안에 대항하여(반대하여), 법정 밖에서.

• 서울에서, 수 천명의 사람들이 쏟아져 나왔다 거리들 위로, 시위했다, 정부의 정책에 대항하여, 수입하는 것에 관한, 쇠고기를 미국으로부터.

• 거리들은 꽉 찼다, 평화로운(비폭력적인) 시위자들로, 양초들을 가진. 그 시위는 결코 변하지 않았다 폭력적으로, 심지어 경찰이 시도했을 때에도, 해산시키려 그 사람들을 힘으로.

Conjunctions

1. These days it is common to divorce even _____ couples have children.

2. It seems _____ he hanged himself. Nick was a police officer _____ a father of three daughters.

3. _____ laws the government introduces, the sex industry will not disappear. It is one of the oldest industries in human history.

4. Some right-wing politicians argue that the Japanese **occupation** of the Korean peninsula benefited Korea _____ its people.

Prepositions

*1. A woman **died** _____ the scene and the male driver and a female passenger were taken _____ a nearby hospital.*

2. Call Crime Stoppers _____ 1800 333 000.

3. _____ mid-September, Patrick met Pam _____ a blind date and proposed _____ her _____ Christmas Eve.

*4. I do **agree** _____ him _____ some extent (= partly).*

5. James is completely tied _____ his wife's apron strings. He cannot make any decision _____ his own _____ asking his wife's opinion.

6. _____ my opinion, William and Diane shouldn't have married.

Conjunctions

1. 요즘에는, 이것(to 이하)은 흔하다, 이혼하는 것, 심지어 부부들이 가지고 있을지라도 although, though/가지고 있을 때도 when, 아이들을.

2. 이것(that 이하)은 인듯하다, 그가 목을 맸다 that, 그 자신을. 넉은 경찰관이었고, 그리고 and 아버지였다, 세 딸들의.

It seems that subj + verb '뭐시기가 뭐 인듯해' 라는 말을 하고 할 때 사용하는 가장 쉬운 구조입니다. *It seems that he is gay.* 그가 게이인 것 같다. *It seems that they're not ready yet.* 그들이 준비가 되지 않은 것 같다, 아직. *It seems that Roger has been living in Korea for a long time.* 로저가 살아오고 있는 것 같다, 한국에, 오랜 시간 동안.

3. 어떤 법률들을 정부가 도입(소개)하더라도 whatever, 성 매매 산업은 사라지지 않을 것이다. 이것은 하나이다, 가장 오래된 산업들의, 인간사에서.

4. 몇 몇 우익 정치인들은 주장한다(우긴다), 일본의 점령, 한반도의,이 이득을 주었다고 한국을, 그리고 and, 이것의 사람들을.

Prepositions

*1. 한 여자가 **죽었고, 현장에서** at (즉사했다), 남성 운전자와 또 여성 동승자는 이송되었다, 근처 병원으로 to.*

2. 전화해라, 범죄 멈춤이를(에게), one eight hundred triple three triple zero 로 on.

Crime Stopper 는 호주 경찰의 강력 범죄 관련 전문 부서 입니다.

3. 9월 중순에 in, 팰릭은 만났다 팸을, 소개팅에서 on, 그리고, 청혼했다, 그녀에게 to, 성탄절 전야에 on.

before 나 after 가 답이 되기 위해서는 Christmas Eve 앞에 just 가 들어가야 자연스럽습니다.

*4. 나는 동의한다, 그와 with, **어느 정도는** to.*

*I support the idea **to a certain extent/some extent**.* 나는 지지한다 그 생각을, 어느 정도는.

agree with sb/st *I understand what he's saying, but that doesn't mean (that) I agree with it.* 나는 안다, 무엇을 그가 말하고 있는지, 그런데, 그것이 의미하지는 않는다, 내가 동의 한다고 그것(그가 말하는 것)과. *I must say that I do not agree with the court's decision.* 나는 반드시 말해야 한다(말하지 않을 수 없다), 나는 동의하지 않는다고, 법원의 결정에.

5. 제임쓰는 완전히 묶여있다 그의 아내의 앞치마 줄들에 to, (공처가이다). 그는 만들지 못한다 어떤 결정도 그 스스로 on, 묻지 않고는 without, 아내의 의견을. Ex 172

on one's own 을 한 단어로 하면 alone 입니다. *I've been living on my own since my parents died a few years ago.* 나는 살아오고 있다 나 혼자서, 나의 부모들이 죽은 이후로, 몇 년 전에. *Did you fix this all on your own?* 당신이 고쳤나 이것을 모두 당신 혼자서? *Will you be OK here on your own?* 너 괜찮겠어 이곳에서 혼자?

6. 나의 의견으로는 in, 윌리엄과 다이엔은 결혼하지 말았어야 했다.

In my opinion, you'd better stay single. 내 생각에는, 너는 낫겠다 남는 편이, 독신으로.

이제 한글 해석을 보고 영어로 말해 볼 차례입니다.

Figurative Expressions (Sayings, Proverbs & Colloquial expressions)

get even with somebody to harm someone just as much as they have harmed you

형용사 even 은 '평평한', '공평하게 나누어진' 라는 기본 뜻에서 시작하여, 운동 경기에서의 양팀이 '균형 잡힌 (팽팽한)', 수학에서 '짝수' 라는 뜻으로 사용됩니다. get 은 become 의 의미로 사용되어, 직역은 '되다 공평하게' 입니다. 구어체에서 '똑같이 갚아 주다' 혹은 '복수하다' 라는 의미로 널리 사용됩니다.

• He's not getting away with this. I'll get even with him one day.

• I will get even with my ex-girlfriend. I will make her suffer as much as I did.

• 그는 **빠져나가지** 못한다, 이것과. (이 상황을 **모면하지 못할 것이다**) 나는 똑같이 갚아 줄 것이다, 그와(에게), 언젠가.

• 나는 복수할 것이다 나의 전 여자 친구와(에게). 나는 만들 것이다 그녀를 고통 겪게, 내가 그랬던 것만큼.

Konglish   플랭카드

발음이 잘못된 경우입니다. placard/플래칻/입니다. 비슷한 것으로 banner/배너/가 있는데, 보통 천으로 된 현수막을 말합니다. 아래 사진에서처럼 사람들이 행진할 때 양쪽에서 운반하는 큰 것을 포함해서, 작고 벽에 걸린 것들도 모두 banner 입니다.

• The spectators were shouting, cheering, and waving banners.

• Many protesters marched towards the presidential palace with placards saying 'President Resign'.

• 관중들은 고함치고, 열광하고, 흔들고 있었다, 배너들을.

• 많은 시위자들이 행진했다 대통령 궁을 향하여, 플래칻들과 함께, (그 배너는) 말하고 있었다, '대통령 사임하라'.

Several banners are hung on the building. (left)

People are marching with a huge banner. (middle)

There are many people holding placards. (right)

Conjunctions

1. Many Koreans tend to think _____ living overseas is better _____ easier than living in Korea, _____ often it is not true at all.

2. I personally don't understand _____ Christmas _____ the Buddha's birthday are public holidays in Korea. They are not in many other countries.

3. The government thinks _____ Koreans' fear of mad cow disease will ease _____ time passes.

4. People are always blaming their circumstances for what they are. I do not **believe in** circumstances. The people _____ **get on** in this world are the people _____ get up _____ look for the circumstances (that) they want, and _____ they cannot find them, (they) make them. – Bernard Shaw

Prepositions

*1. The airline has a good **reputation** _____ its service and inflight meals.*

*2. Bill is a bit _____ an expert **when it comes** _____ computers.*

3. The teacher split the class _____ two groups, male and female.

*4. He has been **brain dead** and _____ **life support** _____ the accident last year.*

5. She worked _____ a TV anchor _____ switching _____ acting.

6. Well done and congratulations! You've made it this far. I, _____ the author, absolutely salute you _____ a great achiever. I'm sure that your understanding _____ English has improved a lot and you can now speak English much better than (you could) before. You don't believe me? Go back _____ the first couple of exercises. You will find them much easier _____ when you first started this book. I want you to keep studying English _____ the way I told you _____ the beginning _____ the book, and go through this book again, just once more. I added a few extra Konglish exercises. So don't think that Ex 200 is the last exercise; you have Ex 201!

Conjunctions

1. 많은 한국인들은 경향이 있다, 생각하는, 사는 것, 해외에서,는 더 낫고 that, 그리고 and, 더 쉬울 것이라고, 사는 것보다, 한국에서, 그러나 but, 종종 이것은 사실이 아니다, 전혀.

2. 나는 개인적으로 이해하지 못한다, 왜 why, 성탄절과 and, 석가 탄신일이 공휴일들인지, 한국에서. 그들은 (공휴일이) 아니다, 많은 다른 나라들에서.

3. 정부는 생각한다, 한국인들의 공포, 광우병의,는 수그러들 것이라고 that, 시간이 지남에 따라 as.

*4. 사람들은 항상 탓한다 그들의 환경(여건)들을, 그들의 모습에 대해. 나는 **(존재를) 믿지 않는다** 환경들을. 사람들, 그들은 who, **우뚝 선다**, 이 세상에서,은 사람들이다, 그들은 who, 일어나서 and, 찾는다 환경들을, 그들이 원하는, 그리고, 그들이 찾을 수 없다면 if(원문)/없을 때 when, 그것들을(환경들), (그들은) 만든다 그것들을. – 버난 쇼.*

Prepositions

1. 그 항공사는 가지고 있다 좋은 명성을, 이것의 써비쓰와 기내 음식들로 for (이유).

The university of New England has maintained its good reputation. 뉴잉글랜드 대학은 유지해 왔다 이것의 좋은 명성을.

*2. 빌은 약간 of, 전문가이다, **이것이 올 때**, 컴퓨터로 to. **(컴퓨터에 관하여 이야기 하자면)***

when it comes to something/verb-ing something/verb~ing 에 관하여 말하자면 When it comes to flirting with girls, my friend, James is second to none. 꼬시는 것(찝쩍대는 것) 여자들과,에 대하여는 내 친구, 제임쓰는 둘째 가라면 서럽다.

3. 그 선생님은 나누었다(쪼겠다) 그 반을, 두 부류로 into (형태변화), 남자와 여자.

*4. 그는 **뇌사** 상태여 왔다 그리 (있어왔다), **생명 지지(생명을 살리기 위한 의료 장비)**에 on (의존하여), 그 사고 이래로 since/때문에 because of, due to, 작년.*

5. 그녀는 일했다 TV 앵커로써 as, 바꾸기 전에 before, 연기로 to.

6. 참 잘했어요(^^;) 그리고 축하합니다! 당신은 해냈습니다 이것을 이 만큼. 나는, 저자로서 as, 절대적으로 경의를 표합니다 당신을, 훌륭한 성취자로서 as. 나는 확신합니다, 당신의 이해, 영어의 of,가 향상되어 왔다고 많이, 그리고 당신은 지금 말할 수 있다고 영어를, 훨씬 더 잘, 전보다. 당신이 믿지 않습니까 저를? 돌아가세요 처음 몇 연습 문제들로 to. 당신은 발견할 겁니다 그들을, 훨씬 더 쉽다고, 당신이 처음 시작했을 때보다 than, 이 책을. 나는 원한다 당신이 계속해서 공부하기를 영어를, 방법으로 in, 제가 말한, 당신에게, 시작에 at, 이 책의 of, 그리고, 훑어라 이 책을 다시, 단지 한 번 더. 나는 더했다 몇 몇 추가적인 콩글리시 연습들을. 그러니 생각하지 마라, Ex 200 이 마지막 연습이라고; 당신은 가지고 있다 Ex 201을!

이제 한글 해석을 보고 영어로 말해 볼 차례입니다.

메뉴

보통 '오늘 저녁 메뉴는 뭐야?' 또는 '오늘의 메뉴는 닭갈비입니다' 라는 식으로 말합니다. '식사로 무엇을 먹느냐' 는 말인데, menu/메뉴는 '차림표' 또는 '메뉴판' 의 의미만을 가지고 있어서 'Today's menu 어쩌구 저쩌구' 하면 심하게 이상한 영어가 되어 버립니다. 그냥 '오늘 저녁 식사로 뭐 먹는다' 라는 식으로 표현해야 하고, 음식점에서 말하는 '오늘의 요리'는 Today's Special 입니다.

- *Can we have the menu, please?*
- *Is there anything vegetarian on the menu?*
- *What do we have for dinner?*
- *Today's special at our restaurant is Korean-style spicy chicken.*

- *우리가 가질 수 있습니까 메뉴판을? (메뉴판 좀 주세요)*
- *있습니까 어떤 것, 채식주의자를 위한, 이 메뉴(식단)판에?*
- *무엇을 우리는 먹습니까 저녁을 위해? (저녁 뭐야?)*
- *오늘의 특별식, 우리 식당에서, 는 한국식 매운 닭고기 입니다.*

It's a choakboard for Today's Special.

닭갈비나 닭 도리탕이 되겠네요. ^^;

CEO

CEO 는 chief(주요한, 우두 머리의) executive(회사의 중역) officer(사무관)의 첫 철자만 따서 나온 일종의 약어입니다. 중역 중에서도 우두 머리이니 최소한 대기업의 상무급 이상, 전무, 사장, 이사들을 의미합니다. 요즘은 식당의 주인도, 개인 사업자의 대표도 전부 CEO 라고 지칭하는 경향이 있는데, 이는 커다란 오해를 불러일으킬 만한 의미의 확대라고 볼 수 있습니다. 소규모 개인 사업장이나 중소 기업의 대표/책임자는 director 나 general manager 로, 그리고 사업체 소유자는 owner 라 합니다. 참고로, 대기업이나 단체의 회장은 president 입니다.

- *My uncle was a CEO at LG Corporation. He is retired now.*
- *CEO is an acronym, standing for Chief Executive Officer, the person with the most authority at a large company. However, some writers for Korean newspapers use the word CEO to describe a small business owner.*
- *Mr. Kim is the director/general manager of the company.*
- *Akio Toyota is the president of Toyota Motor Corporation.*

- *나의 삼촌은 최고 경영 책임자였다, LG 주식회사에서. 그는 은퇴했다 지금은.*
- *CEO 는 두문자어(머릿자를 따서 조합한 단어)이다, 상징한다 최고 경영 책임자를, 사람, 가장 많은 권한을 가진, 큰 회사에서. 그러나, 몇 몇 글쓰는 사람들, 한국 신문들을 위해, 은 사용한다, 그 단어 CEO 를, (그래서) 묘사한다 소규모 사업체 소유자를.*
- *미스터 킴은 책임자/사장이다, 그 회사의.*
- *아키오 토요타는 회장이다, 토요타 자동차 주식회사의.*

멘탈

멘탈이 강하다느니 약하다느니 라는 식으로 많이 사용합니다. 심지어 신문 기사에서도 말이죠. 당연히 콩글리시입니다. mental 은 형용사로 '정신의/정신 건강의' 라는 의미로, 구어체로는 '제 정신이 아닌(crazy)' 라는 의미로 사용됩니다. 그럼, '멘탈이 강하다' 또는 '약하다' 는 어떻게 표현할까요? 형용사 tough 와 chicken 을 사용합니다.

- *The number of people with mental illness is higher than most people think.*
- *Stress can have a negative impact on your physical and mental health.*
- *Why did you do that? Are you mental (crazy)?*
- *Don't worry. He is tougher than you think.*
- *I don't think (that) he can do it. He is too chicken.*

- *수, 사람들, 정신 질환을 가진, 는 높다, 대부분의 사람들이 생각하는 것보다.*
- *스트레쓰는 가질 수 있다 부정적인 영향을, 당신의 육체적이고 정신적 건강에.*
- *왜 당신은 했는가 그것을? (왜 그랬냐?). 너 미쳤냐?*
- *걱정 마라. 그는 더 강하다, 당신이 생각하는 것보다.*
- *나는 생각하지 않는다, 그가 할 수 있을 것이라고 그것을. 그는 너무 겁쟁이이다.*

컨그레추레이션 ♬~

'축하합니다' 의 영어 표현은 congratulations/컨그레출레이션쓰/입니다. 마지막 /s/발음을 꼭 해주세요. 여하간, '축하합니다' 라는 표현이니 여기 저기 다 쓸 수 있을 것 같지만 실은 그렇지 않습니다. 주로 '노력에 의하여 그 무엇을 해냈거나 이루었을 때에만 사용하는 축하의 표현' 입니다. 그래서 한국에서처럼 누군가의 생일을 축하할 때는 사용하지 않는 편이 안전합니다. 다만 20살 생일처럼 특별한 생일에는 '20살이 되기까지의 노고를 축하한다' 라는 의미로 사용할 수 있습니다.

- *Congratulations! You've finally bought your own house.*
- *'I've just passed the driving test!' 'Congratulations!'*
- *She congratulated me warmly **on** my exam results.*
- *Congratulations **on** your promotion!*
- *Happy birthday, Scarlet!*

- 축하합니다! 당신 마침내 구입했군요 당신 소유의 집을.
동, 서양을 막론하고 자기집을 소유하는 것은 축하할 일입니다. 대부분의 사람들에게는 쉽지 않은 일이기에.
- '난 막 통과했다 운전 시험을!' '축하하네!'
- 그녀는 축해해 주었다 나를 따뜻하게, 나의 시험 결과들에 관하여.
- 축하합니다 당신의 승진을!
- 행복한 생일, 스칼렛!

치어걸

cheergirl 은 일종의 속어입니다. cheer/치어/(흥) + leader/리더/(이끄는 이)가 합쳐진 cheerleader/치얼리더/가 바른 표현입니다.

- *Melissa was one of the most popular cheerleaders at the university.*
- *Andrea used to be a professional cheerleader when she was **in her 20s**.*
- *Whenever Mike goes to the baseball stadium, he tries to sit close to cheerleaders, because he enjoys watching pretty cheerleaders in short skirts more than watching the game.*

- 멜리싸는 하나였다, 가장 인기 있는 치얼리더들의, 그 대학교에서.
- 안드레는 직업적인 치얼리더 였다, 그녀가 있었을 때, 그녀의 20대에.
- 마익이 갈 때마다 야구장으로, 그는 노력한다 앉으려 치얼리더들 가까이에, 그는 즐기기 때문에, 구경하는 것을 예쁜 치얼리더들을, 짧은 치마들 안의(을 입은), 더, 보는 것보다 경기를.

삐에로

'삐에로' 는 '광대' 라는 뜻의 불어라고 합니다. 철자도 잘 모르겠습니다. 불어 전공이 아니라서. 여하간, 영어에서는 '삐에로' 라는 단어가 없기 때문에 아무리 혀를 굴려서 발음을 해도 영어권 사람들은 전혀 알아듣지 못합니다. clown/클라운/이 바른 표현입니다.

- *My father used to dress up as a clown for my birthday parties when I was a child.*
- *I personally think (that) the McDonald's clown is too tall.*

- 나의 아버지는 복장을 갖춰 입곤 했다 클라운으로서 나의 생일 파티들을 위하여, 내가 아이였을 때.
- 나는 개인적으로 생각한다, 맥도널드의 클라운은 너무 키가 크다고.

레미콘

remicone 은 어원을 잘 살펴보면 ready mixed concrete 의 준말이라는 것을 알 수 있습니다. '준비된 섞여진 콘크릿' 라는 말이죠. 그런데 영어권에서는 절대 이렇게 줄여서 쓰지 않습니다. concret mixer 가 바른 표현입니다. 규모도 다양해서, 작은 공사를 위한 드럼통 크기의 전기로 돌려쓰는 concret mixer 도 있습니다. google 에서 이미지 검색을 해보세요.

- *My dad drives a concrete mixer (truck).*
- *Mixing sand, cement and small stones **manually** is a very difficult job. We need a concrete mixer.*

- 나의 아빠는 운전한다 콘크릿 믹써 (트럭)을.
- 섞는 것, 모래, 씨멘트, 그리고 작은 돌들을 **사람의 힘으로**,은 매우 힘든 일이다. 우리는 필요하다 콘크릿 믹써를.

이제 한글 해석을 보고 영어로 말해 볼 차례입니다.

Grammar in Real Life - GIRL

(Units 1 -15) +동영상 강의

1st edition

This photo was taken in Dec 2006 with year 7 students of Armidale High School

GIRL??? –> 문법을 위한 문법 *NO!*   예외 규정 많은 문법 *NO!*   문법을 배우고도 말과 글이 나오지 않는 문법 *NO!*

GIRL 의 목표*???* –> 영어권 사람들이 생활에서 실제로 사용하는 핵심 문법만을 공부한 후, 영어다운 영어로 말하고 쓰기*!!!*

독자와의 약속 : 교재 사용법 대로 이 책을 공부한 후, 캠브리지 대학에서 출간된 *Grammar in Use* 보다 당신의 말하기 및

쓰기 실력 향상에 도움이 되지 않는다고 느낀다면, 본 저자는 더 이상 영어를 가르치지 않겠습니다! *Seungwoo Han*